広原盛明
Hirohara Moriaki

Tourism-
based
national
policy &
Tourist city
Kyoto

インバウンド、
新型コロナに
翻弄された
京都観光

観光立国政策と観光都市京都

文理閣

出版にあたって

　千年の古都京都はいま、100 年に 1 度ともいうべき世紀的変動の最中にある。安倍政権の観光立国政策とともに始まった未曽有のインバウンド（外国人旅行者）ブームが、今度は新型コロナウイルスの感染拡大にともなう海外旅行の中止で一転して収縮に向かうなど、観光都市京都は国際変動の荒波に翻弄され続けている。本書は、高度成長期から現在に至る京都市の観光政策の歩みを読み解き、京都観光のあり方の検討を通して"持続可能なまちづくり"への道を考える。

　本書は、月刊誌『ねっとわーく京都』に連載してきたコラム小論（2017 年4 月〜2020 年 7 月）及びそれに関連する講演録をテーマごとに編集し、京都のまちづくりのあり方を論じたものである。『ねっとわーく京都』は 1990 年12 月創刊、京都府市政を対象に京都を丸ごと取り上げる辛口の社会派評論誌として知られており、2020 年 7 月現在で 378 号を数える。筆者は 2011 年からコラム執筆の機会を与えられ、連載はすでに 110 回に及ぶ。ここ 3 年間は京都市の観光政策に的を絞って書いてきたが、本書はその総集編としてまとめたものである。

　本書は、第 1 部「京都はどんな都市か」、第 2 部「京都を襲ったインバウンド観光」、第 3 部「新型コロナウイルスの歴史的試練に直面して」の 3 部から構成される。第 1 部は、京都が戦前の 6 大都市に数えられる日本有数の大都市でありながら、戦後は高度成長期においてもさしたる人口増加を見ず、安定的な人口構造を維持してきた歴史的背景を明らかにしている。京都の地勢的特徴は、周囲を山に囲まれた盆地で開発余地が少なく、大企業と多様な中小企業が共存する経済構造を持ち、急激な都市開発の影響を受けることが少なかったことがある。あわせて京都市民には歴史や風土を重んじる気風が強く、安易な開発を抑止してきたことも、人口変動の少ない社会構造を維持する上で大きな役割を果たしてきた。端的にいえば、京都という大都市は国内では稀な「スローな成長」を遂げてきたサステイナブル都市であり、バランスのとれた成熟都市なのである。

　しかしその一方、清水寺や祇園などを擁する東山区の合計特殊出生率（1人の女性が産む生涯子ども数）が全国市区町村の最下位（0.77）にあるように、京都市内では少子高齢化が急速に進んでいて将来人口の減少が危惧されている。このことは、出生率を回復して定住人口を安定的に維持することが何よりも「京都のまちづくり」の基本でなければならず、そのことを軸に各種政策が束ねられなければならないことを意味する。第1部では、低出生率の基本要因である非正規労働とりわけ観光労働の現状に注目し、その改善を通して「住んでよし、訪れてよし」（持続可能な観光）を可能にする観光政策の展開こそが、京都をサステイナブル都市として発展させる道であることを明らかにする。

　第2部は、京都市が安倍政権の観光立国政策に呼応してインバウンド（外国人旅行者）偏重の観光政策を展開し、「オーバーツーリズム」や「観光公害」など持続可能なまちづくりを阻害する深刻なゆがみを蓄積してきた経過を明らかにしている。安倍政権は、内外のIT関連資本と呼応して2020年4000万人、2030年6000万人のインバウンド目標を掲げ、その受け皿となる民泊を解禁し、ホテル建設を拡大し、統合型リゾート計画（IR、カジノリゾート）を推進してきた。

　京都市は、文化観光局を産業観光局に改組して観光を主要産業と位置づけ、観光立国日本のトップランナーとして宿泊施設の誘致・増設を推進するなど、「プロフィット・ツーリズム＝儲かる観光」を一路追求してきた。その結果、ホテル・民泊関連の土地需要が異常に膨張して地価高騰をもたらして住宅供給が困難になり、若者や子育て世代が市外に流出して職住一体の「歴史的市街地＝まち」の空洞化が進行するなど、深刻な「まち壊し」が進行している。第2部では、安倍政権の観光立国政策の中核ともいうべき「民泊」導入の政策過程を検証し、あわせて富裕層観光に力を入れる京都市政の問題点を分析することで、バランスのとれた宿泊施設の総量規制が京都の持続可能な観光まちづくりを導く有効なアプローチであることを立証する。

　第3部は、2020年京都市長選と同時並行的に発生した新型コロナウイルスの感染拡大が、京都観光に与える影響についての分析である。市長選前か

らオーバーツーリズムや観光公害についての問題点が明らかになり、市民の批判が高まるなかで京都市も政策転換を迫られていた。そこに降って湧いたのが「パンデミック」となった世界規模の新型コロナウイルスの大流行である。世界各国が感染拡大を防ぐために「鎖国状態」となってヒトとモノの移動が遮断され、国境を超えるインバウンド観光は決定的な打撃を受けた。京都市観光協会は「京都市観光協会データ月報（2020年2月）」（2020年3月30日発表）において、次のような悲痛な声明を発している。

　　「新型コロナウイルスの影響により京都59ホテルにおける外国人延べ宿泊客数は前年同月比53.8％減と約半減しました。日本人・外国人を合わせた総延べ宿泊客数は前年同月比27.3％減となり、客室稼働率は54.3％、客室収益指数（RevPAR）は39.7％減とこれまでにない数値を記録し事態の深刻さを表しています」

　　「3月に入り京都観光はさらに厳しい局面を迎えております。小中高の一斉休校、大手テーマパークの休園、出張の自粛などが生じ、国内の旅行マインドは一変しました。海外においても欧米豪に新型コロナウイルスの感染が拡大し、現地からの出国禁止や日本への入国禁止などにより訪日旅行全体が事実上閉ざされるという誰しも想像することができなかった事態に陥っています。航空路線も大幅に減便・運休しており、加えて東京オリンピックの延期が発表されるなど先行き不透明な状態は当分の間続くと思われます。京都観光のみならず、世界の観光産業がこれまでに経験したことがない大きな試練を迎えています」

　東京五輪開催が予定されていた2020年は、安倍政権の観光立国政策の仕上げの年であると同時に、「京都市観光振興計画2020」の完成年次でもある。インバウンド観光中心に進められてきた政府・京都市一体の観光政策が新型コロナウイルスの感染拡大で総崩れとなり、そこに五輪開催延期という一大ショックが加わって、京都はパニック状態にあると言っても過言ではない。第3部では、これまでインバウンド観光を中心に展開してきた京都市の観光政策が、この歴史的試練に耐えて生き残る道を考える。

目　次

第2部　京都を襲ったインバウンド観光

第3部　新型コロナウイルスの歴史的試練に直面して

第1部　京都はどんな都市か

　千年の古都京都は、動乱、大火、災害、飢饉、疫病など幾多の歴史的試練を乗り越え、今日に至るまで生き続けてきた日本有数の大都市である。京都という都市にはいろんな特性があるが、その本質は何かということになると、やはり「千年」という時間を紡いできた"都市の持続性"にあるのではないかと思う。そして、京都の持続性を支えてきたのは、人々の日々の暮らしの営みであり、暮らしの場である「まち＝地域コミュニティ」の存在だった。

　京都という都市の魅力の根源は、都市の「品格」の高さにある。京都の品格は、都市の持続性に裏打ちされた京都市民のライフスタイル（暮らし方、生活文化）の反映であって、社寺や文化財の中から自動的に生まれてくるものではない。本稿が東山区をしばしば取り上げているのは、東山山麓から鴨川にかけて広がる東山区は、京都の中でも最も「京都らしい」地域であり、京都の品格と魅力が凝縮されている地域だからである。そこでは清水寺と門前町の歴史的関係がそうであるように、両者が共存共栄することで京都という都市の品格が長年にわたって培われてきたのである。

　高度成長時代には開発の嵐が吹き荒れたが、京都は市民の努力によって辛うじて都市の品格が守られた。大阪が「壊しながらの開発」、神戸が「埋めながらの開発」、京都が「守りながらの開発」（木津川計、元立命館大学教授）といわれるのはそれゆえである。その京都がいま、2つの危機に直面している。1つは中長期にわたる人口減少の進行、もう1つはインバウンド（訪日外国人）の嵐に京都の「まち」が翻弄されていることだ。

　京都市の出生率は、若年労働者の非正規率が高いことから全国でも最下位クラスに低迷していて回復の兆しを見せない。観光業とりわけ宿泊・小売業への就業率が高い東山区では、合計特殊出生率0.7（1人の女性が産む生涯子

ども数）と全国最低であり、人口の置き換え水準 2.07 の 3 分の 1 にすぎない。このまま人口減少が続けば京都の衰退化は避けられず、「まち」の空洞化が進むこと間違いなしだ。

　安倍政権は「定住人口」の回復につながる地方創生政策を放棄し、「交流人口」の増加を目指す「観光立国政策＝インバウンド推進」に重点を移した。京都はインバウンド（訪日外国人）ブームに巻き込まれて翻弄され、市内中心部ではホテル・民泊の建設ラッシュによる「まち壊し」が続いている。都市の持続性を損なうインバウンド観光は、「住んでよし、訪れてよし」の京都観光とまちづくりの理念を崩壊させる。京都はこの危機をどう乗り越えるのか、第 1 部では京都観光の危機的状況すなわち「オーバーツーリズム」（観光公害）の実態解明を通して、まちづくりの再生方向を考えてみたい。

第 1 章

京都観光の理念と観光立国政策

　1956 年 5 月 3 日の憲法記念日に制定された京都市市民憲章第 1 条には、「わたくしたち京都市民は、美しいまちを築きましょう」と謳われ、「清潔な環境」「良い風習」「文化財の愛護」「旅行者の歓迎」などの項目が列挙されている。京都市民はまちづくりの理念として「美しいまち」と「暮らしの文化」を尊び、ビジターを温かくもてなしてきた。

　京都市を訪れる年間観光客数は、1950 年代には 1000 万人前後で推移していたが、高度成長期の 1960 年代に入ると 2000 万人を突破し、1970 年代には大阪万博を契機に一気に 3000 万人台に乗った。一方、観光客の急増にともない慢性的な交通渋滞や排気ガス汚染など公害問題が深刻化し、一時は市当局が「呼び込み観光との訣別」を掲げたこともあった。だが、京都市が「産業観光＝儲かる観光」へ政策転換するなかで観光客数は 2000 年代に入って 4000 万人を超え、最近では安倍政権の「観光立国政策」にともなうインバウンド推進政策によって外国人旅行者が急増し、5000 万人を超える観光客が押し寄せるまでに肥大化している。

　しかし、政府や京都市の掲げる数値目標（観光客数、観光消費額など）は、京都の受け入れ可能な環境容量（キャリング・キャパシティ）の限界を超え、国連世界観光機関（UNWTO）が掲げる"持続可能な観光"の理念に逆行している。第 1 章では、安倍政権の観光立国政策と一体化した京都市の観光政策が「オーバーツーリズム」すなわち持続可能な観光の毀損をもたらすことを検証し、環境を損なわない「程よい量」の観光客を持続的に受け入れ、観光客のニーズと地元の人たちの生活を両立させる方策を考える。

〈1.1〉2017年4月号

インバウンド旋風が吹き荒れている
～このままでは京都が危ない～

　京都市伏見区の藤森界隈に住む私がいつも利用する交通機関といえば、市バスでも地下鉄でもなくJRと京阪だ。京都駅へはJR藤森駅から、四条・三条へは京阪墨染駅から行くのが便利で一番早い。しかし、最近になって（ここ1、2年の間に）各線では「異変」とも言うべき現象が起きている。JR稲荷駅、京阪伏見稲荷駅では乗降客数が急増し、しかもそのほとんどが外国人観光客で占められているのである。車内は中国語や英語、それに国籍の分からない外国語が飛び交い、まるでニューヨークの地下鉄に乗っているような気分になる。

激増する外国人観光客

　国土交通省観光庁の『2016年版観光白書』によれば、このことは数字の上でもはっきりと裏付けられる。たとえば、2013年から2016年にかけての5年間の訪日外国人旅行者数は、1036万人から2404万人へ2倍半近くにまで増加している。加えて、京都は東京・大阪に次いで外国人が数多く訪れる地域なので、伏見稲荷神社などお目当てのスポットは外国人観光客で溢れ返ることになる。ちなみに、訪日外国人旅行者のうちどれぐらいの割合が東京・大阪・京都に来ているかというと、2015年の数字では東京52％、大阪36％、京都24％という内訳になっている（外国人旅行者は複数の地域を訪れるので全国合計は100％を超える）。これは、東京・京都・大阪を結ぶいわゆる「ゴールデンルート」に外国人旅行者が集中しているためであり、結果として外国人旅行者の1／2は東京、1／3は大阪、1／4が京都を訪れているというわけだ。

　一方、京都市産業観光局の『平成27年京都観光総合調査』（2015年）のデータを見ると、事態はもっと劇的に進行していることがわかる。京都の外国人宿泊客数は、2012年以前は50万人から100万人の間で緩やかな増減を

繰り返していたが、2013 年の 113 万人を起点にしてそれ以降は 2014 年 183 万人（1.6 倍）、2015 年 316 万人（2.8 倍）と年々倍近い勢いで急増している。同じ期間の全国訪日外国人旅行者数の伸び率は、2013 年を基準にすると 2014 年 1.3 倍、2015 年 1.9 倍だから、日本全体の伸び率に比べて京都は 3 割から 5 割増しで外国人旅行者が増えている勘定になる。

　これが一過性のブームなのか、あるいは 2020 年東京オリンピックまでの限定的な動きなのか、それとも東京オリンピック以降も続く恒常的な傾向なのか、今のところはよくわからない。しかし、京都市が昨年末に策定した『京都市宿泊施設拡充・誘致方針』（2016 年 10 月）によれば、京都市は 5 年後に外国人宿泊者数「630 万人以上」という強気の目標を以下のように想定している。

　「国の訪日外国人客数目標が上方修正され（2020 年 4000 万人、2030 年 6000 万人）、2030 年には 2015 年訪日外国人客数（1974 万人）の約 3 倍が目標とされており、増加が見込まれる外国人観光客への対応を進める必要がある。（略）国の政策が奏功し、地方への訪問率が増加したうえでの 2020 年 4000 万人を達成した場合、本市への外国人宿泊客数を推計すると約 440 万人となる。一方で、本市においても国と同様に 2015 年の 2 倍の外国人宿泊客数を受け入れるとすると、2020 年の外国人宿泊客数は約 630 万人と推計される。また、近年の本市の外国人宿泊客数の伸び率は、訪日外国人旅行者数の伸び率を上回っていることから、2020 年には 630 万人以上の外国人旅行者が京都に宿泊することも想定される」

安倍政権が命運をかける観光立国日本

　京都市の方針は、安倍政権の下で昨年打ち出された『明日の日本を支える観光ビジョン―世界が訪れたくなる日本へ―』（2016 年 3 月、2016 年版観光白書資料編）を忠実に実現しようというものだ。この観光ビジョンは、「成長が見込める数少ない明るい政策テーマ」として安倍首相自らが議長としてまとめたものであり、安倍政権の目玉政策だと言ってもいい。安倍政権は第 2 次安倍内閣発足の翌年、『日本再興戦略― JAPAN is BACK ―』（2013 年 6

月）で「2030年には訪日外国人旅行者数3000万人を超えることを目指す」
という成果指標を掲げ、『日本再興戦略改定2014』（2014年6月）では、2020
年に2000万人という目標も新たに加えた。しかし、2016年の観光ビジョン
では驚くなかれ訪日外国人旅行者の目標を一挙に倍増させて、「2020年4000
万人、30年6000万人」という野心的な目標を自ら書き込んだのである（日
経新聞、風見鶏、「官邸が目指す観光大国」、2016年9月11日）。

　安倍政権は、第1次安倍内閣時代に観光基本法を全面改正して「観光立国
推進基本法」（2007年）を成立させるなど、もともと観光政策に関心が強い
政権だった。しかし第2次安倍内閣では「アベノミクス」が表看板となり、
包括的な経済政策が中心となったため、観光政策だけがクローズアップされ
ることはなかった。だがその後、「三本の矢」が思うような成果を上げるこ
とができず、「地方創生」「一億総活躍」「働き方改革」と次から次へと新し
く看板を塗り替えても状況はいっこうに好転しない。どうしようもなくて頭
を抱えていたところに、"神風"のように吹いてきたのが「インバウンド旋
風」だったのである。安倍政権がこれに飛びついたのは言うまでもない。
『明日の日本を支える観光ビジョン』は次のようにいう。

　「安倍内閣の発足から3年、戦略的なビザ緩和、免税制度の拡充、出入国
管理体制の充実、航空ネットワークの拡大など、大胆な『改革』に取り組み
続けてきた。この間、訪日外国人旅行者数は2倍以上の約2000万人に達し、
その消費量も3倍以上となり、自動車部品産業の輸出総額に匹敵する3.5兆
円に達した」
　「我が国は、自然・文化・気候・食という観光振興に必要な4つの条件を
兼ね備えた世界でも数少ない国の一つであり、これらの豊富な観光資源を真
に開花させることにより、裾野の広い観光を一億総活躍の場にすることが可
能である。観光はまさに『地方創生』への切り札、GDP 600兆円達成への
成長戦略の柱。国を挙げて、観光を我が国の基幹産業へと成長させ、『観光
先進国』という新たな挑戦に踏み切る覚悟が必要である」

　ここには「一億総活躍」「地方創生」「GDP600兆円」「成長戦略」などア

ベノミクスのキーワードがすべて網羅されており、安倍政権の観光ビジョンにかける期待の大きさがうかがわれる。注目されるのは、政策実現のために率先して動いているのが政権の要である菅官房長官だということだ。自民党幹部が彼を称して「まるで観光担当大臣のようだ」と言っているように、菅官房長官はそこに安倍政権の命運が懸かっていることを自覚しているように思われる。日経新聞の風見鶏は、このような官邸の動きに対して「カギを握る最大の要素はアベノミクスへの評価だろう。世界で伸びが予想される観光需要を取り込んで成長力を底上げできるかどうかは、首相の政権戦略にも影響する」と結んでいる（同上）。

　この日経記事が書かれたのはオバマ大統領時代であり、日米関係は比較的良好な状態にあった。しかし、2017年に入ってからはトランプ大統領の出現で状況が一変し、安倍首相の懸命のゴルフ外交にもかかわらず今後の日米関係の見通しは一切の予断が許されなくなった。トランプ政権の風向き加減ではいつ日米間の経済摩擦が再燃するかも知れず、日本の基幹産業である自動車産業も安閑としていられなくなったのである。だからこそ、観光がますますアベノミクスの「成長戦略の柱」として期待されているのだろうが、果たして観光産業はそれほどの急成長が可能なのか。また基幹産業になり得るのか。たとえ可能であったにしても、そのために美しい日本の国土や街が破壊されるようなことにはならないのか——気になるところだ。

参考になる外国人旅行者数世界ランキング

　観光産業の動向について参考になるのが、世界各国の外国人訪問者数の年次データいわゆる「外国人旅行者数世界ランキング」である。国連世界観光機関（UNWTO）が集計した21世紀に入ってからの外国人旅行者数の推移を2001年、2010年、2015年の各年次でみると、そこから日本が学ぶべきいろんな特徴が読み取れる（観光白書各年度版参照）。以下、その概要を記そう。

（1）外国人旅行者数の世界上位5カ国は、フランス、アメリカ、スペイン、中国、イタリアの「ビッグファイブ」が独占しており、6位以下を大きく引き離している。この上位5カ国が「観光大国」グループと

して君臨し、世界の観光市場で揺るぎない地位を占めている。

（2）フランスはこの間、7650万人、7880万人、8450万人と高水準の数字を安定して確保し、首位の座を一度も譲ることがなかった。これだけ大量の外国人旅行者を安定的かつ継続的に引きつけていることは驚くべきことであり、そこには首都パリを中心として長年培ってきた観光政策の厚みを感じさせる。

（3）アメリカは、4540万人、5970万人、7790万人と世界第1位の経済力を生かして確実に外国人旅行者数を増やしており、いまやフランスに迫る勢いとなっている。広大な国土と豊かな自然資源を有するアメリカは、国際的な政治、経済、外交、文化の中心であるニューヨークの巨大な牽引力（マグネット）とも相まって、これからもダイナミックな成長を続けるだろう。

（4）スペインはこの間、4950万人、5270万人、6280万人、イタリアは3900万人、4360万人、5070万人と安定した成長を続けている。両国は、世界の中では人口も国土も決して大きいとはいえないにもかかわらず、歴史と文化の力で世界中の旅行者を魅了しているところに根強い強さがある。このスロー文化の伝統は、ポスト成長期においてますます影響力を深めている。

（5）中国は、3310万人、5570万人、5690万人と経済力の発展とともに外国人旅行者数を急速に増やしてきたが、最近はやや鈍化傾向にある。理由はいろいろあるだろうが、なかでも大気汚染など公害問題の激化が与えている影響が大きい。北京や上海の空に「チャイナブルー」が戻らない限り、これからの外国人旅行者数の増加は期待薄なのである。

　筆者がこれらの世界ランキングから何を言いたいかというと、外国人旅行者を増やすのはそう簡単なことではないということだ。世界上位5カ国の中でも成熟した歴史と文化を持つフランス、スペイン、イタリアのヨーロッパ3カ国では、外国人旅行者数は2001年から2015年までの15年間に1億6500万人から1億9800万人へ僅か1.2倍しか増加していない。これは、これらヨーロッパ3カ国の観光市場がもはや成熟段階に達しており、各国の観

光政策の重点が「量より質」へシフトしているためだ。これら３カ国ではむやみに数多くの外国人旅行者を受け入れるよりも、じっくりとその国の文化や自然に親しんでもらう方向に政策の舵を切っており、質の高いリピーターを安定的に確保する持続的発展策（サステイナブル・デベロップメント）が観光政策の基調になっているのである。

　この点、世界第１位、第２位の経済力と人口を有し、かつ広大な国土と豊富な資源を擁するアメリカと中国では観光市場がまだまだ成長段階にあるとみなされている。だが、意外にも経済成長の著しい両国における外国人旅行者数の合計は、この15年間に8260万人から１億3480万人へ1.6倍の増加にとどまり、ヨーロッパ３カ国の外国人旅行者数にははるかに及ばない。アメリカと中国の外国人旅行者数合計は、2001年でヨーロッパ３カ国の半分、2015年で７割にしか達していないのであり、経済大国だからと言って猫も杓子も観光大国になるとは限らないのである。ちなみに経済規模（名目GDP）からすれば、ヨーロッパ３カ国はアメリカ・中国両国の２割足らず、人口は１割にすぎない。

　このような世界動向に比べると、安倍政権が掲げた2015年の外国人旅行者数1974万人を５年間で4000万人（2.0倍）、15年間で6000万人（3.0倍）に増加させるという目標が如何に「途方もない数字」であるかということに気付くというものである。ヨーロッパで３カ国は15年間で２割、アメリカ・中国は15年間で７割しか外国人旅行者数が増えていないのに、日本だけがどうして５年間に２倍、15年間で３倍に増加できるといえるのか。こんな荒唐無稽な「桁外れの目標」を本気にするところなど何処にもないと思っていたら、それを真に受けたのか、それとも国の政策に便乗して一儲けを企む勢力が背後にいるのか、京都市が真っ先に手を挙げたのだから仰天するほかはない。

イギリス人アナリストの本がベストセラーになっている

　いま京都では、猛烈な「インバウンド旋風」が吹き荒れている。「台風」と言ってもおかしくないほどの勢いの強風だ。安倍政権の目指す「外国人旅行者数、2020年4000万人、2030年6000万人」という途方もない観光ビ

ジョンが追い風になって、京都市が積極的な外国人旅行者の誘致に乗り出しているからである。また、このことを煽るかのような情報やメッセージも飛び交っている。例えば、『新・観光立国論』（東洋経済新報社、2015年）、『新・所得倍増論』（同、2016年）など、相次いでベストセラーを上梓したイギリス人アナリストのデービッド・アトキンソン氏は、日本は観光後進国であり、京都はもっと多くの外国人旅行者を受け入れることができる（受け入れるべきだ）と繰り返し主張している。氏の主張は安倍政権の観光ビジョンにも影響を与えており、日本全体でも無視できない広がりを見せている。『新・観光立国論』が出版された直後に、日経新聞の大型インタビュー記事に登場したアトキンソン氏の主張を見よう（「観光立国ここが足りない」、日経2015年9月20日、抜粋）。

　　―「日本は観光後進国」だと指摘していますね。
　「世界3位の日本の経済力に比べて観光に関する数字を見れば明白だ。2014年の訪日客数は1341万人と最高だったが、世界22位にとどまる。今年は16位ぐらいになるだろうが、依然として低いことに違いはない。米大手旅行雑誌の15年度の世界人気観光都市ランキングで、京都市は2年連続の1位に選ばれた。しかし、2014年に京都市で宿泊した外国人観光客はわずか約183万人だった。ニューヨークに約1200万人の外国人が訪れるのに比べると雲泥の差。京都市は外国人観光客に『来てくれるな』と言っているに等しいように見えてしまう」
　　―日本は観光立国をへて観光大国になれますか。
　「日本が観光資源に恵まれているのは明らかだ。私の試算では現状でも5600万人の訪日客がいても不思議でない。将来的には8200万人も可能と見る。いまから動けば、立派な観光大国になれる」

　アトキンソン氏は、安倍政権の『日本再興戦略』の数字が控えめだとして、2020年2000万人を5600万人に、2030年3000万人を8200万人にするという「異次元の提案」をしている。根拠は、日本の経済規模（GDP）に世界のGDPに占める観光業比率を乗じて国内観光市場の経済規模を算出し、

これを 1 人当たりの観光支出額で割り、かつ外国人の寄与度を掛ければ、2020 年に 5600 万人という数字をはじき出せるというものだ。また 2030 年 8200 万人というのは、2020 年から 10 年間に世界の外国人観光客数が何倍になるかという予測値をかけて算出したという（同上、『新・観光立国論』、140〜143 頁）。

　この種の提案を、国情を無視した単純計算だとか仮想値だとか言って笑うことはたやすい。だが問題は、それが切っ掛けとなって実需か仮需かを抜きにした激しい「風評バブル」が引き起こされることだろう。すでに京都ではその兆候が濃厚にあらわれており、市内の至る所で「ミニ地上げブーム」が起こっている。国の途方もない観光ビジョンを鵜呑みにした市の対応が、それに輪をかけていることはいうまでもない。

二度あることは三度ある

　政府が火付け役になって、日本経済が「バブル」に引き込まれた苦い経験が過去 2 度ある。1 度目は、田中角栄元首相の『日本列島改造論』（1972 年）が引き起こした「土地バブル」である。このときは「列島改造」の掛声とともに日本中が土地投機に巻き込まれ、地上げブームが燎原の火のごとく全国土に広がった。1973 年 1 年間で法人が取得した土地面積は実に四国一島分に達し、放置された未利用地や原野が国中に広がり、「原野商法」まで誘発して国土が荒廃した。

　2 度目は、中曾根内閣時代の『首都改造計画』（1985 年）が引き起こした「不動産バブル」である。当時の東京のオフィス供給量は年間 130 ヘクタール程度だったにもかかわらず、政府は「東京区部のオフィス床面積は 1985 年 3700ha から 2000 年 8700ha へと増加し、15 年間に 5000ha（超高層ビルで 250 棟分）の新規需要が見込まれる」との膨大なオフィス需要予測を発表した。この「A 級戦犯」といわれる過大なオフィス需要予測に不動産会社やゼネコンが飛びつき、大規模な不動産バブルが発生した。慌てた政府はその後再推計を行い、東京のオフィス需要は「おおむね 1600ha から 1900ha と見込まれる」（首都改造計画の 3 分の 1）に修正したが、その時はもう遅かった。「新規オフィス需要 5000ha」の数字は独り歩きをして、東京はおろか全

国大都市にも不動産バブルを拡がり、市街地の空洞化（空地・空家化）と衰
退化を引き起こしたのである。

　「二度あることは三度ある」といわれるが、今回の安倍政権が仕掛けた
「観光ビジョン＝インバウンドツーリズム」は、政府自身が火付け役になる
戦後 3 度目のバブルすなわち「観光バブル」になる公算が大きい。アナリス
ト個人の予測であればまだしも、それが政府発表のビジョンともなれば与え
る影響は桁違いに大きくなり、また被害も倍加する。まして安倍観光ビジョ
ンは、外国人旅行者数をこの 5 年間で 4000 万人、次の 10 年間で 6000 万人
に増やすという世界でも類のない計画なのだ。こんな計画を真に受けて「宿
泊施設拡充・誘致方針」を実行すれば、5 年先、10 年先には「空家ホテル」
や「空家民泊」が続出することは目に見えている。京都はニューヨークでは
ない。京都は京都なのである。京都市はもう一度頭を冷やして考え直してほ
しい。

〈1.2〉2019 年 7 月号
“観光公害”はいつから始まったのか
〜市電撤去をめぐる市民運動〜

戦後 3 度目、京都のまちづくりの危機

　今から思い返してみると、京都のまちづくりの危機は（筆者の記憶だけで
も）戦後 3 度ぐらいあったように思う。最初の危機は、高度成長期の自動車
公害による深刻な大気汚染と環境破壊だった。街中の道路という道路がマイ
カーで溢れ、交通渋滞が慢性化して車列が動かなくなり二進も三進もいかな
くなったのである。

　京都は三方を山に囲まれた盆地である。海に面している大阪や神戸は浜風
の影響で空気が入れ替わるが、京都はそうはいかない。夕方になって気温が
下がると地表面が冷やされて上昇気流が止まり、いわゆる「底冷え」の状態
で空気が動かなくなる。京都盆地がすっぽりと蓋で覆われたような状態にな
り（比叡山頂からみると「蓋＝逆転層」の様子がよくわかる）、排気ガスが逃げ
場を失って大気汚染が急速に広がる。こうした京都特有の気象条件のため

に、京都中が自動車の排気ガスで「燻製」のような状態になることもしばしばだった。

　たまりかねた京都市は「マイカー観光拒否宣言」（1973年）を出したが、そんな紙切れ一枚の宣言で激化する自動車公害を解決できるわけがない。幹線道路に面した市街地や学校では住民や子どもの喘息病が続発し、沿線住民の血液検査では限度を超える鉛濃度が検出されるなど大騒ぎになった。それ以来、「マイカー規制」は京都のまちづくりにとって最大の課題となったのである。

　次なる危機は、1990年代の「平成バブル」の崩壊にともなう地価の下落で、市内の至る所で高層マンションが林立するようになったときのことだ。道路沿いの高層マンション建設で街並み景観が一変したのに加えて、周辺一帯の地域コミュニティが寸断されるようになった。伝統的な町家が集積する中心市街地は用途地域が商業地域に指定されているので、容積率400％、建物高さ31メートルまでの高層マンションなら自由に建てられる。このまま事態を放置すれば、京都の伝統的な都市文化である「まち景観」を支えてきた中心市街地が、どこにでもあるようなマンション街に変貌する恐れがあった。

　幸い関係者の努力で眺望景観やまち景観の妨げになる建物の高さが引き下げられ、屋外広告物が規制されるなど、京都の文化的景観を守る「新景観政策」が2007年9月から実施されることになった。しかし、新景観政策によって守られた「京都らしい景観」が平成後半からの京都観光ブームの火付け役となり、"観光公害"という新たなまちづくりの危機を招く切っ掛けになったことは皮肉だった。京都はいま戦後3度目のまちづくりの危機、すなわちこれから本格化する新元号時代のオーバーツーリズムと観光公害に直面することになったのである。

観光公害はいつ頃から認識されたのか

　「観光公害」という言葉が京都市の公文書にあらわれたのはいったいいつ頃からだろうか。筆者の知る限り、今から半世紀前の文化観光局から公表された京都観光会議報告書、『10年後の京都の観光ビジョン―呼び込み観光と

の訣別─』（1971年6月）だったように思う。京都観光会議は、文化観光局
のイニシアティブで設立された研究者・行政・電鉄関係者の研究協議機関で
ある。そこで取り上げられたテーマは、1970年大阪万博の影響で京都の観
光客が激増したため、このようなかってない事態に対応するため、新たなビ
ジョンのもとに「京都観光のあるべき姿とそれに対する観光行政のあり方」
を考えなければならないというものだった。その中で、観光客との間で発生
する市民生活上の様々なトラブルが、「観光公害」という言葉で登場してく
るのである。当時の木下文化観光局長は、「まえがき」で次のように述べて
いる。

　「京都へ来る観光客は年々増加し、いまや年間3000万人を超えるまでに
なっている。（略）このような情況のなかで、次のような問題が起りつつあ
る。①市民生活と大きなかかわりあいを持つ交通混雑、観光公害、②自然景
観や文化財の破壊、③観光客の不満足、④観光産業をめぐる問題。これらの
問題について市民生活との調和をはかりながら、どのように解決していくか
は京都の将来にとっても非常に重要な課題である。今回、京都観光会議が設
けられた目的は、このような観点に立って、まず『京都の観光のあるべき姿
と、それに対する観光行政のあり方についてどのように考えていくべきか』
を、夢でない将来─10年後のビジョンとしてまとめることであった」

　京都が戦後の混乱期を脱し、年間観光客数が1000万人を超えたのは1958
年のことだ。それから5年後の1963年には高度成長期の観光ブームの波に
乗って2000万人を突破し、さらに7年後の1970年には大阪万博の開催を契
機に一気に3000万人台に乗った。まるで「倍々ゲーム」のような勢いで
増加し続けた京都の観光客数は、その後1980年代になって漸く3800万人前
後で安定するようになるのである（京都市観光局『観光京都10年のあゆみ』5
頁、1958年）（京都市観光協会『京都観光30年の歩み』17頁、1991年）。
　京都観光会議が『10年後の京都の観光ビジョン』を提起したのは、年間
観光客が3000万人を超えた1970年の翌年1971年6月のことだった。こと
の背景には、70年大阪万博の影響で京都の観光客数が前年2703万人から

3396万人へ一挙に693万人（26％）も急増するという異常事態の発生があった。観光客が激増したことで京都の観光事情が一変し、観光客と市民生活の間の軋轢すなわち"観光公害"が一挙に顕在化するようになったのである。それらの対応に追われた文化観光局では、事態への強い危機意識から「京都観光の今後のあり方」について確たるビジョンを持つことを迫られたのだった。

呼び込み観光との訣別を掲げた背景

　筆者が注目するのは、文化観光局がこの事態を"観光公害"と認識し、報告書の副題に「呼び込み観光との訣別」という思い切ったスローガンを掲げたことだ。このことは、京都観光には一定の「適正規模＝許容量」（キャパシティ）があり、それを超えると"観光公害"が発生するという認識がすでに当時の担当部局に生まれていたことを示している。それが「京都の良さを守り育てよう」「マイカー観光客の激増に対処しよう」「京都の真の良さを味わえるように対処しよう」という3つの基本的方針となり、それらを総括する「呼び込み観光との訣別」というサブタイトルになったのである。

　この当時はまだ「オーバーツーリズム」という概念もなく、「観光客数の総量規制」という考え方も生まれていない。しかし、ビジョンの趣旨は観光客数の増加（だけ）をやみくもに追求する「呼び込み観光」には批判的であり、京都観光は質的側面を重視してこそ京都たりうる……とのメッセージを強く発するものだった。報告書の結論部分である「観光政策の確立」は、その趣旨を次のように述べている（28〜29頁、抜粋）。

　「文化財を多く抱えた京都市は、いままで限られた予算と人員とで多くの目的に向かって観光行政、文化財行政を進めてきた。それらは文化財の維持管理を進める一方、一人でも多くの人に京都の良さを味わってもらおうとするものであった。それを『呼び込み観光』という言葉で簡単に片付けることは誤りであろう。しかし、文化財を守り、市民生活を擁護し、さらにできるだけ多くの観光客に京都の良さを味わってもらう観光行政を限られた予算と人員の中で進めるならば、そこに"ひずみ"が生じよう。そこでできるだけ

多くの人に京都の良さを味わってもらおうとした従来の方針を、訪れた観光客が『本当に来て良かったな』という気持ちを抱かせるような観光の質的な側面を重視した方針に換えていくことが現在必要である」

「レジャーランドやヘルスセンター等により観光都市そのものが画一化していく全国的な傾向の中で、京都市は京都の街の独自性を常に保つように努力しなければならない。京都の街は期待されている。その期待に応えたならば、新しく京都に来る人は増え、京都に来た人は足繁く来訪し、結局京都を訪れる人の数は増え、文化観光都市としての京都の地位は不動のものとなる」

ビジョンは市全体のものにならなかった

しかしながら、「呼び込み観光」との訣別を掲げた画期的なビジョンは残念ながら市行政全体のものにならなかった。最大のネックは、基本的方針の第2項目である「マイカー観光客の激増」に対処する有効な対策がなかったことだ。それどころか、事態は逆にマイカー観光を増加させる方向に進んでいた。言うまでもなくそれは、日本最初の輝かしい歴史を持つ京都市電を全廃する方針が市議会で議決され、すでに市電撤去が部分的に始まっていたからである。

そこでは「逆立ちの論理」が世論を支配していた。交通渋滞の元凶はマイカーの増加であるにもかかわらず、市電が道路をふさいでいるから交通渋滞が起こるのだと市電がもっぱら攻撃の的にされた。マイカーがスムーズに走るためには（邪魔者の）市電を撤去しなければならない。そうすれば、交通渋滞も解決されるし公害も少なくなる……こんな本末転倒ともいうべきまことしやかな作り話が巷間流布され、自動車交通のための都市計画や道路計画を推進する土木工学者や道路官僚が時代の花形としてもてはやされていた。その背後には、自動車産業を日本の基幹産業に仕立てるため、モータリゼーションを一路推進しようとする国策の展開があったことは言うまでもない。

これに加えて「市電赤字論」も大々的に拡散された。市電の赤字は増えるばかりで公営交通事業としてはもはや限界にきている。大ナタを振るって思い切った合理化に踏み切らなければ市の財政が持たない。高速道路や地下鉄

の建設は国から多額の補助金が出るが、市電は出ないので財政運営はこれからますます厳しくなる。市電を全廃して赤字を棚上げする以外に財政再建の道はない等々、市の広報紙ばかりでなく新聞やテレビからもこんなニュースが連日のように流されていた。多くの市民の間で「市電はもう終わり！」という空気が広がったのも無理はない。

市電撤去はどう進んだか

市電撤去の経過を記した当時の拙稿をいま改めて読み返してみると、その動きは1960年代後半から一気に本格化したことがわかる。以下、主な経過を列挙しよう（広原盛明「古都に路面電車を残したかった―京都の市電存続運動の8年間―」、『鉄道ピクトリアル臨時増刊号、京都市電訣別特集』、1978年12月）。

○ 1965年12月、京都市交通事業審議会が『市内交通体系整備計画の基本的構想に関する答申』を提出。答申は「市内交通体系の長期的構想として、路面電車・バスの併用を高速鉄道・バスの併用に改める。ただし1日57万人が利用する市電撤去は地域住民の安全性・経済性に配慮し段階的に処理する」というものだった。高度成長期のモータリゼーションの幕開と同時に全国の大都市では1960年代前半から市電撤去が始まり、京都も御多分に漏れずその後を追うことになった。

○ 1966年8月、京都市が『京都市長期開発計画案』を発表。計画案の骨子は「自動車交通を主体として京都を計画する」ものであり、南北市街地を結ぶ中央軸線、大阪・奈良・湖西などとの都市間道路と接合する南部環状線など、自動車専用道路を市内一円に張り巡らす計画案であった。この計画案を契機に市電を全廃し、地下鉄と高速自動車道を建設する方針が庁内で一気に加速することになった。

○ 1967年1月、京都市交通局が地方公営企業法に基づき公営企業の合理化を進める財政再建団体の自治大臣指定を受け、「近代的輸送機関の構想を具体化するとともにその進行に合わせて市電を順次撤去する」との財政再建計画が同年11月に市議会で議決された。国から財政支援を受けるためには市電事業を撤廃し、人員や財産を処分することが義務付けられた。

○ 1968年11月、京都市交通対策審議会が『将来の京都市交通体系の基本構想およびこれにともなう近代的輸送機関の建設計画に関する答申』を提出。答申は「路面電車は大都市の大量交通機関としての役割を果たせなくなった」「東京・大阪をはじめ名古屋・横浜・神戸の各都市においては路面電車の廃止とそれに代わる地下鉄など高速鉄道の建設が決定されている」「将来の京都市の交通体系としては市内交通の主流を処理する根幹輸送機関として高速鉄道を建設し、これを補完するため原則としてバスを有機的に配するべきである」というものだった。その後、市交通局では市電営業路線を順次廃止する計画が次々と実施に移されていった。

遅かった市民運動、しかし共感が爆発的に広がった

　電光石火とも言える市当局の素早い動きに対して、市民側の反応はいたって鈍かった。市電は「時代遅れの乗物」であり、自動車時代を迎えたいまでは「不要の乗物」になったとのキャンペーンが京都の隅々にまで浸透していたからである。そのためか、まちづくりの若手研究者（筆者も含めて）が1970年になって「市電撤去反対」のアピールを始めた頃は、市当局からも市議会からもほとんど相手にされなかった。

　そこで戦術を変え、『市電を生かした速くて便利な京都の都市交通システム―住みよい京都のまちづくりビジョンをふまえて―』（1971年3月）という長たらしい名前のパンフレットをつくって世に問うたところ、思いもしないほどの大きな反響が返ってきた。「市電は時代遅れの乗物ではない」「市電は古都京都によく似合う」「市電を守ることは京都のまちを守ること」「市民運動として市電存続運動に取り組もう」とのアピールが、有識者をはじめ多くの市民の共感を呼んだのである。こうして湯川秀樹夫妻をはじめ各界の学者・文化人、京都の錚々たる老舗の主人などが呼びかけ人となり、「京都の市電をまもる会」（1971年4月）が発足した。

　1960年代には鳴りを潜めていた市民の声が、1970年代に入って一斉に沸き上がったのには理由があった。京都観光会議の報告書にもあるように、1970年代に入ってからマイカー観光の急増による自動車公害が一段と深刻化し、電気エネルギーで走る市電が「クリーンな乗物」として脚光を浴びる

ようになってきたからである。それと同時に、市電は地下鉄に比べて子ども
や高齢者が乗り降りしやすい「優しい乗物」であり、地表を走る市電は車窓
の景色が楽しめる京都にふさわしい「文化的な乗物」だとの評価も高まって
きた。そして、排気ガスや交通渋滞などを減らすには、むしろマイカーこそ
規制すべきとの「市電をまもる会」の主張が、急速に市民の支持を得るよう
になってきたのである。

　思えば、市文化観光局で観光ビジョンに関する検討が始まったのも 1970
年からだった（報告書の中には市電を活用すべきとの意見もあった）。市当局の
中にも市民の中にも同じような思いが生まれ、期せずして「呼び込み観光」
「マイカー観光」と訣別するための方策が模索され始めていたのである。

市電廃止、その後……

　25 万人を超える「市電存続条例直接請求署名」を集めた市電をまもる会
の運動は、京都の戦後最大の市民運動となったが、しかし 1971 年 4 月から
の 8 年間に亘る奮闘もむなしく 1978 年 9 月末で幕を閉じた。守るべき対象
の市電が全線で営業停止になり、日本最古の歴史を持つ京都の市電は 1895
年（明治 28 年）の京都電気鉄道株式会社による伏見・塩小路間の営業開始以
来、遂に 80 年を超える歴史の幕を下ろしたのである。

　一方、"観光公害" という言葉で京都観光の危機を鋭く指摘した 1971 年観
光ビジョンは、その後に総括的なフォロー作業が行われることもなく、また
「呼び込み観光との訣別」を掲げた観光政策が確立されることもなく、いつ
の間にか姿を消してしまった（関連資料が市情報資料センターでも見つからな
い）。71 年観光ビジョンの名前が再び出て来るのは、20 年後に公表された
『21 世紀（2001 年）の京都観光ビジョン』（1992 年 1 月）においてであり、
「はしがき」には次のような一節がある。

　「昭和 46 年（1971 年）に『10 年後の京都の観光ビジョン』が発表されて
から、すでに 20 年が経過している。当時、観光客は 3062 万人であったが、
4 年後の昭和 50 年には 3804 万人となり、今日までほぼ同水準が続いてい
る。（略）昭和 46 年 24.6％であった乗用車（マイカー）の割合が昭和 58 年

には40％を超え、ほぼ同水準で現在に至っている。シーズン中の著名観光地における交通渋滞は、当時よりも一層深刻化した。いわば異常事態が恒常化し、市民生活にも大きな影響を与えている。（略）市は昭和48年11月に『マイカー観光拒否宣言』を行った。当時は公害が激しく批判された時代であったが、この宣言に対しては市の内外で反論も多かった。それ以降の急激なモータリゼーションの進行もあって、マイカー観光拒否宣言は十分な効果を上げ得ないでいる」

　このことをもう少し敷衍（ふえん）すると、“観光公害”の元凶となったマイカー観光の増加は、観光客のマイカー利用率の推移をみると、市電撤去が進むにつれて急上昇していることがわかる。観光客に占めるマイカー観光客の割合は、1971年25％、77年28％、80年32％と急上昇し、更に82年39％、83年40％と一挙に跳ね上がった。ピークは1987年の43％であり、同年の観光客数3800万人の4割強・1630万人がマイカーで京都観光に訪れたことになる（同上、4頁）。この事態はまさに「異常事態の恒常化」とも言うべき現象であるが、21世紀観光ビジョンには「市電撤去」のことはもとより「観光公害」という言葉は一切出てこない。

半世紀前と重なる現在の光景

　1970年代から80年代にかけて起こったこの事態は、偶然とはいえ、2020年東京オリンピックと2025年大阪・関西万博を控えた現在の「時代の変わり目」の光景と重なる部分が多い。2010年に4000万人を超えた京都の観光客数は、2014年以降は5500万人の大台に乗るようになり、ここ3年は5500万人台を維持している。しかし1970年大阪万博のときのように、これ以上観光客が激増するようになったら京都はいったいどうなるのか想像もつかない。

　最近の新聞投書欄を少しは見てほしい。京都の現状に憂慮を示す投書はいまや枚挙の暇もないが、その中でも介護福祉関係者の「京都の観光客、もう勘弁して」という悲痛な訴えには心を揺さぶられる（朝日2019年4月12日）。この投書は、半世紀前に顕在化した“観光公害”が、いまや「軋轢（あつれき）」

のレベルをはるかに超えて市民の日常生活の存在そのものを脅かすまでになって来ていることを示している。新元号時代の京都観光の課題が「インバウンド総量規制」「観光客総量規制」にあることは、今やだれの眼にも明らかになってきている―、と言うべきなのだ。

　「私の住む京都は花見シーズンを迎えており、観光客でいっぱいである。ここ数年インバウンドの増加が激しく、有名観光地は平日も観光客が多く、バス停は長蛇の列、おまけに大きなスーツケースを持っており円滑に乗りづらい。加えて他府県ナンバーのおびただしいマイカーや大型観光バスで、ただでさえ狭い京都中心部の道路は渋滞だらけ。市民の日常に強いストレスがかかっている。元々、京都の良さは職住近接であり、代々町衆が年中行事を担ってきたことがある。それを、いつの間にか次々と外部資本のホテルが建設され、景観もだいぶ怪しくなっている。ホテルばかりの京都っておかしくないか？　ぜいたくかもしれないが、もう観光客は勘弁してほしいのが本音である。せめて市民の日常生活に配慮しつつ観光していただきたいのが切なる願いである」

〈1.3〉2017 年 5 月号

呼び込み観光は東山区を荒廃させる
～京都市市民憲章を読み返して～

　2017 年 2 月末、東山区で小さな講演会が開かれた。地元でまちづくりに取り組む人たちが怒涛のように押し寄せる観光客にどう対処するか、爆発的な民泊ブームをどう考えればいいのかを考える講演会である。どういう訳か筆者に声がかかり、講師を引き受けることになったのだが、念のため事前勉強を兼ねて東山区一帯を案内してもらった。

　筆者は国立京都博物館の催しには時々行くので、その行き帰りには周辺一帯をよく歩く。方広寺の横を通って河井寛次郎邸の方へ行くとか、逆に七条通りから八条通りの方へいろんな路地を歩くとか、東山区のことは比較的よく知っているつもりだった。だが、地元のことを知り尽くしている人たちの

道案内で周辺一帯を回ると、まるで「今浦島」のような気分になった。東大路通りから僅か一筋か二筋を奥に入ると、そこはもう「簡易宿泊所＝民泊ホテル」の建設ラッシュなのだ。

　建築現場には、建築主、設計者、施工業者などの名前を記した看板が立てられている。それを見るとどこの誰が建てているかが一目でわかるのだが、建築主の所在地を確かめてみて驚いた。東京の会社が圧倒的に多いことは勿論だが、千葉、神奈川、埼玉、栃木など関東地方の会社名がやたら目につく。民泊は地元の人がやるものとばかり思い込んでいた筆者は、京都（東山区）の民泊がいまや全国の投機対象になっていることを遅ればせながら認識せざるを得なかったのである。

訪れていい街、住んでいい街の両立

　講演会の表題は、「訪れていい街、住んでいい街の両立を東山区で考える」という長たらしいもので、話を聞きに来た人はかなり戸惑ったのではないか。講演の場合、通常「レジュメ」をつくる。レジュメというのは講演要旨を記した覚書みたいなもので、聞く人はそれを見ながら話の筋を追い、メモなどを余白に書きとめるわけだ。大学の講義も同じようなもので、レジュメはノートだと考えればよい。しかし主催者の話を聞くと、来る人たちはかなり高齢の人が多いのだという。おそらくレジュメを読んだり、メモを取ったりするのが苦手な人たちではないか—。そう思って、数ページにわたるかなり詳しいレジュメをつくった。要旨は次のようなものだ。

（1）東山区の観光客の増加は基本的にいいことだ。でも、受け入れ可能なキャパシティ（環境容量）を超えて増えすぎるのは困る。環境を損なわない「程よい量」の観光客を持続的に受け入れ、観光客のニーズと地元の人たちの生活を両立させることが地域の末永い繁栄につながる。これは、京都観光全体についても言えることで、東山区だけの問題ではない。

（2）しかし、現在の状況はもはや「観光ブーム」（実体のある観光需要の増大）を超えて「観光バブル」（投機絡みの仮需要の爆発）に転化してい

る。政府や京都市の掲げる数値目標（観光客数、観光消費額など）は、この際一儲けをしようとする「観光ビジネス」のために役立っても、それをそのまま受け入れることは歴史的に形成・蓄積されてきた京都の貴重な地域資源（自然、景観、文化、生活など）を損なう恐れがある。

（3）京都観光の魅力の根源は、京都という都市の「品格」の高さにある。京都はどこかの都市のように「爆買い」に来る街ではないのである。高度成長時代には全国でも同じように開発の嵐が吹き荒れたが、京都は市民の努力によって辛うじて都市の品格が守られてきた。大阪が「壊しながらの開発」、神戸が「埋めながらの開発」、京都が「守りながらの開発」（木津川計、元立命館大学教授）といわれるのはそれゆえである。

（4）京都という都市の品格は、京都市民のライフスタイル（暮らし方、生活文化）の反映であって、社寺や文化財が沢山あるから（だけ）ではない。だから、市民の生活が「観光バブル」のために脅かされ、市民が地元に住めなくなれば、社寺や文化財もやがては「遺跡＝廃墟」にならざるを得ない。京都は清水寺と門前町の関係がそうであるように、両者が共存共栄することで、京都という都市の品格を長年にわたって支えてきたのである。

（5）東山山麓から鴨川にかけて広がる東山区は、京都の中でも最も「京都らしい」地域である。東山区は京都の品格と魅力が凝縮されている地域なのだ。東山区が廃れれば京都も廃れる。東山区の地元住民の生活を守り、観光客を程よく受け入れる（適度にコントロールする）ことは、京都全体の品格を維持することにつながると言える。

京都市市民憲章の第1条は美しいまちを築くこと

1956年5月3日の憲法記念日に制定された京都市市民憲章の第1条には、「わたくしたち京都市民は、美しいまちをきずきましょう」と謳われている。第2条以下も「清潔な環境」「良い風習」「文化財の愛護」「旅行者の歓迎」などの項目が列挙されているように、京都市民はまちづくりの理念として「美しいまち」と「良い風習（生活様式）」を形づくり、訪問者を温かくもて

なしてきたのである。

　この市民憲章の精神を生かそうとした 1 冊の報告書（全 31 頁）がある。市職員と学識経験者が共同討議し、その成果をまとめた『京都観光会議報告書』（京都市文化観光局、1971 年 3 月）だ。そこには「10 年後の京都の観光ビジョン—呼び込み観光との決別—」という注目すべきタイトルが付けられている。「呼び込み観光」とは、観光客を集めるための PR 作戦や誘致策を意味し、現在でも全国各地の観光政策の基本であり手法とされているコンセプト（考え方）だ。それが何ゆえに、京都では「決別」の対象となったのか。

　この報告書が出された当時は高度成長ブームの頃であり、京都市の人口も129.5 万人（1960 年）、137.4 万人（65 年）、142.7 万人（70 年）と 10 年間で13.2 万人（10％）も増え続けていた。現在は人口減少の一途をたどっている東山区でも 4 万 9700 人（1960 年）、5 万 5400 人（65 年）、6 万 2700 人（70年）と市全体よりも増加率が高く（26％）、10 年間の人口増は 1 万 3000 人にも達していた。だが、急激な人口増は高層建築の乱立となって市街地環境の悪化をもたらし、郊外ではスプロール（無秩序な宅地開発）による凄まじい環境破壊が引き起されていた。

　報告書はそのような事態を憂い、「京都の街は、いま歴史上経験したことのない新たな危機に遭遇している」「今、京都は京都でなくなりつつある」との危機感から京都の観光のあるべき姿と観光行政のあり方について考えようとしたのである。そして、観光行政の基本として、（1）京都の良さを守り育てること、（2）市民生活の擁護（緊急課題としてのマイカー観光への対処）、（3）京都の真のよさを味わえるように対処することの 3 点を挙げた。その趣旨は以下のようなものだ。

　「京都は観光都市としてつくられた街ではない。長い歴史の中で、私たちの先人の泣き、叫び、喜びが込められた生活の場としての街である。（略）つくられた観光都市は、今きびしい歴史の試練の前に立たされていることを考えるとき、京都を観光都市として安易に売り出すよりも、黙っていても日本の国民が一年に一度は来てみたくなるような街として整備していく方が結局はプラスになるであろう」

「地方自治体の行政が、自治体内の市民とか産業とかに対する行政が中心であるにもかかわらず、観光行政に対しては、住民ばかりでなく他所の住民すなわち観光客と大きな関わり合いを持つところに特徴があり、またその難しさがある。今までの観光行政とは、観光客を受け入れる社寺とか観光産業への助成、指導、監督の面が強かったが、今後はそれらに加えて、市民および観光客との結びつきの面も深めていかなければならない」

　ここには、京都は文化都市に徹することによっておのずから観光都市になる─、との主張が強調されている。そこには、安易に「観光都市」として売り出し、その手段として「呼び込み観光」に徹することは、結果として「京都の真の良さ」を失うことになり、「京都は京都でなくなる」かもしれないとの危機意識が表明されている。この本質的で先見性に満ちた提言は、その後の京都の観光行政に生かされてきただろうか。

観光客5000万人構想が宣言された
　日本有数の文化観光都市である京都は、他都市に比べてもともと観光客が多かった。1970年代から90年代にかけての入洛観光客は4000万人近い水準で推移し、21世紀に入ってからは4000万人台に乗った。そのことを意識したのか、2000年には京都市が「観光客5000万人構想」を宣言し、この頃から数値目標を掲げた「呼び込み観光」が本格化するようになった。そして、2010年以降は目標の5000万人を上回るようになり、京都観光は新たな段階を迎えたのである。
　その一方、東山区では1975年の7万500人をピークにして釣瓶落としのような人口減少が進行していた。1980年には5万人台、90年代には4万人台、そして直近の国勢調査（2015年）では遂に4万人を割ったのである。東山区の人口は1975年を100とすると2015年は55となって人口は約半分になり、40年間で3万人余の人口が失われたことになる。このまま推移すれば、25年後（2040年）には3万人を割る（2万9200人、将来人口推計）ことは確実であり、それ以降も加速して減少していくことになるだろう。
　京都市は、中京区や下京区などの都心区では人口の空洞化を憂慮していた

が、東山区の人口減少にはそれほど危機感を抱いていたとは思われない。その証拠に、「観光客 5000 万人構想」が宣言された頃の市の観光振興推進計画には、「観光振興は快適で魅力的なまちづくりを進める原動力となる」ことが強調されており、観光客の増加はまちづくりに役立つと積極的な意義付けされていた。以下は、その一節である（新京都市観光振興推進計画、2006 年）。

　「観光は『まちづくりの総仕上げ』といわれる。その背景には、国や地域の優れたもの（光）を発掘し磨き上げ、それを外部の人々に見せ、交流することを通じて、その国、地域に対する自信、誇り、愛着を育むということがある。また、外部の人々に地域の『光』に触れ、喜び、感動してもらうことは、住民にとっても大いなる喜びであり、そこで暮らす幸せ、生き甲斐を感じることにつながる。観光客にとって『訪ねてよし』のまちは、市民にとっても『住んでよし』のまちであり、京都の保全・再生・創造を基調とする魅力的なまちづくりの推進は、観光都市・京都の発展に大きく寄与するものである。同時に、京都ならではの資源を生かした観光振興は、自然、歴史、伝統、文化、産業が調和した、快適で魅力的なまちづくりを進める原動力となるのである」

　理想的に考えればその通りだろう。筆者も「そうありたい」と思う。しかし、このような理想論（総論）だけでは、東山区が直面している厳しい人口減少に対応できないのではないか。観光振興が「まちづくりを進める原動力」であるにもかかわらず、東山区ではなぜかくも人口が激減するのか、地元住民がなぜ住み続けられないのか、その説明がつかないからである。京都市全体では必ずしもそうとは言えないにしても、東山区では明らかに観光振興はまちづくりの原動力ではなく、「人口減少の原動力」に転化している。この矛盾をどう解決すればいいのか。

宿泊施設は中京、下京、東山 3 区に集中している

　京都市は観光客 5000 万人目標を達成した今でも、（まだこれ以上の）観光客数の増加が「快適で魅力的なまちづくりを進める原動力となる」と思って

いるらしい。だから昨年 2016 年 10 月、『京都市宿泊施設拡充・誘致方針～観光立国・日本を牽引する安心安全で地域と調和した宿泊観光を目指して～』を策定して、2015 年現在の宿泊施設数 1228 件、客室数約 3 万室をさらに増やし、「2020 年までに約 1 万室新設する」との方針を打ち出したのだろう。

　これは、国の観光ビジョン（2016 年）が訪日外国人客数の目標を突如上方修正し、2015 年 1974 万人（実績）を 2020 年 4000 万人（5 年間で 2 倍）、2030 年 6000 万人（15 年間で 3 倍）に増加させるという「途方もない目標」を京都市が鵜呑みした結果にほかならない。国の目標をそのままスライドすると、京都市の外国人宿泊客数は 2020 年 440 万人（2015 年の 1.4 倍）となり、現在の 3 万室に加えて新たに 1 万室が必要だという計算になるのである。

　だが、考えても見たい。2016 年 3 月末現在の市内宿泊施設 1228 件の行政区別内訳を見ると、中京区 171 件（14%）、下京区 279 件（23%）、東山区 279 件（23%）と中心 3 区だけですでに 6 割近くを占めている。また客室数 3 万室の行政区別内訳は、中京区 6020 室（20%）、下京区 9976 室（34%）、東山区 2875 室（10%）となって、これも中心 3 区ですでに 6 割を超えている。つまり、京都の宿泊施設は中京・下京・東山の 3 区に集中しているのであって、市当局も「観光客が訪れるに値する魅力的な観光地、観光施設は市内全域に存在しているが、市内中心部以外に立地する宿泊施設は少ない」ことを認めているのである。

　市の方針には、「市内全域の活性化、更には多様な旅行者の受け入れ、宿泊施設の不足の解消の面からも、中心部以外への宿泊施設の立地誘導、分散化が課題となる」と申し訳程度に書いているが、宿泊施設 1 万室新設についてはこの 5 年間で実現し、宿泊施設の立地誘導、分散化は「これからの課題」だというのであれば、これは事実上「野放し政策」と言われても仕方がない。よほど思い切った規制でもしない限り、このままでは新設宿泊施設の 3 分の 2 は中心 3 区に集中することになり、東山区では「簡易宿泊所＝民泊ホテル」の建設ラッシュが進み、地元住民の生活空間はますます狭められていくことになることは必定だろう。

本当のまちづくりは人口減少を食い止めること

　政府や自治体がビジョンや政策目標を掲げる場合、目指すべき方向としてそれが間違っていないかどうか、また目標が正しくてもそれを実現できる条件があるのかないのか、失敗した場合にはどんな被害が発生するかなど、一連の「政策アセスメント」を行わなければならない。私たちはすでに苦い過去を2度も経験している。1度目は田中角栄内閣時代の「開発バブル」、2度目は中曾根内閣時代の「不動産バブル」である。このバブルは美しい日本の国土や都市を荒廃させ、国民生活を公害問題や土地投機などによって苦しめた。安倍内閣の観光ビジョンは、果たして3度目のバブルすなわち「観光バブル」を引き起こさないという保証があるのだろうか。

　筆者は、政府の観光ビジョンには確たる根拠がなく、それを鵜呑みにした京都市の宿泊施設拡充・誘致政策は適切ではないと思う。理由の第1は、5年間で2倍、15年間で3倍も訪日外国人旅行者数を増やすことなど、どうみても不可能であり、また好ましいとも思われないからだ。第2は、仮にそれが可能であったとしても、京都市が現在よりも2倍、3倍の外国人旅行者数をこれほどの短期間で増やすことは、京都のキャパシティを超えて「京都らしさ」の破壊につながる恐れがあると考えるからだ。

　「定住人口」の落ち込みを一時的な「交流人口」（観光客など）でカバーしようという考えもあるが、この考えは適切なものとは言えない。交流人口が一時的にいくら増えてもそこでの定住人口が増えない限り、地域がさびれることは避け難い。人口が激減する東山区のまちづくりの基本は、中長期的スパンで人口減少に歯止めをかけること（必ずしも増加させることではない）、それに結び付くまちづくりを持続的に進めることだ。

　東山区の人口減少を食い止めるためには、当面、出生数と死亡数が等しくなる「静止人口」状態を目指し、次にはその状態が持続する「安定人口」を実現することがまちづくりの基本目標になる。例え人口が30年で3割減ったにしても、その傾向がそこで「底打ち」になれば、その後は現在人口の7割を安定的に維持することができる。人口減少が問題なのではなく、人口減少傾向が長期的に継続すること、加速することが問題なのである。

　東山区の立地条件を生かして、家族形成期の若者や子育て期の若年家族が

住める条件をつくることはそれ程難しいことではない。京都の品格を愛する
リピーターが訪れる東山区は、「小規模・分散・調和型」の観光施設や宿泊
施設が最も似合う街なのであり、このような施設の業態は「家族営業」を核
とした自営業が最も適している。小規模・分散・調和型の観光施設や宿泊施
設が程よく広がる街は、旅行者が訪れていい街であり、地元住民が住んでい
い街なのである。

　アメリカの CNN 放送は最近、「観光客増大のバルセロナ、住民との摩擦
回避でホテル建設規制」とタイトルで次のようなニュースを配信した（2017
年2月5日）。

　「スペインのバルセロナ市議会は 2017 年 2 月 5 日までに、同市中心部での
ホテル建設を規制し、米 Airbnb（エアビーアンドビー）を通じた民家の貸し
出しを制限する新たな規則を承認した。規則は今月発効。観光客が押し寄せ
て中心部では住民より滞在する観光客が多くなり、不動産価格の上昇、騒音
の悪化に襲われて住民が逃げ出す後遺症が目立ってきたことへの対応策と
なっている。新たな規則により中心部ではなく郊外でのホテル建設を促し、
一般民家の小型ホテル化の拡散阻止を図る」

観光バブルはいつまでも続かない

　政府観光庁が今年1月に発表した 2016 年の訪日客の消費総額の伸び率は
前年比 7.8％にとどまり、1人当たり平均消費額も前年比 11.5％減の 15 万
6千円となった。免税店大手のラオックスが 2016 年の売上高3割減で赤字
に転落したことにも象徴されるように、「爆買い」に急ブレーキがかかった
のである。政府は 2020 年までに訪日客を4千万人に増やし、1人当たりの
消費額を 20 万円に引き上げ、消費総額を年8兆円にするとの目標を掲げて
いるが、観光庁長官自身が達成困難であることを認め、小売大手の幹部は
「『爆買い』の再来はもうない。今後は訪日客のリピーターを増やし、固定客
にしていくことが大切だ」と話している（朝日 2017 年 1 月 18 日）。

　おそらく東京オリンピックの頃までは、現在の勢いがスローダウンしなが
らも何とか続くかもしれないが、その後は事態が急変するだろう。世界の観

光動向が「爆買い」や「団体旅行」から「家族・友人・個人滞在旅行」へ劇的に変化しているとき、数値目標だけを掲げて呼び込み観光や宿泊施設建設だけに没頭することは愚の骨頂であり、世界の趨勢から取り残されることは目に見えている。日本経済新聞の「インバウンドシンポジウム、4000万人時代をめざして」に来賓として招かれた田村明比古観光庁長官は、次のような挨拶をしている（日経2017年2月21日）。

　「『観光先進国を目指す』というテーマで取り組みを進めているが、数を追うだけでなく、質を問うという意味を込めている。文化財の価値を理解してもらうといった努力が滞在時間を増やすことにつながる。観光産業はこれまで国内市場を相手にしたビジネスモデルだったが、今後は激しい国際競争にさらされる」

〈1.4〉2018年2月18日講演録
東山区のまちづくりを考える
～『ねっとわーく京都』の連載を通して～

まちづくりの基本、人口問題から考える
　東山区のまちづくりについては、すでに多くの調査や研究があります。報告や提言も沢山出ています。その切口は、産業、景観、観光、交通、防災、空き家問題などさまざまな分野にわたっており、それぞれが傾聴すべき内容を含んでいます。これらは東山区のまちづくりの貴重な宝だと言えるもので、時と場合に応じてその趣旨や提案を上手に生かしていくことが大切です。
　ですが、私がこの1年間、『ねっとわーく京都』の連載を通して一貫して追及してきたテーマは、「人口問題」から東山区のまちづくりを考えることでした。言い換えれば、このままの勢いで東山区の少子化と人口減少が続いていけば、いかなる優れたまちづくりの提案も台無しになり、画餅になりかねないと恐れるからです。これまでの提案（だけ）では、半世紀にもわたって続いてきた東山区の少子化の流れを止めることができず、いま起こってい

る「民泊バブル」にも対応できないと思うからです。

　人が住んでこそ「まち」が成り立ちます。人が住めなくなってゴーストタウンになれば、「まちづくり」はできません。たとえ優れた歴史遺産が地域にあっても、世界中から数多くの観光客が訪れても、その地域に人が住めなくなればやがて「廃墟」や「遺跡」となります。歴史遺産も自然環境も人が住んでこそ生かされるのです。この点で「住んでよし、訪れてよし」の格言は、東山区の「まちづくり憲法」ともいうべき大切な言葉だと言わなければなりません。

京都市における東山区の位置

　でもよく考えてみますと、このことは何も東山区だけに限らず、京都市全体のまちづくりが直面している課題でもあります。日本はいま首都圏を除いて人口減少時代に入っています。私は「人口減少」（フロー概念）という表現よりも「人口縮小」（ストック概念）という方が現在の事態の深刻さをよくあらわしていると思います。「減少」は事態の進行をあらわす言葉ですが、「縮小」はその結果をあらわす言葉だからです。日本は人口が単に「減る」だけではなくて、「小さくなる」のです。

　京都市はどうでしょうか。京都市はもうこれ以上、人口が増えることはありません。これまでは「ドーナツ化現象」といって都心部だけが空洞化し、郊外部が肥大化してきました。でも、これからは（今すでに）都心部も郊外部も両方で人口が減り、内も外も人口が減る時代になります。すでに左京区、右京区、山科区などの郊外部では、郊外団地の「立ち枯れ現象」があらわれ始めています。

　現在のまちづくりの課題は、もはや人口回復や人口増加を目指すというよりは、どれだけ人口減少を食い止めるか、縮小規模をどの程度抑えるかというところまで来ています。東山区は京都市の中で（日本中でも）人口減少の先頭を走ってきました。2008年から2012年にかけての東山区合計特殊出生率（1人の女性が生涯に産む子ども数）は0.77となり、人口置き換え水準2.07の3分の1強にすぎず、全国1888市区町村の最下位でした（厚生労働省『人口動態特殊報告、平成20年〜24年』、2014年2月）。東山区のまちづくり

が失敗すれば、京都市全体のまちづくりもその後を追うことになります。京都市はもっと東山区のまちづくりに関心を持ち、人口減少を食い止めるためのプロジェクトチームを立ち上げ、本格的な調査研究をスタートさせるべきです。

まちづくりの進め方、回り道をしながら一歩一歩頂上へ

　人口問題からみたまちづくりへの取り組みはそう簡単なものではありません。この道は遠くて長い道のり（山道）なのです。この1年間、私が『ねっとわーく京都』の連載を通してずっと考えてきたことは、「回り道をしながら頂上へ」というフレーズでした。まちづくりの頂上へは一気に登れません。取りあえず登りやすい道にとりつき、次に回り道をしながら一歩一歩ずつ頂上へ近づくというルートを探し出さなければなりません。これは回りくどいアプローチですから、読者の皆さんはこの連載はいったいいつになったらまちづくりの頂上にたどり着くのか、さぞかしイライラしておられることでしょう。

　この期待に応えることはなかなか難しいことです。なぜなら私の連載は、必ずしも頂上への「早道」や「抜け道」を見つけ出すことが目的ではなく、そこに至る「道筋」を見つけ出し、山を登ろうとする人たちに必要な体力や気力を身に着けてもらうためのものだからです。この道を根気よく歩いていけば、いつかは必ず視野が開ける、そして頂上に達することができる──、住民の方々にこんな確信を持ってもらうことが眼目だからです。

　このため、まちづくりとは一見関係のないようなことを長々と書いてきました。人口構造（年齢構成や若年人口）の分析、人口動態（社会動態、自然動態）の分析、就業構造（正規、非正規雇用）の分析、観光業従業者（宿泊業、飲食サービス）の分析などなどです。数字ばかりの統計表と文章が面白くないことは重々分かっているのですが、それでも「エビデンス」（証拠）を示さないことには読者の方々になかなか理解してもらえません。とりわけ、役所の人たちは統計数字を重視します。市役所や区役所の方々にまちづくりの基本が人口問題にあることを理解してもらうためには、どうしても統計数字による立証が必要なのです。

京都市の出生率なぜ低い、非正規雇用が原因

いろんな統計資料を調べて分かってきたことは、以下のようなことでした。

（1）京都市とりわけ東山区の人口減少の主な原因は、「社会増減」（転入と転出の差）よりも「自然増減」（出生と死亡の差）にあるということです。高度成長期には大都市に人口が集中したのですが、いまは「東京一極集中」だけが続いていて、それ以外の都市の人口移動は沈静化しています。私が京都市を「スローな成熟都市」と名付けたのは、大都市の中でも京都市はとりわけ人の出入りが少ない都市だからです。このような都市では、都市の成長発展は「自然増減」によって左右されることになり、そこに住んでいる人たちが健やかに子どもを産み、育てられるかによって都市が持続的に発展できるかどうかが決まるのです。

（2）京都市の少子化（低出生率）の原因は、全国に比べて合計特殊出生率すなわち 1 人の女性が産む生涯子ども数が少ないこと、また人口（千人）当たりの出生数が少ないことです。なぜ出生率が低いのか、出生数が少ないのか。それは結婚できない（しない）若者が多いからです。東山区の少子化と人口減少に関するこれまでの通説（俗説）は、女性が多いにもかかわらず（祇園花街や京都女子大の存在など）結婚しない女性が多い（未婚率が高い）ので、子どもが産まれないというものでした。しかし、それは本当でしょうか。

（3）若者が結婚できない（しない）のは、人生や家庭生活への価値観が変わってきていることもありますが、主な原因は経済的理由にあります。結婚して幸せな家庭を営むには「安定した雇用と所得」が必要ですが、それが保障されていないからです。その象徴がバブル経済崩壊後の「非正規雇用」の激増です。総務省統計局の『労働力調査』（2016年）によれば、雇用者総数の 38％、男性雇用者の 22％、女性の 56％が非正規雇用です。また年収は 100 万円未満が男性 28％、女性 45％、100 万円以上 200 万円未満が男性 30％、女性 40％です。両者を合わせると年収 200 万円未満が男性 58％、女性 85％になります。これでは男

性の場合、結婚して家庭を持つことはなかなか難しいと言わなければ
なりません。

（4）京都市の正規・非正規雇用の割合を総務省の『就業構造基本調査』
（2012年）で調べますと、雇用者総数（役員を除く）58万人のうち正規
雇用と非正規雇用の割合は56％：44％、全国は62％：38％ですから非
正規雇用が6％も高いことがわかります。男女別では男性が71％：
29％、全国が78％：22％、女性が37％：63％、全国は42％：58％と、
京都市の非正規雇用がいずれも5〜7％高くなっています（京都市情
報化推進室、「京都市の就業構造の概況—平成24年就業構造基本調査集計結
果—」、『統計解析』No.56、2014年8月）。

年収300万円、なければ結婚できない

　非正規雇用者が結婚できない（しない）ことを証明する政府の統計資料が
あります。【表1】は上記の総務省就業構造基本調査を特別集計したもので、
男女別、年齢段階別、正規・非正規別、個人年収別の有配偶率（結婚して配
偶者がいる割合）が掲載されています。ただし女性の場合は、兼業主婦（有
配偶者）の多くが非正規雇用にカウントされているので、雇用形態と有配偶
率との関係が必ずしも明確に読み取れません。そこで、若年男性（20〜44
歳）の場合に限って分析しました。

　この表から言えることは、仕事を持っていない「無業者」、有業者ではあ
るが「非正規雇用者」、それに「正社員」（役員を含む）との間では有配偶率
に隔絶した格差が存在することです。これを5歳刻みの年齢段階別にみます
と、無業者の有配偶率は1.6％（20〜24歳）から15.9％（40〜44歳）、非正
規雇用者は4.5％（同）から34.1％（同）にしかならないのに対して、正社
員の有配偶率は8.6％（同）から73.9％（同）まで順調に上昇します。つま
り無業者は40歳代前半に達しても6人に1人、非正規雇用者は3人に1人
しか結婚できない（しない）のに対して、正社員は4人のうち3人が結婚し
ているのです。

　次に個人年収別の有配偶率をみますと、年収200万円未満の場合は40歳
代前半になっても有配偶率はすべて30％台にとどまっているのに対して、

【表1　年齢段階別にみた有業・無業状況、個人年収別有配偶率（在学生を除く）、単位：％、一部省略】

男性	20−24歳	25−29歳	30−34歳	35−39歳	40−44歳
全体	6.7	26.0	50.0	61.1	66.5
無業計	1.6	5.1	10.2	12.5	15.9
有業計	7.6	28.1	53.1	64.5	70.1
正社員（役員含む）	8.6	31.7	57.8	68.6	73.9
非正規雇用	4.5	13.0	23.3	28.1	34.1
個人年収					
収入なし50万円未満	1.9	9.6	23.4	35.2	35.0
50−99万円	2.1	7.3	24.5	32.5	34.1
100−149万円	4.4	11.1	22.7	29.9	37.2
150−199万円	5.2	14.7	26.9	35.4	39.2
200−249万円	7.5	21.0	36.9	42.5	49.3
250−299万円	7.9	25.7	42.7	49.4	53.9
300−399万円	10.6	32.2	54.6	60.9	64.2
400−499万円	19.2	39.3	63.8	71.4	72.9
500−599万円	24.9	53.3	72.1	79.3	78.3

※資料出所：労働政策研究・研修機構、『若年者の就業状況・キャリア・職業能力開発の現状②―平成24年版「就業構造基本調査」より―』、資料シリーズNo.144、2014年9月

200万円を超えると40％台になり、以降50万円アップするごとに50％台、60％台、70％台と飛躍的に上昇することがわかります。このことは、安定した雇用の下で少なくとも300万円程度の年収がなければ、若者が結婚できないことを意味します。出生率を回復させるためには、何よりも安定した雇用による所得保障がカギなのです。

京都市は男女とも未婚率が著しく高い

　若者世代が結婚できないことは、未婚率の上昇となってあらわれます【表2】。京都市の際立った特徴は、全国に比べて若年男女（25～39歳）の未婚率が著しく高いことです。京都市の若年男女の未婚率はどの年齢階級においても全国より高く、なかでも25～39歳男性を一括した未婚率は、42％（1990年）、51％（2000年）、54％（2015年）と年を追うごとに上昇し、全国との差は4％から7％へ広がってきています。女性未婚率（同）もまた

27％（1990年）、40％（2000年）、47％（2015年）と急上昇し、全国との差は
7％から10％へ拡大しています。つまり直近の数字では、京都市の若年男
性の半分以上、若年女性の半分近くが結婚していないのです。

　このように京都市の未婚率が高いのは、女性側の原因もさることながら、
主たる原因は男性側にあるのではないかということです。京都市の若年男性
労働者には非正規雇用が多く、1990年のバブル崩壊以降、「結婚できない男
性」が一貫して増え続けてきました。そのことが女性の結婚に対する選択肢
を狭め、女性の自立心の向上とも相まって「結婚しない女性」の大幅増につ
ながっているのです。

　以上の結果から、京都市におけるこの間の人口動態（出生数、出生率）の
特徴を1970年代にまで遡及して総括しますと、京都市では若年女性人口の
増減如何にかかわらず、全国最下位水準の低出生率のために出生数が回復せ
ず、1974年の出生数2万5千人から2015年1万1千人（6割弱）にまで一
貫して出生数が減少してきました。京都市における出生率の急激な低下は、
1973年オイルショック後から始まり（1975年合計特殊出生率1.66）、バブル
経済崩壊後の90年代不況によって一段と深刻化し（1990年1.38）、「失われ
た10年」「失われた20年」といわれた平成不況の長引く構造不況のもとで、
全国最下位水準（2000年1.21、2015年1.30）に低迷することになったので

【表2　全国・京都市、男女別、年齢別、25～39歳未婚率の推移、1990年、2000年、2015年、単位：%】

	25～29歳		30～34歳		35～39歳		25～39歳	
	全国	京都市	全国	京都市	全国	京都市	全国	京都市
男性								
1990年	64.3	67.8	32.6	34.1	19.0	21.0	38.1	42.1
2000年	69.3	73.1	42.9	44.5	25.7	26.0	47.4	50.7
2015年	68.4	77.7	44.7	51.0	33.7	37.4	47.4	54.3
女性								
1990年	40.2	47.6	13.9	18.7	7.5	11.5	20.1	26.8
2000年	54.0	61.2	26.6	33.0	13.8	18.5	32.7	40.0
2015年	58.8	70.1	33.6	43.3	23.3	31.0	37.0	47.2

※資料出所：国立社会保障・人口問題研究所編『人口の動向』各年版、「京都市の合計特殊出生率」
（『統計解析』No.79）及び『京都市の人口―平成27年国勢調査結果―』から作成。

す。

観光業は非正規雇用の巣、門川市長も危機感？

　京都市の正規・非正規雇用の割合を産業別に見ますと、宿泊業・飲食サービス業すなわち観光業の非正規率が群を抜いて高いことがわかります。京都市の観光業に従事する雇用者総数（役員を除く）は4万6千人、うち正規雇用は1万1千人（25%）、非正規雇用は3万4千人（75%）です。男女別では、男性2万人のうち正規雇用9千人（45%）、非正規雇用1万1千人（55%）、女性2万5千人のうち正規雇用2千人（9%）、非正規雇用2万3千人（91%）です。他産業の正規雇用率は、電気・ガス・水道業84%、建設業77%、金融業・保険業74%、製造業70%、運輸業・郵便業68%などですから、宿泊業・飲食サービス業の正規雇用率25%が如何に低いかがわかります（京都市情報化推進室、『統計解析』No.56、2014年8月）。

　門川市長も観光業に非正規雇用が集中していることには相当な危機感があると見えて、近年の雑誌インタビューや観光ビジネス業界との討論会においてこんな発言を繰り返しています。

　「近隣には朝食つきで1泊3000〜5000円の宿もある。でも、たとえばその旅館がどうなったかと言えば、正規職員を全員リストラ。非正規職員の雇用でコストダウンしている。それではダメなんだ。（略）最大の課題は『人』。京都市はこれだけ観光が好調だし、財政も良くなっているだろうと思われるけれど、ぜんぜんダメ。リーマンショック以前から、税収はまだ250億落ち込んだままだ。何がダメなのか。京都市内で製造業に従事している方の非正規率は3割で、卸売や小売では同5割になる。しかし、観光・宿泊・飲食に従事する人の非正規率は75%。これが日本の観光・サービス業の現実だ。このままでは『観光立国日本』が実現しても、それを支える人の75%が非正規労働者という話になりかねない。それではダメだ。数を求めるのも大事だが、我々は安定した雇用と質の高いサービスに徹していく。どれほどお客さんが来て忙しくなっても持続可能性がなければ人は育たない。それが最大の課題だと思って挑戦している」（星野リゾート社長、福山参院議員などとの討

論会、「関西・観光客“倍増”計画〜2020 年に向けての挑戦」、『GLOBIS 知見録』
2015 年 6 月 1 日）。

　この発言が本当なら、京都市長が真っ先になすべきことは観光業における
劣悪な非正規労働の改善であるはずです。だが不思議なことに、門川市長は
非正規雇用問題には何ら触れることなく、宿泊施設 3 万室を（僅か 4 年で）
4 万室に増やすという途方もない拡大方針に踏み切ったのです。言うまでも
なく、宿泊施設の大増設は非正規雇用のさらなる拡大につながります。その
結果、いまでも低い京都市の出生率がさらに低下するリスクを招くことにな
ります。

東山区の出生率なぜかくも低い、全国最下位の理由

　これまで、東山区の出生率が全国最下位に位置していることについては本
格的な調査研究が行われてきませんでした。しかし、その原因は明らかだと
言わなければなりません。それは、京都市の中でも東山区には非正規雇用の
観光業従事者（宿泊業・飲食サービス業）が集中しているためです。東山区の
宿泊業・飲食サービス業従業者が全産業に占める割合は、全国の上位 5 市区
町村（トップ 5）に入るほど高いのです。

　総務省の『平成 26 年経済センサス・基礎調査』（確報、2015 年 11 月）によ
れば、全国民営の宿泊業・飲食サービス業従業者（自営業主、家族従業者、役
員、正規・非正規雇用者、臨時雇用者のすべて）は 549 万人、民営の全産業従
業者 5743 万人に占める割合は 9.6％です。これに対して、京都市は 9 万 6
千人（12.9％）、東山区は 1 万 1500 人（33.6％）ですから、東山区の宿泊
業・飲食サービス業従業者が全産業に占める割合は、全国の 3.5 倍、京都市
全体の 2.6 倍になります。

　全国トップ 5 に挙げられた市区町村はいずれも有名な観光地です。宿泊
業・飲食サービス業従業者が全産業従業者に占める割合が 3 〜 5 割にもな
り、しかも宿泊業・飲食サービス業従業者の非正規雇用率は全国平均 78％
ですから、これらの観光地ではこれよりもはるかに多い非正規雇用者が働い
ていると思われます。その結果、合計特殊出生率が全国平均 1.38 を上回っ

【表3　人口1万人以上の全国市区町村における宿泊業・飲食サービス業の従業者数、全産業に占める割合、上位5市区町村】

順位	市区町村	従業者数	うち宿泊業、飲食サービス業	全産業に占める割合	合計特殊出生率
第1位	神奈川県箱根町	14,756 人	8,000 人	54.2%	1.06
第2位	三重県鳥羽市	10,694	3,728	34.9	1.41
第3位	長野県軽井沢町	13,159	4,488	34.1	1.36
第4位	京都市東山区	34,369	11,545	33.6	0.77
第5位	静岡県熱海市	21,537	6,417	29.8	1.22

※資料出所：総務省「平成26年経済センサス・基礎調査」(2015年11月)、厚生労働省「平成20年～24年、人口動態保健所・市区町村別統計の概要、人口動態統計特殊報告」(2014年2月)から作成

ているのは鳥羽市だけで、あとはすべて下回っています。とりわけ東山区の0.77は目を引きます。これは京都市全体が1.16と底をついているので、さらに押し下げられたのでしょう。

遠からず"民泊バブル"は破裂する

　旅館業法に基づく営業許可施設一覧は、京都市の「オープンデータ・ポータルサイト」で毎月の速報値を見ることができます。上記の拡大方針が出される前の2016年3月末の京都市内の宿泊施設の内訳は、ホテル163件（2万830室、平均128室）、旅館369件（5467室、平均15室）、簡易宿所696件（3489室、平均5室）、合計1228件、2万9786室（3万室）でした。件数ではホテル24％、旅館30％、簡易宿所57％の割合ですが、室数ではホテル70％、旅館18％、簡易宿所12％となって、ホテルが7割と圧倒的です。これに「違法民泊」1847件（2015年度調査）を加えると、簡易宿所は優に2500件を超えます。

　それ以降の動向は、市の宿泊施設拡大方針が火に油を注いだのか、僅か2年足らずの間に簡易宿所が爆発的に増加し、ホテルラッシュにも火が着きました（旅館は減少）。その結果、2017年12月末現在の宿泊施設数（速報値）は、ホテル205件（42件増、1.3倍）、旅館366件（1％減）、簡易宿所2106件（1410件増、3倍）、合計2667件（1449件増、2倍）になりました。

　京都市の宿泊施設速報値には室数が掲載されていないので、どれほどの

ヴォリューム（室数）が増えたのか正確にはわかりません。そこで 2017 年
12 月末の宿泊施設件数に施設別の平均室数（2016 年度）を掛けて算出する
と、ホテルは 2 万 6240 室（5410 室増）、旅館 5409 室（45 室減）、簡易宿所 1
万 530 室（7040 室増）、合計 4 万 2260 室（1 万 2470 室増）となって、すでに
2020 年の拡大目標「4 万室」は現時点で超過達成されていることになりま
す。

　だが、事態はとうていこの程度では収まらないでしょう。京都市ではホテ
ルや簡易宿所建設がすでに"バブル"に転化しており、バブルが破裂しない
限りこの動きは止まりそうにないからです。門川市長が目指した「2020 年
拡大目標」が今後どんな結果をもたらすのか、その行く先を簡単にシミュ
レーションしてみましょう。

　まず簡易宿所ですが、簡易宿所は 2017 年 4 月以降、月平均 70 件近くのテ
ンポで増えているので、このままの勢いでいくと 2018 年 3 月末には 2300 件
（1 万 1500 室）を超え、2020 年 3 月末には 4000 件（2 万室）近くに達するも
のと思われます。ホテルは 2017 年 4 月以降、年平均 30 件程度の増加ペース
なので、2020 年 3 月末には 270 件（3 万 5000 室）に増加することは確実で
す。旅館が概ね現状維持（360 件、5000 室）だとすると、2020 年 3 月末には
これらすべてを合わせて「6 万室」となり、2016 年 3 月末から僅か 4 年間
で京都市内の宿泊室数が「2 倍」に増えることになります。

観光業は空前の人手不足、求人難で人が集まらない

　厚生労働省が 2018 年 1 月末に発表した 2017 年平均の有効求人倍率は、半
世紀ぶりに 1970 年代前半と並ぶ 1.50 倍に上昇しました。観光業関連で言え
ば、接客・給仕が 3.85 倍で 2 位、飲食物調理が 3.16 倍で 4 位に入り、観光
業関連はいずれも「人手不足トップ 5」に入る状態が続いています（日経
2018 年 1 月 31 日）。

　厚生労働省が 2012 年 1 月に実施した「旅館業の営業経営実態調査」によ
ると、1 施設当たりの平均従業者数（事業主、役員、家族従業者、正規・非正
規雇用者、臨時雇用者）は旅館 16.7 人、ホテル 43.3 人、簡易宿所 4.4 人で
す（厚生労働省健康局生活衛生課、『旅館業の実態と経営改善の方策』、2014 年 9

月）。この平均従業者数を適用すると、京都市に必要とされる2020年の宿泊業関連の従業者数は、旅館6000人、ホテル1万1700人、簡易宿所1万1760人、合計3万5300人になります。

　一方、『平成24年就業構造基本調査』によると、京都市の宿泊業関連の有業者数（従業者数）は1万4800人です。ですから、3万5000人を確保しようとすれば新たに2万人の労働力が必要となります。しかし、京都市の有業者数と有業率（15歳以上人口に占める割合）は、1992年の76万1000人（61.5%）をピークに次第に低下し、2012年には72万8000人（56.7%）にまで減少してきています（京都市『統計解析』No.56、2014年8月）。

　市人口が減少する中で、有業者数（労働力）を増やすことはそう簡単なことではありません。まして4年間で2万人もの労働力を調達することなど想像もつかないし、不可能だと言っても過言ではありません。厚生労働省の『平成28年賃金構造基本統計調査の概況』（2017年2月）によれば、宿泊業・飲食サービス業雇用者の賃金は正規・非正規雇用者とも全産業中で最低です。男性は正規28万6千円で最下位、非正規20万4千円でビリから2番目、女性は正規21万2千円で最下位、非正規17万2千円でビリから2番目です。低賃金の観光業が、男性であれ女性であれ、また正規雇用者であれ非正規雇用者であれ、働き手を集めることは至難の業と言わなければなりません。

　遠からず、京都市の"ホテル・簡易宿所バブル"が破裂することは確実です。それも観光客が予測したように伸びず、空き室が埋まらないということも考えられますが、その前に従業員が足りなくて施設管理が追いつかず、客室稼働率が低下して経営不振や経営破綻に陥る可能性の方が大きいと思われます。すでにその兆候はあらわれています。大阪の民泊では赤ちゃんをオンブした主婦が動員されていますし、外国人留学生も引っ張りダコだそうです。

　そんな事態が東山区にもやってくるかもしれません（すでに来ているかもしれません）。でも、空き室になった「ゲストハウス＝ゴーストハウス」（民泊ホテル）があちこちに溢れるような街はサステイナブルとは言えません。「住んでよし、訪れてよし」のまちづくり憲法にも反することです。住む人

が健やかに子どもを産み、育てられるまちこそが東山区の目指すべき姿だからです。

第2章

安倍政権、地方創生の陥穽

　第2次安倍改造内閣の「骨太の方針2015」において「地方創生」が目玉政策となり、(1) 人口の減少に歯止めをかける、(2) 東京圏への人口の過度の集中を是正する、との目的を明記した「まち・ひと・しごと創生法」（地方創生法）が2014年11月に制定された。京都市はこれに基づき「人口減少社会の克服と東京一極集中是正の全国のモデルをつくる！」として、「まち・ひと・しごと・こころ京都創生長期ビジョン（2015-2060)」を策定した。

　だが不思議なことに、国の長期ビジョンのほとんどが「たられば」の文体で書かれていて、目標達成は仮定条件が満たされた場合にしか実現できないことになっている。(1) 若い世代の希望が実現すると、出生率は1.8程度に向上する。(2) 人口減少に歯止めがかかると、50年後1億人程度の人口が確保される。(3) 人口減少に歯止めがかかると、高齢化率は35.3%でピークに達した後は低下し始め、将来は27%程度にまで低下する。(4)「人口の安定化」とともに「生産性の向上」が図られると、50年後もGDP成長率は1.5〜2%程度が維持される……。ここでの文脈はすべて希望的観測に基づくものであり、この中の仮定（前提条件）が一つでも実現しなければ、すべての目標はドミノ的に崩壊するのである。

　第2章では、安倍政権の目玉政策「地方創生」の虚構を人口動向から明らかにするとともに、「東京一極集中に対して解決の道を切り拓くさきがけとなる都市があるとすれば、京都をおいてほかにない」とする京都創成ビジョンのリアリティについても検証する。

〈2.1〉2017 年 10 月号

地方創生に期待できますか
〜京都は東京と違う〜

　これまで、京都市には本格的な人口減少対策がなかったと言ってもよい。〈3.1〉「京都はスローな成熟都市なのです」でも説明するように、「京（みやこ）プラン」（京都市基本計画 2011〜2020 年度）では「人口減少と少子化」が強調され、「人口減少を食い止める方策の展開」が項目としてはあるものの、中身は具体的な政策になっていない。たとえば、「人口は、経済成長や労働力の確保など、都市の発展と活力の維持に多大の影響があり、人口減少に歯止めをかけることは、京都の未来を左右する極めて重要な課題である。ひとびとは魅力ある都市に集まることから、働く場を確保する産業の振興をはじめ、豊かな学びや子育て環境の整備など、京都を一層魅力ある都市として磨き上げるためのさまざまな方策を展開することにより、京都の人口減少をできる限り食い止めることが求められる」（14 頁）とあり、「さまざまな方策」は並べられているが、人口減少そのものを対象とする"骨太の政策"はどこにも見当たらないのである。

第 2 次安倍改造内閣の地方創生がきっかけだった
　ところが、第 2 次安倍改造内閣が「地方創生」（骨太方針 2014）を打ち出すや否や、京都市は「人口減少社会への対応」の視点から「京プラン」点検と更なる推進方策を検討する基本計画点検委員会を設置し、人口減少問題への取り組みを急きょ開始した。点検委員会の答申は以下のようなものだ。
（1）京都市は、都市特性や基本計画のこれまでの取り組み成果を踏まえ、改めて人口減少問題を真っ先に、真正面から取り上げ、京都の課題解決だけでなく、全国のモデルを目指すべきである。
（2）東京一極集中に対して、解決の道を切り拓くさきがけとなる都市があるとすれば、京都をおいてほかにない。世界が認める魅力の集積、先進的取り組みの積み重ね、東京一極集中を形成してきた価値観を修

正できる生き方・暮らし方の価値観を持つ京都の使命として、地方か
ら東京圏への人の流れの「潮目」を変える役割を担い、東京一極集中
是正の先頭に立つ取り組みを望む。
（3）東京と異なる価値観の象徴として、「こころの創成」を掲げた京都な
らではの地方創生の取組が、人口減少への新たな挑戦として期待され
る。

　この答申にもとづき 2015 年 7 月に策定されたのが、「人口減少社会の克服
と東京一極集中是正の全国のモデルをつくる！」と題する「まち・ひと・し
ごと・こころ京都創生」（京都創生という）に関する長期ビジョン（2015-
2060）と総合戦略（2015-2019）である。こうして、地方創生法公布（2014 年
11 月）から僅か半年余りという異例の速さで「京都創生」が策定されること
になったが、政策の整合性や系統性から見て「京都観光振興計画 2020」（観
光振興計画という）と「京都創生」との間には大きな溝がある。

観光振興計画と京都創生は両立するか

　都市政策の系譜からすれば、「世界があこがれる観光都市へ」の看板を掲
げる観光振興計画は、「世界があこがれる首都へ」を掲げて世界中からヒ
ト・モノ・カネを集めようとする「VISIT・TOKYO」戦略と同一線上にあ
る。両者は、第 2 次安倍内閣の下で策定された『日本再興戦略— JAPAN is
BACK —』（2013 年 6 月）と『明日の日本を支える観光ビジョン—世界が訪
れたくなる日本へ—』（2016 年 3 月）に呼応し、2020 年東京オリンピックを
契機に大規模なインバウンド政策（外国人旅行者の呼び込み政策）を展開しよ
うとしている点で共通項が多い。
　安倍政権が打ち出した観光ビジョンは異次元の目標を掲げた成長戦略であ
り、その目標は訪日外国人旅行者数を 2020 年 4000 万人（5 年で 2 倍）、2030
年 6000 万人（15 年で 3 倍）に増加させるという桁外れのものだ。しかし、
京都市はこれを受けて、『京都市宿泊施設拡充・誘致方針—観光立国・日本
を牽引する安心安全で地域と調和した宿泊観光を目指して—』（2016 年 10
月）を策定し、2020 年の外国人宿泊客数を 440〜630 万人と想定した。これ

は2015年実績113万人の4〜6倍、観光振興計画の目標300万人の1.5倍〜2倍にも達する数字である。また、当面の施策として「2020年までに約1万室新設する」（計4万室）との大幅な宿泊施設拡充方針も打ち出した。

　だが、これほどの大量の外国人旅行客を呼び寄せようとする観光振興計画と宿泊施設拡充方針は、京都創生の「人口減少問題を真っ先に、真正面から取り上げ、京都の課題解決だけでなく全国のモデルを目指す」という方針といったいどうやって整合させるのか。一方では、東京に合わせてエンジンを全開しながら、他方では「京都の使命として地方から東京圏への人の流れの『潮目』を変える役割を担い、東京一極集中是正の先頭に立つ」など、真逆のことを言ってブレーキを踏むことは果たして可能なのか。

京都が悲鳴をあげている

　これまでインバウンド歓迎一色だったマスメディアの論調にも、このところ少し変化が出てきている。代表的なのは、朝日夕刊（2017年6月14日）の「訪日爆増、京都が悲鳴」、毎日コラム（2017年7月26日）の「悲鳴を上げる観光地」あたりだろう。まだまだ本格的な調査報道とまでは言えないものの、それでも度の過ぎた外国人旅行者の急増が、市民生活のいろんな側面で相当な軋轢を引き起こしていることがよくわかる。両記事のさわりを紹介しよう。

　「急増する外国人観光客が日本屈指の観光都市・京都に押し寄せ、住民の日常生活に思わぬ影響が出始めている。バスは満員、違法民泊も増え、『もはや限界』『観光公害』という声が出るほどだ。その陰で人口が減り、行く末を憂える地区もある。（略）高台寺や三十三間堂を抱える京都市東山区。人並みでごった返す観光地の悩みは人口減少。4万人を割り、ピーク時の半分ほど。高齢化が背景にあり、空き家も増え続けている。そこに広がるのが違法民泊だ。（略）京都の観光政策を担う担当部長の三重野真代さんは『この2年で急激に増え、うまく対応できずにひずみが出た。その原因が違法民泊だ』と指摘する。本来ならば宿泊施設数でコントロールできる観光行政が、違法民泊の急拡大で十分に対応できていないという」（朝日）

　「今年の上半期、日本を訪れた外国人は過去最高の1400万人近くになった
と政府が発表した。観光客が増えるのはありがたいことのようだが、世界的
に有名な観光地からは『もう、たくさんだ』という声が相次いでいる。イタ
リア・ベネチアは人口5万あまりの中心市街地に年間2000万人がやってく
る。多い日は人口の3倍以上にふくれる。運河と小道が迷路のように走る街
は、人波が途切れず、夜遅くまで騒々しい。生活の基盤を担う施設や商店は
観光客向けになった。住宅価格は上がり、購入はもちろん借りるのも難し
い。かって17万人以上いたが、転居する人が増え、中心部の人口は減少の
一途だ。その結果、残った住民はますます生活しにくくなる。(略)日本で
は京都が悲鳴をあげている。もともと春や秋の観光シーズンには、中心部や
名所は大混雑していたが、外国人客の増加でほぼ1年を通じた光景になっ
た。(略)祇園や清水寺を抱える観光エリアの東山区は人口減少が進んでお
り、一層の加速が心配されている」(毎日)

　イタリアの経験はもはや他人事とは言えないだろう。歯止めのないインバ
ウンド政策の行き着く先は、市民生活や住民生活との激しい衝突を招き、結
果として人口減少を引き起こして街の存続を危うくする。京都も例外とは言
えず、いま進行中の「インバウンド観光＝イケイケ観光」の展開は、京都創
生の息の根を止めかねない危険性を孕んでいる。観光振興計画と京都創生と
のバランスをいったいどう取ればよいのか。

地方創生の賞味期限はたった1年
　安倍政権の「地方創生」に関する長期ビジョンは、「2060年に1億人程度
の人口を確保」「人口減少の歯止めのために出生率1.8を実現」「東京一極集
中の是正」などとする壮大な目標を掲げ、かつ総合戦略として、2020年を
目途に「地方と東京圏の転出入均衡(東京圏10万人入超を東京圏転入6万人
減、地方転出4万人増)」「若い世代の就労・結婚・子育ての希望実現(結婚希
望実現率68％を80％へ、第1子出産前後の女性就業継続率35％を55％へ、子育
て安心社会実感率を19％から40％超へ)」など具体的な数値目標を設定したも
のだ。

だが、「地方創生」の賞味期限はたった1年。翌年の第3次安倍改造内閣（2015年10月）では「一億総活躍社会」が、翌々年の安倍再改造内閣（2016年8月）では「働き方改革」がそれぞれ次の目玉プランとなり、山本地方創生担当相に託された「地方創生」の仕事は、加計学園獣医学部新設という首相の「特命事項」を実現することだけになったのである。

たった1年の寿命だったが、それでも「地方創生」が安倍政権の表看板になったのはそれなりの理由があった。第2次安倍内閣の発足当初、華々しく打ち上げられた「アベノミクス」に対する期待は大きかったが、3本目の矢の成長戦略が大都市圏の「国家戦略特区」とりわけ東京圏の都心再開発計画に集中するようになると、地方ではアベノミクス効果が及んでこないことに対する不満が噴出するようになった。安倍政権の地方政策にはデフレ対策として推進した公共事業以外に見るべきものがなく、掛け声だけでも地方重視の政策を打ち出す必要に迫られていたのである。

事態を放置すれば、目前に迫った2015年統一地方選挙で与党会派が厳しい批判に曝されることが目に見えている。そこで「地方創生」という地方をイメージさせる政策を登場させ、地方のアンチ東京感情に便乗した「東京一極集中是正」のスローガンを打ち出すことになった。しかし、当時の日経コラム「大機小機」（2014年9月20日）は、その大仰な構えにもかかわらず「地方創生」の狙いは統一地方選挙戦対策そのものだとズバリ指摘していた。

「アベノミクスは大企業の競争力を向上させ稼ぐ力を高めることに軸足を置く。消費税率の再度の引き上げや遅々として進まない地方の活性化を考えれば、来春の統一地方選は心もとない。成長戦略には公共事業を通じた地方活性化策が盛り込まれてはいるが、旧来型のバラマキ批判は根強い。地方創生本部の立ち上げは、こうした懸念を払拭するための対策だろう」

東京圏の活力維持が本命

「東京一極集中是正」といえば、国民の誰もが東京へのヒト・モノ・カネの一極集中を是正する政策だと思うだろう。念のため国語辞典を調べて見ると、「是正＝悪い点を改めて正しくすること」とある。地方創生とは、東京

一極集中の悪い点を正す政策と受け取られるのは当然のことだ。日本全土の人口が縮小していくなかで東京圏だけが肥大化を続けていけば、地方はスカスカになり国土が荒廃するしかないからである。

　だが、政府の「まち・ひと・しごと創生総合戦略」（2014 年 12 月閣議決定、首相官邸 HP）の本文を読んでみると、現状分析はその通りだが、方針には全く別のことが書いてある。現状分析は、（1）我が国は 2008 年をピークとして人口減少局面に入った、（2）2050 年には 9700 万人程度となり、2100 年には 5000 万人を割り込む水準まで減少する（推計）、（3）地方と東京圏の経済格差等が若い世代の地方からの流出と東京圏への一極集中を招いている、（4）首都圏への人口集中度が約 3 割という実態は諸外国に比べても圧倒的に高い、（5）2020 年オリンピック東京大会開催を前に東京一極集中と地方からの人口流出はますます進展している、（6）このまま地方が弱体化すれば、地方からの人材流入が続いてきた大都市もいずれ衰退し競争力が弱まる……。その通りだ。

　ところが、人口減少を克服し、地方創生をなし遂げるための方針である「東京一極集中を是正する」政策の中身は、「地方から東京圏への人口流出に歯止めをかけ、『東京一極集中』を是正するため、『しごとの創生』と『ひとの創生』の好循環を実現するとともに、東京圏の活力の維持・向上を図りつつ、過密化・人口集中を軽減し、快適かつ安全・安心な環境を実現する」とある。何のことはない。東京圏の活力の維持と向上がメインテーマになっており、そこには東京圏への人口集中を厳しく規制するとか、東京圏から地方へ人口を戻すための政策を強力に推進するとか、一極集中是正のための政策はどこにも見当らない。「東京一極集中是正」の意味は、東京一極集中の現状を基本的に認めたうえで、「過度の集中を避ける」との東京の活力維持政策にほかならないのである。

地方創生は地方への見せ金か

　この点についてはもっと率直な解説がある。内閣官房まち・ひと・しごと創生本部事務局、内閣府地方創生推進室の溝口洋参事官が、月刊『地方自治』（2015 年 3 ～ 5 月号、ぎょうせい）で「『まち・ひと・しごと創生』の概

要と留意点（上・中・下）」と題する解説を執筆している。これは、政府が地方自治体に関係する新法制定や法改正に際して行う解説シリーズの一種であるが、「東京一極集中是正」の意味について次のように述べている（同上、3月号、26頁）。

　「東京圏は、これまで地方の人材や資源を吸収しながら、我が国の成長のエンジンとしてその役割を果たしてきたが、今後は過度の人口の集中を是正し、東京圏自身の『すみよさ』を追求しながら、日本だけでなく世界をリードする『国際都市』として発展していくことが期待されるのである。このように、地方創生とは地方と東京圏を二項対立的に捉えるものでは決してない。地方と東京圏がともに暮らしやすい地域であることを目指し、日本全体が人口減少を克服しつつ、より良くなることを指向する Win-Win の関係に立つものでなければならない」

　国立社会保障・人口問題研究所の 2013 年推計によれば（社人研 HP）、2010～2040 年の 30 年間に総人口は 1 億 2806 万人から 1 億 728 万人に 2078 万人（16.2%）減少する。東京圏（東京都、神奈川県、埼玉県、千葉県）人口も 2010 年 3562 万人（指数 100）から 2015 年 3590 万人（同 100.8）をピークに 2040 年には 3231 万人（同 90.7）に減少する。東京圏人口は規制しなくても自然に減少していくのである。

　問題は東京圏人口が総人口に占める比率だろう。北海道や東北、中国や四国などでは人口が軒並み 7 割台に減るので、東京圏の総人口比はこのままでいくと 27.8%（2010 年）から 30.1%（2040 年）に相対的に上昇する。したがって、人口縮小時代に東京一極集中を本気で是正しようとすれば、東京圏の総人口比を少なくとも 2010 年の 27.8% 以下にしなければならない。結果は、3231 万人（2040 年推計）− 2982 万人（1 億 728 万人 × 0.278）＝ 249 万人を地方に戻さなくてはいけないことになる。

　だが、安倍政権が「東京一極集中是正」と題して掲げた目標は、「2020 年を目途に地方と東京圏の転出入均衡（東京圏 10 万人入超を東京圏転入 6 万人減、地方転出 4 万人増）を図る」という「針を突いたような目標」にすぎな

い。それどころか、その後の人口動向は逆方向（転入超過）に向かっている。この事態を分析した日経は、東京一極集中是認の立場から「安倍政権発足後も東京圏への一極集中の是正は進んでいない」とのグラフを掲げ、「総務省の人口移動報告では 2014 年に 10 万 9408 人だった東京圏への転入超過数は、2016 年に 11 万 7868 人に増加。重点施策だった高齢者の地方移住促進や政府機関の地方移転も中途半端で、一極集中の是正にはほとんど成果を出していない」と地方創生の手詰まり感を強調している（2017 年 6 月 28日）。

　有体（ありてい）に言えば、安倍政権の地方創生は地方への「見せ金」だったのではないか—、と思う。そして地方創生の表看板となった「東京一極集中是正」は、アベノミクスが東京都心再開発に一極集中している現実を覆い隠す「イチジクの葉」であり、東京一極集中政策を継続するための裏技（うらわざ）に過ぎなかったのである。

東京一極集中はますます加速する

　東京では目下 2020 年のオリンピック開催を控えて、超大規模の公共・民間投資がひしめき合っている。開幕まで残り 3 年となった 2017 年 7 月 23日、日経は「東京五輪　官民投資 10 兆円」との見出しで特集を組んだ。そこには、（1）東京五輪を理由に本来予定される設備投資に上乗せする官民の投資総額は 11 兆 6 千億円。政府の年間公共事業費の約 2 倍にあたり、今後さらに上積みされる可能性がある。（2）湾岸地区など都心を中心とする再開発は 5 兆 8 千億円が見込まれる。（3）ホテルは 20 年までに国内で 6 万室以上が開業し、日本経済新聞の試算で総投資額は 1 兆円近くなる可能性がある。（4）五輪を機に増える投資は企業活動を活発にするだけでなく、競技場を使ったイベントも増やす。東京都は大会招致が決まった 2013 年から 30年までで 32 兆円の経済効果があるとはじき出すなど、景気のいい話が満載なのだ。

　2020 年東京オリンピックは、もともと東京をニューヨーク、パリ、ロンドンと並ぶ「世界都市」にバージョンアップするため、安倍政権と猪瀬都政が大手デベロッパーやゼネコンのシナリオにもとづいて招致したものだ。東

京都心など当該地域は真っ先に「国家戦略特区」に指定され、「世界で一番ビジネスのしやすい国際都市を実現するために、ビジネスに限らず生活環境全般にわたるインフラやサービス環境の充実など、国際都市にふさわしい環境整備を進める必要がある。こうした取組は、2020 東京オリンピック・パラリンピック開催に向けても必要なもの」（「東京圏国家戦略特別区域計画提案書」、東京都、2014 年 10 月）だとして、目下集中的に事業が進められている。

　一方、地方創生法の策定マニュアルにもとづく全国自治体の「地方人口ビジョン」と「地方版総合戦略」は、2016 年 3 月までに 47 都道府県（100%）、1737 市区町村（98.6%）で策定された（首相官邸 HP）。だが、多くの市町村では人口減少克服の「ビジョン」も「総合戦略」も見いだせないままお蔵入りしているケースが多い。京都市でも地方創生が人口減少対策に本当に役立つのか、京都創生が観光振興計画と両立するのかどうか、早くも再点検する時期が来たようだ。

〈2.2〉2017 年 11 月号

"たられば" では人口減少に歯止めがかからない
〜希望出生率 1.8 の幻想〜

人口減少は黒船よりも脅威

　安倍政権下で 2014 年 11 月に制定された地方創生法は、第 1 条の目的規定において、「我が国における急速な少子高齢化の進展に的確に対応し、人口の減少に歯止めをかける」および「東京圏への人口の過度の集中を是正し、それぞれの地域で住みよい環境を確保」することを掲げた。この条文の意義を、政府関係者は「このように『人口減少の歯止め』と『東京一極集中の是正』を法律上明記したのは我が国では初めてのことであり、（地方）創生法は、今後数十年にわたる我が家の将来に対し、大きな方向性を与えるものである」と自画自賛している（溝口洋、「『まち・ひと・しごと創生』の概要と留意点（中）」、月刊『地方自治』、2015 年 4 月号、55 頁、ぎょうせい）。

　これに対してフランスの歴史人口学者エマニュエル・トッドは、日本の現状について「人口減、黒船より脅威」と警鐘を鳴らし、「少子化対策、人口

減少への対応が日本の重要課題です。フランスは出生率の改善に成功しています。日本でも取り組んでいますがなかなか改善できません」との毎日新聞インタビュー（2016 年 12 月 7 日）に対して、次のように語っている。

　「家族構造と社会の問題で、日本を含めアジア全体について言えるのは家族に要求されることが多すぎるということです。日本でも親に対する子供の負担、子供に対する親の負担があまりにも大きい。そのため出生率が低いのだと思います（略）。日本政府は何もやっていませんよ。安倍晋三首相の周りの人たちは経済優先の考えで、中期的な展望で経済が安定することを望んでいます。でも、私の関心はもっと長期的に日本が安定することです。それには人口問題や出生率にもっと真剣に取り組まなければなりません（略）。明治の前には、日本は西洋の属国になるかどうかという脅威にさらされました。いまの日本にとって、人口減少と人口の老化は黒船以上の脅威です。経済やテクノロジーではなく、人口問題をもっと論じなければならない。意識の革命が必要です。最もなすべきことは出生率を高めることです」

　地方創生法は、政府関係者がいうように果たして「人口減少の歯止め」になるのだろうか。エマニュエル・トッドが指摘したように、「最もなすべきこと＝出生率を高める」ことにつながるのだろうか。

地方創生は "たられば" の世界
　だが、「東京一極集中の是正」が地方への見せ金であったように（〈2.1〉「地方創成に期待できますか」で指摘したように）、「人口減少の歯止め」もまた蜃気楼のように消え去る可能性が大きい。理由は明白だ。国の「まち・ひと・しごと創生」長期ビジョンのほとんどが「たられば」の文体で書かれていて、目標達成は仮定条件が満たされた場合にしか実現できないことになっているからである。ちなみに「たられば」とは、現実にありもしないことをあるかのように言う仮定的表現方法だが、閣議決定までされた国の公文書がこのような文体で書かれたことに驚かざるを得ない。「活力ある日本社会」を維持するための「長期ビジョン」の文章には、以下のような「たられば」

列挙されている（内閣官房まち・ひと・しごと創生本部事務局地方創生推進室、「まち・ひと・しごと創生『長期ビジョン』が目指す将来の方向」、2014年12月閣議決定、内閣府 HP）。

（1）若い世代の希望が実現すると、出生率は1.8程度に向上する。国民希望出生率1.8は OECD 諸国の半数近くが実現。我が国においてまず目指すべきは、若い世代の希望の実現に取り組み出生率の向上を図ること。

（2）人口減少に歯止めがかかると、50年後1億人程度の人口が確保される。2030～2040年頃に出生率が2.07に回復した場合、2060年には1億人程度の人口を確保すると見込まれる。

（3）さらに人口構造が「若返る時期」を迎える。人口減少に歯止めがかかると、高齢化率は35.3％でピークに達した後は低下し始め、将来は27％程度にまで低下する。さらに高齢者が健康寿命を延ばすと、事態はより改善する。

（4）「人口の安定化」とともに「生産性の向上」が図られると、50年後も GDP 成長率は1.5～2％程度が維持される。

　ここでの文脈は、「若い世代の希望が実現する→出生率は1.8程度に向上する」（第1の仮定）、「人口減少に歯止めがかかる→50年後1億人程度の人口が確保される、人口構造が若返る時期を迎える」（第2、3の仮定）、「人口の安定化とともに生産性の向上が図られる→50年後も GDP 成長率は1.5～2％程度が維持される」（第4の仮定）という構造になっている。逆に言えば、この中の仮定（前提条件）が一つでも実現しなければ、すべての目標はドミノ的に崩壊するのである。

相次ぐ仮定の崩壊、出生数100万人割れ

　政府の長期ビジョンの仮定が崩れるのは意外に早かった。「地方創成」から2年後の2016年12月、厚生労働省が2016年生まれの子どもの数が前年から2万5千人減少し、1899年（明治32年）の統計開始以降、初めて100万人を割って98万1千人になるとの推計を発表した（確定値は97万7千

人）。この数字は、「団塊の世代」の268〜270万人/年に比べると4割にも満たず、少子化が構造的に進行し、人口減少に歯止めがいっこうにかからない現実を暴露するものだった。事態の深刻さに驚いた各紙は、相次いで社説を掲げ、「出生数100万人割れが示す危機に向き合え」（日経2016年12月25日）、「首相は『非常事態』宣言を」（産経2017年1月4日）、「歴史の転換人口減少、深刻な危機が国を襲う」（毎日2017年1月8日）などと警告を鳴らした。

しかし、それから半年も経たないうちに第2の衝撃が襲った。国立社会・保障人口問題研究所が2017年4月10日に公表した「日本の将来推計人口」によると、50年後の2065年人口が8808万人と政府目標の1億人を大きく下回り、働き手（15〜64歳生産年齢人口）が7700万人から4500万人へ4割減になることが判明したのである。合計特殊出生率（1人の女性が産む生涯子ども数）も政府が掲げた希望出生率1.8には遠く及ばず、世界でも最低レベル（1.44）を打開できない状況に陥っていることが明らかになった。翌日の各紙は1面トップでこの事態を伝え、社説でも異口同音に政府の無策を厳しく批判した。

「人口減少の歯止め」を明記した地方創生法が制定され、希望出生率1.8の実現と50年後1億人の人口確保を掲げた長期ビジョンが策定されたにもかかわらず、なぜかくもビジョンが「絵に描いた餅」になってしまったのか。その根本原因は、エマニュエル・トッドが指摘するように、「日本政府は何もやっていない」という事実の中にある。

OECD諸国の中でも段違いに少ない財源投入

ここに『選択する未来—人口推計から見えてくる未来像—』（内閣府、2015年10月、日経印刷）という注目すべき解説書がある。政府経済財政諮問会議専門調査会の「選択する未来」委員会報告、「未来への選択—人口急減・超高齢社会を超えて、日本発成長・発展モデルを構築」（2014年11月）に関する解説・資料集である。委員会の会長は三村明夫（新日鉄名誉会長、日本商工会議所会頭）、会長代理は岩田一政（元日本銀行副総裁）、委員の中には「地方消滅」のキャンペーンを張った増田寛也（元総務相）なども名を連ねてい

る。いわば、日本の政財官挙げての提言だと言っていいが、この提言のポイントとして掲げられている「数値的な目安」は次のようなものだ（同上、230、235頁）。

（1）少子化対策―早期の（財源）倍増を目指す
（2）年少人口―2020年代初めまでに減少を止める
（3）人口減少―2040年頃に減少幅の拡大を止め、今世紀中に人口減少を収束
（4）成長力―50年後においても実質GDP成長率1.5〜2％程度を維持する

　提言の内容は多岐にわたっているが、なかでも少子化対策に最大の力点が置かれているのが特徴だ。とりわけ「少子化対策（家族関係支出）については、2020年頃を目途に早期の倍増を目指す」と明記されている点が目を引く。提言の脚注にもあるように、日本の家族関係社会支出（出産・子育て支援として制度に基づき行われる現金給付及び現物給付の合計）の対GDP比（2009年度）は、スウェーデン3.8％、フランス3.2％、OECD平均2.3％に対し日本0.96％。また、税制上の措置を含んだ家族給付に関連する公的支出対GDP比（2011年度）は、フランス3.98％、スウェーデン3.75％、OECD平均2.61％に対し、日本1.48％と段違いに少ない。

　日本の公的支出の少なさは出産・子育てだけではない。公的教育支出の割合もOECD加盟34カ国の中で最低なのである。OECDの最新データ（2017年9月12日発表）によれば、2014年の加盟各国のGDPに占める小学校から大学までに相当する教育機関への公的支出の割合は、OECD平均4.4％に対して日本は3.2％、加盟国中最低となった。内訳を見ると、幼児教育への支出のうち公的支出の割合はOECD平均82％に対して日本46％、高等教育への支出のうち公的支出の割合はOECD平均70％に対して日本34％とこれも半分程度でしかない。要するに教育支出における私費負担の割合が極端に大きく、家計は重い教育負担に喘いでいるのである（日経2017年9月13日）。

　「選択する未来」委員会の岩田会長代理は、「フランスは1970年代に出生率の低下に直面し、国家の危機、フランス文化消滅の危機を回避するために

子育て政策を展開し、出生率を 1.6 から 2.0 に高めることに成功した。日本が 1 億人の人口規模を維持するためには、2030 年代はじめには出生率を 1.4 から 2.1 に高める必要がある。実現には 13 兆円、すなわち消費税率 5 ％分の費用がかかる。選択する未来委員会の報告では、2020 年代初めにかけて子育て給付を現在の 6 兆円から 12 兆円に倍増することを提案している」と述べている（日経 2014 年 11 月 21 日）。

　加藤久和明治大教授（人口経済学、元国立社会保障・人口問題研究所室長）も 2014 年から 2035 年までの出生・人口予測モデルをつくり、保育所の運営費や児童手当、児童扶養手当などの児童・家族関係給付費を増額すれば、出生率は確実に上がると予測している。2012 年 GDP の 1.2％（5 兆 5 千億円）だった児童・家族関係給付費を 2.0％（9 兆 2 千億円）に増額すれば、2035 年には合計特殊出生率は 2.10 に上昇するというのである。このモデルの信頼性は、推計開始年から 1980 年まで遡った過去の計算値によっても確かめられており（実績値とほぼ一致）、出生率が 2005 年に 1.26 で底を打って上昇したことも再現できているという（毎日 2017 年 8 月 1 日）。

圧倒的多数の国民が子育て支援を求めている

　2014 年 8 月に実施された内閣府の「人口、経済社会等の日本の将来像に関する世論調査」（内閣府 HP）によれば、日本の人口が急速に減少していくことに対して、「人口減少は望ましくなく、増加するよう努力すべき」33％、「人口減少は望ましくなく、現在程度の人口を維持すべき」19％、「人口減少は望ましくなく、減少幅が小さくなるよう努力すべき」24％と、国民の 4 分の 3 が人口減少は好ましくないと回答している。

　また、子育てに係る負担のあり方については、「子どもを生み、育てることによる負担は社会全体で支えるべき」という考え方が「賛成」92％と圧倒的な割合を占める。少子化対策で特に期待する政策に関しては、「仕事と家庭の両立支援と働き方の見直し」56％、「子育て・教育における経済的負担の軽減」47％、「子育てのための安心、安全な環境整備」44％、「生命の大切さ、家庭の大切さといった価値の伝授」41％、「子育て世代の所得・雇用環境の改善」40％、「地域における子育て支援」38％、「妊娠・出産の支援」

37％）などの順となっている（複数回答）。

　これまでの人口学の実証研究によれば、有効な対策は次の3つに集約される。つまり、いくら総花的な施策を並べてもこの3条件が実質的に保障されない限り、少子化にも人口減少にも歯止めがかからないのである。

（1）保育施設の整備。女性が働きながら子育てができる環境を作ることは出生率の引き上げにつながる。

（2）長時間労働の解消。男性も子育てに参加できるので、労働時間の短い地域の出生率が高い。

（3）教育費の負担軽減。教育費の負担増が出産を抑制する要因になっており、大学教育費の無償化が待たれる。

　政府もこのことは意識しているらしく、長期ビジョンの中では「国民希望出生率1.8はOECD諸国の半数近くが実現」と一応OECDの例を引き合いに出している。にもかかわらず、希望出生率1.8を実現するための必須条件であるOECD諸国並みの財源措置には一切触れず、「我が国においてまず目指すべきは、若い世代の希望の実現に取り組み、出生率の向上を図ること」という抽象的表現に終わっている。これでは長期ビジョンが「絵に描いた餅」になることは目に見えている。

人口問題をひと問題にすり替える京都創生

　国の「地方創生」を受けた京都市の「京都創生」には際立った特徴がある。それは「まち・ひと・しごと創生」と題する国の地方創生に対して、「まち・ひと・しごと・こころ京都創生」とわざわざ「こころ」を付け加えたことだ。「京都創生」総合戦略の中間案及び最終版には次のような一節がある。

（1）「人口」の問題は極めて重要である。しかし、人をただ「数」として見る視点の先に、京都が、日本が、目指すべき未来はない。「人口」＝人の数だけでなく、かけがえのないいのち、心、個性を光り輝かせている、一人一人大切な「ひと」を重視し、その生き方や心の在り方まで掘り下げ、誰もが心豊かに生き、学び、暮らせる社会を実現する。

これこそ、京都市が取り組むべきと考える真の地方創生＝「京都創生」
である（「京都創生」総合戦略、「中間案」2頁、京都市情報館、2015年3
月）。
（2）千年を超える歴史の中で培われ、磨かれてきた日本伝統の美意識や
価値観、茶道・華道・香道・武道等の奥深い文化、さらにその背景に
ある宗教的情操や精神哲学、暮らしの美学、家族や地域の絆、先祖を
敬い子孫・未来に思いを致す心、自然への深い感謝の念、繊細なおも
てなし精神などが日常の中に今も色濃く息づいています。そして、そ
の豊かさ、奥深さは京都ならではのものがあります。この特性を活か
し、本市の戦略は、国の「まち・ひと・しごと創生」に加えて「ここ
ろ創生」を重視し、「まち・ひと・しごと・こころ京都創生」としたと
ころです（「京都創生」総合戦略、15頁、2015年9月）。

　こんな道徳教科書まがいの仰々しい文章を誰が書いたのか知らないが、こ
の「京都ならでは」の趣旨には看過できない重大な問題が含まれている。第
1は人口問題に対して（勝手に）精神主義的な解釈を施し、人口減少対策を
復古調の社会統合手段として利用しようとしていることである。人口問題に
かこつけて市民の生き方や心の在り方にまで行政が介入し、京都市（当局）
が目指す社会に市民を誘導しようとすることは、日本国憲法第19条に規定
された国民の基本的権利、「思想および良心の自由」に明らかに抵触する。
どのような生き方や心の在り方を選ぶかはあくまでも個人の自由であって、
それを「人口は単なる数ではない」などと（屁）理屈をつけて、人の心の中
に政治権力や行政が介入することは許されない。

精神主義では問題は解決しない
　第2はおそらくこれが本音なのであろうが、「京都創生」総合戦略に掲げ
る施策・事業等について、その導入部分に「出生率の向上をはじめ人口減少
対策には、『これさえすれば』という決定打はなく、各種の関係施策等を総
合的・効果的に実施することが重要です」との解説（言い訳）がわざわざ附
されていることである（同26頁）。

　周知の如く、京都市の合計特殊出生率は全国でも最低レベルに位置し、1.38（1990年）→ 1.21（2000年）→ 1.11（2005年）→ 1.21（2010年）→ 1.26（2014年）と四半世紀にわたって人口置き換え水準2.07（世代を超えて同一規模の人口を維持できる水準）を遥かに下回るレベルで推移してきた。この深刻な状態が続けば、半世紀後に京都の人口は半減することになり、このことは京都市も否定できない事実として認めている。問題は、この深刻な事態を打開する「京都創生」総合戦略に「これさえすれば」という決定打（具体策）がなく、政府の「地方創生」に輪を掛けた「たられば」論が並べられていることだろう。

（1）京都市の出生率が仮に今のまま1.26で推移した場合、2060年には人口は111万人にまで減少し、0〜14歳の子どもは10万人を切り、生産年齢人口（15〜64歳）も半減に近い状況になります。（略）こうした状況では、安定的な人口ピラミッドを築くことができず、経済、文化、産業、観光、教育、福祉などあらゆる都市活動において、京都の未来を担う「ひと」が半減することになります（同19頁）。

（2）本市が平成27年度に行った市民意識調査によると、夫婦が望んでいる子どもの数の平均は1.9人、未婚者が望んでいる子どもの数の平均は男性で2.1人、女性で2.3人でした。現在、本市の合計特殊出生率は1.26（平成26年）と全国水準を大きく下回っていますが、市民意識調査によると、本市の希望出生率は1.8でした。若い世代の希望が実現すれば、本市の出生率は1.8程度まで向上することが見込まれます（同20頁）。

　四半世紀余にわたって1.2台（人口置き換え水準の6割）に低迷してきた京都市の出生率は、若者世代が子育ての希望を実現できない厳しい現実を反映したものだ。この構造的問題を解決することなしには、少子化にも人口減少にも歯止めをかけることができない。こうした課題に真正面から向き合うことなく、仮定条件を付けて「若い世代の希望が実現すれば、本市の出生率は1.8程度まで向上することが見込まれます」と逃げ口上を掲げるのは、実は何も言っていないことに等しい。また「出生率の向上をはじめ人口減少対策

には、『これさえすれば』という決定打はなく、各種の関係施策等を総合的・効果的に実施することが重要です」と言うのは、「決定打＝子育て支援」の重要性を曖昧にし、諸施策を総合すれば効果が上がるようにみせかけるカモフラージュにすぎない。

　1997 年に経団連により設立された公共政策のシンクタンクの 21 世紀政策研究所は、「人口危機は『人口問題』として表れるのではなく、他の顔をして現れることが多い」「人口危機への対応は、社会を構成する人々の個別の反応を寄せ集めただけでは不十分であり、総合的な観点から戦略性を持って進めていく必要がある」として、総花的政策を厳しく戒めている（小峰隆夫＋ 21 世紀政策研究所編、『実効性のある少子化対策のあり方─日本の世界史的な役割─』、15 頁、経団連出版、2015 年）。

　人口問題に関しては、諸施策を総花的に羅列しただけでは「戦略」を立てたことにはならない。戦略とはまさに「決定打」を打ち出すことを意味するのであり、「決定打」のない人口減少対策は画餅に終わるしかない。経団連・21 世紀政策研究所の指摘は、何にも増して京都市の「まち・ひと・しごと・こころ京都創生」の曖昧さに突き刺さるのである。

〈2.3〉2018 年 1 月号

希望から現実へ、出生率を上げるには
〜リアルな市民調査が必要〜

大げさなことを言う前に

　京都創生総合戦略が掲げる「希望出生率 1.8」は、政府と同じく架空の目標にすぎない。問題は「希望」を「現実」にどう変えるかということだ。1.30 前後という全国でも最下位レベルに位置する合計特殊出生率（以下、出生率という）をたとえ 0.1 でも 0.2 でも上昇させるためにはどうすればよいか、そのためには何が必要かということを真面目に考えることしか道はないのである。

　「人口減少社会の克服と東京一極集中是正の全国のモデルをつくる！未来への京都市の挑戦、京都市の使命」（京都創生総合戦略サブタイトル）などと

いった大げさなことを言う前に、過去30年近くにわたって1.11〜1.30に低迷してきた京都の（超）低出生率の原因を究明し、この低出生率を少しでも上昇させるためのリアルな方策を考えることが何よりも先決なのだ。

　一般的に言って、問題解決のためには現状分析に基づく原因の究明とそれを打開するための方策の提起、そして実施プログラムの具体化というプロセスをたどる。京都市の低出生率問題を解決するためには、なぜかくも京都市の出生率が低いのか、その現状を分析して原因を究明し、出生率を（少しでも）上昇させるための方策を考え、それを具体的施策として実施しなければならない。また、実施後は施策の効果が認められたかどうかを検証し、プログラムを絶えず改善しながらバージョン・アップすることが求められる。

　以下、『京プラン（第2期）・京都市基本計画2011〜2020年度』（2011年2月）と『京都市未来こどもはぐくみプラン』（2015年1月）の2つの計画について、低出生率問題がどのように位置づけられているかを見よう。

枕詞だけでは困る

『京プラン』は、京都の都市経営を進めていくための基本計画を策定するに当たり、とくに注目すべき社会経済情勢の変化として「人口減少と少子高齢化」「地球温暖化の加速」「グローバル化の進展」「低経済成長と厳しい京都市財政」の4項目を挙げている。トップ項目の「人口減少と少子高齢化」では、以下のような厳しい状況が指摘されている。

（1）2010年6月現在146万5千人の人口が2020年には141〜142万人、2035年には127〜130万人にまで減少する。

（2）京都市の合計特殊出生率は、2005年1.11を底として2008年には1.19まで回復したものの、全国1.37、京都府1.22と比較するとなお低水準で今後も厳しい状況が続く。

（3）京都市の高齢化率は23%、単身世帯は全世帯の40%、高齢単身者が全世帯の1割近くに達しており、社会の基礎単位である家族の規模が縮小している。

　その一方、人口減少を食い止める方策に関しては、「ひとびとは魅力ある

都市に集まることから、働く場を確保する産業の振興をはじめ、豊かな学び
や子育て環境の整備など、京都を一層魅力ある都市として磨き上げるための
さまざまな方策を展開することにより、京都の人口を出来る限り食い止める
ことが求められる」と抽象的な一般論しか言及されていない。各論の「子ど
もを共に育む戦略」（重点戦略）や「子育て支援」（政策の体系）をみても、
政策の裏付けとなる肝心の現状分析と問題解明がなく、各種の施策が平板的
に羅列されているだけである。なぜ全国に比べて京都市の出生率がかくも低
いのか、京都市の少子化問題の本質に迫る分析が欠落しているのである。

　基本計画だから詳しい説明は無理だとしても、計画を策定するに当たっ
て、特に注目すべき社会経済情勢の変化として「人口減少と少子高齢化」を
トップに位置づけたのだから、この問題に対する取り組みが計画全体を貫く
太い糸でなければならない。少子化問題に関する京都市独自の分析と原因究
明がなく、「人口減少と少子高齢化」を単なる枕 詞として使うだけでは困る
のだ。

特筆される市民意識調査

　これに比べて、少子化対策の中心となる『京都市未来こどもはぐくみプラ
ン〜京都市の子育て支援施策の新たな総合計画〜』（以下、「はぐくみプラン」
という）は、子育て支援のための総合計画だけあって、第Ⅰ部「計画の趣
旨」、第Ⅱ部「子どもと家庭を取り巻く環境」、第Ⅲ部「計画の内容」のすべ
てにわたって内容が充実している。だが、問題はその内容を実現する予算が
つかないことだ。

　第Ⅰ部では、「少子化の進行、家族規模の縮小や地域の共同関係の希薄化
を背景として、家庭や地域の『子育て力』の低下が懸念される状況が続いて
います」との危機意識の下に、「子どもたちの今と未来のため、市民共通の
行動規範として制定した『子どもを共に育む京都市民憲章（愛称：京都はぐ
くみ憲章)』の理念のもと、市民・地域ぐるみで子育てを支え合い、京都の
未来を託す子どもたちを健やかで心豊かに育むまちづくり、『京都で育って
よかった』、『京都で子育てをしたい』と思えるまちづくりを進めます」との
決意（計画の趣旨）が表明されている。

　特筆されるのは、計画の策定に当たり2013年8〜11月にかけて子育て支援ニーズ調査や結婚と出産に関する意識調査など、詳細な市民調査が行われたことだ。いずれの調査もサンプル数が数千に上る大規模なもので、京都市の少子化問題の解明にとっては欠かせない基礎資料となっている。市役所の資料室（情報センター）に行けば、調査報告書を見ることができる。以下はその一欄である。

①子育て支援に関する市民ニーズ調査：小学校入学前児童の保護者6500人、小学生保護者6500人が対象

②結婚と出産に関する意識調査：市内在住の18〜49歳の市民6500人が対象

③ひとり親家庭実態調査：市内在住の母子世帯3200人、父子世帯1800人が対象

④母子保健に関する意識調査：乳幼児健康調査（4カ月児、8カ月児、1歳6カ月児、3歳児）に訪れた保護者4332人が対象

⑤思春期に関する意識調査：13〜19歳の市民5000人が対象

子育て費用の負担増が最大の原因

　これらの調査を受けて、第Ⅱ部では「子どもと家庭を取り巻く環境」に関する現状分析が、各種統計資料と市民意識調査の結果を組み合わせてわかりやすく解説されている。以下はその要約である。

（1）京都市の子ども数（0〜14歳）は、戦後の第1次ベビーブームでは35.0万人（市人口に占める比率32%、1950年）、第2次ベビーブームでは31.6万人（同22%、1975年）と30万人を超えていたが、1985年以降は30万人を割り、2000年以降はさらに20万人を割った。その後17万人台で推移してきたが、最近では16.4万人（同11%、2017年）にまで落ち込み、ピーク時の半分以下となっている。

（2）少子化の原因は、「未婚率の上昇（結婚しないと子どもが生まれない）」と「晩婚化（結婚が遅くなると子どもの数が少なくなる）」が2大要因として挙げられている。「生涯未婚率」（50歳時点で結婚していない人の百分比）は、1990年からの20年間に男性が6%から21%へ3倍増、女

性が 7 ％から 15 ％へ 2 倍増と急激な変化をみせた。これにともない、晩婚化の指標である「初婚年齢」も 1970 年から 40 年余りの間に男性が 27 歳から 32 歳へ、女性が 25 歳から 30 歳へ各々 5 歳上昇した。

（3）理想とする子どもの数は、全体の半分が「2 人」、3 分の 1 が「3 人」と回答した。しかし現実（予定）の子どもの数となると、4 割の人が「それより少なくなる」と回答している。その主な理由は、「出産・育児・教育にお金がかかるから」43 ％、「育児が大変だから」19 ％、「育児と仕事の両立が困難だから」19 ％などである（複数回答）。

（4）女性の就労率は、これまでは出産・子育て期に当たる 30 歳代で著しく低くなるという「M 字カーブ」を描いてきたが、最近は家計の必要から共働き世帯が増えて 30 歳代女性の就労率が急上昇している。例えば、30〜34 歳では 1990 年からの 20 年間で就労率が 49 ％から 67 ％へ、35〜39 歳では 55 ％から 64 ％へ急上昇した。

（5）就学前児童及び小学生を持つ母親の就労形態は、父親のほとんど（95 ％）がフルタイム就労であるのに対して、パート・アルバイト就労が 3 分の 1 前後を占める。母親のパート・アルバイト就労が子どもが就学前の場合 25 ％に対して、小学生の母親の場合 40 ％に増えるのは、子どもが小学生になったのを機に母親が一斉に働き出すためだ。

（6）子育て費用は、幼稚園や保育施設関連の支出、学校関係の支出、習い事や塾関連の支出が、家庭の所得格差を反映してゼロから月額 5 万円以上まで幅広く分布している。文中の解説でも「子育て全般にかかる経済的負担軽減の要望が多くなっており、厳しい経済情勢のもとで市民の負担感が大きくなっていることがうかがえます」と述べているように、「子どもが欲しくない理由」「理想より子ども数が少ない理由」として、「出産・育児・教育にお金がかかるから」が断トツ 1 位（43 ％）なのはこのためだ。その結果、子育てに関して京都市・京都府・国に期待することは、「子育て世帯に対する経済的支援の充実」が 3 割を超えて最大のニーズになっている。

年少人口は人口動向の先行指標

　「はぐくみプラン」の少子化問題に関する分析の水準は、京都市の数ある行政計画の中でも傑出している。第Ⅲ部の「計画の内容」は、全9章にわたって政策領域ごとに「現状と課題」「施策を展開する今後の方向性」「施策・主な取組」が体系的に分かりやすく解説されている。なかでも「現状と課題」は、政策の根拠となる問題状況をデータ（市民意識調査）で具体的に説明し、これまでの施策の経緯を述べた上で、課題を提起するという説得力ある展開になっている。計画策定チーム（保健福祉局児童家庭課）の優れた力量を示すものだろう。

　ただ、まちづくりの視点から言えば、中心市街地と郊外の関係についての地域分析がもっと重視されてもよかったと思う。京都市がサステイナブルな大都市として成熟するためには中心市街地と郊外の人口バランスが必要であり、そのためには人口動向の先行指標である年少人口（0〜14歳）の地域別動向の分析が不可欠なのだ。年少人口が中心市街地に集中しているときは将来の過密化が懸念されるし、郊外に偏っているときは中心市街地の衰退化が進行する恐れがあるからである。

　たとえば、京都市人口は1980年に147万人に達して以降、2017年現在まで不思議なことにほとんど変動していない。一見すると、人口が増えもせず減りもしない「安定人口」状態にあると錯覚しがちだが、年少人口の推移を見るとそこからは容易ならぬ事態が浮かび上がってくる。全体人口が変動していないにもかかわらず、年少人口の方は1980年から2017年までに僅か半分余りに（53%）に減少しているのである。人口移動率が低下して大幅な転入超過が見込めない昨今、次世代を担う年少人口の動向は将来人口に大きな影響を与える。その意味でも、年少人口の動向にはもっと注意が払われて然るべきだと思う。

　そこで、京都市を「中心市街地＝上京・中京・下京・東山・南区」と「郊外＝北部（北・左京区）＋西部（右京・西京区）＋南部（伏見・山科区）」に分けて分析すると、中心市街地人口は65.8万人（1960年）から41.7万人（2017年）へまだ6割強（63%）の水準を維持しているものの、次世代を担う年少人口は15.5万人から4.3万人へ3割弱（28%）に縮小していること

【表 1　京都市人口、年少人口（ 0 〜14 歳）の地域別推移、（指数）、1960〜2017 年、単位：人】

	1960 年	1970 年	1980 年	1990 年
京都市人口	1,284,818(100)	1,419,165(110)	1,473,065(115)	1,461,103(114)
年少人口	307,874(100)	287,573(93)	309,970(101)	232,561(76)
中心市街地	657,858(100)	560,225(85)	455,794(69)	406,127(62)
年少人口	154,552(100)	103,326(67)	80,881(52)	53,229(34)
（東山区人口）	94,767(100)	80,887(85)	62,077(66)	51,171(54)
（年少人口）	20,140(100)	13,560(67)	9,316(46)	5,427(27)
郊外	626,960(100)	858,940(137)	1,017,271(162)	1,054,976(168)
年少人口	153,322(100)	184,247(120)	229,089(149)	179,332(117)
	2000 年	2010 年	2017 年	
京都市人口	1,467,785(114)	1,474,051(115)	1,472,027(115)	
年少人口	187,562(61)	175,398(57)	164,175(53)	
中心市街地	393,070(60)	407,129(62)	417,431(63)	
年少人口	41,840(27)	41,910(27)	42,727(28)	
（東山区人口）	44,813(47)	40,528(43)	37,986(40)	
（年少人口）	3,548(18)	2,889(14)	2,952(15)	
郊外	1,074,715(171)	1,066,922(170)	1,054,596(168)	
年少人口	145,722(95)	133,488(87)	121,448(79)	

※資料出所：1960〜80 年は『京都市の人口』、1990 年以降は『京都市統計ポータルサイト』から作成。中心市街地および郊外の年少人口は、現在の行政区に基づいて遡及・再編した数字。

がわかる。人口減少率が最も高い東山区においては、全体人口が 9.5 万人から 3.8 万人へすでに 4 割に減少しているが、年少人口はさらに輪を掛けて 2 万人から 3 千人（15%）にまで縮小している。このままの水準で推移すれば、東山区は（北海道夕張市のように）遠からずピーク時の「 1 割人口」に縮小していくことは避けられない【表 1 】。

中心市街地と郊外の人口バランスが必要だ

　このような年少人口の地域分析は、本来は基本計画である『京プラン』の領域であるが、各行政区の基本計画の内容が似たり寄ったりで地域独自の課題が把握されていない。そこで京都市を中心市街地・郊外北部・西部・南部に 4 区分し、国勢調査結果をもとに年少人口（ 0 〜14 歳）の推移を 1960〜2017 年にわたって集計したのが【表 2 】である。1960 年から現在に至る半

【表 2　京都市子ども数（0〜14 歳）の地域別推移、（指数）、1960〜2017 年、単位：人】

	1960 年	1970 年	1980 年	1990 年	2000 年
京都市	307,874(100)	287,573(93)	309,970(101)	232,561(76)	187,562(61)
中心地	154,552(100)	103,326(67)	80,881(52)	53,229(34)	41,840(27)
郊外	153,322(100)	184,247(120)	229,089(149)	179,332(117)	145,722(95)
北部	68,321(100)	58,561(86)	57,323(84)	41,759(61)	34,377(50)
西部	38,634(100)	59,317(154)	72,066(187)	60,991(158)	51,317(133)
南部	46,367(100)	66,369(143)	99,700(215)	76,582(165)	60,028(129)

	2010 年	2017 年
京都市	175,398(57)	164,175(53)
中心地	41,910(27)	42,727(28)
郊外	133,488(87)	121,448(79)
北部	31,758(46)	30,623(45)
西部	47,029(122)	43,253(112)
南部	54,401(117)	47,572(103)

※資料出所：同上

世紀余りの年少人口の変化について以下に説明しよう。

（1）京都市の年少人口は、出生率低下（1970 年 1.91 → 2005 年 1.11 → 2015 年 1.30）の影響で 30 万 8 千人（1960 年）から半世紀余りでほぼ半減し、2017 年現在 16 万 4 千人（53％）に落ち込んでいる。それでいて減少傾向は一向に止まる気配がない。

（2）中心市街地（上京・中京・下京・東山・南区）の年少人口は、高度成長期からバブル期にかけての激しい空洞化現象（主に子育て世帯の郊外移転）の影響で 15 万 4500 人（1960 年）から半世紀でほぼ 4 分の 1 となり、21 世紀に入って 4 万 2 千人（2000〜10 年、27％）で漸く底を打った。その後は少し持ち直し、直近では 4 万 2700 人（2017 年、28％）とやや増加傾向にある。

（3）郊外の年少人口は、最も郊外化が早かった北部（北・左京区）では高度成長期からすでに減少が始まり、6 万 8 千人（1960 年）から半世紀余りで半分弱の 3 万 600 人（2017 年、45％）まで緩やかな減少が続いている。これに対して 1970 年代に団地開発やニュータウン開発が行われた西部と南部では、1980 年に年少人口がほぼ倍増してピークに達し

た（西部 7 万 2 千人、1.9 倍、南部 10 万人、2.2 倍）。しかしそれ以降は
減少を続け、2017 年現在は 1960 年当初の規模に収縮しつつある（西
部 4 万 3 千人、1.1 倍、南部 4 万 7500 人、1.0 倍）。

（4）中心市街地と郊外の年少人口比は、1960 年の中心市街地 1 に対して
郊外 1 （北 0.4、西 0.3、南 0.3）と拮抗していたが、1980 年には中心
市街地が激減して郊外が急増した結果、中心市街地 1 vs 郊外 2.8（北
0.7、西 0.9、南 1.2）と圧倒的な郊外優位となり、この傾向は 2000 年
には中心市街地 1 vs 郊外 3.5（北 0.8、西 1.2、南 1.4）とさらに拡大し
た。17 年現在で中心市街地 1 vs 郊外 2.8（北 0.7、西 1.0、南 1.1）と
格差はやや縮小しつつある。

パイの大きさは変わらず、そして小さくなった

次に、これを 20 年区分で年少人口の地域分布がどのように変化したかを
見よう。

（1）1960 年から 80 年までの高度成長期を挟む 20 年間は、京都市の年少
人口は 30.8 万人から 31.0 万人へとほとんど変化していない。しかし、
中心市街地と郊外に分けて地域分布を見ると、中心市街地は 15.5 万人
から 8.1 万人に半減し、郊外は 15.3 万人から 22.9 万人へ急増してい
る。つまり京都市の年少人口全体の「パイの大きさ」は変わらないが、
郊外開発が精力的に進められた結果、中心市街地の減少分 7.4 万人が
郊外の増加分 7.6 万人にほぼそのまま移行するという年少人口の「地
域大移動」が発生したのである。

（2）1980 年から 2000 年までの 20 年間は、バブル経済崩壊の後遺症で年
少人口全体が 31.0 万人から 18.8 万人に「パイが小さくなる」という
大変動期である。中心市街地では都心対策が不在のまま 8.1 万人から
4.2 万人へ半減するという激しい空洞化が進んでいた上に、それにも
増して郊外では 22.9 万人から 14.6 万人へ 3 分の 2 に減少するという
大異変が起こった。その結果、年少人口は中心市街地（3.9 万人減）と
郊外（8.3 万人減）の両方で減少するという典型的な「衰退化」現象が
発生したのである。

（3）2000年から現在に至る17年間は、中心市街地では4.2万人前後の小康状態を保っているが、郊外では14.1万人から12.1万人へ減少が依然として続いている。これまでの「中心市街地＝内」の問題に加えて、今度は「郊外＝外」の問題が新しく浮上し、京都市の年少人口対策は「内も外も」考えなければならない時期に到達したと言える。

〈2.4〉2018年2月号

少子化が“国難”なら、2兆円パッケージは少なすぎる
～教育無償化の表と裏～

　安倍首相は、2017年秋の総選挙で少子化は“国難”だと突如表明し、総額2兆円規模で「すべての子どもたちの幼稚園や保育園の費用を無償化する」との公約を打ち出した。具体的には、2020年度までに3〜5歳で幼稚園と保育園に通う場合は、親の年収に関係なく一律無償化する。0〜2歳児で保育園に通う場合は、年収約260万円未満の低所得層に限定して無償化するというものだ。

　北朝鮮の核ミサイルと少子化問題を並べて“国難”などと称するのは、ミソクソを一緒くたにするもので呆れるほかないが、森友・加計疑惑で内閣支持率が急落し、都議選で自民党が歴史的惨敗を喫した直後の総選挙とあっては、国内外の“国難”を総動員してでも国民の危機感を煽るしか方法がなかったのだろう。とはいえ、少子化問題がもはやのっぴきならぬ状態にあることから、「教育無償化」が総選挙の一大争点として浮上することになったのである。

2兆円パッケージ、閣議決定されたが……
　自民党が総選挙に圧勝してから1カ月余り経った2017年12月8日、安倍首相肝いりの「2兆円パッケージ」が閣議決定された。しかし翌9日の各紙朝刊には、「幼児教育の無償化 それって最優先？ 待機児童解消が先、休日保育充実を」（朝日）、「子育て2兆円パッケージ、肝心なところが後回しだ」（毎日社説）、「教育無償化 助かるけど、待機児童解消が先」（日経）、「幼保無

償化期待と不安、『育児支援充実』『待機解消が先』」（読売）、「人づくり、無償化の効果が見えぬ」（京都）などなど、2兆円パッケージを疑問視する論調が相次いだ。朝日はさらに翌々日の10日、「幼保無償化、待機の解消を優先せよ」（社説）と駄目押しまでする念入りさだ。

　それもそのはず、この2兆円パッケージは都議選惨敗の後遺症を断ち切るための安倍政権の危機管理対策（リスク・マネジメント）にほかならず、少子化対策とはほど遠い政治的思惑に基づくものだった。その舞台裏を、朝日新聞は「検証、2兆円パッケージ」（2017年12月9日）と題して次のように明らかにしている。

　「（12月）8日に決定された安倍晋三首相肝いりの年間2兆円の政策パッケージは、大半が今夏、首相官邸が主導してひそかに練り上げられたものだった。内閣支持率の低下と衆院選をにらみながら、教育無償化の範囲は拡大。それを丸のみする形で衆院選公約に盛り込んだ自民党内には、いまも不満がくすぶる」

　「政権はこれまで『地方創生』『1億総活躍』『働き方改革』と政策の看板をかけ替えてきた。だが、企業収益は改善しつつも賃金は伸び悩み、消費の低迷から抜け出せない。そこで掲げたのが『人材への投資』。教育無償化を目玉にした。国会では連日、森友・加計学園問題の追及を受け、『共謀罪』法の強行採決も批判を浴びたことで、内閣支持率は急落。都議選は歴史的惨敗を喫した。局面を打開する『てこ』に使ったのが、教育無償化だった」

　「同じころ、民進党の混乱で衆院解散の機運が急速に高まると、巨額の財源とそれを使った教育無償化を『売り』にする流れが一挙に加速。『1.7兆円ではわかりにくいので2兆円規模になった』（政府関係者）。歴代政権は福祉的な施策として、低所得者層に絞って教育無償化を進めたが、安倍政権はこれを転換。3〜5歳児は高所得者層も含め『すべて無料』を打ち出した。政権への支持が低い中高所得の女性票を取り込むねらいが見え隠れする」

乱立する政策、少ない予算
　これまで政府は（政策メニューとしては）さまざまな少子化対策を講じて

きた。1990 年の「1.57 ショック」(1966 年丙午の出生率 1.58 を 1989 年出生率 1.57 が下回った) を契機にして、1994 年に最初の総合的な少子化対策となる「今後の子育て支援のための施策の基本的方向について」(エンゼルプラン) が策定され、1999 年には改訂版「重点的に推進すべき少子化対策の具体的実施計画について」(新エンゼルプラン) が策定された。

　新エンゼルプランの後、2001 年には働き方改革の視点から「仕事と子育ての両立支援等の方針」が閣議決定され、「待機児童ゼロ作戦」が開始される。さらに 2003 年には「少子化社会対策基本法」と「次世代育成支援推進法」が相次いで制定され、「少子化社会対策大綱」(2004 年) の下でその実施版である「子ども・子育て応援プラン」(2005 年)、「新待機ゼロ作戦」(2008 年) など数々の少子化対策パッケージが矢継ぎ早に展開された。また最近では、2010 年に「子ども・子育てビジョン」が閣議決定され、「子ども・子育て支援法」が制定されるなど (2012 年)、政策メニューを挙げれば枚挙の暇もない。

　政府の少子化対策の有効性については、多くの研究者が検証結果を発表している。その中でも比較的コンパクトで読みやすいのは、経済政策・労働政策と少子化問題の関係を総合的に解明した『少子化は止められるか？　政策課題と今後のあり方』(阿部正浩編著、有斐閣、2016 年) だろう。編者の阿部は、結語の「何が問題で何が必要か？　少子化対策で望まれること」の中で次のように指摘する。

　「わが国の持続可能性のために少子化を反転させることが重要だ。少子化が反転して若年人口が増加すれば、社会も活性化するだろうし、人手不足の解消にもつながる。とはいえ、少子化を反転させることはそう簡単な話ではない。これまで四半世紀にわたって行われてきた政策で少子化問題を十分に克服できなかったことがその証左である。さらに『一億総活躍』が促進されることで、かえって少子化をいっそう進めることにもなりかねない。とくに女性が活躍することで、結婚や出産に対してマイナスに影響する可能性は現状のようなシステムでは否定できない。」

　「これまで行われてきた少子化対策それ自体は、少子化の反転に一定の効

果があるけれど、総体としては少子化を食い止めることができていない。その答えとしてわれわれが考えたことの 1 つは、政策資源投入の絶対量が不足しているという点だ。つまり、少子化対策の効果がはっきり得られるだけの政策資源投入がなく、そのために出生率に施策が影響していないのだ。マクロモデルのシミュレーションでは、少子化対策への支出が対 GDP 比で 2 ％になれば、出生率は 2.0 に近づくという結果が得られている。少子化を反転させるためには、政策資源を少子化対策により多く投入していく必要がある」

少子化問題は政府が招いた “国難”

　阿部が指摘する「政策資源投入の絶対不足」とは、要するに子育てに必要とする関係予算が絶対的に少ないということにほかならない。〈2.2〉「“たられば” では人口減少に歯止めがかからない」でも述べたように、日本の2009 年度の家族関係社会支出（出産・子育て支援として制度に基づき行われる現金給付及び現物給付の合計）の対 GDP 比は、スウェーデン 3.8％、フランス 3.2％、OECD 平均 2.3％に対して、日本は僅か 0.96％にすぎなかった。また、税制上の措置を含んだ 2011 年度の家族給付に関連する公的支出の対GDP 比は、フランス 3.98％、スウェーデン 3.75％、OECD 平均 2.61％に対し、日本 1.48％と段違いに少ない（内閣府、『選択する未来—人口推計から見えてくる未来像—』、235 頁、日経印刷、2015 年）。

　最近の家族関係給付費の推移を見ても、2013 年度の対 GDP 比は 1.43％（5 兆 4881 億円）であり、イギリス 3.97％、スウェーデン 3.64％、フランス2.94％、ドイツ 2.24％など比べて 2 分の 1 前後に低迷しており、改善の兆候はいっこうに見られない（阿部、『少子化は止められるか？ 政策課題と今後のあり方』、前掲、159 頁）。

　これに加えて、日本は小学校から大学までの教育公的支出の対 GDP 比が2014 年は 3.2％、これまた OECD 加盟 34 カ国中最低の 34 位なのである。加盟国の平均は 4.4％、これを上回る主要国はデンマーク 6.3％、ノルウェー 6.1％、アイスランド 5.7％、ベルギー・フィンランド 5.6％、スウェーデン 5.2％などと続き、ポルトガル、フランス、イギリスも平均を上

回っている（日経 2017 年 9 月 13 日）。

　つまり、日本は先進諸国の中でも保育・幼児教育と学校教育への社会支出に関しては圧倒的な後進国なのであり、少子化はその結果として政府自らが招いたまさしく"国難"なのである。

総額 2 兆円規模で少子化対策は可能か

　政府部内では、これまでも少子化対策に関する数多くの提言がなされてきた。上述の「選択する未来」委員会もその 1 つであり、既に明確な処方箋が出ている。日本が 1 億人の人口規模を維持するためには、2030 年代はじめには出生率を 1.4 から 2.1 に高める必要があり、その実現のためには、2020 年代初めにかけて子育て給付を現在の 6 兆円から 12 兆円に倍増することが必要だというのである（日経 2014 年 11 月 21 日）。

　国立社会保障・人口問題研究所の研究によれば、2012 年に GDP 比 1.2%（5 兆 5 千億円）だった児童・家族関係給付費を 2.0%（9 兆 2 千億円）に増額すれば、2035 年には出生率を 2.10 に回復できるという「出生・人口予測モデル」も提示されている（毎日 2017 年 8 月 1 日）。これら少子化対策に関する数々の政策提言から言えることは、現在の日本の子育て予算は絶対的に不足しており、これを 6 兆円ほど積み増して倍増すれば、出生率の回復は十分可能だということなのである。

　これに対して安倍首相が提示した 2 兆円パッケージは、「人づくり革命」といった大げさな看板の割には如何にも少な過ぎる。OECD 並みの子育て支出水準（GDP 比 2.6〜3.0%）と教育支出水準（同 4.4〜5.0%）を確保しようとすれば、日本の支出水準をそれぞれ GDP 比 1.5% 前後、併せて 3.0% 程度を上積みする必要がある。GDP 総額を 500 兆円とすれば、15 兆円程度の財源が新たに必要になるにもかかわらず、これを 2 兆円程度の規模で済まそうとするので、政策の優先順位をめぐって財源の分捕り合戦が熾烈化するのである。

保育・幼児教育の一律無償化か、待機児童の解消か

2017 年 12 月 8 日に閣議決定された政府方針は、概ね以下の通りだ。

（1）高等教育の無償化。必要財源 7000 億〜8000 億円。住民税非課税世帯を対象とし、国立大学の授業料を免除。私立大学の場合は平均授業料の水準を勘案した一定額を補助する。公明党が主張していた年収590 万円未満世帯の私立高校授業料の実質無償化（650 億円）は、2020年度までに安定的な財源を確保しつつ実現する。

（2）保育・幼児教育の無償化。必要財源 8000 億円。3 〜 5 歳児の幼稚園、認可保育所、認定こども園を一律無償化。認可外保育園の扱いは今年夏に結論。0 〜 2 歳児は当面、住民税非課税世帯を対象に無償化。

（3）待機児童の解消。必要財源 3000 億円。2020 年度末までに 32 万人分の保育施設を増設。保育士給与を 2019 年 4 月から月 3000 円アップ（最大 400 億円）。

　しかし問題は、これら一連の少子化対策が子育て世帯の切実なニーズに合致しているかどうかだろう。最大の問題点は、各紙が指摘しているように政府方針が 3 〜 5 歳のすべての子どもの保育園・幼稚園の一律無償化に重点が置かれているのに対して、世論の方は最優先課題として待機児童改善（施設増加、保育士の処遇改善など）を求めている点である。

　政府の思惑は、菅官房長官の「ある意味で、待機児童というのは東京問題」（2017 年 5 月の記者会見）との発言にもみられるように、保育の受け皿整備を強く求めているのは大都市部に限られ、待機児童対策よりも無償化に力点を置く方が全国津々浦々の子育て世帯に選挙対策としてアピールしやすいことがあると言われる（神戸 2017 年 11 月 27 日）。言い換えれば、政府の少子化対策は待機児童家庭など保育に本当に困っている子育て世帯の切実なニーズに応えるというよりも、安倍内閣の支持率低下の歯止めとして無償化政策を全国的にばら撒こうとする意図が透けて見えるのだ。

　とはいえ、認可外保育園の無償化対策ひとつをとってみてもまだまだ状況は流動的だ。全国の待機児童 2 万 6 千人の 9 割は 0 〜 2 歳児であり、働く女性の多くは子どもを保育所に入れて早期に職場復帰することを望んでいる。保護者でつくる「希望するみんなが保育園に入れる社会を目指す会」が昨年10 月、ツイッターで幼児教育無償化と待機児童対策のどちらを優先すべき

かを聞いたところ、回答した6千人の77%が待機児童対策を選んだという（日経2017年11月22日）。

　同会は、無償化の対象を困窮世帯に限定し、それ以外の財源は保育施設の増設や保育士の処遇改善に回すように求めている。これに対して政府方針は、子育て世帯のニーズなどには無関心で、当初は認可外の保育園を無償化の対象外としていたほどだ（今回の閣議決定でも認可外保育園の無償化の対象範囲や支給上限についての決定は夏まで先送りされた）。これでは、子育て世帯の多くが無償化政策から取り残され、保育と仕事の両立問題は一向に改善されないことになる。

　この事態を報じた日経の連載記事「教育無償化を問う」は、その結論として「幼児教育無償化の狙いは、子育てしやすい環境づくりにあったはずだ。親の世代が子どもを産み育てたいと思い、仕事も続けられる。そんな狙い通りの成果が望めないなら軌道修正が必要だ。政策の優先順位をはっきりさせる。それが無償化を生き金にする」と結んでいる（2017年11月22日）。

待機児童解消の32万人計画は適正か

　それからもうひとつ、待機児童解消の要となる保育施設32万人増設計画が適正かどうかという大問題がある。加藤厚生労働相は、2017年11月28日の衆院予算委員会において、女性の就業率（25～44歳）が1%上がると、保育の利用申し込み率が3歳以上で1.2ポイント、1～2歳で2.5ポイント増えるとし、就業率が80%まで上がった場合を想定して32万人分の保育整備計画を策定したと回答している（朝日2017年11月29日）。

　しかし、安倍首相は「32万人を達成したら本当に待機児童がゼロになるのか」との質問に対して、「前提が絶対ではない。（幼児教育を）無償で供給していけば新たな需要は当然出て来る」「今後ゼロになるかについて、断定的にゼロになるとは言えない」と発言し、保育需要がさらに高まったときには32万人計画では対応できないことを認めた。野村総研は2017年5月、女性就業率77%の達成のためには88.6万人分の新たな施設整備が必要だとする報告を提出しており、政府試算とのズレが3倍近くに達するなど32万人計画の根拠はすでに大きく揺らいでいる（朝日、同上）。この点に関して注目

されるのは、各紙の社説が挙って 32 万人計画の見直しを求めていることだ。以下はその要約である。

　「政府は近く『人づくり革命』の総合対策を閣議決定する。3～5 歳児の幼児教育・保育の無償化を掲げているが、最優先すべきは待機児童の解消だ。改めて見直しを強く求めたい。保育サービスの拡充は多様な人材の就労を後押しし、日本の経済成長を下支えする。働きながら産み育てやすい環境が整えば、出生率が上向く効果も期待できる。少子化高齢化に直面する日本にとって待機児童解消は喫緊の課題だ。政府は 2020 年度末までに 32 万人分の保育サービスを増やす計画で、『人づくり革命』の中に費用も盛り込む。32 万人は利用申込者数などをもとに算出した数値で、潜在的な利用希望を十分に反映していないとの指摘もある。実際の需要がさらに膨らんだ場合に機動的に対応できなければ待機児童問題は解消しない。こうした状況で無償化に巨額の費用を割り当てるのは疑問と言わざるを得ない」（日経社説 2017 年 12 月 3 日）

　「家計に余裕のある人まで負担をなくすことより、真に支援が必要な人を支え、認可施設に入りたくても入れない状況をなくす方が先ではないか。無償化は、認可施設では全員を費用ゼロとする一方、認可外の施設や利用料が高額な幼稚園では助成に限度額を設け、一定の負担を残す方向だ。そうなれば、認可施設の希望者は今の想定以上に増える可能性がある。政府は 5 年前に決めた税・社会保障一体改革で、保育士の配置を手厚くして『保育の質』を高めると約束したが、置き去りのままだ。無償化以外にもやるべきことがある。優先順位を考え、財源を有効に使わねばならない」（朝日社説 2017 年 12 月 10 日）

教育無償化政策とは逆行、子育て世帯の生活扶助費削減

　政府が 2 兆円パッケージを閣議決定したのと同じ日、厚生労働省は生活保護費のうち食費や衣服費、光熱費などの生活費をまかなう「生活扶助」の見直し案を公表した。生活扶助は生活保護費全体の 3 割を占め、一般世帯の年収下位 10％層の消費支出とバランスが取れるように世帯人数や年齢、地域

ごとに支給額が決められている。来年度は5年に1度の支給水準の見直し時期に当たるが、前回の2013年度の見直しでは3年間で6.5％の引き下げが決定されており、今回はそれを上回る削減案が実施されようとしている。具体的には都市部の子育て世帯の削減幅が特に大きく、たとえば親子4人世帯（40代夫婦＋中学生＋小学生）の場合は現行18万5千円から16万円へ14％減、親子2人世帯（30代親＋小学生）の場合は11万5千円から10万8千円へ6％減などが「見直し案」として提示されている（朝日2017年12月9日）。

　このような状況を見るとき、安倍政権の「人づくり革命」の根幹をなす教育無償化政策が大々的に謳われるその一方で、生活に困窮する子育て世帯の生活扶助費を削減するという「逆行政策」が容赦なく実施されようとしている現実をもっと直視する必要がある。同様の事態は、「社会保障制度の全世代型への転換」という名目で医療・介護など社会保障費の抑制が急速に進められていることにも見られる。政府は高齢化に伴う社会保障費の自然増を2016〜18年度の3年間で1兆5千億円に抑える目安を設定し、すでに2016、17年度では計3100億円削って自然増を5000億円に抑え込んだ。来年度はさらにこれを上回る削減を目指しているが、その理由は安倍首相が2兆円パッケージを打ち出したことで、「消費税増税分を教育無償化に使うなら他の部分を削れ」という財務省の指示があるからだと言われる（毎日2017年10月28日）。

　「社会保障制度の全世代型への転換」という名目で医療・介護・生活保護など社会保障費の削減を許してはならないだろう。戦後の社会保障理念として国際的に確立された「ゆりかごから墓場まで」という言葉は、子育てと高齢者福祉がトレードオフの関係ではないことを示しているのだから。

第3章

京都はスローな成熟都市

　人口は富を生み出す原動力であり、地域経済社会を支える基盤である。人口は地域力を計るバロメーターであり、その動向は地域の栄枯盛衰に直結する。大都市は都市間競争において極めて有利な条件に恵まれ、なかでも「六大都市」といわれる戦前からの大都市、東京、大阪、名古屋、京都、横浜、神戸は、その他の都市の追随を許さない特権的地位を享受してきた。ところが、戦後は高度成長政策にともなう未曽有の地域変動によって大都市間の序列が崩れ、多くの新興都市が大都市の仲間入りすることになった。

　ところが、首都圏の主要都市や地方圏の中枢都市が高度成長期に100万人前後の人口増加を見ているのに対して（東京、横浜は別格）、京都市人口は僅か27万人増にとどまり、全国第4位（1955年）から第9位（2015年）に後退している。京都は、急進的な都市成長を遂げてきた他都市とは質的に異なり、国内では稀な「スローな成長」を遂げてきた「成熟都市」と言える。

　京都市がこれまで辛うじて147万人前後の人口を維持してきたのは、転出超過による社会減を出生超過による自然増で補ってきたからであるが、1980年代後半からのバブル崩壊にともなう経済成長の鈍化と生活条件の相対的低下、異常な地価高騰による住居費や育児費の高騰など出産・子育て環境の激変よって出生数が激減した。京都市は男女とも非正規雇用の比率が高く、とりわけ観光業に非正規雇用労働者が多いことが出生率低下の原因となっている。第3章では、全国最低レベルとなった京都市の出生率低下の原因を分析し、持続可能な観光業への体質改善と安定した労働環境の実現が人口回復の基本的課題であることを解明する。

〈3.1〉2017 年 9 月号

京都はスローな成熟都市なのです
～社会変動の少ない稀有な存在～

人口集中の時代は終わったのに……

　東山区の人口減少には、京都の都市計画も大きく関係している。高度成長期における空前の郊外開発が都心の激しい空洞化をもたらし、なかでも東山区にとっては回復し難いほどの打撃を与えた。そこには「都市は大きければ大きいほど良い」と考える巨大都市への志向、そして大都市への人口集中がいつまでも続くという楽観的予測が郊外開発の前提になっていた。当時は、いずこの都市でも「新しい酒は新しい器に盛らなければならない」とばかり都市拡大・都市改造の計画が打ち出され、世は挙って「開発ブーム」に酔いしれていたのである。

　だが、大都市といえども人口減少が免れない人口縮小時代に入ると、今度は交流人口の増加で「都市開発よ、もう一度」という新たな動きが出てきた。それが、海外からヒト・モノ・カネを集めようとする政府の「ビジット・ジャパン政策」（訪日旅行促進事業、2003 年）の展開だ。国土交通省に観光を所管する観光庁が設けられ（2008 年）、観光と都市計画がドッキングした新たな政策プログラムがスタートしたのである。

　この動きにいち早く反応したのが、政府の国家戦略特区をテコに東京の都心再開発を大々的に推進する大手デベロッパーの「VISIT・TOKYO」戦略だった。2020 年のオリンピック景気に沸く東京では、三菱地所、三井不動産、森ビル、鹿島建設などデベロッパーやゼネコンによる都心再開発計画が目白押しで、都市計画学会の重鎮たちも口を揃えて「グローバル時代」の都市開発を煽っている。なかでも、森ビル財団の要職を務める伊藤滋氏（元都市計画学会会長、東大名誉教授、森記念財団前理事長）や市川宏雄氏（都市開発コンサルタント、明大教授、森記念財団業務担当理事）はその双璧として知られており、『たたかう東京、東京計画 2030 ＋』（伊藤著、鹿島出版会、2014 年 4 月）、『東京一極集中が日本を救う』（市川著、ディスカバー 21 社、2015 年 10

月）などの著書は多くの人に読まれ、かつ影響力も大きい。

東京と京都を比較するのは見当違い

伊藤著の表紙の帯には、「世界があこがれる首都へ！ 国際都市競争を勝ち抜け！」「2020オリンピック・パラリンピックのさらなる先にある東京の全景」とのキャッチコピーが麗々しく掲げられ、反対側には「"Invest Tokyo"は東京に大量の外資を呼び込んだり、大土木工事を展開するといったビッグプロジェクトです。一方、"Visit Tokyo"は東京に人・モノ・カネが集まりやすくなるように、魅力ある街づくりをたくさん展開することです。本書で紹介している7つの計画は、この2つのテーマを念頭に置きながら、東京を世界のどの都市にも負けない、力と魅力を兼ね備えた都市にすることを考えて組み立てたものです」との本文の一部が堂々と紹介されている。

また市川著のはしがきには、「資源を持たず、少子高齢化で労働力さえ失われつつある日本が今後も国際競争に勝ち抜いていくには、ヒト・モノ・カネをさらに東京に集中するしかない。（略）もはや『東京か地方か』でパイの奪い合いの話をしていればよい時代は終わった。その意味では『東京一極集中』という言葉自体が、日本国内だけに目を向けたきわめて視野の狭いものだといわざるをえない。地方に回すお金が枯渇しつつあるいま、東京が世界的に競争力のある都市になり、率先して稼がなければ地方にとっても得はない。東京が沈めば地方が沈み、日本が沈んでしまうのである」とある。

両著に共通するのは、人口縮小時代における地方消滅危機などには目もくれず、東京一極集中をさらに加速させようとする極め付きの「東京至上主義」に貫かれていることだ。それは、グローバル資本による露骨極まりない都市開発論だと言ってよく、「世界都市・東京」が栄えれば地方にもそのおこぼれが回ってくるという「トリクルダウン理論」の焼き直しでしかない。しかし、こんなインチキな主張が一定の影響力を持つのは、2020年東京オリンピックを機会に安倍政権の一丁目一番地である国家戦略特区（規制緩和特区）を駆使して、東京を「世界で一番ビジネスのしやすい環境」「世界から資金・人材・企業等を集める国際的なビジネス拠点」（国家戦略特別区域及び区域方針、2014年5月内閣総理大臣決定）にするという東京一極集中政策が

全面展開しているからだ。

　「VISIT・TOKYO」戦略の影響を受けたのか、京都も負けじとばかり「世界があこがれる観光都市へ、京都観光振興計画2020」（2014年10月策定）を打ち出した。このタイトルは「世界があこがれる首都へ、東京計画2030＋」そっくりのコピーで「世界都市・京都」を意識したものと言えるが、京都が東京に比肩しうる世界都市だと錯覚しているような感じで、いささか心配になる。京都は、大都市とはいえ、基礎体力である人口や経済力においては東京と比較にならないほど劣位にあり、東京の「国際都市競争に勝ち抜け！」といった掛声に踊らされるとトンデモナイことになりかねないからである。

京都は人口変動が少ない稀有な存在

　言うまでもなく、人口は地域の富を生み出す原動力であり、地域経済社会を支える基礎体力だ。労働力でありかつ消費力でもある人口は何にも増して地域力を計るバロメーターであり、その動向は地域の栄枯盛衰に直結する。この点、大都市は都市間競争において極めて有利な条件に恵まれ、なかでも「六大都市」といわれる戦前からの大都市、東京、大阪、名古屋、京都、横浜、神戸はその他の都市の追随を許さない特権的な地位を享受してきた。ところが、戦後は高度成長政策にともなう未曽有の地域変動によって大都市間の序列が崩れ、多くの新興都市が大都市の仲間入りすることになったのである。

　高度成長政策が始まる1955年時点では、戦前の流れを汲む六大都市が、東京697万人、大阪255万人、名古屋134万人、京都120万人、横浜114万人、神戸98万人と並んでいた。しかし、それから60年後の2015年現在では、100万人以上の大都市（市域拡張による増加分を含む）は、東京927万人、横浜372万人、大阪269万人、名古屋230万人、札幌195万人、福岡・神戸154万人、川崎・京都148万人、さいたま126万人、広島119万人、仙台108万人と12市に膨れ上がった（『大都市比較統計年表』2016年版参照）。

　特徴的なことは、首都圏の県庁所在都市や地方圏の中枢都市がこの間に100万人前後の人口増加を見ているのに対して（東京、横浜は別格）、大阪、

京都など関西圏の大都市が意外に振るわないことだ。大阪は高度成長の波に乗って 1965 年に 315.6 万人を瞬間風速的に記録したものの、その後は地価高騰と公害問題の激化などで人口が衛星都市に流出して 260 万人（2000 年）を割るところまで落ち込み、2015 年現在では 269 万人に止まっている。京都も戦前から日本を代表する「六大都市」の 1 つであり全国第 4 位（1955年）の人口を維持してきたが、この間の人口増が僅か 27 万人とあって現在では第 9 位に後退している。

　しかしこのことを逆に見れば、京都は大阪の様に高度成長期の過度の人口集中に悩まされることもなければ、バブル崩壊後の激しい人口流出を懸念する必要もなかった。いわば、京都は人口変動の少ない安定した経済社会構造を持つ大都市なのであり、急進的な都市成長を遂げてきた他都市とは質的に異なる稀有な存在といえる。

　これは、京都が「関西の奥座敷」といわれるように地理的には周囲を山に囲まれた盆地で開発余地が少なく、経済的には多様な業種の企業を抱えており（企業城下町のように特定企業の影響を受けることが少ない）、大企業のみならず多数の中小企業を有する裾野の広い経済構造を維持してきたことを反映している。また、社会的には京都市民が歴史や風土を重んじる気風を持ち、安易な開発を抑止してきたことも人口変動の少ない社会構造を維持する上で大きな役割を果たしてきた。端的にいえば、京都という大都市は国内では稀な「スローな成長」を遂げてきた「サステイナブル都市」であり、バランスのとれた「成熟都市」なのである。

それでも郊外開発が爆発的に進んだ

　それでも高度成長期に洛西ニュータウンや向島ニュータウンが開発され、山科での大規模住宅団地建設などの郊外開発が爆発的に進んだのはなぜか。その背景には、戦後の「消費革命」と直結した核家族社会の到来があった。1950 年代後半には白黒テレビ、洗濯機、冷蔵庫の家電 3 品目が「三種の神器」として喧伝され、モダンな家庭生活を実現するための国民的シンボルとなった。消費革命は家族の変革をも促さずにはおかなかった。3 世代直系家族から夫婦と子どもだけの核家族への流れが強まり、もはや押し止めること

のできない奔流となって大量の新家庭が生まれた。その「受け皿」になったのがニュータウンであり、郊外住宅団地だったのである。

　当時、団地住民は「ダンチ族」とカタカナで呼ばれ、ステンレスの流し台と水洗便所が完備され、家電製品が整った団地住宅は若者世代の憧れの的だった。そこで暮らす「ダンチ族」は、モダンライフを体現する時代のパイオニアであり、若者はすべからく古い家風の染みついた親元から脱出して郊外の（自分たちだけの）新生活を作りたいと望んでいたのである。

　しかし京都は、地方から大量の人口が雪崩れ込んだ他の大都市とは異なり、高度成長期においても流入人口の規模はそれほど大きくなかった。都市が全体として膨張すれば都心も郊外も共に人口が増えるが、パイの大きさがそれ程変わらなければ、郊外開発が進むと都心から郊外へ人口が吸い出されて空洞化現象が発生する。この模様を 1955 年から 2015 年までの 60 年間を 3 区分して、京都における都心と郊外（北部、西部、東南部）の人口変動の推移をみよう。「都心」は上京・中京・東山・下京の 4 区、「北部」は北・左京の 2 区、「西部」は右京・西京の 2 区、「東南部」は南・伏見・山科の 3 区である。なお、西京と山科は 1976 年にそれぞれ右京と東山から分区したが、ここではそれ以前の時期においても遡及人口を適用して人口変動の推移を分析している。以下はその概要である。

（1）京都市人口は 1955 年から 75 年にかけて 120.4 万人から 146.1 万人へ若干増加（13%増）したが、それ以降はバブル期においてもほとんど変化を見ることなく半世紀近くにわたって 146〜147 万人台で安定的に推移し、現在においても 147 万人前後に止まっている。京都は市域拡張分（京北町など）を含めても、60 年間に人口が 27 万人しか増えなかった全国屈指の「スロー」（低成長）な大都市なのである。

（2）しかし郊外開発の影響は大きく、郊外は全体としてこの間に 64.8 万人から 115.9 万人へほぼ倍増し、並行して都心の空洞化が一挙に進んだ。なかでも東南部（南、伏見、山科）は 24.4 万人から 51.6 万人（2.1 倍、1995 年以降横ばい）、西部（右京、西京）は 11.9 万人から 35.5 万人（3.0 倍、2015 年ピーク）へと増加幅が大きかった。一方、郊外開発が比較的早く進んだ北部（北、左京）では石油ショック以降は人口

増加が鈍化し、28.4 万人（1955 年）から 32.8 万人（1975 年）のピーク
に達した後、28.8 万人（2015 年）にまで減少している。バブル経済が
崩壊した 1995 年以降は郊外膨張にも歯止めが掛かり、それが北部から
東南部へ、そして西部へと波及してきているのである。

（3）これとは逆に、都心は 55.6 万人（1955 年）から 39.4 万人（1975
年）、30.7 万人（1995 年）へと釣瓶落しに減少してきたが、バブル崩壊
以降は地価の大幅下落やライフスタイルの変化（共働き家族の増加）な
どによって、都心回帰の兆しが見られるようになった。その結果、都
心人口は 29.4 万人（2000 年）で底を打ち、それ以降は 31.6 万人
（2015 年）と小幅ながら回復傾向にある。ただ都心と言っても回復模様
は一様ではなく、2000 年を契機に都心が「回復区」（中京、下京）、「横
ばい区」（上京）、「減小区」（東山）に分極化したことに注目する必要が
ある。2015 年現在、中京 10.9 万人（2000 年比、12%増）、下京 8.3 万
人（同、12%増）と両区はマンションブームの最中にあるが、上京は

【表 1 地域ブロック別、行政区別、京都市人口の推移、1955〜2105 年、（指数）、単位：人】

	1955 年	1975 年	1995 年	2015 年
京都市	1,204,084(100)	1,461,059(121)	1,461,103(121)	1,475,183(123)
北部	283,841(100)	327,500(115)	300,630(106)	287,740(101)
北区	117,405(100)	138,193(118)	127,348(109)	119,474(102)
左京区	166,436(100)	189,307(114)	173,282(104)	168,266(101)
西部	119,439(100)	278,250(233)	338,000(283)	355,244(297)
右京区	96,270(100)	189,472(197)	195,323(203)	204,262(212)
西京区	23,169(100)	88,828(383)	142,677(616)	150,962(652)
東南部	244,358(100)	460,893(189)	515,308(211)	516,053(211)
南区	91,740(100)	104,423(114)	98,962(108)	99,927(109)
伏見区	118,031(100)	230,346(195)	280,276(238)	280,655(238)
山科区	34,567(100)	126,124(365)	136,070(394)	135,471(392)
都心部	556,466(100)	399,416(71)	307,165(55)	316,166(57)
上京区	149,835(100)	109,520(73)	87,861(59)	85,113(57)
中京区	166,775(100)	114,573(69)	94,676(57)	109,341(73)
東山区	93,985(100)	70,544(75)	51,171(54)	39,044(42)
下京区	145,871(100)	99,779(68)	73,457(50)	82,668(57)

※資料出所：「京都市統計ポータルサイト」、人口動態長期時系列データから作成

8.5万人（同、1％増）で横ばい状態にあり、東山は3.9万人（同、13％減）と依然として減少が止まらない。その結果、1955年以来人口減少が続いてきた東山は、60年間に5.5万人（58％）の人口を失い、今後の行方が一段と憂慮される事態に立ち至ったのである。

東山区は人口減少の先行地域

　国立社会保障・人口問題研究所（社人研）の「日本の市区町村別将来推計人口」（2008年12月推計）によれば、今後、中京・下京では人口増が期待されるものの、上京・東山は依然として人口減少が続くと推計されている。なかでも東山は2035年には3万人にまで減少し、65歳以上人口比率は31％、75歳以上人口比率は20％近くに達する。つまり現状に何らかの形でストップをかけない限り、東山は今後も果てしなく人口が減少していくことになるのである。

　だが、「京プラン」（京都市基本計画2011〜20）では、「計画の背景」として人口減少が強調されているものの、「重点戦略」の中に人口対策は盛り込まれていない。これは、バランスの取れたまちづくりを進めれば、結果として人口減少は食い止められるとする考え方に基づくものであろうが、通常の場合はそうであっても東山のような構造的人口減少地域には通用しない。京都市にとって東山の位置づけは、住民の居住空間よりも観光地に特化する方向が優先され、観光対策を充実すればそれで足りる（たとえ定住人口が減少しても）との考え方が強いのであろう。しかし、京都観光は「住んでよし、訪れてよし」が両立するまちであるからこそ存在意義があるのであって、人口対策をともなわないようなまちづくりは必ず失敗する。

　加えて東山の人口減少は、京都市全体の「先行現象＝縮図」としてあらわれていることにも注意しなければならない。人口縮小時代には、都心のみならず郊外においても人口減少が着実に進行していく。すでに北部郊外（北、左京）では交通手段の不便な外縁部から人口減少が急激に進んでおり、東南部郊外でも山科、伏見などでは斑状に空洞化が広がりつつある。「今日の東山」は「明日の京都」と言えるのであり、東山を対象とする人口対策は京都全体の「先行実験」であり、東山は人口対策の「モデル地域」として位置づ

けることが「京プラン」には求められているのである。

地方創生は国家戦略特区と矛盾しないか

　こんな折しも折、京都市は一転して 2015 年 7 月に「人口減少社会の克服と東京一極集中是正の全国のモデルをつくる！」として、「まち・ひと・しごと・こころ京都創生」長期ビジョン（2015-2060）と総合戦略（2015-2019）を策定した。これは、第 2 次安倍改造内閣の「骨太の方針 2015」（2014 年 6 月）において「地方創生」が目玉政策となり、（1）人口の減少に歯止めをかける、（2）東京圏への人口の過度の集中を是正する、との 2 大目的を明記した「まち・ひと・しごと創生法」（「地方創生法」という）が 2014 年 11 月に制定されたからだ。

　地方創生法の第 9 条、10 条には、都道府県及び市町村は国が策定した「総合戦略」（長期ビジョンと総合戦略）を勘案して、同様の計画を策定することに「努めなければならない」とする努力義務が課されている。同年 12 月には早速、内閣府から都道府県と市町村に対して、「人口の現状と将来の展望を提示する『地方人口ビジョン』と今後 5 か年の目標や施策の基本的方向、具体的な施策をまとめた『地方版総合戦略』の策定」を 2016 年 3 月末までに行うよう通知（通達）が出された。

　だが、安倍政権の「地方創生」には政策意図や政策効果に関して重大な疑義がある。それは地方創生法に先行して国家戦略特別区域法（2013 年 12 月公布）が制定され、東京圏における国家戦略特区がアベノミクスの「第 3 の矢」（成長戦略）の根幹と位置付けられているからだ。第 2 次安倍内閣の経済政策は 2013 年 6 月閣議決定の「日本再興戦略（JAPAN is BACK）」に始まるが、そこでは「内閣総理大臣主導で国の成長戦略を実現するため、大胆な規制改革等を実行するための突破口として、『国家戦略特区』を創設する」、「内閣総理大臣を長とする『国家戦略特区諮問会議』や大臣・首長・民間事業者からなる特区ごとの統合推進本部など、特区をトップダウンで進めるための体制を速やかに確立する」と規定され、さらに日本再興戦略 2014 年改訂版では、「国家戦略特区は平成 27 年までの 2 年間を集中取組期間とする」（2014 年 6 月）と強調されているのである。

　安倍首相自らが議長を務める国家戦略特区諮問会議には（首相の強い意向
で）竹中平蔵氏が有識者議員として参加している。竹中氏は、伊藤氏や市川
氏と同様に森記念財団理事、都市戦略研究所所長、アカデミーヒルズ理事長
などを兼任している「森ビル一族」である。国家戦略特区諮問会議は 2014
年 5 月、竹中氏ら民間有識者議員の強いリーダーシップのもとに森ビルが主
導する六本木地区や虎ノ門地区などを国家戦略特区の第 1 弾として指定し
（これは利益相反行為そのもの）、容積率の大幅緩和、各種都市計画事業の一括
認可（ワンストップ認可）など各種の大胆な規制改革を実施することになっ
た。東京一極集中を加速するためのアクセルを精一杯吹かしながら、その一
方で「東京一極集中の是正」を掲げて地方創生のブレーキを踏む……こんな
器用なことをできるわけがない。

〈3.2〉2017 年 12 月号

死亡が出生を上回る都市に未来はあるか
〜東山区は人口減少先行地域〜

　京都市の抱える人口問題の所在を明らかにするためには、出生や死亡、転
入や転出といった人口の動き（人口動態）を正確に分析しなければならな
い。しかし、国勢調査や住民基本台帳にもとづく人口統計は膨大なので、そ
れだけ見ても全容を掴むことはなかなか難しい。そこで、本稿では可能な限
りこれらの数字を集約して読みやすいように心掛けた。

京都市の人口動態統計

　京都市の人口が 20 世紀後半から 21 世紀初頭にかけて辛うじて 147 万人前
後の人口を維持してきたのは、転出超過による社会減（転入－転出＝マイナ
ス）を出生超過による自然増（出生－死亡＝プラス）で補ってきたからであ
る。これを「京都市統計ポータルサイト」における人口動態統計の長期時系
列データでみよう。

　人口動態統計は、自然増減（出生数と死亡数の差）と社会増減（転入数と転
出数の差）の和として表される。京都市の人口動態統計（1971 年以降データ

検索可能）は、住民基本台帳と外国人登録法（2012年7月廃止）に基づき届出がなされた異動を加算し、1971年まで遡及して集計したもので、1970年以前は住民基本台帳人口と外国人登録人口が別々に記載されている。

このうち社会動態統計は、1989年までは京都市内の転入・転出数と京都市内外の転入・転出数が区別されず一括して記載されているが、1990年以降は転入数が「区内＝同一行政区内での異動」「他区＝異なる行政区間の異動」「府内」「他府県」に4区分され、転出数も同様に4区分して記載されるようになった。「区内」「他区」に区分された転入・転出数は、市内で発生する異動数を示すもので差し引きゼロになるはずであるが、届出時期がずれるなどの理由で月単位では若干の誤差が生じる。また届出のないまま転入・転出が行われている場合は、「その他増減」として職権による異動数が記載されている。

【表1】は、国勢調査年を基準に京都市の人口動態統計（1971～2015年）を5年単位で区分して年平均値を算出し、その推移をみたものである。これによると、この間は出生数の減少と死亡数の増加によって自然増が一貫して縮小してきたことがわかる。その一方、人口移動の沈静化につれて転入・転

【表1　京都市人口動態の推移、1971～2015年、年平均値、単位：人】

	人口増減	自然増減			社会増減			
		出生	死亡	増加数	転入	転出	その他	増加数
1971～75年	6,024	25,199	9,009	16,190	142,875	153,041	—	▲ 10,166
1976～80年	1,936	19,957	8,955	11,002	136,674	145,739	—	▲ 9,065
1981～85年	3,363	16,779	9,262	7,517	125,890	130,044	—	▲ 4,154
1986～90年	▲ 2,578	14,730	10,104	4,626	122,172	129,376	—	▲ 7,204
1991～95年	▲ 2,428	13,362	10,932	2,430	115,939	121,361	564	▲ 4,858
1996～00年	▲ 948	13,276	11,280	1,996	120,942	124,754	868	▲ 2,944
2001～05年	▲ 895	12,369	11,718	651	117,107	120,022	1,369	▲ 1,546
2006～10年	▲ 2,273	11,832	12,993	▲ 1,161	107,654	109,856	1,090	▲ 1,112
2011～15年	▲ 1,075	11,360	14,101	▲ 2,741	105,572	103,355	▲ 551	1,666
2016年	▲ 448	11,323	14,130	▲ 2,807	107,186	104,150	▲ 677	2,359
2017年	▲ 2,891	10,710	14,594	▲ 3,884	105,258	103,366	▲ 899	993

※資料出所：「京都市統計ポータルサイト」、人口動態長期時系列データから作成
注）各年人口は国勢調査実施日（10月1日）の関係から前年10月～当年9月

出数がともに減少し、転出超過が次第に解消されつつある傾向も見てとれる。つまり京都市の人口増減は、社会増減（転入・転出）よりも自然増減（出生・死亡）によって左右される時代に入ったのである。

経済成長と人口増減の関係

　次に、人口増減と経済成長の関係について見よう。経済成長率（実質GDPの対前年度増減率）は日本経済の推移を表す最も基本的な指標であり、経済規模が毎年どれだけ伸びたかを示すものである。「内閣府SNAサイト」（国民経済計算、内閣府HP）によれば、経済成長率の推移に基づき1956〜73年を「高度成長期」（18年間、年平均成長率9.1%）、1974〜90年を「安定成長期」（17年間、同4.2%）、1991〜2016年を「低成長期」（26年間、同1.0%）に3区分している。

　【表2】は、京都市の人口動態統計（1971〜2015年）を15年ごとに3区分したものである。第Ⅰ期（1971〜85年）は「安定成長期」とほぼ重なり、第Ⅱ期（1986〜00年）は「低成長期」に概ね相当し、第Ⅲ期（2001〜15年）は「低成長期」に位置する。これをみると、安定成長期から低成長期に移行する1980年代後半から、京都市人口がはっきりと減少に転じたことがわかる。以下、各時期の特徴を説明しよう。

1971〜85年、自然増が社会減を上回っていた

　第Ⅰ期（1971〜85年）は、前半が日本経済の高度成長から安定成長への移行期に当たることもあって、京都市では自然増（年平均1万1570人）が社会減（7795人）を大きく上回り、人口増（3775人）が安定的に維持されていた

【表2　1971〜2015年、15年ごとの京都市人口動態の推移、年平均値、単位：人】

	人口増減	自然増減			社会増減			
		出生	死亡	増加数	転入	転出	その他	増加数
1971〜85年	3,775	20,645	9,075	11,570	135,146	142,941	—	▲7,795
1986〜00年	▲1,987	13,789	10,773	3,016	119,684	125,164	477	▲5,003
2001〜15年	▲1,414	11,854	12,937	▲1,083	110,111	111,078	636	▲331

※資料出所：同上

時期である。

　全国的に人口移動の動向を見ると、1970年代は1960年代よりも職業移動
や住居移動にともなう人口移動が活発であり、全国移動者数（同一都道府県
内および各都道府県間で住所を移した者の数）と移動率（移動者数を日本人口で
除した比率）は、1960年565万人（6.1%）、65年738万人（7.6%）、70年
827万人（8.0%）、75年754万人（6.8%）、80年707万人（6.1%）、85年
648万人（5.4%）と1970年をピークにして山型を描いている（総務省統計
局、住民基本台帳人口移動報告年報）。

　京都市においても1970年代は移動率が高くなって転出超過が大きくなり、
1971〜75年1万166人減（年平均）、1976〜80年9065人減（同）と1万人前
後の人口流出が続いた。これは1970年代に入って地価が高騰し、入手可能
な土地を求めて市外への転出が増加したからである。しかし、この動きは
1981〜85年になると4153人減へ縮小した。

　このように1万人前後の人口流出が続いたにもかかわらず、京都市の人口
が減少しなかったのは、それを上回る自然増が確保されていたからである。
当時の老年人口（65歳以上）比率は、1970年7.5%、75年8.9%、80年
10.4%と1割以下で若年人口が多数を占め、出生力も高かった。出生数（年
平均2万645人）が死亡数（9075人）を倍以上も上回り、そのことによって
人口増が安定して維持されていたのである。

1986〜2000年、バブル経済で出生数が激減した

　第II期（1986〜00年）の最大の特徴は、バブル経済の進行と崩壊により出
生数が第I期の年平均2万645人から1万3789人に激減し、3分の1
（6856人、33.2%）に当たる出生数が失われたことである。その背景には、
バブル経済の進行と崩壊にともなう経済成長の鈍化と生活条件の相対的低下
があり、これに加えて異常な地価高騰による住居費や育児費の高騰など出
産・子育て環境の激変があった。

　六大都市市街地地価指数（東京都区部、横浜、名古屋、京都、大阪、神戸の
六大都市の平均指数、住宅地）の推移を見ると、1970年1.0倍（基準値）、75
年4.8倍、80年15.2倍、85年20.4倍、90年53.6倍、95年30.8倍、2000

【表3 全国及び京都市の合計特殊出生率の推移、1970〜2015年】

	1970	1975	1980	1985	1990	1995	2000	2005	2010	2015
全国（A）	2.13	1.91	1.75	1.76	1.54	1.42	1.36	1.26	1.39	1.46
京都市（B）	1.91	1.66	1.54	1.55	1.38	1.25	1.21	1.11	1.21	1.30
差（A-B）	0.22	0.25	0.21	0.21	0.16	0.17	0.15	0.15	0.18	0.16

※資料出所：京都市総合企画局情報化推進室、「平成27年京都市の合計特殊出生率」、統計解析 No.79、2016年12月

　年24.5倍となり、この間の地価高騰が如何に凄まじいものであったかがわかる（日本不動産研究所「市街地価格指数」）。

　また地価公示による京都市内の住宅地平均価格（1平方メートル）は、東京・大阪を含む六大都市の地価高騰ほどではないにしても、1970年4万9000円を基準値とすると、75年8万8600円（1.8倍）、80年12万200円（2.5倍）、85年22万7000円（4.6倍）、90年66万1500円（13.5倍）、95年32万6500円（6.7倍）、2000年27万1600円（5.7倍）と、これも1990年には桁違いのピークに達している（国土交通省土地鑑定委員会「地価公示」各年版）。

　この結果、1970年に1.91を記録していた京都市の合計特殊出生率は1985年には一挙に1.55に低下し、2000年にはさらに全国最低レベルの1.21に急落した。ちなみに京都市の合計特殊出生率は、全国水準よりも一貫して0.20程度下回る超低水準であることが知られており、現在においても回復がままならない。京都市人口は（戦時中を除いて）初めて恒常的な人口減少（第Ⅱ期年平均値、自然増3016人−社会減5003人＝1987人減）に直面することになったのである。

2001〜15年、死亡が出生を上回るようになった

　第Ⅲ期（2001〜15年）は、バブル経済の崩壊によって「失われた10年」に突入した時期であり、また、グローバル経済の進展にともない国内の公共投資が縮小されて大規模開発が抑制され、人口移動が一段と沈静化した時期である。全国移動者数及び移動率は、2000年615万人（4.9％）、05年560万人（4.4％）、10年508万人（4.0％）、15年504万人（4.0％）と一貫して

減少し、ピーク時の 1970 年 827 万人（8.0%）から規模で 6 割、比率で 5 割に縮小した。この数字は高度成長期端緒の 1955 年 514 万人（5.4%）を規模・比率ともに下回る最低水準であり、名実ともに日本の「総移動の時代」は終焉した（総務省統計局、前出）。京都市でも第Ⅲ期は転入・転出が均衡状態（年平均 331 人減）となり、その後は一時的な転入超過がみられるものの（2016 年 2359 人、17 年 993 人）、その幅は次第に縮小しつつある【表1】。

　問題は、今後の人口増減に直結する出生と死亡の動向である。京都市の合計特殊出生率は、2000 年 1.21 から 2005 年 1.11 にまで落ち込み、2015 年に至っても依然として 1.30 の低水準に低迷している【表3】。その結果、京都市の年平均出生数は、第Ⅰ期 2 万 645 人、第Ⅱ期 1 万 3789 人、第Ⅲ期 1 万 1854 人と減少し、第Ⅰ期からは 8791 人減（42.6%減）という凄まじい数字になった【表2】。また直近の 2017 年出生数は 1 万 710 人となり、「1 万人割れ」を目前にしている。

　この傾向を第Ⅰ期（指数 100）を基準にして全国と比較すると、第Ⅱ期は全国 72.4、京都市 66.8、第Ⅲ期は全国 63.1、京都市 57.4 となり、京都市の人口減少が全国水準を下回って進行していることがわかる【表4】。ちなみに人口 1000 人当たりの出生率を全国との対比で見ると、1970 年全国 18.8：京都市 17.6（以下同じ）、1985 年 11.9：10.6、2000 年 9.5：8.9、2015 年 7.9：7.7 となり、いずれも京都市が低率である（京都市の人口、主要指標）。

　一方、死亡数は老年人口（65 歳以上）の増大につれて不可逆的に増加している。京都市の年平均死亡数は、第Ⅰ期 9075 人、第Ⅱ期 1 万 773 人、第Ⅲ

【表4　1971〜2015 年、15 年ごとの全国及び京都市の出生数の推移、年平均値、単位：人】

	1971〜85 年	1986〜2000 年	2001 年〜15 年
全国	1,706,919 人	1,235,517 人	1,077,562 人
指数	100	72.4	63.1
京都市	20,645 人	13,789 人	11,854 人
指数	100	66.8	57.4

※資料出所：「京都市統計ポータルサイト」、人口動態長期時系列データから作成
同：国立社会保障・人口問題研究所編、『人口の動向、日本と世界（人口統計資料集 2017）』から作成

【表 5　1971〜2015 年、15 年ごとの全国及び京都市の死亡数の推移、年平均値、単位：人】

	1971〜85 年	1986〜2000 年	2001 年〜15 年
全国	662,437 人	863,769 人	1,139,696 人
指数	100	130.4	172.0
京都市	9,075 人	10,773 人	12,937 人
指数	100	118.7	142.6

※資料出所、同上

期 1 万 2937 人と着実に増加しており、直近の 2017 年死亡数は 1 万 4594 人となった。つまり、現在は出生 1 に対して死亡 1.4 となり、その差は今後ますます拡大すると思われる。これは京都市の老年人口（率）が、1970 年 10 万 6010 人（7.5%）、1985 年 16 万 8417 人（11.4%）、2000 年 25 万 2963 人（17.4%）、2015 年 381132 人（26.7%）と飛躍的に増えてきたためであり、2040 年には 471,000 人（35.7%）に達すると予測されているからである（平成 27 年国勢調査、京都創生総合戦略）。

　京都市の年平均死亡数の傾向を第 I 期（指数 100）を基準にして全国と比較すると、第 II 期は全国 130.4、京都市 118.7、第 III 期は全国 172.0、京都市 142.6 となり、京都市の死亡増加率が全国よりも鈍いことがわかる【表 5】。このことはまた人口 1000 人当たりの死亡率でも確かめられる。全国との対比で見ると、1970 年全国 6.9：京都市 6.5（以下同じ）、1985 年 6.3：6.6、2000 年 7.7：7.5、2015 年 10.2：9.6 となり、ほぼ京都市が低率である（京都市の人口、主要指標）。老年人口比率は、1970 年全国 7.1%：京都市 7.5%（以下同じ）、1985 年 10.3%：12.7%、2000 年 17.4%：17.4%、2015 年 26.6%：26.7%とほぼ同じなので、京都市の高齢者は医療環境に恵まれて長命なのであろう。

再び京都創生戦略を問う

　京都市の「まち・ひと・しごと・こころ京都創生」総合戦略は、京都市の出生率が現在の 1.26 で推移した場合、総人口は 2040 年 131.9 万人、2060 年 111.0 万人になるとしている。とは言いながら、続いて「人口の将来展望」として掲げるのは以下のような驚くべき「推計」である。該当箇所をそ

のまま再掲しよう（22 頁）。

　「平成 42（2030）年に本市の出生率が市民の希望出生率の 1.8 まで伸び、また（現在の転入超過数から見込んで）転入が転出を約 3,000 人上回る状況を維持し続けると、本市の人口は平成 42（2030）年に 1,448 千人になる。ただし、出生率が平成 42（2030）年以降も 1.8 のまま推移すれば、人口は減少し続けることになる」

　「しかし希望出生率が向上しながら、平成 52（2040）年に本市の出生率が人口置き換え水準の 2.07 まで向上すると、本市の人口は平成 72（2060）年に 1,375 千人になり、その後、平成 92（2080）年頃には人口が定常状態（人口が安定して維持される状態）になることが見込まれます」

　これに対して、日本の将来推計人口を国勢調査ごとに作成している国立社会保障・人口問題研究所は、ホームページで「人口投影」による将来人口推計について次のように説明している（「日本の将来推計人口（平成 29 年推計）、推計手法と仮定設定に関する説明資料」、2017 年 4 月）。

　「『人口投影』とは、出生・死亡・移動などについて一定の仮定を設定し、将来の人口がどのようになるかを計算したものである。国などの機関が行う将来人口推計では、客観性・中立性を確保するため、出生・死亡・移動などの仮定値の設定は、過去から現在に至る傾向・趨勢を将来に投影し設定する。すなわち、将来人口推計は、少子化等の人口動向について観測された人口学的データの過去から現在に至る傾向・趨勢を将来に投影し、その帰結としての人口がどうなるかを科学的に推計するものであり、未来を当てるための予言・予測を第一目的とするものではない」

　この 2 つの文書を読んでわかることは、京都市の将来人口推計は、社人研のいう「少子化等の人口動向について観測された人口学的データの過去から現在に至る傾向・趨勢を将来に投影し、その帰結としての人口がどうなるかを科学的に推計する」という人口推計の原則から逸脱し、全国最低レベルの

出生率が続いてきた過去の趨勢を無視した恣意的な「予言」にすぎないということである。京都市の出生率が 1.8 を上回っていたのは 1970 年当時であり、1975 年以降は低下に次ぐ低下を重ね、1995 年以降は 1.20 前後に低迷してきた事実は重い【表3】。この過去から現在に至る傾向・趨勢を将来に投影するのが人口推計の定理である以上、「希望出生率 1.8」などと架空の仮定値を設定しての人口推計は何の意味も持たない。

　そして、もしこのような恣意的な仮定値を設定して人口推計を行うのであれば、行政は客観性・中立性という科学的根拠を失い、その時々の行政当局の主観と独断で果てしなく歪められていくことになる。京都創生総合戦略はまさにその象徴ともいうべき文書であり、撤回あるいは抜本的改正が求められて然るべき代物である。またそうしなければ、「希望出生率」は泡の如く消えゆく運命を辿るだろう。

〈3.3〉2018 年 3 月号

京都市の出生率、なぜ低い
～京都市は非正規雇用の都市～

　京都市が 2017 年 12 月に公表した「平成 28 年京都市の合計特殊出生率」（総合企画局情報化推進室『統計解析』No.87）によると、2016 年の合計特殊出生率は 1.30 で前年と変わらず、依然として回復の兆しが見られない。一方、本稿の対象である東山区の出生率は前年 1.07 から 0.98 へ低下し、市内全区の中の最下位記録を相変わらず更新し続けている。東山区の出生率が 1.0 を超えたのは、この四半世紀の中でたった 2 回（2013 年、2015 年）しかない。1990 年以降、26 年間にわたる東山区の出生率の内訳は、0.6 台 4 回、0.7 台 9 回、0.8 台 8 回、0.9 台 3 回、1.0 台 2 回と、全国最下位クラスの 0.6～0.8 台（人口維持に必要な出生率 2.07 の 3 分の 1 水準）に圧倒的に偏っているのである（同上『統計解析』No.79、2016 年 12 月）。

　京都市は、2015 年に「まち・ひと・しごと・こころ京都創生」総合戦略を策定し、2030 年に向かって「希望出生率 1.8」という途方もない目標を掲げた。しかしその一方、四半世紀にわたって続いてきた全国最低水準の出生

率の原因や背景について、本格的な調査研究が行われたことは寡聞にして知らない。市当局が問題視していないのか、それとも放置したままにしているのか、その理由はよく分からないが、いずれにしても座視できない状態が訪れていることは確かだ。本稿は、その原因究明の端緒的な試みである。

若年女性人口が減ったというけれど……

　京都市まち・ひと・しごと・こころ創生本部が公表している「京都市における人口動態の概要（データ編、2015年）」という簡単な資料がある。本資料は主に人口動態（自然動態、社会動態）に関するデータの説明だが、後半部分に「社会動態以外から見た傾向」と題して以下のような記述がある。その要旨を紹介しよう。

（1）人口の再生産力は「20～39歳の若年女性人口」と考えられる。9割以上の子どもがこの層から生まれる。第2次ベビーブーム世代は既に40歳、それ以下の世代の人数は全国的に急減している。

（2）京都市の女性人口は減少していないものの、若年女性（20～39歳）の人口は減少しており、出生率の低さが顕著である。

（3）京都市の顕著な特徴として考えられるのは、出生率の低さ、男女ともに高い進学率である。全国から大学入学のため京都へ来た15～24歳の若年層は、卒業後に東京及び近隣都市に流出し、30歳代では近隣都市への流出が目立つ。しかし40歳代以降は、京都市への転入が再び始まる。

　つまり、京都市では子どもの大半が産まれる若年女性人口（20～39歳）が減少しており、かつ女性の大学進学率が高くて未婚率が高く、おまけに20歳代後半から30歳代にかけて出産世代の転出超過が続いているので、出生率が必然的に低くなるとの見立てである。

京都市は全国有数の"若い女性の街"だった

　京都市の上記資料には、「京都市の女性人口は減少していないものの、若年女性（20～39歳）の人口は減少しており、出生率の低さが顕著である」と

解説されている。この説明だと、若年女性人口の減少があたかも出生率低下の直接的原因であるかのような印象を与えるが、正確に言えば両者は無関係だ。若年女性人口が減少すれば出生数は減るかもしれないが、出生率が必ずしも低下するとは限らないからだ。逆に若年女性人口が増加しても、出生率が低下すれば出生数の減る場合がある。若年女性人口に焦点を当てて出生数・出生率に関するデータ（1990年、2000年、2015年）を全国と京都市で比較すると、以下のような京都市の興味深い事実が浮かび上がってくる【表1】。

（1）1990年当時、京都市は若年女性（20〜39歳）人口の女性人口に占める割合が全国26.5％に対して京都市27.0％とやや多かった。しかし、若年女性人口千人当たりの出生数は、全国71.5人に対して京都市64.2人と7.3人（1割以上）少なく、この差が出生率の差（全国1.54、京都市1.38）となってあらわれていた。つまり、全国と比べて京都市の若年女性人口の割合は決して少なくないにもかかわらず、千人当たりの出生数は当時から全国の1割以上も少なかったのである。

（2）2000年は、第2次ベビーブームで産まれた「団塊ジュニア」が成人になった影響で、1990年に比べて若年女性人口が全国3.8％、京都市8.3％それぞれ増加した。とりわけ京都市の伸び率が大きく（全国の2倍以上）、女性人口に占める若年女性人口の割合は全国26.7％、京都市28.8％に上昇し、全国と京都市の差は0.5％から2.1％へさらに開いた。京都市は、若年女性人口が女性人口の3割弱を占める全国有数の"若い女性の街"になったのである。

（3）ところが2000年は、若年女性人口が大幅に増加したにもかかわらず出生数がかえって減少するという「逆転現象」が発生したのである。出生数は1990年に比べて全国と京都市はほぼ同じく3％減弱だったが、若年女性人口千人当たりの出生数は全国66.8人（4.7人減）に対して京都市57.6人（6.6人減）になり、全国と京都市の差は7.3人から9.2人へさらに拡大した。同時に、出生率も全国1.36、京都市1.21に低下した。京都市は若年女性人口が1990年に比べて1万6900人も増えたにもかかわらず、出生数は逆に360人余り減ったのである。

【表1　全国・京都市、20～39歳女性人口、同女性人口に占める比率、20～39歳女性の出生数、同人口千人当たり出生数、合計特殊出生率、1990年、2000年、2015年、単位：全国千人、京都市人】

	20～39歳女性人口（%）		同出生数 （千人当たり出生数）		合計特殊出生率	
	全国	京都市	全国	京都市	全国	京都市
1990年	16,665(26.5)	203,262(27.0%)	1,191(71.5)	13,046(64.2)	1.54	1.38
増減数(%)	633(3.8)	16,900(8.3)	▲35(▲2.9)	▲364(▲2.8)	▲0.18	▲0.17
2000年	17,298(26.7)	220,162(28.8%)	1,156(66.8)	12,682(57.6)	1.36	1.21
増減数(%)	▲3,504(▲20.3)	▲54,133(▲24.6)	▲216(▲18.7)	▲2,403(▲18.9)	0.09	0.09
2015年	13,794(21.1)	166,049(21.4%)	940(68.1)	10,279(61.9)	1.45	1.30

※資料出所：国立社会保障・人口問題研究所編『人口の動向』各年版及び「京都市の合計特殊出生率」（『統計解析』No.2,79）から作成

第3次ベビーブームは遂に起こらなかった

　2015年における最大の変化は、若年女性人口が2000年比で全国20.3%減、京都市24.6%減（4分の1）と激減したことである。女性人口に占める若年女性人口の割合も全国21.1%（5.6%減）、京都市21.4%（7.4%減）に低下し、それとともに出生数も全国18.7%減、京都市18.9%減（5分の1）の大幅減となった。一方、若年女性人口千人当たりの出生数は全国66.8人から68.1人へ1.3人増、京都市57.6人から61.9人へ4.3人増と若干上向いたが、出生数の大幅減を埋めることができなかった。

　2015年時点の20～39歳女性人口は、1976～95年生まれの人口集団（コーホート）に該当する世代である。第2次ベビーブームの後に産まれたこの世代は、出生数が182万人（1976年）から119万人（1995年）へ20年間で3分の2に激減するという少子化の影響をもろに受けた世代であり、それが京都市では15年前に比べて若年女性人口が5分の1も減少する背景になっている。

　若年女性人口がかくも減少した原因は、すべては「第3次ベビーブーム」が起こらなかったことに起因している。第1次ベビーブーム（1947～49年、団塊世代）は260万人台の出生数が3年続いて806万人に達し、第2次ベビーブーム（1971～74年、団塊ジュニア）も200万人台が4年続いて816万人の出生数を記録した。しかし、団塊ジュニア層に関しては、この世代が成

人期に達する 2000 年前後においても遂に「第3次ベビーブーム」は起こらなかったのである。

　厚生労働省の人口動態統計特殊報告、『平成 22 年度、出生に関する統計の概況』（2010 年）によれば、第2次ベビーブーム（1971〜74 年生、団塊ジュニア）の女性が 34 歳までに産んだ子供の数は平均 1.16 人、同世代に続く 1975〜79 年生まれの女性が 29 歳までに産んだ数も 1 人以下に低迷し、2000 年前後に到来が期待されていた「第3次ベビーブーム」はもはや起こらないと分析している。また、第2次ベビーブーム以降に生まれた女性の半数以上が 30 歳の時点で子供を産んでおらず、その割合も年々増加して 2010 年に 30 歳になった女性では 53.9％を占めた。

　この事態を厚労省の担当者は「今後社会に劇的な変化がない限りブームの再来は考えにくい」と判断しており、また生命保険関係のエコノミストも「90 年代後半の不況で未婚率が上昇し、出産が期待された世代が期待された時期に出産できなかった」「不況で若年層の雇用が悪化する今の状態を是正しなければ出生率はさらに悪化し、世代間のアンバランスの拡大で社会保障が危機的状況に陥る」と警告している（日経 2010 年 12 月 9 日）。

　以上の結果から、京都市におけるこの間の人口動態（出生数、出生率）の特徴を 1970 年代まで遡及して総括すると、京都市では若年女性人口の増減如何にかかわらず全国最下位水準の低出生率のために出生数が回復せず、1974 年以来（出生数 2 万 5113 人）一貫して出生数の減少が続き、2015 年には 1 万 1070 人（6 割弱）にまで落ち込んだことになる。京都市における出生率の急激な低下は、1973 年オイルショック後から始まり（1975 年 1.66）、バブル経済崩壊後の 90 年代不況によって一段と深刻化し（1990 年 1.38）、「失われた 10 年」「失われた 20 年」といわれた平成不況の長引く構造不況のもとで、全国最下位水準（2000 年 1.21、2015 年 1.30）に低迷することになったのである。

非正規雇用の街、京都市

　とはいえ、バブル崩壊後の「平成不況」は全国共通の現象であり、独り京都市だけが影響を受けたわけではない。なのに、京都市の出生率は全国に比

べてなぜかくも低いのか。この原因を解明するには、京都市の若年層の就労
形態の特徴を分析しなければならない。ここに「京都市の就業構造の概況」
と題する資料がある（京都市情報化推進室『統計解析』、No.21,56）。

　京都市は、総務省の就業構造基本調査（5 年ごとに実施）にもとづき、そ
の結果を分析して毎回公表している。2000 年以降、平成 14 年調査（2002
年）、平成 19 年調査（2007 年）、平成 24 年調査（2012 年）の結果が公表され
ており、その中に京都市の低出生率に関係する興味深い事実を見出すことが
できる。それは、京都市は男女とも若年（20〜39 歳）労働者に占める非正規
雇用の割合が全国に比べて著しく高いということである。以下、時系列で見
た特徴を要約しよう【表 2】。

（1）2002 年当時、若年労働者（総数）に占める非正規雇用の割合は全国
　　27.1%、京都市 34.3% で京都市が 7.2% 多かった。これを男女別で見
　　ると、男性は全国 14.4%、京都市 23.4% で 9.0% 多く、女性は全国
　　44.4%、京都市 48.4% で 4.0% 多くなっている。京都市では 90 年代不
　　況のあおりを受けて、21 世紀初頭には若年労働者の 3 分の 1 強が非正
　　規雇用となり、男女別では男性の 4 分の 1 弱、女性の半数近くが非正
　　規雇用だったのである。

（2）これが 10 年後の 2012 年になると、若年労働者の中の非正規雇用の
　　割合は全国 31.8%（4.7% 増）、京都市 40.4%（6.1% 増）へさらに上昇
　　し、京都市と全国との差は 7.2% から 8.6% へ開いた。男女別の非正規
　　雇用の割合も、男性が全国 19.2%（4.8% 増）、京都市 28.1%（4.7%
　　増）、女性が全国 47.3%（2.9% 増）、京都市 53.9%（5.5% 増）となり、
　　京都市では若年層の非正規雇用化が一段と進んだ。その結果、直近で
　　は京都市の若年労働者の 4 割が非正規雇用であり、男女別では男性の
　　3 割弱、女性の 5 割強が非正規雇用となった。

（3）この中で特に注目されるのは、京都市は若年男性労働者に占める非
　　正規雇用の割合が全国に比べて約 1 割も多いという事実である。いう
　　まもなく結婚は両性の同意にもとづいて成立する以上、男女双方に結
　　婚を可能とする経済条件（一定の所得水準や居住環境など）が備わって
　　いなければ結婚は成立しないし、満足な家庭生活を営むこともできな

【表2　全国・京都市、男女別、正規・非正規雇用別、若年（20〜39歳）雇用者数、2002年、2007年、2012年、単位：千人、%】

	若年雇用者(%)		正規雇用者(%)		非正規雇用者(%)	
	全国	京都市	全国	京都市	全国	京都市
2002年						
総数	24,083(100)	283(100)	17,551(72.9)	186(65.6)	6,532(27.1)	97(34.3)
男	13,872(100)	158(100)	11,873(85.6)	121(76.6)	1,999(14.4)	37(23.4)
女	10,211(100)	126(100)	5,678(55.6)	65(51.6)	4,533(44.4)	61(48.4)
2007年						
総数	24,216(100)	284(100)	16,843(69.6)	175(61.6)	7,373(30.4)	109(38.3)
男	13,642(100)	149(100)	11,238(82.4)	110(73.8)	2,404(17.6)	39(26.2)
女	10,574(100)	134(100)	5,605(53.0)	64(47.8)	4,969(47.0)	70(52.2)
2012年						
総数	22,336(100)	267(100)	15,239(68.2)	159(59.6)	7,097(31.8)	108(40.4)
男	12,359(100)	139(100)	9,984(80.8)	100(71.9)	2,375(19.2)	39(28.1)
女	9,977(100)	128(100)	5,255(52.7)	59(46.1)	4,722(47.3)	69(53.9)

※資料出所：総務省「就業構造基本調査」（2002年、2007年、2012年）及び京都市「京都市の就業構造の概要」（『統計解析』No.21,56)から作成。

　い。その意味で若年男性の非正規雇用化は、未婚率の増加と婚姻率の減少を引き起こし、出生率を低下させる重大な事象であると言わなければならない。

　厚生労働省所管の独立行政法人、労働政策研究・研修機構の「平成24年就業構造基本調査特別集計」によると、若年男性非正規労働者の「有配偶率」（配偶者がいる割合）は同じ世代の男性正規労働者に比べて半分にも満たず、その際立った深刻さが注目される。

結婚できない男性、結婚しない女性

　日本は結婚しないと子どもが産まれない国であり、結婚が実質的に出生の必要条件になっている社会である。OECD統計（2014年）によれば、未婚の母から産まれてくる子ども（婚外子、非嫡出子）の割合は、社会保障が充実して出生率の高いフランス、ノルウェー、スウェーデン、デンマークなどで

は軒並み50％を超えている。つまり、これらの国では過半数の子どもが事実婚の家庭から産まれてくるのであり、法律婚が必ずしも出生の前提になっていない。法律的に結婚していなくても産まれてくる子どもが法的に平等であり、子どもの権利が社会的に保障されている国では出生率が高い。これが先進国では普通の姿なのである。

　この点、日本は事実婚に対する法的かつ社会的差別が厳しく、今回の民法改正要綱案でも配偶者が事実婚である場合は相続の優遇措置から外されている（毎日2018年1月18日）。その結果、日本は韓国などとともに出生数に占める「嫡出でない子」の割合が著しく低い国になっており、国立社会保障・人口問題研究所の『人口の動向、2017年版』によれば、1970年代から80年代後半までの「嫡出でない子」の割合は1％未満、90年代から2000年代半ばまでは2％未満、最新の2015年でも2.29％（出生数100人に対して2人余り）にすぎない。

　このことは、日本では結婚できなければ子どもが産まれないことを意味し、合計特殊出生率が1970年2.13から2005年1.26まで低下した要因の大半は、「有配偶率」（配偶者がいる割合）の低下によるものとの分析結果に一致する（阿部正弘編、『少子化は止められるか？』51頁、有斐閣2016年）。

　若者世代が結婚できないことは、未婚率の上昇となってあらわれる。京都市の際立った特徴は、全国に比べて若年（25〜39歳）男女の未婚率が著しく高いことである。京都市の若年男女の未婚率はどの年齢階級においても全国より高く、なかでも25〜39歳男性を一括した未婚率は1990年42.1％、2000年50.7％、2015年54.3％と年を追うごとに上昇しており（12.2％増）、全国との差は4.0％から6.9％へ広がっている。女性未婚率（同）もまた1990年26.8％、2000年40.0％、2015年47.2％と急上昇し（20.4％増）、全国との差は6.7％から10.2％へ拡大している。つまり直近の数字では、京都市の若年男性（25〜39歳）の半分以上、若年女性（同）の半分近くが結婚していないのである【表3】。

　以上の点から考えて京都市の出生率が低いのは、女性側に主な原因があるというより、むしろ男性側にあるのではないかということだろう。京都市の若年男性労働者には非正規雇用が多く、以前から「結婚できない男性」が増

【表 3　全国・京都市、男女別、年齢別、25〜39 歳未婚率の推移、1990 年、2000 年、2015 年、単位：%】

| | 25〜29 歳 | | 30〜34 歳 | | 35〜39 歳 | | 25〜39 歳 | |
	全国	京都市	全国	京都市	全国	京都市	全国	京都市
男性								
1990 年	64.3	67.8	32.6	34.1	19.0	21.0	38.1	42.1
2000 年	69.3	73.1	42.9	44.5	25.7	26.0	47.4	50.7
2015 年	68.4	77.7	44.7	51.0	33.7	37.4	47.4	54.3
女性								
1990 年	40.2	47.6	13.9	18.7	7.5	11.5	20.1	26.8
2000 年	54.0	61.2	26.6	33.0	13.8	18.5	32.7	40.0
2015 年	58.8	70.1	33.6	43.3	23.3	31.0	37.0	47.2

※資料出所：国立社会保障・人口問題研究所編『人口の動向』各年版、「京都市の合計特殊出生率」（『統計解析』NO.79）及び『京都市の人口―平成 27 年国勢調査結果―』から作成。

え続けてきた。そのことが女性の結婚に対する選択肢を狭め、女性の自立心の向上とも相まって「結婚しない女性」の大幅増につながっている。京都市での若年男性の非正規雇用化が男女の未婚率の急上昇を引き起こし、結果として全国に比べて京都市の出生率の低下を招いているのである。

〈3.4〉2017 年 7 月号

全国最下位出生率から脱出が課題
〜東山区の理想と現実〜

東山区のまちづくりを考えるまでに相当回り道をしてしまった。そろそろ本題に入らなければいけないと思う。東山区のまちづくりは、一口にいってどういった課題と向き合わなければならないのか。また、いったい何から始めればいいのか。

東山区に関しては多くの大学や研究者が注目しているらしく、すでに市内各大学による特色あるまちづくりの取り組みが数多く蓄積されている。芸術系大学の「アートなまちづくり」に関するワークショップの開催、建築・住居系研究室による「空き家再生」への提案と実践、都市・交通計画研究者や政策系研究者による交通調査や地域経済調査など、東山区は京都市の中でも

まちづくりのノウハウに関しては最も豊かな蓄積を持つ地域だといってよい。

　東山区役所の方でも意欲的な取り組みが行われていて、「まちづくりカフェ＠東山」の開催など役所らしからぬ斬新なイベントが数多く見られる。とりわけ「まちづくりマスタープラン」である『東山・まち・みらい計画2020』（2011年3月策定）は出色の出来栄えで、10年前に策定された第1期基本計画とは見違えるばかりの充実した内容になっている（きっと優秀な書き手が庁内にいたのだろう）。

バランスのとれたマスタープラン

　東山区の基本計画は、まちづくりの4つの未来像——（1）緑と清流、風情ある町並みが心にも環境にもやさしいまち、（2）ゆっくりとした時間と奥深く魅力のある空間が広がり、五感が洗練されるまち、（3）地場産業が元気で人のにぎわいがあふれるまち、（4）世代を超えて互いを認め合い支え合うまち——は、歴史、環境、経済、社会の各要素が巧みに組み合わされていて、読む人に安心感と調和感を与える。それに、区民と地域社会、事業者や行政などが協働して取り組む中長期のまちづくり方針も的確に設定されている。

　注目されるのは、「今後10年間に進める施策と取組」（6分野）における「現状と課題」の分析が優れていることだ。通常、この種の計画は中身のない空虚なスローガンで埋め尽くされているものだが（左京区の計画はその典型）、東山区では具体的なデータを用いて簡潔に地域の現状を分析し、向き合うべき課題が的確に導き出されている。なかでも、保健・福祉・教育分野の「人口の減少と少子化が著しく進んでいます」とする現状分析が際立っている。

　そこには、昭和55年（1980年）当時の人口6万2000人が平成21年（2009年）までの約30年間に4万人まで激減したという冷厳な事実が示され、65歳以上人口が16％から30％に上昇した結果、東山区が「超高齢化社会の縮図」になったとする厳しい現実が浮き彫りにされている。その根本原因が「平成21年の合計特殊出生率（1人の女性が一生の間に産む子どもの平均

数）は、全国平均 1.37 に対し、東山区は 0.79（京都市平均は 1.18）と大幅に下回っています。この数値は、長期的に人口を維持できるとされる水準 2.07 より著しく低く、人口減少につながります」との人口学的な観点からの指摘も注目に値する。

それでも、危機感が薄い

しかしながら、それでも人口減少に対しては「危機感が薄い」といわなければならないだろう。基本計画の中にはいろんな課題が横並びに掲げられており、どれが最重要課題かがなかなか読み取れないのである。このほか、市内 11 区の基本計画もすべて読んでみたが、各区の基本計画には一定のフォーマット（形式）の縛りがあるのか、中身はともかく計画の構成が統一され過ぎていてとにかく面白くないのである。

『はばたけ未来へ！京プラン』（京都市基本計画 2011〜2020、2011 年 2 月策定）の中では、「京都市基本計画と各区基本計画は同列であり、補完し合う関係のもの」であることが強調されている。各区を基本単位とし、各区独自の視点から地域課題を追求するのが地域別計画だと位置づける以上、それが市全体の計画と「似たようなもの」になるのであれば、各区計画などわざわざつくる必要がない。

筆者は、全体計画と各区計画との関係は教科書と副読本の関係のようなものだと考えている。教科書は体系的なカリキュラムに基づいてつくられるが、副読本の方は地域の実情に応じて多彩なテーマの中から選択されるのが普通だ。そうして初めて、両者は互いに補い合いながら学ぶ者の知識を深め、ゆたかな教養を形づくることができる。そんな意味合いからすれば、東山区の計画はもっと大胆に「人口減少対策」に的を絞ってもよかった（そうすべきだった）。

ちなみに、東山区の合計特殊出生率がどれほど低いかというと、厚生労働省の『平成 20 年〜24 年、人口動態保健所・市区町村別統計の概況』（2014 年 2 月発表）によれば、全国 1888 市区町村の中で東山区の合計特殊出生率は「全国最下位＝ワースト 1 位」の 0.77 であり、東山区は唯一 0.7 台を記録した全国切っての「少子化地域」なのである。人口を世代にわたって安定

的に維持するためには、1 人の女性が 2.07 人（以上）の子どもを産むこと
が必要であり、これを「人口置き換え水準」というが、東山区の合計特殊出
生率 0.77 は僅かその 3 分の 1 程度の水準でしかない。1 世代を 30 年サイク
ルとすると、このままでは世代が変わるごとに（30 年間で）人口の 3 分の 1
近くが減っていくのだから、事態は極めて深刻だといわなければならない。

　とすれば、近い将来に東山区が消えてしまう（廃区される）といった事態
も否定できず、東山区のマスタープランは何にも増して人口減少対策を最重
要視しなければならなくなる。全国最下位の超低出生率から脱出しなけれ
ば、東山区のまちづくりなど描きようがないからである。

人口対策よりも観光振興を重視した市全体計画

　もっとも、人口減少に対する危機感の薄さを東山区だけの責任に押し付け
ることはできない。市全体計画もまた同様に（それ以上に）人口減少問題に
ついてはこれまで鈍感だったからである。第 1 期の基本計画が策定された
2001 年当時、将来人口に関するデータは全国及び都道府県別将来人口推計
（国立社会保障・人口問題研究所、1997 年推計）しかなかった。京都市が 6 割
近くを占める京都府人口についても、1995 年 263 万人から 2025 年 243 万人
（30 年間で 20 万人減）へ緩やかに減少するものの、当時はそれほどの急激な
人口減少が近い将来に起るとは予測されていなかった。基本構想の策定にあ
たって作成された『21 世紀・京都のグランドビジョン、京都市人口問題研
究会報告書』（1998 年 10 月）は、21 世紀の京都の将来ビジョンを考えるに当
たって人口問題に対する基本的見解を次のように述べている。

（1）常住人口は、合計特殊出生率が国立社会保障・人口問題研究所の想
　　定と同様に今後回復していくものとし（1995 年 1.25 → 2025 年 1.53）、
　　市外転出傾向も 2025 年には収束するとの見通しの下で、京都市の将来
　　人口は 1995 年 146.4 万人から 2010 年 138 万人、2025 年 131 万人へと
　　減少する。京都市の人口は、今後大きな社会経済構造変化がない限り、
　　わが国の社会の成熟化に歩調を合わせ減少傾向で推移していくことが
　　見込まれる。

（2）21 世紀・京都のグランドビジョンの策定にあたっては、人口増加そ

のものを目標とする施策の展開を図るということでなく、地域の活性
化などのための施策を講じた結果として人口増を期待する形、あるい
は人口減社会であることを前提として、京都に住む人の生活の向上を
どのように図るかということを念頭に置いた形、などの考え方に立つ
必要があると考えられる。

　この報告書には人口減少に対する危機感が全く見られない。そこでは、人
口減社会を「衰退社会」として問題視するよりは「成熟社会」と見なす楽観
的見解に覆われていて、人口増そのものを目標とする直接的な施策よりも、
地域活性化策の結果として人口増を期待することで十分だとする間接的な政
策効果を優先する判断が示されている。その結果、京都市人口は京都府より
も速い速度で減少していくと推計されていたにもかかわらず（1995年〜2025
年減少率、京都府7.6%、京都市11.2%）、京都市ではその後「常住人口」対
策が著しく軽視されることになり、政策の重点はもっぱら「交流人口」の増
大にシフトしていったのである。
　「21世紀グランドビジョン＝基本構想」を踏まえて策定された『京都市基
本計画2001-2010』（2001年1月策定）は、観光振興をメインテーマにした基
本計画だった。観光振興（交流人口の増大による地域活性化）を特段に重視す
る京都市は、2000年当時4000万人だった入洛観光客数を2010年までに
5000万人へ増やす「観光客5000万人構想」を宣言し、翌年には『京都市観
光振興推進計画〜おこしやすプラン21〜』を策定して一段と馬力をかけた。
そこには度を越した「呼び込み観光」が住民生活を侵害し、地域が居住地か
ら観光地への変貌によって常住人口が流出していく危険性への懸念は全く見
られない。
　観光振興は、京都のまちの発展、経済の活性化、新しい文化の創造、快適
で魅力的なまちづくり、国内外との交流の促進など、都市活力の「創造の
鍵」を握るものと位置づけられ、そこでは観光を振興すれば（交流人口を増
加させれば）、京都市の常住人口は予定調和的に維持できるとの考え方が基
調になっていた。かくて160頁余にも及ぶ市全体計画の中から「人口減少」
「人口問題」というキーワードが跡形もなく消え去り、人口減少時代の自治

体計画としては余りも無防備な構えとなったのである。

東山区の現実に目をつぶった第 2 期計画

　それでは、第 1 期計画に比べて第 2 期計画の『はばたけ未来へ！京プラン』（2011〜2020 年）では、人口対策はどのように位置付けられているであろうか。市人口がこの 10 年間に 146.7 万人から 147.5 万人に若干増加したこともあって（京北町の合併効果か）、随所に自信に満ちた表現が目に付く。それでも時代の流れに留意したのか、第 2 期計画では人口減少対策が前面に出るようになり、「計画の背景」（基本計画を策定するに当たってとくに注目すべき社会情勢）のトップには「人口減少と少子化」の項目が掲げられた（要約）。

（1）減少局面に入った京都市人口、京都市の独自推計によれば、2010 年現在人口 146.5 万人が 2020 年には 141〜142 万人、2035 年には 127〜130 万人に減少すると見込まれる。

（2）今後も継続する少子化傾向、京都市の合計特殊出生率は、2005 年の 1.11 を底にして以降増加に転じ、2008 年には 1.19 まで回復した。しかし、全国 1.37、京都府 1.22 と比較するとなお低水準にあり、今後も厳しい状況が続くと見込まれる。

（3）人口減少を食い止める方策の展開、人口は経済成長や労働力の確保など都市の発展と活力の維持に多大の影響があり、人口減少に歯止めをかけることは京都の未来を左右する極めて重要な課題である。ひとびとは魅力ある都市に集まることから、働く場を確保する産業の振興をはじめ、豊かな学びや子育の環境の整備など京都を一層魅力ある都市として磨き上げるためのさまざまな方策を展開することにより、京都の人口減少をできる限り食い止めることが求められる。

　これを額面通りに受け取ればその通りであろうが、注目すべきは「前文」に次のような楽観的見解が表明されていることである。

「京都市は、21 世紀の最初の四半世紀における京都のグランドビジョンを

描く『京都市基本構想』を平成 11（1999）年に策定して以降、基本構想を具体化するために平成 13（2001）年に策定した第 1 期の基本計画に基づき、着実に取り組みを進めてきた。その結果、たとえば京都市基本構想において掲げられた 5 つの課題に対して、入洛観光客数が平成 20（2008）年に 5000 万人を突破し、都心 4 区（上京区・中京区・東山区・下京区）全体でも人口が増加して都心回帰の状況にあるなど、具体的な施策、事業が着実に推進され、基本構想策定時の課題の改善や第 1 期の基本計画に掲げた指標の目標達成、向上が認められることから、平成 19（2007）年 12 月の京都市基本計画点検結果報告書において、『基本計画は全体として相当達成されている』と高く評価されている」

　第 1 期計画において入り込み観光客数が 5000 万人を突破したことは事実である。しかし、「都心 4 区全体で人口が増加した」とする記述は正確ではない（間違っている）。2000 年と 2010 年の国勢調査結果を比較すると、この間のマンションラッシュによって中京・下京区は合わせて 1 万 8000 人増（11% 増）となったが、上京区は 900 人減（1% 減）、東山区は 4300 人減（10% 減）となり、都心区の中でも人口が増えている中京・下京区、人口が減っている上京・東山区がくっきりと分かれているからである。もっとも 2015 年国調では上京区が若干持ち直したので、都心 4 区はこの 15 年間で「人口回帰区」（中京・下京区、2 万 5800 人増、16% 増）、「人口横ばい区」（上京区、900 人増、1% 増）、「人口減少区」（東山区、5800 人減、13% 減）に 3 極化したことになり、東山区の人口減少がさらに際立つことになった。
　都心 4 区の中で東山区だけがなぜ人口減少が止まらないのだろうか、なぜ食い止めることができないのだろうか。また、京都市はなぜ東山区の人口減少対策に本気で取り組まないのだろうか。東山区などは取るに足らない存在だと考えるなら話は別だが、そうでないとすれば、第 2 期計画は東山区の人口減少という厳しい現実に対して（意図的に）目をつぶったとしか思えない。東山区の厳しい現実を直視するのであれば、間違っても「都心 4 区（上京区・中京区・東山区・下京区）全体で人口が増加した」などと能天気なことをいえるはずもないからである。

都心居住の空洞化、その対策

　人口が減少するのは、出生と死亡の差（自然増減）と転入と転出の差（社会増減）の総和がマイナスになるときである。人口を指標とする都市の発展段階には、（１）離陸段階＝都心増、郊外増、（２）成長段階＝都心横ばい、郊外増、（３）衰退段階＝都心減、郊外減、（４）再生段階＝都心安定、郊外安定の４段階があるとされている。大都市都心で人口減少が発生するいわゆる「ドーナツ化現象」は、都市発展段階の第２ステージに当たる。都心への資本集中にともなう地価上昇によって土地・建物の利用転換（居住系→商業業務系）が引き起こされ、住宅価格の高騰や家賃負担の増大に対応できない住民が地価の低い郊外地域へ流出していくからである。また、公害問題の深刻化など居住環境の悪化も住民の郊外流出に拍車をかけたことは間違いない。これらは、いわば都心における人口減少の基本要因だといっていい。

　一方、副次的要因としては、親世代との同居が普通だった時代が終わって若い世代が世帯分離を求めるようになり、その受け皿になったのが郊外だったという時代背景がある。町家や長屋建住宅などが密集する都心の住宅事情が必ずしも良好でなく、郊外の「庭付き１戸建て住宅」（モダン住宅）がブームになったことが若い世代の激しい流出を促すことにつながった。高度成長期には郊外団地建設やニュータウン開発が盛行を極め、東山区から分区した山科区、右京区から分区した西京区などでは人口が爆発的に増加した。都市開発の重点が郊外に移り、その一方で都心居住の空洞化が一路進んだのである。

　世界の大都市でも同様の傾向は見られるが、ニューヨークやサンフランシスコなどでは「都心居住」の確保に向かって数々の手が打たれ、都市の空洞化に歯止めをかけてきた。そこには都心が商業業務系土地利用・建物によって独占され、地域社会が「無人化」（非居住空間化）していくことへの強い危機感があり、「人の住まないまち」は一時的に栄えてもいずれは寂れるという都市発展思想（スマートグロース）が市民や行政の中で共有されているからである。その結果、オフィスビルを建てるときは床面積の一定割合を住宅に充てるという「住宅付置義務」が施行され、しかもそれが中低所得層の支払い可能な家賃で提供されるという条件（アフォーダブル住宅）が付けられ

ることで大都市でも都心居住が可能になり、都市の調和的発展が保たれてき
たのである。

東山区の人口減少の凄まじさ

　京都市も都心居住の重要性に気付かなかったわけではなく、市住宅審議会
などでは「まちなか居住」の重要性が度々訴えられ、議論されてきたと聞い
ている。だが、「まちなか居住」は中京・下京区のようなマンション建設が
可能な地域では一部実現したが、東山区のように地形が複雑かつ景観規制が
厳しい地域では実現が困難だった。そこでは景観規制と市場原理を両立させ
るような大規模住宅供給（高層マンション建設など）が不可能だったからであ
り、それを補うような住宅施策が効果的に実施されてこなかったからであ
る。このため、東山区では老朽住宅や空き家が増加する一方、人口が減少し
て地域全体が衰退化（ブライト化）していくことが避けられなかった。

　国勢調査によると、東山区の人口は1950年の8万1000人からスタートし
て1960年に9万5000人のピークを迎え、それ以降は2015年の3万9000人
に至るまで一度も増加することなく減少を続けている。1960年のピーク時
からすれば、半世紀余りで東山区は凡そ5万6000人（6割）もの人口を
失った勘定になり、凄まじい減少ぶりだと言わなければならない。

　これを元学区別に見ると、ピーク時から1割台に落ち込んだ弥栄元学区
（6960人→1230人、18％）は別格だとしても、3割台が有済（5861人→2005
人、34％）、貞教（6768人→2594人、31％）、六原（8665人→3361人、39％）、
粟田（9905人→3826人、39％）の4元学区、4割台が清水（7287人→2992
人、41％）、一橋（12594人→5143人、41％）、新道（7192人→3098人、43％）、
修道（10428人→4461人、43％）の4元学区、5割台が今熊野（9141人→
4849人、53％）、月輪（10146人→5346人、53％）の2元学区という凄まじい
結果になる。

　※1976年10月に東山区から山科区が分区されたので、ここでの東山区人口は
分区前においても山科元学区人口を除いた数字を用いている。

〈3.5〉2018 年 4 月号

門川市長も危機感、京都観光業の雇用実態
～観光業は非正規雇用のかたまり～

　京都市の出生率が全国に比べて低いのは、若年労働者に占める非正規雇用の割合が著しく高く、若者世代がなかなか結婚できないからだ——と前回書いた。だが、この問題を解明するのに必要なまとまった統計データがなかなか見つからない。やっとのことで、労働政策研究・研修機構（JILPT、厚労省所管独立行政法人）の『若年者の就業状況・キャリア・職業能力開発の現状②—平成 24 年版「就業構造基本調査」より—』（資料シリーズ No.144、2014 年 9 月）にたどり着いた。

年収 300 万円、なければ結婚できない

　この解析資料には、「第 1 章、若年者の就業にかかわる全体状況」の中に「有業・無業と結婚の関係」という節があり、2012 年就業構造基本調査の特別集計による男女別、年齢段階別有配偶率が掲載されている。ただし女性の場合は、兼業主婦（有配偶者）の多くが非正規雇用にカウントされており、雇用形態と結婚の関係が必ずしも明確に読み取れないので、本稿では若年男性に限って分析することにした【表 1】。

　まず第 1 に注目されるのは、若年男性（20～44 歳）の有配偶率をみると、仕事を持っていない「無業者」、有業者ではあるが「非正規雇用者」、そして「正社員」（役員を含む）の間では有配偶率に隔絶した格差が存在することである。例えば「20～24 歳」と「40～44 歳」の有配偶率を比較すると、無業者の有配偶率は年齢が上がっても 1.6% から 15.9%、非正規雇用者は 4.5% から 34.1% でしかないのに対して、正社員の有配偶率は 8.6% から 73.9% まで順調に上昇する。つまり無業者は 40 歳代前半に達しても 6 人に 1 人、非正規雇用者は 3 人に 1 人しか結婚できないのに対して、正社員は 4 人のうち 3 人が結婚しているのである。

　第 2 に、個人年収別の有配偶率をみると、年収 200 万円未満の場合は 40

【表1　年齢段階別にみた有業・無業状況、個人年収別有配偶率（在学生を除く）、単位：%、一部省略】

男性	20-24歳	25-29歳	30-34歳	35-39歳	40-44歳
全体	6.7	26.0	50.0	61.1	66.5
無業計	1.6	5.1	10.2	12.5	15.9
有業計	7.6	28.1	53.1	64.5	70.1
正社員（役員含む）	8.6	31.7	57.8	68.6	73.9
非正規雇用	4.5	13.0	23.3	28.1	34.1
個人年収					
収入なし 50万円未満	1.9	9.6	23.4	35.2	35.0
50-99万円	2.1	7.3	24.5	32.5	34.1
100-149万円	4.4	11.1	22.7	29.9	37.2
150-199万円	5.2	14.7	26.9	35.4	39.2
200-249万円	7.5	21.0	36.9	42.5	49.3
250-299万円	7.9	25.7	42.7	49.4	53.9
300-399万円	10.6	32.2	54.6	60.9	64.2
400-499万円	19.2	39.3	63.8	71.4	72.9
500-599万円	24.9	53.3	72.1	79.3	78.3

※資料出所：労働政策研究・研修機構、『若年者の就業状況・キャリア・職業能力開発の現状②—平成24年版「就業構造基本調査」より—』、資料シリーズNo.144、2014年9月

歳代前半男性になっても有配偶率はすべて30％台であるのに対して、200万円を超えると40％台になり、以降50万円アップするごとに50％台、60％台、70％台と飛躍的に上昇することがわかる。このことは、安定した雇用の下で少なくとも300万円程度の年収がなければ若者世代が満足に結婚できないことを意味し、少子化対策としての最低所得保障の重要性を物語っている。

　目下のところ、総務省統計局から5年ごとに公刊される『就業構造基本調査報告』や『同解説』には、いずれもこの種の特殊集計結果は掲載されていない。しかし、若者世代の非正規雇用化が構造化しつつある現在、出生率をいささかでも回復させるためには、雇用形態と結婚の関係をもっと詳しく分析する必要があると思われる。

注目される門川市長発言

　門川市長が京都市の低出生率について関心を持っているかどうかは知らない。しかし、観光業に非正規雇用が集中していることには相当な危機感があ

ると見えて、近年の雑誌インタビューや観光ビジネス業界との討論会におい
てこんな発言を繰り返している。

　「今、京都では観光がとても活況なのに、市の税収はまったく伸びていま
せん。その理由は宿泊施設や飲食店といった観光業で働く人の75％が非正
規雇用であることと無関係ではないと考えています。製造業は非正規雇用の
比率が30％です。観光業の非正規雇用の比率がこのままだと、持続可能な
産業ではなくなるような気がします。観光は京都にとって基幹産業でもあり
ますから、何とかしなければならない。対策の一つが付加価値の高いサービ
スを提供する宿泊施設を増やし、富裕層に来てもらうことです。（略）金持
ち向けのホテルを作りたいというのは、観光業に従事する人の収入を増や
し、正規雇用を増やすためです」（『日経ビジネス』2016年5月9日号）

　京都市の観光業に従事する雇用労働者（役員を除く）は、2012年調査で4
万5600人、うち正規雇用は1万1300人（24.8％）、非正規雇用は3万4300
人（75.2％）である（2017年調査結果は2018年7月発表予定）。確かに門川市
長が言うように、京都市の観光業の正規雇用は僅か4分の1に止まり、残り
4分の3はすべて非正規雇用に依存している。しかも男女別に正規・非正規
の割合を見ると、男性は2万200人のうち正規雇用は9000人（44.6％）と
まだしも半数近くを占めているのに対して、女性は2万5400人のうち正規
雇用は僅か2300人（9.1％）で1割にも満たない。言い換えれば、京都の観
光業は圧倒的に（女性の）非正規雇用で支えられており、京都の観光業は
“非正規雇用のかたまり”だと言ってもおかしくないのである（「京都市の就
業構造の概況―平成24年就業構造基本調査集計結果―」、『統計解析』No.56、
2014年8月）。
　不思議なことに、門川市長は「このままでは『観光立国日本』が実現して
も、それを支える人の75％が非正規労働者という話になりかねない」「観光
業の非正規雇用の比率がこのままだと持続可能な産業ではなくなる」「我々
は安定した雇用と質の高いサービスに徹していく」「対策の一つが付加価値
の高いサービスを提供する宿泊施設を増やし、富裕層に来てもらうこと」な

どと言いながら、その一方で宿泊施設 3 万室を（僅か 4 年で）4 万室に増や
すという拡大方針に踏み切ったのである（「京都市宿泊施設拡充・誘致方針」
2016 年 10 月）。

京都観光業は空前の人出不足

　しかし以前にも指摘したように、この拡大方針には重大な問題点が横た
わっている。第 1 は、4 年という短期間で 1 万室もの宿泊施設を増やすほど
の観光需要が果たしてあるのかという問題が 1 つ、もう 1 つは過大な需要予
測によって「ホテルバブル」が引き起こされないかという問題である。市当
局は、訪日外国人観光客（インバウンド）を 2020 年 4000 万人、2030 年 6000
万人にするという国の「観光ビジョン」を下敷きに、2020 年の外国人宿泊
客 440〜630 万人、日本人宿泊客 1200 万人と仮定して新たに 1 万室が必要だ
と算出した。だが、この需要予測は京都市の実態的な観光動向分析に基づく
ものではなく、国の方針をただ鵜呑みしただけで確たる根拠がない架空予測
なのである。

　第 2 は、実はこれが最大の問題なのであるが、1 万室もの客室増に見合う
だけの労働力を果たして確保できるのかどうか、その裏付けがまったくない
ことである。上記の拡大方針はこの点については何一つ触れておらず、宿泊
施設をつくれば働き手が自動的に集まるとでも思っているらしい。それとも
この問題に触れると拡大方針の矛盾が露わになるので、意図的に口をつぐん
でいるのであろうか。

　しかし、考えてもみたい。地方に工場進出をする場合、経営者にとっての
最大の課題は（工場建設もさることながら）良質な労働力を確保できるかどう
かにある。人手が集まらない地域への工場進出など滅多にありえないよう
に、働き手が集まりにくい場所での宿泊施設の増設もおよそ常識では考えら
れない。まして人手不足が沸騰している昨今、客室をいきなり 1 万室も増や
す計画なんて正気の沙汰とは思われない……。こんな声があちこちから聞こ
えてくるのは当然だろう。

旅館業は究極の人によるサービス業

　門川市長自らが指摘する如く、働き手の人半が非正規雇用で占められる「観光立国日本」がダメだとするなら、人間らしい労働すなわち安定した雇用と質の高いサービスで支えられる「ヒューマン観光京都」を実現することこそが京都市長の使命であるはずだ。そして、本気で京都の基幹産業である観光業を持続的に発展させようとするのであれば、75％が非正規雇用という異常な現実を変えることがまず先決であり、「施設拡大計画」ではなく「雇用改善計画」から始めなければならない。

　厚生労働省の「ホテル、旅館業の概要」（健康局HP、2018年2月）には、観光業の中核をなす旅館業の性格について次のような記述がある。国の役所の文章とは思えないほど的を射た指摘なので、その骨子を紹介しよう。

　「旅館業は究極の『人によるサービス業』である。それは、旅館であろうとホテルであろうと簡易宿所であろうと変わらない。客が旅館業の施設を利用する時は、『特別な時間を過ごすため』の場合が多く、施設及び経営者、従業者の印象がその地域の印象となってしまうことも多い」

　「客は嫌な思いをした施設には二度とこないし、反対に小さなことでも心に残るサービスを受ければ覚えている。海外における不安要素の増加や経済悪化による家庭回帰により、個人・家族単位での国内宿泊施設の利用が増えるとともに、企業による社員旅行は激減し、旅館業に求められるものが変化している今、『求められているものが何か』『何が提供できるか』を経営者は明確にし、従業者個々の努力に頼るのではなく、施設としてサービスを提供していくことが望ましい」

　旅館業は究極の「人によるサービス業」であるとの指摘は、観光業における「人」の要素がいかに重要かを改めて想起させる（門川市長も最大の課題は「人」だと強調している）。しかもそれは（富裕層向けの）一部の高級ホテルや高級旅館だけではなく、「旅館であろうとホテルであろうと簡易宿所であろうと変わらない」との件（くだり）がミソなのである。だが、この至極尤もな指摘がいまや空前の人手不足で空文化しつつある。

観光業に人が集まらない

　厚生労働省が 2018 年 1 月末に発表した 2017 年平均の有効求人倍率は、半世紀ぶりに 1970 年代前半と並ぶ 1.50 倍に上昇した。観光業関連で言えば、接客・給仕が 3.85 倍で 2 位、飲食物調理が 3.16 倍で 4 位に入り、観光業関連はいずれも「人手不足トップ 5」に入る状態が続いている。ただ、それでも賃金水準がなかなか上がらないのは、新規求職者の 3 割が集中する一般事務で求人倍率が 0.35 倍（求職者 3 人に対して 1 人分の求人）と依然として低く、2016 年 4 月時点の民間企業事務員の給与は逆に 1.4%減となって全体の賃金上昇を阻んでいるためである（日経 2018 年 1 月 31 日）。

　周知の如く、有効求人倍率の分母は求職者数、分子が求人数である。安倍首相はことあるごとに求人倍率が上昇するのは景気回復の表れだと強調するが、求人倍率は求人数（分子）が同じでも求職者数（分母）が減少すれば上昇する。建設、観光、介護などの業界で求人倍率が上昇しているのは、求人数が増えていることもさることながら、むしろ求職者数の減少による影響の方が大きい。労働条件（低賃金）を改善しないで求人しようとする職場は人気がないので求職者数が少なくなり、結果として求人倍率が上昇するのである。「非正規雇用のかたまり」である観光業がその代表格として浮上するのは、けだし当然のことといえよう。

　ここ最近の観光業界の急激な求人難を反映してか、各紙が挙って人手不足問題を取り上げるようになった。毎日新聞（2018 年 1 月 22 日）は、「宿泊清掃ママにおんぶ」「人手不足に秘策　子連れ」との見出しで、赤ちゃんをおんぶして民泊用の部屋を清掃するアルバイト主婦の姿を大写しのカラー写真でアップしている。朝日新聞（2018 年 1 月 31 日）も「昨年求人倍率　近畿 43 年ぶり高水準」「ホテル次々　足りぬ人手」と報じている。記事の要旨は以下のようなものだ。

　「関西を訪れる外国人観光客（インバウンド）が右肩上がりで増えるなか、急増した宿泊施設の清掃を担う人手の不足が深刻になっている。これまで働き口が少なかった乳幼児を抱える主婦層や、高齢者層に人材を求める動きが出ている。外国人に人気が高い大阪ミナミの日本橋に近い島之内地区の大型

マンション。昨年12月下旬、1歳2カ月の長女をおぶったYさん（26歳）が慣れた手つきでゴミをまとめていた。Yさんは、民泊の清掃やリネン交換を請け負う会社（本社・東京）のアルバイトスタッフだ。週5日ほど出勤し、1日平均4部屋、4時間ほど清掃をこなす。（略）民泊にはキッチンもあって清掃に手間がかかり、家事に慣れた主婦のノウハウを生かせる点も大きい。会社は民泊を運営する不動産会社など約10社と契約し、月に計約1500件の清掃を受注する。スタッフ約50人の9割は、求人サイトなどで『子連れでもOK』と打ち出した募集に応じた主婦で、多くは乳幼児を連れて自転車や徒歩で現場を回る」（毎日）

　「外国人観光客が増え、ホテルや飲食業での求人も伸びた。とくにホテルなど宿泊施設は開業が相次ぎ、客室の清掃業務の人手が足りないためだ。『清掃が間に合わないため、空室があるのに予約を断らざるをえないケースも出てきている』とホテル評論家は指摘する。客室の清掃は宿泊者がいない間にするため、作業が集中する。主な担い手である主婦などはほかの業務との取り合いになっている。そこで存在感を増しているのが外国人留学生だ。大阪市のビジネスホテルなど6棟清掃を請け負う会社は、70〜80人の従業員のうち6割がベトナム人留学生だという」（朝日）

　旅館業は究極の「人によるサービス業」であるにもかかわらず、それがいま京都や大阪の空前のホテルラッシュ、民泊ラッシュにともなう人手不足によって完全に空文化している。非正規雇用中心の労働市場が底を衝き、なりふり構わぬ求人活動が乳幼児を抱えた主婦や外国人留学生にまで広がっているのである。その実態を最近の数字で見よう。

大阪、京都では安宿ラッシュ

　旅館業法に基づく営業許可施設一覧は、京都市オープンデータ・ポータルサイトで毎月の速報値を見ることができる。上記の拡大方針が出される前の2016年3月末時点の京都市内の宿泊施設の内訳は、ホテル163件（2万830室、平均128室）、旅館369件（5467室、平均15室）、簡易宿所696件（3489室、平均5室）、合計1228件、2万9786室（3万室）であった。件数ではホ

テル 24.4%、旅館 30.1%、簡易宿所 56.7% の割合で簡易宿所が 6 割近くを
占めるが、室数ではホテル 69.9%、旅館 18.4%、簡易宿所 11.7% となっ
て、ホテルが 7 割と圧倒的に多い。またこれに「違法民泊」（2015 年度調査
では 1847 件）を加えると、簡易宿所は優に 2500 件を超える。

　それ以降の動向はどうか。市の宿泊施設拡大方針が火に油を注いだのか、
僅か 2 年足らずの間に簡易宿所が爆発的に増加し、ホテルラッシュにも火が
着いた（旅館数は減少）。その結果、2017 年 12 月末現在の宿泊施設数（速報
値）は、ホテル 205 件（42 件増、1.3 倍）、旅館 366 件（3 件減）、簡易宿所
2106 件（1410 件増、3 倍）、合計 2667 件（1449 件増、2 倍）となり、市全体
の宿泊施設規模は一挙に倍増したのである。簡易宿所の中には、市が推奨す
る京町家改造型の良質な宿泊施設 504 件（簡易宿所全体の 4 分の 1）も含ま
れるが、残りは圧倒的に「安宿ホテル」「民泊ホテル」などといわれる設備共
同の低水準の宿泊施設である。京都・大阪で目下大繁盛中の「安宿ホテル」
「民泊ホテル」といわれる宿泊施設はいったいどんな施設なのか、毎日新聞
の優れたルポ記事がその実態を伝えてくれる（2018 年 1 月 21 日）。

　「1 泊 3000 円前後から泊まれる安宿が大阪市内で急増し、訪日客の受け皿
になっている。事務所や飲食店の入るビルを改装するケースが多いが、安さ
の秘密は、水回りの設備が少なくて済み、初期投資が抑えられること。割安
料金で多くの旅行客を集め収益を確保している。（略）この安宿は『簡易宿
所』と呼ばれる宿泊施設だ。シャワーやトイレを 1 部屋ごとに設ける必要が
あるホテルと違い、共同にして 1 カ所にまとめることができ、設備費用がか
さむ水回りの費用を大幅に減らせる。既存のビルからの改装費用は 1 億〜2
億円とホテルの約 5 億円より大幅に安い。宿泊者 1 人当たりの面積規制も緩
く、通常のホテルや旅館より狭くできるため、客も多く確保できる。（略）
だが、宿泊施設が過剰になりかねないとの懸念も一部で出始めている。ある
業者は『価格競争が激化すれば、中級ビジネスホテルや安宿の多くで、経営
が苦しくなりかねない』と指摘する」

　門川市長はかねがね「非正規雇用主体の 1 泊 3000〜5000 円の宿はダメ」

「付加価値の高いサービスを提供する宿泊施設を増やし、富裕層に来てもら
う」ことをしきりに強調していた。そのためにホテル拡大方針を打ち出し、
富裕層向けのラグジュアリーホテルの誘致に力を注いできた。しかし、結果
はどうだったのか。確かに富裕層向けホテルは幾つか進出した。だが圧倒的
に増加したのは、それらを桁違いに上回る簡易宿所（安宿ホテル）だったの
である。

遠からず"ホテル・民泊バブル"は破裂する

　京都市の宿泊施設速報値には室数が掲載されていないので、どれほどの
ヴォリューム（室数）が増えたのか正確にはわからない。そこで 2017 年 12
月末の宿泊施設件数に施設別の平均室数（2016 年度）を掛けて算出すると、
ホテルは 2 万 6240 室（5410 室増）、旅館 5490 室（45 室減）、簡易宿所 1 万
530 室（7040 室増）、合計 4 万 2260 室（1 万 2470 室増）となって、すでに
2020 年の拡大目標「4 万室」は現時点で超過達成されていることになる。

　しかし、事態はこの程度ではとうてい収まらないだろう。京都市ではホテ
ルや簡易宿所建設がすでに"バブル"に転化しており、バブルが破裂しない
限りこの動きは止まりそうにない。門川市長が目指した「2020 年拡大目標」
が今後どんな結果をもたらすのか、その行く末を簡単にシミュレーションし
てみよう。

　まず簡易宿所であるが、簡易宿所は 2017 年 4 月以降、月平均 70 件近くの
テンポで増えており、このままの勢いでいくと 2018 年 3 月末には 2300 件
（1 万 1500 室）を超え、2020 年 3 月末には 4000 件（2 万室）近くに達するも
のと思われる。また、ホテルは 2017 年 4 月以降、年平均 30 件程度の増加
ペースなので、2020 年 3 月末には 270 件（3 万 5000 室）に増加することは
確実である。旅館が概ね現状維持（360 件、5000 室）だとすると、2020 年 3
月末にはこれらすべてを合わせて 6 万室となり、2016 年 3 月末から僅か 4
年間で京都市内の宿泊室数が 2 倍に増えることになる。

　厚生労働省が 2012 年 1 月に実施した「旅館業の営業経営実態調査」によ
ると、1 施設当たりの平均従業者数（事業主、役員、家族従業者、正規・非正
規雇用者）は旅館 16.7 人、ホテル 43.3 人、簡易宿所 4.4 人である（健康局

生活衛生課、『旅館業の実態と経営改善の方策』、2014年9月）。この平均従業者数を適用すると、京都市に必要とされる2020年の宿泊業関連の従業者数は、旅館6000人、ホテル1万1700人、簡易宿所1万7600人、合計3万5300人となる。

　一方、「平成24年就業構造基本調査」（産業別有業者数、県庁所在都市、2013年）によると、京都市の宿泊業関連の有業者数（自営業者、家族従業者、正規・非正規雇用者）は1万4800人であり、3万5000人を確保しようとすれば新たに2万人の労働力（有業者）が必要となる。だが、京都市の有業者数と有業率（15歳以上人口に占める割合）は、1992年の76万1000人（61.5％）をピークに次第に低下し、2012年には72万8000人（56.7％）にまで減少してきている（京都市『統計解析』No.56、2014年8月）。

　市全体人口が減少する中で、有業者数（労働力）を増やすことはそう簡単ではない。まして4年間で2万人もの労働力を調達することなど想像もできないし、不可能だと言ってよい。観光業は、雇用者（役員を除く）に占める正規雇用の割合が全産業で最も低いので（24.8％）、働き手を集めることは至難の業だからである。

　遠からず、京都市の"ホテル・簡易宿所バブル"は破裂するのではないか。それも実需要が足りなくて空き室が埋まらないというよりは、従業員が足りなくて施設管理が追いつかず、客室稼働率が低下して経営不振に陥る可能性の方が大きい。すでにその兆候はあらわれている。

第2部　京都を襲ったインバウンド観光

　安倍政権は、第1次安倍内閣時代に観光基本法を全面改正して「観光立国推進基本法」（2007年）を成立させるなど、もともと観光政策に関心が強い政権だった。第2次安倍内閣（2012年12月）では「アベノミクス」が表看板となり、なかでも外国人旅行者を戦略的に増加させる「インバウンド観光」が成長戦略の中心になった。その集大成ともいうべき『明日の日本を支える観光ビジョン』（2016年）は、次のように述べている。

　「安倍内閣の発足から3年、戦略的なビザ緩和、免税制度の拡充、出入国管理体制の充実、航空ネットワークの拡大など、大胆な『改革』に取り組み続けてきた。この間、訪日外国人旅行者数は2倍以上の約2000万人に達し、その消費量も3倍以上となり、自動車部品産業の輸出総額に匹敵する3.5兆円に達した」
　「我が国は、自然・文化・気候・食という観光振興に必要な4つの条件を兼ね備えた世界でも数少ない国の一つであり、これらの豊富な観光資源を真に開花させることにより、裾野の広い観光を一億総活躍の場にすることが可能である。観光はまさに『地方創生』への切り札、GDP 600兆円達成への成長戦略の柱。国を挙げて、観光を我が国の基幹産業へと成長させ、『観光先進国』という新たな挑戦に踏み切る覚悟が必要である」

　観光を主要産業と位置づけ、文化観光局を産業観光局に改組して「観光ビジネス化」を推進してきた京都市は、安倍政権に呼応してインバウンド重視の観光政策を次々と打ち出し、名実ともに観光立国日本のトップランナーとしての位置を固めた。京都市は、訪日外国人2020年4000万人、2030年6000万人の政府目標を達成する一環として宿泊施設の誘致・拡大方針や富

裕層観光を掲げ、それが京都市内のホテル・民泊ラッシュに代表される「観光バブル」の引き金になった。市内ではホテル・民泊関連の土地需要が異常に膨張して地価高騰をもたらし、若者や子育て世代が市外に流出して職住一体の「歴史的市街地＝まち」の空洞化が進行するなど「まち壊し」が進行している。

第 2 部では、アメリカの民泊大手仲介サイト「エアビーアンドビー」の台頭と軌を一にした国内 IT 産業のロビー活動の影響の下、安倍政権が成長戦略としてインターネット上のプラットフォームを介して取引するシェアリングエコノミーを新しいビジネスチャンスとして重視し、その突破口として「ホームシェア＝民泊サービス」を導入した政治過程を分析する。あわせて、東京、大阪、京都など大都市に集中立地した民泊施設がオーバーツーリズムの引き金になり、モンスター化したホテル産業とともに都市構造を「儲かる観光＝プロフィットツーリズム」の空間に変容させていくプロセスについても考察する。

第 4 章

民泊上陸が意味するもの

　日本の民泊ブームの幕が切って落とされたのは、2014 年 5 月にアメリカ発の大手民泊仲介サイト「エアビーアンドビー」(以下、「エアビー」という)が日本事務所を開設した時に始まる。エアビーは、米サンフランシスコ市で 2008 年に創業した新興企業でありながら、僅か 10 年間で世界 191 カ国、6 万 5000 以上の都市で宿泊ビジネスを仲介する巨大プラットフォーマーに急成長し、年間利用者数は 1 億 5000 万人に達している。日本では、進出翌年の 2015 年に 138 万人、2016 年には 370 万人の驚異的な利用者数を記録し、現代の「黒船来襲」と騒がれた。

　民泊が爆発的に広がった背景には、2014 年 5 月に国家戦略特別区域法に基づく「国家戦略特区」が正式に認定され、特区内の規制緩和により旅館業法の適用除外として宿泊サービスを提供できる可能性が開かれたことがある(エアビーはこれに合わせて日本進出した)。安倍政権は 2015 年 6 月に日本再興戦略を閣議決定して民泊を「新たなビジネス戦略」と位置づけ、観光立国実現に向けたアクション・プログラム 2015 では、国家戦略特区において「外国人滞在施設経営事業」の早期実現に向けての方針が打ち出された。

　その後、旅館業法適用除外の民泊を全国展開しようとする政府規制改革会議と規制緩和反対のホテル・旅館業界との激しい攻防の中で(第 5 章で詳述)、妥協の産物として「住宅宿泊事業法」(民泊新法)が成立し、2018 年 6 月から施行された。地方自治体では関連して民泊条例の審議がスタートし、京都市では 2018 年 3 月に民泊条例が制定されて民泊事業者の届出が始まった。第 4 章では、民泊の運用実態の解明を通して、「100 万人」といわれる外国人民泊利用者をめぐる京都の「民泊ビジネス」や「ヤミ民泊」の実態に迫る。

〈4.1〉2017 年 6 月号

民泊バブルは現代の黒船来襲なのだ
～国境を超える宿泊ビジネスモデル～

遅すぎた民泊調査

「民泊」という名の妖怪が京都を徘徊している……。こんな言葉が浮かぶほど、最近の京都の民泊（無許可営業）の増え方は異常だ。2016 年 5 月に発表された「京都市民泊施設実態調査」（2015 年 12 月～16 年 3 月実施）によれば、民泊サイトに掲載されている 2702 件のうち所在地が確認されたのは半数に満たない 1260 件（47％）だけで、残り 1442 件（53％）の所在地は不明だったという。公的調査の対象物件の過半数が「所在地不明」などといった事態は驚くべきことで、今まで聞いたことがない。考えられる理由は次の 2 つだろう。

　第 1 は、京都市が現代の「黒船来襲」ともいうべき民泊の急速な広がりに気づかず、実態把握を疎かにしてきたことがある。民泊そのものに対する問題意識（警戒心）が薄かったうえに、行政内部には観光客増加とホテル不足に対応するため、むしろ民泊の「もぐり営業」を黙認する空気があったのではないかとさえ勘繰りたくなる。

　第 2 は、事柄の重大性に関する認識の遅れから悉皆調査を行わず、インターネットサイトでの「図上調査」にとどまったため、民泊の正確な所在地を特定できなかったことが考えられる。必要な予算と人員を確保すれば現地調査は十分可能なのに（見ず知らずの外国人でさえが場所を特定して宿泊している）、それをやろうとしなかったので「所在地不明」が増えたのだろう。

　それでも、2017 年 3 月に発表された国の厚生労働省調査（2016 年 10～12 月実施）に比べれば、京都市の調査は全国的には早い方だ。国の調査では、旅館業法に基づく自治体の許可を得ていた民泊は僅か 17％に止まり、無許可 31％、所在地不明 53％だった。これを大都市部に限ると許可はたった 2％、無許可 33％、所在地不明 65％という恐ろしい数字になるのだから、民泊の実態は全国的にも「無許可営業」という闇に包まれているのが実態だろ

う（毎日 2017 年 3 月 2 日）。

　とはいえ、遅まきながらこれまで全くの空白状態だった民泊の実態が少し
でも明らかになり、その結果が京都市では「民泊対策プロジェクトチーム」
（2016 年 5 月）の結成や「民泊通報・相談窓口」（同 7 月）の設置に結び付い
たことは成果だった。その後、市の相談窓口による無許可営業（疑い）施設
の取り締まりや指導によって、不正常な営業形態が少しずつ是正されつつあ
ることも喜ばしい。それでも旅館業法上無許可と推測される京都の民泊施設
が 1847 件（68%）もあり、しかもその後も増え続けているというのだから、
現状では「百年河清を待つ」といった状態は変わらない。それでは、「民泊」
なるものはいったい如何なる存在なのか。今回は東山区のまちづくりを考え
るにあたって、まずその前提になる「民泊」なるものの正体について考えて
みたい。

民泊は宿泊サービスなのか、宿泊ビジネスなのか

　民泊は往々にして牧歌的なイメージで語られることが多い。「民泊」とい
う言葉自体が民宿やホームステイといった家庭的で温かい光景を連想させる
からだろう。これまで民泊は、ごく普通の住人が自宅の余っている部屋を善
意で旅行者に貸し出し、そのお礼にちょっとした収入を得る……といった感
じで受け取られてきた。泊めてもらった旅行者が地元住民であるホストの親
切な手引きによって町のいろんな情報を教えてもらったり、時には炉端を囲
んで団らんするなど、ホストとゲストの間に心が通い合うようなケースが本
来の民泊の姿だったのである。

　このように個人が遊休資産を自発的に共有・交換するシステムが「シェア
リングエコノミー」と呼ばれ、それが必ずしも利潤追求を目的としない「分
かち合いの経済」として積極的な意味で用いられてきた。そこでは消費者が
互いに豊かな生活を営むために生協をつくり、共同運営をして生活をシェア
（共有）するようなケースが想定されていたのであり、その意味で民泊を自
発的な「宿泊サービス」と呼ぶことは間違っていない。これからも民泊が
「分かち合いの経済」を代表する存在として末永く生き続けることは確かだ
ろう。

　だが、私たちがいま直面している民泊はそれとはまったく「似て非なるもの」であることに注意しなければならない。政府が現在規制緩和の一環として推進しようとしている民泊は、疑いもなく「宿泊ビジネス」そのものであって、個人間の自発的意志に基づく宿泊サービスの提供などと言えるような代物ではない。それは、シェアリングとは名ばかりの「宿泊ビジネス」であって、「ホスト」という名の経営者が旅行者（ゲスト）目当てに家を建て、それを年中貸し出して利益を上げるというれっきとした営利事業のことなのである。旅行者の方も心得たもので、民泊はホストと顔を合わせるような面倒な手続きもなく、インターネットひとつでいつでも利用できる「便利な安宿」だと割り切っている。民泊は、低コストで必要最小限のサービスさえ確保できれば、余計なものは一切要らないとする旅行ニーズに対応する格安の宿泊施設なのである。

　そこで1つの疑問が生じる。宿泊ビジネスであれば、なぜ「民泊」などとは言わずにホテルや旅館の宿泊施設として堂々と経営しないのかということだ。実はそこに民泊が拡がる本当の理由がある。ホテルや旅館として正規に営業しようとすれば、旅行者の安全を確保するための様々な衛生管理や安全管理上の法的基準を満たさなければならず、しかも利益に対しては一定の税金を納めなければならない。これを免れるためには、実質的には「宿泊ビジネス」であるにもかかわらず、シェアリングエコノミーや民泊の名前を使って一見非営利活動を装い、規制の網を潜る必要がある。民泊がかくもクローズアップされているのは、そこに規制緩和による上手い「抜け穴」が隠されているからである。

民泊はインターネットを通じて世界規模で展開される

　それだけではない。民泊がかくも爆発的に広がっている最大の理由は、それがインターネットを活用して空き家や空き部屋を有料で旅行者に貸し出す新たな宿泊ビジネスとして展開されているからだ。そして、インターネットが世界を結ぶ情報網である以上、インターネットを活用する宿泊ビジネスは必然的に世界規模で展開されることになる。外国旅行の場合、これまでは旅行代理店などを通して宿泊施設を予約するのが普通だったのが、旅行人口の

増加にともない宿泊施設が不足する中、インターネットの普及によって民泊が爆発的に増加することになったのである。

　日本の民泊ブームの幕が切って落とされたのは、2014 年 5 月にアメリカ発の大手民泊仲介サイト「エアビー」が日本事務所を開設した時に始まると言ってよい。エアビーは世界有数の巨大宿泊仲介サイトであるが、日本への進出当初はあまり注目されずマスメディアの情報も少なかった。

　ところが、エアビーを利用した宿泊者数が訪日外国人の急増にともなって進出翌年の 2015 年に早くも 138 万人に達し、2016 年には 370 万人に達するという驚異的な業績を上げたことから一挙に注目を浴びることになった。エアビーの進出はまさにあっという間の出来事であり、ほとんどの日本人が知らない間に（外国人向けの）民泊が瞬く間に東京、大阪、京都などの大都市に広がっていたのである。まるで現代の「黒船来襲」のような事態を目前にして、正直なところ多くの国民は呆気に取られているのが実態ではないか。

　筆者の手元にある新聞記事スクラップでは、「民泊」関係の記事が急に増え始めるのは 2015 年半ばからの頃である。それまでは各紙とも月に 1、2 回程度だった関連記事が年末になって急に増え始め、2016 年に入ると爆発的に増加するようになった（これからはもっと増えるだろう）。切っかけは 2014 年 5 月に国家戦略特別区域法に基づく「国家戦略特区」が正式に認定され、特区内の規制緩和により一定の条件を満たせば旅館業法の適用除外として宿泊サービスを提供できる可能性が開かれたことだ。

　これを受けて大阪府では 2015 年 10 月に全国初の民泊条例を制定し、東京都大田区でも同年 12 月に条例制定に踏み切った。ただし同じ特区内でも東京都台東区の場合は、民泊施設についても旅館業法の簡易宿所と同じく営業時間内は従業員を常駐させ、玄関帳簿の設備を設置させるなど厳しい条件を義務づける条例を 2016 年 3 月に制定している。当該自治体によっては特区内といえども宿泊施設の安全を確保し、近隣住民とのトラブルを回避するため、安易な規制緩和を行わないケースもあるのであって、民泊への対応は自治体によって大きく分かれているのである。

首相官邸主導で民泊ビジネスの推進

　政府は、2015年6月に『日本再興戦略』を閣議決定して民泊を「新たな
ビジネス戦略」と位置づけ、同年6月の『観光立国実現に向けたアクショ
ン・プログラム2015』では、国家戦略特区において「外国人滞在施設経営
事業」の早期実現に向けての方針を打ち出した。しかし、政府部内では民泊
の自由営業（規制緩和）を主張する内閣府の規制改革会議に対し、旅館業法
を所管する厚生労働省の意見が対立して作業はしばしば難航した。そこで厚
生労働省と国土交通省観光庁は2015年11月、「民泊サービスのあり方検討
会」（「民泊ビジネスのあり方検討会」ではない）を設け、民泊対策についての
討議を開始した。結論的には、トラブル防止の観点から民泊をカプセルホテ
ルなどと同じ旅館業法上の「簡易宿所」に位置付ける案が浮上し、2016年
4月から実施することになった（朝日2016年1月28日）。

　しかし、ここから規制改革会議の民間議員を中心にした激しい巻き返しが
始まる。規制改革会議は2016年5月答申で、一般住宅に有料で旅行客を泊
める「民泊」はホテルや旅館などとは異なる届け出制（許可制ではない）の
「宿泊サービス」と位置づけ、住居専用地域においても営業を認めることを
求めた。加えて、既存の旅館業法に代わる民泊新法の制定も必要だと提起
し、新しい民泊法案のもとで行われる民泊業務は、旅館業法には抵触しな
い、つまり既存の旅館業法の規制の枠外で行うことを求めたのである（産経
2016年5月20日）。

　規制改革会議が答申した新法の骨子は「民泊全面解禁法案」ともいえるも
ので、マンションや戸建て住宅の所有者に関する規定を緩め、誰でも民泊に
参入しやすいようにしたのが特徴である。ネットを通じて都道府県に必要な
書類を届け出れば、帳場の設置などを義務づける旅館法上の許可が要らなく
なるというもので、届け出書類には自分が登録する仲介業者のほか、税と社
会保障の共通番号（マイナンバー）を記せば、住民票を添えなくてもいい。
住宅地での民泊も解禁し、対象地域を大幅に広げる……というものだった
（日経2016年5月13日）。

　当然のことながら、ホテル業界や旅館業界から激しい批判の声が上がっ
た。しかし「観光立国」を掲げる安倍政権の下でホテル・旅館業界は「守

旧派」と見なされ、官邸の主導によって従来の旅館業法に基づく許可制だけでなく、審査が簡単な届け出・登録制で住宅地でも営業できる「民泊新法」をつくることが決定された。そして今年 2017 年 3 月、住宅に旅行者を有料で泊める民泊を全国で解禁する「住宅宿泊事業法案」（民泊新法案）が閣議決定された。

　閣議決定された民泊新法案の骨子は、（1）年間の営業日数の上限を 180 日とする（ホテル・旅館業界の主張は年 30 日以下）、（2）自治体は条例で営業日数を制限することが可能、ただし条件付き、（3）家主に自治体への届け出を義務付ける、（4）仲介業者に観光庁への登録を義務付ける、（5）家主に標識の掲示や宿泊者の名簿作成を義務付ける、（6）法令違反の場合は業務停止命令や事業廃止命令を下すことができる、（7）命令に従わない場合は 6 カ月以下の懲役または 100 万円以下の罰金を科す、などとなっている（日経 2017 年 3 月 11 日）。

民泊解禁で殺到する海外大手仲介企業

　政府の民泊解禁の強力な推進力となったのは、IT 企業を中心とする経済団体「新経済連盟」（代表理事、三木谷楽天会長）である。新経済連盟は、国内で民泊に使える住宅が 200 万戸あり、1 年で 2500 万人の外国人客が宿泊でき、10 兆円台の経済効果があると試算している。また、宿泊者の本人確認や衛生管理については、仲介業者が住宅提供者に注意喚起すればトラブルは防げるとの立場である（毎日 2015 年 11 月 28 日）。

　米国発の大手民泊仲介サイト・エアビーは、すでに日本国内で登録物件 4 万 8000 件を確保し、2016 年には訪日外国人 2400 万人の 1 割強、370 万人の利用実績を上げている。同社はこの実績を踏まえて、今後「民泊新法」の制定を機に民泊の仲介業者から包括的な旅行体験を提供する「総合旅行会社」を目指すことを発表し、日本での更なる市場拡大に意欲を燃やしている（日経 2017 年 2 月 21 日、3 月 22 日）。米国系ではこのほか、旅行サイト世界最大手の「エクスペディア」も政府が進める民泊全面解禁のルールが明確になれば、日本で一般住宅などに旅行者を有料で泊める民泊の掲載物件を数年以内に 2 万～3 万件に増やす予定だといわれる（日経 2016 年 5 月 26 日）。

　中国民泊大手の「途家」（トゥージア）もまた、「民泊新法」の成立を見据えて日本進出を決定した。途家は2011年創業、登録物件数45万件、利用者数1億5000万件、世界70カ国、1090都市で宿泊ビジネスを展開する中国の民泊仲介最大手である。日本では全国のマンションをはじめ戸建て空き家（800万戸）を民泊物件に転換するよう家主に働きかけたり、取得したりして自前の宿泊施設として運用する予定とされる。当面は2020年までに日本での登録物件5000件を目指すという（日経2017年2月1日）。

　こうした仲介サイトの出現と需要の拡大によって、個人の住宅を活用した宿泊ビジネスは制度的にオーソライズされるのを待たずに、世界規模で急速に拡大している。とはいうものの、これらが世界中で一律的に承認され、合法化されているわけではない。なぜなら、国境を超える物品やサービスの出入りには関税をはじめ様々な規制がかけられるのが普通であり、世界各国では都市ごとに民泊に対する独自のルールが定められているからである。厚生労働省が「民泊サービス」のあり方に関する検討会に提出した資料、「諸外国における規制等の状況について」（第1回会議、2015年11月27日）によれば、世界各国の民泊に対する規制は極めて厳しいものがある。併せて、国内の不動産投資サイトの「GATE CHANNEL」の最新情報も見よう。

世界各国の厳しい民泊規制

　まずGATE CHANNEL（2015年11月15日）が伝えるところによれば、エアビーの進出と拡大に対してはアメリカ全土の州と都市でホテル業界との対立が高まり、エアビー（民泊）規制の動きが急速に起こっているといわれる。2015年末現在、エアビー（民泊）規制法案がすでに提出されている州は20州、うち成立したのは6州、審議中は14州であり、同様の規制が今後広まっていくと観測されている。

　エアビーに対する規制法のなかでも、特に厳しい規制を課したのはオレゴン州ポートランドだ。ポートランドでは、民泊も通常のホテルと同様の宿泊税を支払うことが義務づけられ、またホテル業としての認可を受ける際には認可料も支払うことになった。つまりエアビーは営業は合法化されたものの、その代わりに通常のホテルと変わらない規制を受けることになったので

ある。

　さらに厳しい規制を設けているのは、カリフォルニア州サンタモニカだ。ここではエアビーは営業にあたってビジネスライセンスを取得しなければならず、さらに宿泊税を 14％ 支払うことになっている。また、ホストは宿泊者が滞在している間は宿泊施設にいなければならないという厳しい条件も義務付けられた。つまりサンタモニカは、本来の民泊（ホームステイ）のような規制をかけることによって民泊ビジネスの拡大に歯止めをかけ、コミュニティの混乱を防止しようとしているのである。

　このほか、宿泊税の徴収や許認可の義務化以外にも民泊に対するいろんな規制がある。フロリダ州マイアミでは、特定のエリアでのエアビー利用が禁止された。GATE CHANNEL は、「アメリカではエリアによって様々な規制があり、今後も地域によって差が大きくなっていきそうです」と結んでいる。

　一方、厚生労働省が「民泊サービスのあり方に関する検討会」に提出した資料によれば、世界各都市の民泊に対する規制は以下のようになっている。

（1）ニューヨーク（アメリカ）、3 戸以上が入居する共同住宅で、所有者が不在の場合は、30 日未満の短期貸し出しは違法。

（2）サンフランシスコ（アメリカ）、2014 年 10 月より 14％ の短期滞在税が課税、1 回の宿泊が 30 日未満かつ年間 90 日であることが必要。

（3）ポートランド（アメリカ）、事前に物件調査と許可が必要、貸出者は年間 270 日以上の当該住居への居住が必要、隣人への通知必要、集合住宅での貸し出し期間は年 30 日まで。

（4）ナッシュビル（アメリカ）、貸出者は毎年市からの許可が必要、一度に 4 部屋以上の貸し出し禁止、騒音や食事の提供場所の規制あり。

（5）ロンドン（イギリス）、賃貸建物への転用許可が必要、貸出期間が年間 90 日以内であれば許可不要。

（6）パリ（フランス）、建物の利用形態変更の許可および自治体への届け出が必要、所有者が年間 8 カ月以上居住の場合は対象外。

（7）バルセロナ（スペイン）、自治体の許可が必要、利用者へのサービス保障を列挙、利用者の身分証登録と警察への情報提供が必要。

（8）ローマ（イタリア）、事前に自治体への届け出と承認が必要、寝室・部屋の広さ等について規制あり。

（9）ベルリン（ドイツ）、住居の目的外使用には許可が必要。

（10）ハンブルグ（ドイツ）、所有者が年間4カ月以上居住の場合、観光客への貸し出し可能。ただし許可が必要。

（11）アムステルダム（オランダ）、利用者の滞在は2カ月60日まで、同時の宿泊者は4人まで、旅行税納税と近隣の同意が必要、これらを条件として許可は不要。

〈4.2〉2018年11月号
首相官邸が指揮した民泊規制改革
～国家戦略特区で風穴～

安倍首相が大号令

　新経済連盟（三木谷代表理事）の提唱する「2030年までに1億人・30兆円」という桁外れのインバウンド目標はともかく、首相自らが「この目標については一部から批判もあるかもしれない」（観光ビジョン構想会議）と言いながらも、「2020年4000万人8兆円、2030年6000万人15兆円」という特大目標を掲げた安倍政権は、入国条件（ビザ）の緩和と受け皿（宿泊施設）の拡大に踏み切った。その推進エンジンになったのは、第1が成長戦略の司令塔となる日本経済再生本部、第2が成長戦略実現のために「岩盤規制」を首相主導で突破する国家戦略特区諮問会議、第3が各種規制の見直しと構造改革推進に必要な規制の在り方を審議する規制改革会議である。

　安倍首相は、特区諮問会議や規制改革会議に出席して「民泊サービス」の規制改革（規制緩和）について大号令を掛け、それが官邸官僚により「総理の御意向」「総理の御発言」として関係省庁に広く通達されることになった。以下は、繰り返し引用される2つの発言である。

　「国家戦略特区は規制改革の突破口です。人々の創意工夫が活かされ、地域が元気になるように制度を変えていきます。日本を訪れる外国の方々の滞

在経験をより便利で快適なものとしていかなければなりません。このため、旅館でなくても短期に宿泊できる住居を広げていく。過疎地等での観光客の交通手段として、自家用自動車の活用を拡大する。外国人を積極的に受け入れ、地方創生の加速化を図る自治体の先行的取組を後押ししていかなければなりません」（第 16 回国家戦略特別区域諮問会議、2015 年 10 月 20 日、首相官邸HP）

　「規制改革に終わりはありません。戦後最大の経済 GDP 600 兆円を目指して『生産性革命』を起こし、あらゆる分野に浸透させていかなければなりません。そして、その妨げとなる制度は聖域なく改革を行ってまいります。企業や個人には、解き放たれれば大きな変化を起こすことができる力があります。例えば、外国からの観光客は、ビザの緩和により数百万人増えました。免税店も対象品目を広げ、同じ商店街なら手続を一括できるようにしたところ、店舗数が半年で倍増しました。喫緊の課題は、宿泊施設をどう確保するかに移ったと言えると思います。そこで、『民泊サービス』の規制を改革していきます。国家戦略特区の先行事例を踏まえ、特区諮問会議としっかりと連携しながら、突破口を開いていただきたいと思います」（第 50 回規制改革会議、2015 年 10 月 15 日、内閣府 HP）

国家戦略特区諮問会議という専決組織

　日本経済再生本部の設置から 5 カ月、第 10 回会議では早くも「国家戦略特区における規制改革事項等の検討方針（案）」が示され、国家戦略特区における特例措置をテコに大胆な規制改革を進めていく方針が決定された。「特区内で、以下の規制改革を認めるとともに、臨時国会に提出する特区関連法案の中に特例措置として盛り込む」として、民泊普及の障害になる旅館業法に風穴を開けるため、特区内での「旅館業法の適用除外」が打ち出されたのである。

　そして第 10 回会議の議事次第には、「東京オリンピックの開催を追い風に、今後、我が国に居住・滞在する外国人が急増することが見込まれる。こうした中で、外国人の滞在ニーズに対応する一定の賃貸借型の滞在施設について、30 日未満の利用であっても利用期間等の一定の要件を満たす場合は、

旅館業法の適用を除外する」と明記された（日本経済再生本部第 10 回会議、2013 年 10 月 18 日、首相官邸 HP）。

　国家戦略特区法に基づいて設置された諮問会議は、異例のトップダウン（専決）組織である。首相自身が議長を務め、政府委員は財務大臣、官房長官、内閣府国家戦略特区担当大臣 3 人の 5 人、これに同数の有識者議員（民間議員）5 人が加わった官民半々の少人数組織だ。民間議員はすべて首相任命なので（国家戦略特区法 33 条）、これは文字通り首相がすべてを決める「専決組織」だと言っていい。安倍首相によって任命された竹中平蔵氏（働き方改革の推進で自ら人材派遣会社会長に就任）、八田達夫氏（加計学園獣医学部設置で WG 座長として活躍）など民間議員 5 人は、第 1 回国家戦略特区諮問会議において次のように提言している（「国家戦略特区の進め方について」、2014 年 1 月 17 日、首相官邸 HP）。

　「国家戦略特区の制度の主眼は、これまでの構造改革特区、総合特区では十分に実現できていない『岩盤規制』の改革及びそれに相当する抜本的な税制改革に総理主導で突破口を開き、経済成長を実現することである。そのための突破口が『特区』である」

国家戦略特区で旅館業法適用除外を実施

　特区諮問会議がどのような法的根拠に基づいて旅館業法の適用除外を決めたかについては、議事録にも詳しい記載はない。ただこれに関連する発言としては、シェアリングエコノミーについて議論した第 49 回規制改革会議における岡素之氏（住友商事社長、規制改革会議議長）の以下のような発言がある（第 49 回規制改革会議議事録、2015 年 10 月 5 日、内閣府 HP）。

　「この国家戦略特区における旅館業法の特例は、いわゆる国家戦略特別区域におきまして、主として外国人の方を対象とした宿泊サービスを提供する場合に、それを旅館業法上の対応ではなくて、賃貸借契約という形の整理の中で、旅館業法の適用除外として運営できるようにしようというものでございます。ただ、通常の旅館、ホテルとの一定のすみ分けということなどか

ら、一定の泊数以上の場合にこの特例の対象にするということでありまし
て、具体的には最低 7 日から 10 日までの間で、各自治体が条例で定める期
間以上のミドルステイを対象にすることになってございます」

　「私どもとしては、シェアリングエコノミーというテーマを今期の一つの
目玉として取り上げていこうと考えておりますが、本日の『民泊』は、正に
その一つであります。このシェアリングエコノミーを効果的に成功させるか
どうかというのは、日本の経済成長にも密接に関係してくるということは間
違いないと思っておりますので、その第一歩である『民泊』を何とか成功さ
せるというように持っていきたいと思います」

　これらの議論経過から分かることは、（1）安倍政権が成長戦略の一環と
してインターネットを利用したシェアリングエコノミーの進展を図るため
に、（2）「民泊サービス」の規制改革をその突破口に位置づけ、（3）2020
年東京オリンピックを契機とするインバウンド目標を達成するため、外国人
滞在施設の確保を大義名分にして、（4）国家戦略特区という一種の治外法
権区域を設定し、（5）旅館業法にもとづく厳しい構造設備基準や建築基準
法令の適用を回避するため、特区内での宿泊施設の提供を住宅の賃貸借契約
と見なすことにより、（6）民泊サービスを旅館業法の適用除外にするとい
うことであろう。

特区民泊という矛盾に満ちた存在

　2013 年 12 月、国家戦略特区法が公布され、その中に「旅館業法の特例」
が措置された。第 13 条に「国家戦略特別区域外国人滞在施設経営事業」が
特定認定事業として指定され、当該認定事業については「旅館業法第 3 条第
1 項の規定は適用しない」と定められたのである。「特区民泊」という矛盾
に満ちた宿泊サービスの特徴は、以下の 5 点に集約される。

　第 1 は、特区民泊は「外国人滞在施設」と銘打ちながらも、利用者は外国
人ばかりでなく国内利用者を受け入れることが可能であり、かつ年間営業日
数の制限もないごく普通の宿泊施設であることである。このことは、特区民
泊をインバウンド対策のための「特例措置」だとしながら、その実はインバ

ウンド対策を口実にした民泊サービスの「規制緩和措置」であることを示している。また安倍首相の言葉にもあるように、そこには特区民泊を先行モデルにして民泊サービスの規制緩和を全国的に広げていく意図が込められていた。

　第2は、特区民泊における利用者との契約形態は、旅館業法に基づく「宿泊サービス契約」ではなく、借地借家法による「賃貸借契約」であるとしながら、通常は賃貸借契約の対象にはならない滞在期間1カ月未満の場合でも旅館業法の適用除外としたことである。しかも特区民泊の最低滞在期間は、当初の7日（6泊）から3日（2泊）に短縮された。このことは、僅か数日間の住宅の「賃貸借契約」など法理上も実際上もあり得ないにもかかわらず、これを「賃貸借契約」とみなすという脱法的解釈によって特例措置が合法化されたことを意味する。

　第3は、民泊サービスをシェアリングエコノミー（分かち合いの経済）の象徴だと謳いながら、特区民泊には「家主同居型」の営業は認められず、「家主不在型」（グループ貸し）の営業しか認められないことである。これは、借地借家法にもとづく賃貸借契約の場合、賃借人が滞在期間中の施設の排他的・独占的利用権を有するため、賃貸人は当該滞在期間中に別の者と施設の賃貸借契約を結ぶことができないからであり、家主が居住する住宅の一部を提供できないためである。このことは遊休資産の有効活用に資するとしても、家主と利用者との交流が制度的に不可能になることから民泊サービスの理念の否定につながり、特区民泊がもっぱら営利本位の宿泊サービスに特化する必然性を示している。

悪貨が良貨を駆逐する

　第4は、特区民泊が建築基準法上は用途が「ホテル・旅館」としてではなく、「住宅」扱いになることで構造設備基準や容積率が緩和され、また玄関帳場の設置などが不要になることで、格安の建設（改造）コストで営業できる宿泊施設の整備が可能になることである。このことは、建設投資に相当な費用がかかり、かつ共同住宅のように容積率緩和が認められない一般のホテル・旅館に対して特区民泊が不当に有利な条件を得ることになり、「悪貨が

良貨を駆逐する」ことによって低水準の宿泊施設が今後さらに広がる可能性を示唆する。すでに、東京・大阪などでは特区民泊に対応した新築マンションの建設も増えてきており（このことは、民泊が遊休資産の活用対策であるとの趣旨にも反する）、その活用法が次のように大っぴらに推奨されている（日本橋くるみ行政書士事務所編、『民泊のすべて』、63 頁、大成出版社、2018 年）。

　「民泊合法化を目的に導入された特区民泊制度ですが、実際には一棟マンションを『容積率緩和ホテル』に転用する手段に用いるのが最も効果的です。大阪にマンションをお持ちの方は、特区民泊を活用したホテル経営を検討されてはいかがでしょうか」

　第 5 は、特区民泊に罰則規定がないことである。旅館業法には法令に違反した事業者に対する罰則規定が設けられているが、国家戦略特区法には同種の罰則規定がない。都道府県知事や政令市等は違反した事業者に対して登録を取り消すことができるが、国の法律である国家戦略特区法に罰則規定が欠落していることは立法趣旨に大きな疑念を抱かせる。このことは恐らく、以前からの新経済連盟の主張である「旅館業法の適用除外＝自主的ルールの制定＝罰則規定なし」の要求を反映したものと推量され、特区民泊の脱法的性格をよくあらわしている。新経済連盟関事務局長は次のように言う（第 2 回「民泊サービス」のあり方に関する検討会議事録、2015 年 12 月 14 日、厚労省HP）。

　「我々の提案としては、ホームシェアを新たなサービスとして位置づけるということで、ホストとプラットホームの双方に一定の対応を求めることをルール化するということで、ホストについて旅館業法の適用を受けないことを提案します。もちろん、可能な限りガイドライン等に落として柔軟な対応での規律が望ましいと思っておりますが、いずれにしましてもノールールではなくてきちんとしたルールを決めることで、従来の旅館業法の適用とは異なるサービス形態ということで、それを認めていくべきだというのが我々の提案でございます」

　以降、特区申請に手を挙げた東京都大田区、大阪府、大阪市などでは関連
条例の制定と並行して区域指定が行われ、大田区では2016年1月、大阪府
では同年4月、大阪市では同年10月から民泊事業者の受付が始まった。
2018年5月末現在、特区民泊数は大田区58施設344室38事業者（うち個人
14人）、大阪府8施設15室8事業者（うち個人1人）、大阪市733施設2257
室（事業者数不明）となっている（内閣府地方創生推進事務局、『国家戦略特区、
特区民泊について』、2018年6月26日、内閣府HP）。

首相官邸が指揮した民泊サービスあり方検討会

　安倍政権の当初の予定としては、国家戦略特区の特例措置として認めた民
泊の旅館業法適用除外を、内閣直轄の規制改革会議の議論を通して一挙に全
国化することを意図していたものと思われる。しかし当然のことながら、民
泊サービスの規制緩和については旅館業法の適用を受けているホテル業界や
旅館業界からの反対意見が大きく（ホテル業界や旅館業界は与党の有力基盤で
もある）、また旅館業法は地方自治体が所管する法律であることから、規制
改革会議第3次答申（2015年6月16日、内閣府HP）においては「インター
ネットを通じ宿泊者を募集する一般住宅、別荘等を活用した民泊サービスに
ついては、関係省庁において実態の把握等を行った上で、旅館・ホテルとの
競争条件を含め、幅広い観点から検討し、結論を得る〈平成27年検討開始、
平成28年結論〉」とのあいまいな答申になり、同様の文章が閣議決定された
（2015年6月30日）。

　こうして、厚労省医薬・生活衛生局と国交省観光庁が共同事務局を務める
「『民泊サービス』のあり方に関する検討会」が発足し（2015年11月27日、
以下「あり方検討会」という）、関係業界と有識者からなる委員の下で検討が
始まることになるのであるが、この「あり方検討会」の議論は一筋縄ではい
かなかった。なぜなら、この種の検討会は通常、省内の個別行政課題の具体
化のために組織される関係者や専門家などからなる内部組織なのであるが、
「あり方検討会」の場合は厚労省と国交省を跨ぐ共同組織として設けられた
からである。このことは、民泊サービス問題が1省庁を超える広範な内容を
含むことから当然のこととはいえ、上部の指示を受ける「検討会」という組

織の性格からして事務局が2つの省から異なった（対立する）指示を受けることになり、その矛盾をどう調整するかという極めて困難な課題を抱えることになったのである。

　しかし、それ以上に注目すべきことは、「あり方検討会」が厚労省と国交省にまたがる共同の検討会であるにもかかわらず、その実質的な指揮は規制改革会議事務局である内閣府（官邸官僚）を通して行われたことである。内閣府規制改革会議推進室の資料（後述）によれば、規制改革会議は「あり方検討会」に先立って（2カ月近くも前）民泊サービスに関する検討を開始しており、関係省庁の厚労省や観光庁に対して矢継ぎ早に指示を出している有様が見てとれる。

"総理の御発言"を錦の御旗に

　2016年3月の内閣府主催の公開ディスカッション、『民泊サービスにおける規制改革』に提出された資料の中に、「規制改革会議における民泊サービスに関する検討について」（内閣府規制改革推進室、2016年3月14日、内閣府HP）と題する注目すべき資料がある。当該資料は、民泊サービスに関するこれまでの規制改革会議における議論の経過を述べたものであるが、そこには"総理の御発言"を錦の御旗にして官邸官僚が「あり方検討会」の議論を強力に指揮している状況が赤裸々に記されている。以下はその経緯である。

（1）2015年6月、規制改革会議「第3次答申」及び「規制改革実施計画」において、民泊サービスについては、幅広い観点から検討して2016年に結論を得ることとした。

（2）規制改革会議においては、2015年10月5日に厚生労働省及び観光庁からヒアリングを実施。10月15日の会議では、総理から「民泊サービスの規制を改革していく、国家戦略特区の先行事例を踏まえ、特区諮問会議と連携しながら突破口を開いていただきたい」旨の御発言。(注)国家戦略特区諮問会議とは、規制改革全般の中で特に当面、民泊サービスについて連携を密にすることとしている（地域活性化WGへの国家戦略特区WG委員の参加など）。

（3）規制改革会議の地域活性化WGにおいて、10月29日、11月9日、

11月25日、12月9日と4回にわたり、我が国及び諸外国の関連法規の概要検討及び関係者（関係省庁、有識者、事業者及び関係業界）からヒアリングを実施。

（4）これらの議論を踏まえ、12月21日の規制改革会議において「民泊サービスの推進に関する意見」について審議を行い、決定・公表。

あり方検討ではなく、推進に関する意見

この中で注目すべきは、規制改革会議が検討を開始してから僅か2カ月半余りで「民泊サービスの推進に関する意見」が決定され、公表されたことであろう（第55回規制改革会議、2015年12月27日、内閣府HP）。2015年12月末と言えば、「あり方検討会」が発足して漸く検討が開始されたばかりであり、関係団体へのヒアリングが始まった矢先のことである。だがこの段階で、規制改革会議が早くも"総理の御発言"に沿って「改革の視点」と「今後取り組むべき課題」について官邸の意向を示したことは、その後の「あり方検討会」の議論に決定的な影響を与えることになった。規制改革会議の「民泊サービスの推進に関する意見」の政治的意図は、以下の3点に集約される。

第1は、国家戦略特区諮問会議と同じく規制改革会議においても専決体制を重視し、「関係省庁における検討のスピードアップ」を督促していることである。このため、規制改革会議（内閣府）としては「あり方検討会」のスタートに先立って予め議論の方向を設定し、官邸の意図する結論を早急にまとめるための態勢を敷いたものと思われる。

第2は、規制改革会議の意見のタイトルが「民泊サービスの推進に関する意見」となっており、当初の答申内容である「民泊サービスについては、関係省庁において実態の把握等を行った上で、旅館・ホテルとの競争条件を含め、幅広い観点から検討し、結論を得る」との趣旨から著しく逸脱していることである。規制改革会議の答申及び閣議決定の趣旨は「民泊サービスのあり方」を幅広く検討するものであって、当初から「民泊サービスの推進」を前提とするものではない。にもかかわらず、規制改革会議が「意見」としてこのようなタイトルを付したことは、官邸が「あり方検討会」の議論を自ら

の望む方向へ誘導する意思を明示したものと見なすことができる。

　第3は、「民泊サービスの推進」を前提に「あり方検討会」に対して以下
のような具体的提言（指示）を行っていることである。

　（1）旅館業法など関連法令における規制との関係を手当てすることに、
　　　　一定の民泊サービスについては旅館業法の適用除外とした上で必要な
　　　　規制を新たに行うことも含め、抜本的な対応を検討すべきである。

　（2）サービス提供者の把握を的確に行う観点からの届出制や、仲介事業
　　　　者によるサービスの提供を適切に管理するための許可制などを含め、
　　　　幅広く検討し、適切な規制の下でニーズに応えた民泊サービスが推進
　　　　できるよう、民泊サービス全体をカバーする規制体系を構築すべきで
　　　　ある。

　（3）サービス提供者や仲介事業者が外国人（外国法人）の場合も含め、
　　　　規制の適切な執行体制を確保すべきである。

　「一定の民泊サービスについては旅館業法の適用除外とすべき」といった
第1提言の内容は、「旅館・ホテルとの競争条件を含め幅広い観点から検討
する」上での最大の争点であるにもかかわらず、ここではそれがあたかも
「あり方検討会」の議論の前提であり課題であるかのような位置づけで指示
されている。規制改革会議のこのような「結論ありき」の提言は、「あり方
検討会」の存在や議論を頭から否定するものであり、規制改革会議自らがす
でに「結論」を準備している様子が明白に読み取れる。事実、規制改革会議
は下部組織として「地域活性化WG」を設置し、「あり方検討会」を超える
調査活動やヒアリングを実施しているのである。このような経緯を経て成立
した「住宅宿泊事業法」（民泊新法）は、制定後どのような反響をひき起こ
したのであろうか。次回はその行方を追ってみたい。

〈4.3〉2018 年 10 月号
民泊新法のビフォーアフター
～エアビー進出で激変～

　2018 年 6 月 15 日施行の「住宅宿泊事業法」（民泊新法）をめぐって、民泊業界ではその後もいっこうに混乱が収まらない。新法施行直前の 6 月 1 日、政府観光庁はエアビーなど大手民泊仲介サイトに対して、6 月 15 日以降許認可のない違法民泊の予約取り消しなどを求めて文書通知した。観光庁は年初から繰り返し違反物件の削除や予約変更を求めてきたというが、エアビー側が観光庁の態度を甘く見て、違法民泊を掲載したままの姿勢を変えなかったために遂に文書通知に踏み切ったのである。本稿では、民泊新法施行の前後状況すなわち「ビフォーアフター」の変化に焦点を当て、空前の前評判にもかかわらずなぜいま民泊ブームが失速しつつあるのか、その政治背景の分析と政策展開のプロセスを追ってみたい。

エアビーの目算と誤算
　エアビーなど海外大手仲介サイトは、当初、民泊新法の施行後も従前通り（違法物件を掲載したまま）営業を続けられると踏んでいたらしい。というのは、後述するように、安倍政権に対して大きな影響力を持つ IT 業界が新法による民泊サービスの規制に対しては強く反対しているので、新法はそれほど厳しい規制にならないと楽観視していたからだ。例えば IT 業界で組織する新経済連盟は、民泊規制に反対する見解を早くから表明している（新経済連盟、「ホームシェアの制度設計に対する考え方」、2016 年 12 月 8 日、新経済連盟 HP）。
　（1）日数制限の導入には断固反対。日数制限は需要に対して柔軟にサービスを提供するシェアリングエコノミーの本質を著しく損なう。
　（2）地方自治体の条例による規制は、地域によってばらばらの規制が定められてホームシェア（民泊）普及の重大な妨げとなるため全国統一の基準とすべき。仮に条例による制限を認める場合でも、住環境保護

を目的とする制限に限定し、旅館業との需給調整などを目的とする規制は、正常な競争を妨げる統制経済的規制であって認めるべきでない。

（3）管理者の要件は、個人の柔軟な働き方の実現により一億総活躍社会に資するため、個人を含めた多様な主体が民泊サービスに参入できるようにすべき。管理者の要件を過度に厳格なものにすることには反対。

（4）海外事業者への対応は、無登録および法令を遵守しない事業者に対してホストが物件を掲載することを違法とすべき。

　しかし、さすがのエアビーも民泊新法の骨格が固まるにつれてこのままでは済まないと思ったのか、2017年の暮れ、同法に従い観光庁への登録と法令遵守のための必要な対策を行う声明、「住宅宿泊事業法の施行に向けたAirbnbの取り組みについて」を発表した（エアビー、2017年12月19日HP）。

　「Airbnbは、住宅宿泊事業法の施行に向け、同法に従い観光庁へ登録し、法令遵守のために必要な対応を随時実施して参ります。すべてのホストは、Airbnbに物件を掲載する手続の一貫として、関係法令の遵守を求める利用規約への同意が必要です。これに加え、該当するホストが住宅宿泊事業法を遵守するよう、観光庁のご指示のもと施策を展開いたします。地域社会に配慮し、持続可能な形で、ホームシェアを含む住宅宿泊事業が日本全国で普及するよう、引き続き日本政府、自治体、業界関係者の皆様と協働させていただく所存です」

エアビーの掲載件数が5分の1に縮小

　民泊新法によれば、住宅宿泊仲介業（民泊仲介サイト）を営もうとする者は観光庁長官の登録を受ける必要があり、違法行為の斡旋は禁じられている（57条、58条）。そして、これに違反した時は登録が取り消されるか、1年以内の業務停止を課されることになっている（62条、63条）。このような法の趣旨から、エアビーが法令順守を誓約しながら、その後も半年以上にわたって違法物件の掲載を取り止めない事態を重く見た観光庁は、おそらく登録の

取り消しを含む厳しい行政指導を行ったのであろう。

　事態の重大性を察知したエアビーは、文書通知の翌日から直ちに違法民泊の削除に着手した。その結果、2018年春の時点で6万2千件もあった掲載施設が、6月4日朝には一挙に1万3800件（5分の1）に激減した。また6月7日には、エアビーは違法民泊の家主と予約者の双方に対して6月15日以降の予約取り消しを通知し、併せて予約金の返金など総額11億円に上る補償策も公表した。これらはいずれも、事前の予測を覆す経営方針の大転換だった（日経2018年6月13日）。

　だが、エアビーが違法物件を削除した後も「ヤミ民泊」の疑いがある物件の掲載が絶えない。朝日新聞の独自調査によると、エアビーが「合法民泊」として掲載しているものの中には虚偽の届出番号を掲載している物件があり、加えて民泊以外の宿泊施設でも旅館業法上の「ヤミ物件」が多数見つかったという（朝日2018年6月21日、8月7日）。

　各方面からの指摘を受けて、観光庁は民間仲介各社から新法施行時点の物件リストの提出を受け、自治体に対して届け出を受理した物件との照合を依頼した。その結果、各社が6月15日時点で予約サイトに掲載していた約2万3千件のうち、架空の届出番号を掲げた民泊のほか、旅館業法で認められている簡易宿所としての民泊や国家戦略特区制度を活用した民泊にも該当しない違法物件約1千件が8月9日段階で確認された。同庁は順次サイトからの削除を要請しているが、調査はまだ中間段階なので、違法物件は最終的に数千件規模にまで増える可能性があるという（日経2018年8月10日）。

　しかし、この記事だと違法物件の数は「約千件」とあるだけで正確な実態がはっきりしない。翌日の赤旗は、この点に関して「観光庁は違法物件が判明した時点で仲介業者に順次、予約サイトからの削除を指導しています。10月までに3054件の指導を行ったと辰巳（参院）議員に報告しました。施行日時点の掲載物件2万3411件の1割以上が違法物件という結果になります」と明確に件数を指摘している。併せて、「辰巳議員は『違法物件がこれだけ多く仲介業者のサイトに掲載されたことは重大な法違反だ。仲介業者を処分すべきだ。違法物件が掲載されないように、仲介業者がサイト掲載前に自治体に確認することをルール化すべきだ』と指摘しています」と報じている

（赤旗 2018 年 8 月 11 日）。

これまでとは大違い

　民泊新法の施行後、民泊の届け出は遅々として進まない。施行前の 5 月 11 日段階では全国合わせて 724 件だったのが、6 月 15 日施行日には 3728 件に増加したものの、7 月 6 日時点では 5397 件と依然として伸び悩み状態にある（京都市内では 7 月 13 日現在、僅か 47 件）。背後には、ヤミ民泊の撤退が相次ぎ宿泊施設そのものが減ったこと、民泊の営業日数の上限が年間 180 日と定められて利益を上げにくいこと、自治体への届出手続きが煩雑なこと、民泊オーナーの一部に民泊から賃貸マンションへの変更の動きがあることなど、多様な原因が横たわっていることが指摘されている（読売 2018 年 7 月 16 日）。

　こんな状況の下で、「民泊撤退ビジネス急増」と題する気の早い記事まで現れる始末。東京では、民泊廃業の物件を賃貸マンションに転用するサービス会社が「撤退 110 番」をスタートさせ、不要となった物件を借り上げてマンションとして貸し出すサービスが始まった。また、貸会議室への転換需要も増えており、貸会議室予約サイトの掲載件数は、民泊への法規制が近づいた今年に入ってから前月比で 1 割増のペースで増えているという。中古品の売買サイトでも、「民泊撤退セール」などと銘打った家具類の出品が今年 4 月以降は急増しているそうだ（日経 2018 年 6 月 23 日）。

　たまりかねたのか、エアビーは新法施行から 2 カ月を迎えたのを機にこの状態を打開すべく、民泊施設を賃貸住宅としても運用するサービスを始めることになった。民泊施設は利用者が 1 カ月以上滞在し、部屋の掃除を自ら行うなどの条件を満たせば、新法の枠外の賃貸住宅と見なされる。そこで、営業日数が年 180 日を超えると民泊として運用できない宿泊施設を、今度は「賃貸住宅」として運用し、通年で集客できるようにするというのである（日経 2018 年 8 月 16 日）。

　これまで民泊といえば、「シェアリングエコノミーの担い手」だとか、「遊休資産の有効活用」などといった美しい言葉で好印象が形つくられてきた。〈6.6〉「京都は"インバウンド総量規制"が必要だ」でも紹介するように、

マスメディアの論調はつい最近まで「インバウンド歓迎」一色だった。そして、急増するインバウンドに対応するため、受け皿となる宿泊施設の確保が喫緊の課題とされ、その突破口に位置づけられた民泊サービスは、あたかも「救世主」のような扱いを受けてきたのである。また、民泊サービスは世界各国で展開されている「シェアリングエコノミー」（分かち合いの経済）のシンボルであり、抗うことのできない新しい時代の潮流だとのエコノミストたちの主張も世論に対する強力な後押しとなった。

　いわば順風満帆で進んできた民泊サービスが、民泊新法の施行でいよいよ本格登場する場面を迎えたにもかかわらず、ここに来て急に失速し始めたのはなぜか。それは、これまで旅館業法など国内法を無視して日本進出してきた海外大手仲介サイトのもたらす負の影響がもはや無視できなくなり、それを事実上野放しで黙認してきた安倍政権の観光立国政策のツケが眼に見える形で漸くあらわれ始めたからである。

IT業界が主導する観光立国政策

　事の起こりは、アメリカの民泊大手仲介サイト、エアビーの台頭と軌を一にした「新経済連盟」（2012年結成、代表理事：三木谷楽天社長）の精力的なロビー活動の展開にある。楽天やサイバーエージェントなどIT産業の連合体である新経済連盟は、「eビジネス、ITビジネスをはじめとした様々な新産業の発展を通じ、国政の健全な運営、地域社会の健全な発展に資する」（定款）ことを目的に結成された、インターネットおよびインターネットの利活用推進を掲げている新しい経済団体だ。三木谷氏が経団連を脱退して新団体結成に踏み切り、その後精力的なロビー活動に転じたことは、安倍政権が成長戦略として「eビジネス」「ITビジネス」を重視し、インターネットの利活用政策を強力に推し進めてきたことと決して無関係ではない。

　第2次安倍内閣は、発足と同時に財務省の影響力が強い経済財政諮問会議とは別に閣内に日本経済再生本部を立ち上げ、経産官僚主導の下で次々と成長戦略を打ち出してきた（朝日2018年8月1日）。アベノミクスの第3の矢となる「日本再興戦略 -JAPAN is BACK-」（2013年6月閣議決定）の記者会見では、甘利内閣府特命担当相が「この成長戦略の全体像が発表されて以

来、評価がプラスになってきているようであります。(略)。三木谷さんも
75 点から、今日は 90 点に変更されておられました」と三木谷氏の名前を引
用したように、安倍政権の成長戦略は IT 業界を強く意識したものであった
(日本経済再生本部第 7 回会議、記者会見要旨、2013 年 6 月 14 日、内閣府 HP)。

　新経済連盟は、経産官僚が主導する安倍政権と波長が合うのか、イデオロ
ギー的にも政策的にも極めて近い関係にある。同連盟が開催した「新経済サ
ミット 2015」(2015 年 4 月) には安倍首相が来賓として挨拶し、「三木谷代表
は安倍政権と志をともにする改革の同志」だと持ち上げるほどの仲だ (新経
済サミット 2015、2015 年 4 月 7 〜 8 日、新経済連盟 HP)。安倍政権と新経済連
盟は、密接な協力関係の下にインターネット推進の政策を次々と打ち出し、
なかでも種々の遊休資産を個人がインターネット上のプラットフォームを介
して取引する「シェアリングエコノミー」(シェア経済) を新しいビジネス
チャンスとして重視してきた。そして、その突破口として目を付けたのが、
「ホームシェア」(民泊サービス) と「ライドシェア」(乗合サービス) の導入
だったのである。

インバウンド 1 億人、消費額 30 兆円という超目標

　新経済連盟は、「2020 年に開催されるオリンピック・パラリンピックは、
日本を観光立国とする絶好の機会」と位置づけ、「観光立国への道筋と KPI
(業績評価指標)、官民が協力して行う具体的なプロジェクト、国の対応が期
待される事項などを提案する」として、精力的な政策活動を展開してきた
(新経済連盟観光立国推進 PT、『観光立国 2020』、2015 年 2 月 27 日、新経済連盟
HP)。

　観光政策に関しては、『観光立国 2020』(2015 年 2 月) を皮切りに『Japan
Ahead、超観光立国の実現に向けて』(同年 5 月)、『シェアリングエコノ
ミー活性化に必要な法的措置に係る具体的提案』(同年 10 月)、『ホームシェ
ア推進に向けた追加提案』(2016 年 5 月)、『超観光立国〜 1 億人・30 兆円の
目標実現に向けて』(同年 3 月)、『ホームシェア推進に向けた追加提案』(同
年 5 月)、『国家戦略特区追加提案〜「Japan Ahead」構想の推進〜』(同年 9
月)、『観光立国実現に向けた追加提案』(2017 年 5 月) などなど、数えきれ

ないほどの国策提言を次々と発表している。また、政府の国家戦略特区諮問会議や規制改革会議にも積極的に参加してIT業界を代表して意見を表明し、その影響力を拡げてきた。中でも注目されるのは、政府の観光目標をはるかに上回る「インバウンド年間1億人、消費額30兆円」という途方もない目標を提起し、そのために「ホームシェア」と「ライドシェア」に関する大胆な規制緩和を主張していることである。

　新経済連盟の政策提言・『観光立国2020』（2015年2月）は当初プロジェクトチームの政策として発表されたが、それらは3カ月後に発表された同連盟の基本経済政策、『Japan Ahead』の3大施策の1つに格上げされた。三木谷代表理事は、自民党経済政策委員会の席上において、「観光立国はGDP600兆円の目標や地方創生等に資するものであり、野心的な目標・KPIを設定すべき」として、提言のタイトルを観光立国から「超観光立国」に改め、2030年までに年間訪日外国人数1億人（2014年現在1341万人、年平均成長率13.4%）、訪日外国人年間旅行消費額30兆円（2014年現在2兆305億円、年平均成長率18.3%）にするという桁違いの目標を提起した。

　そして、そのための方策の1つとして「個人の遊休資産等有効活用のための法環境整備」を挙げ、「強力なリーダーシップによる検討体制を政府部内に早急に立ち上げるべき」として、訪日外国人数1億人プロジェクトを遂行するため移動手段・宿泊手段の確保の障害となる関係法令（道路運送法、旅館業法など）の洗い出しと規制改革（緩和）を求めたのである（三木谷新経済連盟代表理事、自由民主党経済好循環実現委員会プレゼン資料、2015年5月14日、首相官邸HP）。

政府に与えた影響は大きかった

　三木谷氏が提起したGDP600兆円という経済目標は、後に安倍政権が内閣改造（2015年10月）にあたって打ち出したアベノミクス「新・3本の矢」の第1の矢そのものだ。大胆な金融緩和、機動的な財政運営、成長戦略からなる「旧・3本の矢」（目標達成のための政策手段）がいっこうに振るわず、内閣支持率も低下するなか、アベノミクス第2ステージを印象づけるための政策として打ち出されたのが、2020年代に「GDP600兆円（14年現在491兆

円）」「希望出生率 1.8（同 1.42）」「介護離職ゼロ（同、年 10 万人）」を実現するとした「新・3 本の矢」だったのである。

だが、目標と現状の乖離があまりにも大きい「新・3 本の矢」は、発表当初から「3 本の矢は、矢ではなく的。達成のための政策手段は今後の検討課題」と酷評され、なかでも第 1 の矢の GDP 600 兆円は、経済界からも「あり得ない数値、政治的メッセージとしか思えない」（経済同友会小林代表幹事）と一蹴された代物であった（毎日 2015 年 10 月 8 日）。

GDP 600 兆円という数値はもともと内閣府の試算にもとづくもので、2018 年度以降、経済成長率 3 ％、物価上昇率 2 ％が続くという（あり得ない）前提を基にして算出された架空の数値にすぎない（朝日 2015 年 10 月 8 日）。この前提が完全に破綻した現在では、安倍政権はもはや「アベノミクス」を口にすることができなくなり、「3 本の矢」は誰もが見向きもしない目標になった。

だがどこから情報を入手したのか、三木谷氏は早くから GDP 600 兆円の経済目標を掲げ、それを実現する政策として、「インテリジェント・ハブ化構想、経済効果 100 兆円」「最先端社会・スマートネイション（シェアリングエコノミー・電子化）、20 兆円）」「超観光立国、30 兆円」の経済構想を打ち上げていた。2030 年までにインバウンド 1 億人、インバウンド消費額 30 兆円を実現するという数値目標がいったい如何なる根拠に基づいて提起されたかを説明する資料はない。それでも景気浮揚に腐心している安倍政権に与えた影響は大きく、内閣支持率低下のなかで「藁をもつかみたい」安倍政権がインバウンド目標の大幅改定に踏み切ったのである。

三木谷提言を機にインバウンド目標を倍増

安倍政権の成長戦略、『日本再興戦略』における観光政策の変化をたどってみると、その成果目標が刻々と拡大していることがよくわかる（日本再興戦略、首相官邸 HP）。

（1）日本再興戦略（2013 年 6 月）

　　「2013 年までに訪日外国人旅行者 1000 万人、2030 年に 3000 万人超を目指す」

（2）日本再興戦略改定 2014（2014 年 6 月）

　「日本再興戦略に掲げた『2013 年に訪日外国人旅行者 1000 万人』の目標を達成したことを受け、また、2020 年オリンピック・パラリンピック東京大会等の開催という絶好の機会を捉え、2020 年に向けて訪日外国人旅行者数 2000 万人の高みを目指すこととし、これを KPI（重要業績評価指標）に加える」

（3）日本再興戦略改定 2015（2015 年 6 月）

　「2014 年の訪日外国人旅行者数は約 1341 万人（前年比 29.4％増）、その旅行消費額は 2 兆 278 億円（前年比 43.1％増）に達し、ともに前年に比べて大きく増加した。訪日外国人旅行者について、『2000 万人時代』の早期実現に向け、また 2030 年には 3000 万人を超えることを目指し、観光の持つ広範な波及効果や意義に鑑み、インバウンドと国内観光を含めて、観光を日本経済を牽引する基幹産業に飛躍させる」

（4）日本再興戦略 2016（2016 年 6 月）

　「政権交代後、名目 GDP は約 30 兆円、就業者数は 100 万人以上増加し、企業収益は史上最高の水準に達している。回り始めた経済の好循環を持続的な成長路線に結びつけ、『戦後最大の名目 GDP 600 兆円』の実現を目指していく」

　「昨年の訪日外国人旅行者数は 1974 万人、その旅行消費額は 3 兆 4771 億円に達し、それぞれこの 3 年で 2 倍以上、3 倍以上と大きく増加した。観光は『地方創生』への切り札、GDP 600 兆円達成に向けた成長戦略の柱である。（略）このため、従来の目標を大幅に引き上げるとともに、新たな目標を追加し、これらの目標の達成に向かって観光立国の実現に向けた取組を総合的・戦略的に進め、観光を我が国の基幹産業へ成長させる」

　「訪日外国人旅行者数：2020 年 4000 万人、2030 年 6000 万人、訪日外国人旅行消費額：2020 年 8 兆円、2030 年 15 兆円、地方部での外国人延べ宿泊者数：2020 年 7000 万人泊、2030 年 1 億 3000 万人泊、外国人リピーター数：2020 年 2400 万人、2030 年 3600 万人、日本人国内旅行消費額：2020 年 21 兆円、2030 年 22 兆円」

　注目されるのは、政府のインバウンド目標が 2015 年から 2016 年にかけて僅か 1 年間で倍増したことだ。これは『日本再興戦略 2016』の直前に発表された『明日の日本を支える観光ビジョン』（同構想会議、議長安倍首相、2016 年 3 月）をそのまま引き写ししたもので、三木谷氏は構想会議の委員ではなかったが（事務局のヒアリング調査には参加）、観光ビジョンの内容は同氏の提言を色濃く反映したものであった。安倍首相は、観光ビジョンのまとめに当たって次のように発言している（第 2 回明日の日本を支える観光ビジョン構想会議、議事要旨、2016 年 3 月 30 日、首相官邸 HP）。

　「観光は、我が国の成長戦略の大きな柱の一つであり、そして地方創生への切り札である。GDP 600 兆円に向けた成長エンジンでもある。本会議では、民間委員の皆様から大胆かつ実践的なご意見を多数いただき、関係者全員が観光の意義を理解するとともに、我々政府の認識も大きく変わった。（略）2020 年に 4000 万人、2030 年に 6000 万人。この目標については一部から批判もあるかもしれない。しかし、私が官房副長官当時、1000 万人に目標を設定した際にもそれは無理だと言われた。安倍政権ができて、2020 年に 2000 万人も難しいのではないかと言われたが、それを見事に前倒しでそれぞれ実現している。今大きく皆様のお陰もいただき、政府も世の中も変わってきた。スピードが出てきた。この加速を生かして、この目標に到達していきたい」

〈4.4〉2018 年 5 月号
民泊新法施行でヤミ民泊はどうなる
～圧倒的に少ない民泊届出～

民泊受付、始まる

　昨年 2 月、「いいまちねっと東山」（京都市東山区の住民まちづくり団体）の 2017 年度総会で講演してから早くも 1 年が経過した。今年度の総会（2 月）にも招かれて 1 年間を振り返ったが、この 1 年の変化は言葉にならないほど激しいものがある。東大路周辺の路地を歩くと数十メートルも行かないうち

に民泊ホテルの建築現場に出くわすのはもとより、狭い路地にカートを引きずって集団で歩く外国人観光客の姿も日常風景と化した。周辺一帯は外国語が飛び交い、一瞬「ここはどこ？」と思ってしまうことも珍しくはない。

　こんな騒然とした雰囲気の中で、京都市議会の民泊条例に関する議論が始まったのは 2018 年 2 月 16 日、1 週間後の 2 月 23 日には「京都市住宅宿泊事業の適正な運営を確保するための措置に関する条例」（京都市民泊条例）が可決された。民泊の監視指導を強化する市の体制づくりや駆け付け要件の慎重な運用を求める付帯決議が採択される一方、宿泊者が滞在する期間の管理者の施設常駐などを義務付ける条例修正案は否決され、3 月 15 日から民泊事業者の届出が始まることになった（京都 2018 年 2 月 24 日）。

　政府観光庁は、一般の住宅やマンションに旅行者を有料で泊める「住宅宿泊事業法」（民泊新法）を 2018 年 6 月 15 日に施行するにあたり、民泊の仲介業者や物件の管理者からの受付を 3 月 15 日から全国一斉に開始した。民泊新法の施行によって仲介業者や物件の管理者がポータルサイトに登録され、管理者が常駐しない「家主不在型」の民泊も合法的に運営が認められるようになる。政府は「ヤミ民泊」を登録させて合法化し、監視の眼を強化することが立法趣旨だというが、果たして「ヤミ民泊」はなくなるのだろうか。「ヤミ民泊」が「モグリ民泊」になるだけでかえって事態は悪化しないのだろうか。民泊解禁の行方を追ってみたい。

民泊バブルが大津波に

　いまから約 1 年前、筆者は 2017 年 6 月に「民泊バブルは現代の黒船来襲なのだ」と題するコラムを書いた。民泊仲介の世界最大手、米エアビーが日本に進出したのは 2014 年、それから僅か 4 年で日本は「開国」し、民泊新法を施行することになったのである。「民泊バブル」という大津波が日本国中に怒涛のように押し寄せるさまを見ると、今さらの如く「黒船来襲」の感を強くする。

　観光関連業界ではいま、民泊新法施行を契機に雪崩を打って民泊ビジネスへの参入が相次いでいる。すでに日本に進出している海外大手の旅行・民泊サイトのエアビー、エクスペディア、ホームアウェイ（米国）、途家、自在

客、住百家（中国）などはさらなる事業拡大を狙い、国内では楽天、リクルート、JTB、HIS、アパマン、百戦錬磨、星野リゾート、損保ジャパン、東京海上日動火災保険、三井住友海上火災保険、パソナ、ローソン、綜合警備保障、セコムなどの大手企業はもとより、カタカナ名の代行業者の参入はもはや数えきれないほどの数に達している。建設・不動産業界でも東急不動産や阪急不動産、マンション大手の大京や賃貸住宅の大東建託をはじめ、ミサワホームや住友林業などのハウスメーカーも挙って参入しており、後続企業は引きも切らない。日本上陸に際して、米エアビー CEO のブライアン・チエスキー氏は、日経新聞の取材に応じて次のように語った（日経2018年2月24日）。

「長い間、法的にグレーだった民泊が正当なビジネスだと認められるようになり、日本市場に弾みがつくとみている。日本は人口減少で空き家が増えている。有効活用が進めば地域経済にもプラスになるだろう。今後は東京五輪も控えており、エアビーにとっても日本事業拡大の道筋になると期待している。これまでも世界中の都市とパートナーシップを結んできた。登録や納税の必要性、営業日数の制限などがあっても、一度合法だと認められれば、ほとんどの場合、その都市での成長は加速している。日本でも認知されることで民泊が急速に普及するとみている。東京、京都、大阪は急成長している。東京と京都は以前から伸びていたが、特に大阪の成長がめざましい。フランスの登録物件は45万件だ（日本は6万件）。日本もその規模になってもおかしくはない」

民泊新法をめぐる政府、自治体の攻防

　2018年6月からの民泊解禁を目前に控えて、全国の自治体では民泊に対する警戒感が急速に広がっている。2018年1月時点の朝日新聞調査によれば、民泊新法18条で条例による独自制限（上乗せ規制）が認められている都道府県、政令都市、中核市、東京都23区など144自治体のうち、47自治体（32.6％）が「条例を制定して制限する方針」、2自治体（1.4％）が「すでに制定」、19自治体（13.2％）が「検討中・未定」、残り76自治体（52.8％）が

「現時点では制定しない方針」「法施行後に問題が起きたら検討」との回答
だった。半数近い自治体が条例による独自の規制を検討していることになる
（朝日2018年2月9日）。

　全国初の事例となった東京都大田区ではすでに2017年12月8日に条例が
成立し、民泊を旅館・ホテルの建築が可能な用途地域のみで実施可能（住居
専用地域、工業専用地域では全面禁止）と定めた。東京都新宿区でも同年12
月11日に条例が成立し、住居専用地域での月～木曜の民泊を禁止した。

　これらの対応をめぐって観光を成長産業の機軸に位置づける政府は、旅館
業法の規制緩和により届け出だけで認めるのが民泊新法の立法趣旨であると
の観点から、自治体の上乗せ規制を強く牽制している。観光庁は2017年12
月26日、60頁にわたる「住宅宿泊事業法施行要領（ガイドライン）」を公表
し、自治体条例による民泊規制の留意点に関する指針を通知した（観光庁
HP）。

　この背景には、自治体の条例規制の進行に危機感を抱いた政府の規制改革
推進会議（大田弘子議長）の意向が働いたといわれる。昨年暮れの会議で一
部の委員から民泊を過度に制限する自治体の動きを懸念する意見が出され、
「法律が骨抜きになってしまう」「観光庁から牽制球を投げてもらわないと」
として、政府ガイドラインの早期発出を求めたというのである（観光経済新
聞2018年1月15日）。

　その所為か、ガイドラインの内容を伝えた各紙報道は、その中の「ゼロ日
規制等に対する考え方について」（民泊新法18条関連項目）にもっぱら焦点
を当て、「本法は住宅宿泊事業を適切な規制の下、振興するというものであ
り、本法に基づく条例によって年間すべての期間において住宅宿泊事業の実
施を一律に制限し、年中制限することや、都道府県等の全域を一体として一
律に制限すること等は、本法の目的を逸脱するものであり、適切でない」と
の部分を大々的に流している。だが、ガイドライン全体を丁寧に読めば、必
ずしもそうでないことがわかる。

観光庁見解、生活環境とのバランスが大事

　この点で注目されるのが、業界紙・観光経済新聞の紹介記事だろう。同紙

は、リード部分でガイドラインの趣旨を「(観光庁は) 都道府県などが生活
環境の悪化防止のため、民泊の区域、期間を制限する条例を制定する際、新
法の目的や規定に反した過度な制限とならないよう十分な検証を求めた。た
だ、地域の実情はさまざまなことから、考え方、イメージを明らかにしただ
けで、全国一律の判断基準などは示さなかった」とバランスの取れた紹介を
している。つまり、ガイドラインにおける条例制限の考え方として、「生活
環境の悪化を防止する必要性は個々の区域によって異なるものであることか
ら、住宅宿泊事業の実施の制限は各区域の実情に応じてきめ細やかに行う必
要がある」との点を重視しているのである。

　その理由として同紙は、ガイドラインが条例による過度な制限に歯止めを
かけようとする一方、地域の意見を重視するよう丁寧に要請している点を挙
げる。ガイドラインは、市町村、市町村議会はもとより地域のさまざまな意
見の聴取を求め、民泊新法の可決に際して参院国土交通委員会が採択した付
帯決議の「生活環境の維持保全や地域の観光産業の育成・促進の必要性な
ど、それぞれの地域の実情や宿泊ニーズに応じた住宅宿泊事業の制度運用が
可能となるよう十分な配慮を行うこと」を留意事項として強調しているので
ある。

　この点について観光庁の田村長官は 2017 年 12 月 20 日、専門紙向けの記
者会見で民泊条例の制定について発言し、「民泊新法は、住民の生活環境の
悪化を防止しつつ、健全な民泊を普及させるという部分も重要だ。そのバラ
ンスが大事。自治体で検討される際には、そのあたりを丁寧にご検討いただ
ければ」と述べた。また、鈴木観光産業課長も民泊の制限の在り方について
同年 12 月 26 日、「地域ごとに目標とする生活環境の水準、実情はさまざま
で、一律に判断基準を示して国が良い、悪いと言うのは難しい。観光庁とし
ては個別に条例の可否を判断する立場にないが、法律の趣旨を丁寧に説明し
ていく」との考えを示したという (観光経済新聞、同上)。となると、民泊条
例の内容は自治体の姿勢によって大きく左右されることになるが、関西地方
ではいったいどのような方向に向かっているのだろうか。

関西では自治体対応が大きく分かれた

　一般的には、「ヤミ民泊」が横行している地域では厳しい規制を、そうで
ない地域では緩やかにというのが常識だが、関西ではその真逆の事態が生じ
ている。「ヤミ民泊」が 1 万件以上もあるとされる大阪市では民泊に規制を
極力かけない方針であるのに対して、民泊が比較的少ない兵庫県や神戸市
は、それとは対照的に旅館・ホテル営業を擁護する観点から厳しい規制を打
ち出している。

　実態はこうだ。国家戦略特区に指定された大阪市は、特区民泊条例を制定
して 2016 年 10 月から民泊推進の先頭を切って走ってきたが、条例制定以
降、運営者に連絡が付き行政が指導にこぎ着けたのは半年間で「ヤミ民泊」
の 1 割弱、合法民泊に移行させるための認定を受けたケースは 300 件余りに
すぎない（毎日 2017 年 6 月 26 日）。その結果、大阪市では条例制定後も「ヤ
ミ民泊」の大半が未登録のまま放置され、事実上「民泊無法地帯」に化して
いる有様だ。

　それでいて大阪府・大阪市はなお「法令以上の規制はかけない」とする頑
な姿勢を崩さず、吉村市長は上乗せ規制なしの条例を 2018 年 2 月中に成立
させる構えだった。だが、市民の批判の高まりの中で、大阪維新の会、自
民、公明の主要 3 会派が反対に回り、民泊の受付が始まる 3 月 15 日になっ
ても成立の目途が立たない。そこで切羽詰まった市当局が打ち出した修正案
は、小学校の周辺 100 メートル以内は平日営業禁止、住居専用地域でも営業
禁止というものだった。ただ、住居専用地域では「幅 4 メートル以上の道路
に面していれば営業可」という抜け穴が用意されているため、議論はまだ決
着がついていない。現状では条例が成立していないため、業者が届出をして
も条例成立後に営業禁止区域に入る可能性があると指摘されている（毎日
2018 年 3 月 15 日）。

　一方、兵庫県と神戸市は 2018 年 2 月議会で住居専用地域と学校や保育園
などの周辺 100 メートル以内で民泊を通年禁止することで足並みを揃えた。
兵庫県はまた、城崎温泉などの観光地でも閑散期の平日（金曜を除く）しか
民泊営業を認めず、神戸市も有馬温泉では 5 月大型連休後の 2 カ月間に営業
を限定することにした。住居専用地域での民泊通年禁止は政府方針とは対立

するものの、県担当者は「兵庫県のホテルや旅館にはまだ余裕がある」「国
は違法とまでは言及していない」との理由で意に介していない（京都 2018 年
2 月 4 日）。

　京都市の民泊条例は、住居専用地域における家主居住型と京町家型を除く
民泊の営業を 1 月 15 日〜 3 月 15 日の 60 日間に限って認めるというものだ。
京都市の民泊条例の特徴は、市内全域を対象として管理者が 10 分以内に到
着できる場所に待機することを義務づけた「駆け付け要件」を独自に設けた
ことにあるが、民泊ビジネス業界からは過度の負担を課すものとして駆け付
け要件の緩和を求める声が上がっている（京都 2018 年 2 月 24 日）。ただし、
市当局が 3 月 15 日に公表した「民泊要領（ガイドライン）」によれば、管理
者が 1 人で担当できる客室を 5 室までとし、24 時間対応を求めるなど、か
なり厳しい条件を課しており、「一般市民が家主不在型の民泊を営むのは極
めて難しくなりそうだ」という（京都 2018 年 3 月 16 日）。

新法施行直前に凶悪事件が……

　こうした錯綜した状況が続く中、2018 年 2 月中旬に大阪市内で「ヤミ民
泊」への不安を裏書きするような凶悪事件が発生した。行方不明の女性と東
成区の民泊マンションに入ったアメリカ人男性が監禁容疑で逮捕され（2 月
22 日）、その自供から西成区の民泊アパートで切断された女性の遺体頭部が
見つかり（24 日）、その翌日と翌々日には残る遺体が JR 東海道線の島本駅
と山科駅の周辺山中で相次いで発見されたのである。

　これら 2 つの民泊施設はいずれも「ヤミ民泊」で、周囲の居住者は誰一人
それが民泊だとは知らなかった。予約は名前とパスポート番号だけ、コピー
も不要なので誰が出入りしているのかもわからない。大阪市には 2018 年 1
月末現在、違法民泊との通報が 4000 件余りも寄せられているが、通報がな
ければ「実態は不明」（市担当者）というのが現状だそうだ（朝日 2018 年 2 月
28 日）。

　これら「民泊事件」の予兆は、大阪市内ではすでに以前から続発してい
た。大阪市中央区の分譲マンション（築 10 年、15 階建、約 100 戸）では管理
規約で民泊を禁止しているにもかかわらず、少なくとも 5 戸（日本人及び中

国人所有、うち2戸はエアビー登録物件）で民泊が営まれているとして、管理組合が2017年8月3日に区分所有者5人（個人、法人）と仲介業者を相手取って民泊営業差し止めと約3200万円の損害賠償を求めて大阪地裁に提訴している。3年前からスーツケースを引き宿泊に訪れる外国人が目立ち始め、マンションの入り口やエレベーターでたばこを吸う、廊下にゴミを捨てる、夜中に酒を飲んで大声を出す——などの迷惑行為が頻発し、住人の子どもたちが怯えていたという。管理組合は区分所有者に民泊禁止を再三再四申し入れたが従わず、平穏に暮らす権利が侵害されたと主張している（日経、毎日2017年8月4日）。

　また2017年9月には、大阪府警が大阪市元職員2人（橋下市長の下で非常勤特別職として民間から採用、退職後は2015年3月に観光コンサルティング会社設立、無許可で民泊営業を開始）を旅館業法違反の疑いで書類送検した。2人は自らが借りたり他人から委託を受けたりしたマンションや民家220室を管理し、2年間で約3億5000万円を売り上げたとされる。大阪市は営業をやめるよう指導したが、同社が従わなかったため開業から2年余りも経った昨年5月、漸く刑事告発に踏み切ったのだという（日経、毎日2017年9月27日）。

　このように、大阪市内では氷山の一角ともいうべき各種の民泊トラブルが続発し、最近ではそれが凶悪事件にまで発展してきている。だというのに、吉村市長や松井知事が依然として「規制強化不要」との態度に固執しているのはなぜか。聞くところによれば、大阪万博の開催に向けて宿泊施設の不足が予想されることから、「民泊を厳しく取り締まるのは控えたい」との消極姿勢がその背景にあるのだという。

　でも、よく考えてみたい。1970年大阪万博が掲げたテーマは、「人類の進歩と調和」という普遍的な命題だった。2025年大阪万博誘致のテーマは、「いのち輝く未来社会のデザイン」という人間の生命の尊厳を謳ったものだ。この命題を未来に向かってデザインしようとする大阪で「ヤミ民泊」がはびこり、人の命が脅かされるような事態が発生すれば、それこそ大阪が世界中の物笑いになるだけではないか。世界の人たちが安心して大阪を訪れ、市民がその人たちを温かくもてなせる宿泊施設の確保こそが、大阪府と大阪市に

課せられた使命だということを忘れないでほしい。

民泊新法でヤミ民泊はなくなる？

民泊制度には2つの柱がある。1つは家主や仲介業者に対して登録を義務づけ、政府が宿泊実態を正確に把握し管理すること。もう1つはヤミ民泊事業者に対する監視を強化し、違法な民泊事業者を取り締まることだ。前者は2018年6月16日公布の住宅宿泊事業法（民泊新法）によって可能になったが、後者のヤミ民泊事業者に対する立ち入り検査や罰金強化などの対策は、半年遅れの12月15日公布の「旅館業法の一部を改正する法律」まで持ち越された。改正旅館業法の成立によって漸く無許可営業者に対する都道府県知事等による報告聴取及び立入検査等の権限が規定され、無許可営業者等に対する罰金の上限を3万円から100万円、その他旅館業法に違反した者に対する罰金の上限額を2万円から50万円に引き上げることになった（厚生労働省HP）。

この間の政府の動きをみていると、民泊に対する規制緩和が先行し、それにともなう監視強化や取り締まり対策が著しく遅れてきたことがわかる。本来ならば、2016年4月に旅館業法の基準緩和により民泊が簡易宿所に位置づけられて届出制となった時点で、取り締まり権限の強化が同時的に図られるべきであった。それが1年半も遅れることになったために、大阪府・大阪市のような「ヤミ民泊」の規制に消極的な自治体が出てきたのである。

しかし今後、決め手になるのは民泊新法施行にともなう民泊仲介サイトからの「ヤミ民泊」の削除だろう。2017年12月26日付の民泊仲介サイト運営事業者及び旅行業協会に対する観光庁の通知、「違法民泊物件の仲介等の防止に向けた措置について」によれば、以下のような措置が講じられることになった（日経2018年3月14日、民泊解禁前夜、消えないヤミ物件）。

（1）民泊仲介サイト運営事業者は、旅館業の許可番号などにより適法性の確認ができない物件すなわち「ヤミ民泊」については、6月15日の法施行日前にすべて削除しなければならない。

（2）法施行後は、住宅宿泊事業者から通知される届出番号の確認ができない物件すなわち「ヤミ民泊」については、民泊仲介サイトに掲載し

てはならない。
（3）法施行前に法令順守に必要な態勢を整備し、違法物件がないことを
　　　報告しないと6月から正式な営業ができない。

　昨年から観光庁と水面下の交渉を重ねてきたエアビーは、観光庁の通知に
先立つ2017年12月19日、「住宅宿泊事業法の施行に向けたAirbnbの取り
組みについて」を発表し、以下のように誓約した（エアビー、HP）。
（1）Airbnbは住宅宿泊事業法の施行に向け、同法に従い観光庁へ登録
　　　し、法令遵守のために必要な対応を随時実施して参ります。
（2）すべてのホストは、Airbnbに物件を掲載する手続の一環として関係
　　　法令の遵守を求める利用規約への同意が必要です。これに加え、該当
　　　するホストが住宅宿泊事業法を遵守するよう、観光庁のご指示のもと
　　　施策を展開いたします。
（3）地域社会に配慮し、持続可能な形でホームシェアを含む住宅宿泊事
　　　業が日本全国で普及するよう、引き続き日本政府、自治体、業界関係
　　　者の皆様と協働させていただく所存です。

　現在、国内で6万件近い民泊物件を掲載しているエアビーは、その大半が
「ヤミ民泊」だといわれる。エアビーの誓約がフェイクでないとすれば、6
月15日までに大半の物件が仲介サイトから消えることになるが、果たして
事態がどのように展開するかは今のところまったく予測がつかない。加え
て、今回の通知文書に罰則規定がなく、仮に罰則規定が盛り込まれたとして
も、海外で運営されている民泊仲介サイトに対しては罰則を適用することが
できない。すでに中国系民泊仲介サイトのうち、中国に本拠を置く仲介サイ
ト運営事業者の登録件数が急増しているという情報もある。
　しかしより大きな問題は、これまで仲介サイトを利用してきた無届の民泊
業者がエアビーなどの契約から離脱して「モグリ営業」に移行する恐れがあ
ることだ。京都市が2018年3月9、11の両日、事業者を対象に開いた説明
会に参加した民泊業者の中には、「必要な書類がとても多く届出のハードル
が高すぎる。自分は摘発を受けたことはなく、安全な宿泊ビジネスとしてす

でに成立している。これまで通り届けずに続ける」、「書類作成費や消防設備
にも経費がかかり過ぎて、これでは届けようと思えない。モグリが増えるだ
け」など、反発する声が相次いだという（毎日2018年3月13日）。

　これまで安全な宿泊施設を運営するためのコストを回避し、不当な利益を
貪ってきた民泊業者のこのような身勝手さは許されるものではないが、「ヤ
ミ民泊」を野放しにしてきた政府や自治体の責任も免れない。脱法・違法行
為が「儲ける」ことに繋がり、しかもそれが見逃されることになれば誰も法
を守らなくなる。今後、このような「モグリ民泊」が増えることが確実であ
る以上、その取り締まりが放置されることになれば「ヤミ民泊」はなくなら
ない。「ヤミ民泊」は、地域住民の協力なしに自治体の手だけでは解決でき
ない。京都市の民泊対策はこれからいよいよ正念場を迎えることになる。

〈4.5〉2018年6月号

民泊はもはや供給過剰、飽和状態なのだ
～ヤミ民泊はなくならない～

　今回のテーマは、民泊ブームがいつまで続くかを考えてみたいというも
の。言い換えれば、京都で目下激増中の民泊は果たして「実需」に基づくも
のか、それとも「仮需＝投機」によるものかを確かめてみたいということ
だ。同時に、民泊新法の施行によって「ヤミ民泊」問題が果たして解決され
るのか、についても考えてみたい。

　まず、日本政策投資銀行と日本交通公社がアジア8地域の海外旅行経験者
に対して実施した「訪日外国人旅行者の意向調査」（2015年7月）をもとに、
民泊利用の実態と2020年時点での必要民泊数推計の内容を検討した。その
結果、京都では民泊ストックが現時点ですでに供給過剰であり、飽和状態に
あることが明らかになった。

　次に、民泊新法が施行されても届出手続きのハードルの高さと「適法民
泊」への追加コストがかさむことから、届出が必ずしもスムーズに進まない
ことを指摘した。新法施行後も依然として「ヤミ民泊」がはびこり、そこに
さまざまなトラブルが発生して来ることが懸念されるのである。

ヤミ民泊がもぐる可能性も

　2018 年 3 月 15 日から住宅宿泊事業法（民泊新法）にもとづく民泊事業者の届出が始まった。だが、届出が始まってから 1 カ月半が経過したというのに、出足は低調であまり捗々しくないようだ。京都市保健福祉局のホームページ（医療衛生センター）をみると、民泊届出受付窓口対応状況（2018 年 4 月 4 日時点）が公表されており、窓口対応は 222 件、電話問い合わせは 395 件、計 617 件となっていて受付件数は開示されていない。窓口対応の主なものは「相談」であり「受付」ではない。書類が整っていて初めて受付され、現地調査などによって当該物件が適合条件を満たしているかどうかを確認した後、「届出受理」となる。現在は「事前届出」の段階なので届出受理は 6 月 15 日となり、それまでは届出受理件数はゼロである。

　全国的にも民泊の届出状況は開示されておらず、観光庁の「民泊ポータル」でも該当項目はない。僅かに「観光庁は 18 日、受付を始めた 3 月 15 日から 4 月 13 日までの約 1 カ月で 232 件が提出されたと発表した」（朝日 2018 年 4 月 19 日）との記事があるだけだ。この数字は観光庁長官の記者会見の質疑応答の中で示されたもので、当初の発表にはなかったという。

　全国に 6 万件を超える民泊があると言われながら、約 1 カ月間の受付件数が 232 件とは如何にも少なく、率にしてコンマ以下の数字である。しかし、北海道庁が 2018 年 4 月 16 日に発表した数字によると、相談件数 609 件のうち受付件数は 16 件だというから（毎日地方版 2018 年 4 月 17 日）、京都市の相談件数 617 件はまだ多い方なのだろう。これらの状況から京都市の受付軒数を推測すると全国 232 件の約 1 割、20 数件程度になるだろうか。

　しかし、このままでいくと届出受理はもとより受付段階でも相当な難航が予想される。届出条件をクリアするために相当の追加コストが必要となり、かつ届出書類の作成にも手間がかかるとなると、このまま違法営業を続けた方が得だと考える人たちが必ず出て来るからだ。摘発されて罰金を払っても「モグリ民泊」の方が得だと損得勘定をするような人たちの間では、届出へのモチベーションが働かない。市内 3 千件ともいわれるヤミ民泊の多くが届出自体をパスする事態も十分に考えられるのである。

外国人 4 人に 1 人がヤミ民泊利用

　ヤミ民泊を利用している外国人宿泊者がいったいどれほどいるのか。このことは市の「京都観光総合調査」でも明らかにされていない。ただ、門川市長の言によれば、2016 年の京都市内外国人宿泊者数は 318 万人、このほかに違法民泊推定宿泊者が 100 万人いるというから、外国人宿泊者の 4 人に 1 人はヤミ民泊を利用していることになる（毎日『論点、出国税何に使う？』2018 年 4 月 6 日）。

　しかも、この現象は京都市だけではないようだ。"ヤミ民泊の巣" と評判の高いお隣の大阪市では事態がもっと深刻だといわれる。大阪市では市内全体で 1 万件以上ものヤミ民泊があるとされながら、実態調査が行われていないので全容が全くわからない。現在判明している数字は、特区民泊の登録件数 572 施設だけで、その他の数字は不明なのだ（大阪市国家戦略特別区域外国人滞在施設経営事業 HP、2018 年 3 月 20 日現在）。

　吉村大阪市長は最近になって従来からの姿勢を漸く転換し、ヤミ民泊の摘発に乗り出すなどと言い始めている。だが、京都市の 4 倍近くにも上る膨大なヤミ民泊にいったいどう対処するつもりなのか、その具体的な内容がいっこうに明らかになっていない。対策はまず実態調査から始めるのが鉄則だが、大阪市はヤミ民泊の実態調査一つすらしていない。取り締まりや摘発の前にまず為すべきは実態調査であり、それを素通りしては対策など立てようがないのである。

ヤミ営業が正業を圧迫する

　大阪市内ではヤミ民泊の影響が昨年あたりから顕著になり、ホテル業界でも異変が生じている──、こんな記事が最近しばしば出るようになった。イギリスの調査会社「STR グローバル」（本社ロンドン）が日本国内のホテル約 800 施設を対象に実施した調査によると、ここ数年来、前年比で 2.4％増（2013 年）、12.9％増（2014 年）、27.7％増（2015 年）、4.1％増（2016 年）と急伸を続けてきた大阪府内ホテルの平均客室単価が、昨年になって初めてマイナス（1.9％減）に転じたというのである。産経新聞は、この事態を「大阪のホテルで平均客室単価下落、『ヤミ民泊』増え供給過剰、取り締まりは

困難」との見出しで大々的に報じている（2018年2月11日）。

　大阪観光局によると、2017年に大阪を訪れた外国人旅行客旅行者1111万人のうち、ホテル宿泊者は53%、民泊利用者は20%にのぼった。ただし、民泊施設は「大半が違法とみられる」（大阪観光局）ので正確な実態は分からない。STRグローバルの日本地区マネージャーは、訪日旅行者の個人旅行化を背景に「大阪では宿泊代が（民泊と競合する）1万円台のホテルで下落傾向がみられた」と指摘する。この点については不動産サービス会社大手のCBRE（東京都千代田区）も「民泊やクルーズ船に需要が流出した」と分析しており、「特に大阪では民泊の影響が強く出た」とみている。また、阪急阪神ホテルズが運営する大阪市内の6ホテルでも、2017年4〜12月に平均客室単価が前年から5%前後下がった。同社は「ホテルの新設に加えて民泊も増え、客室の供給過剰が価格競争を生んだ」と話している（同上）。

　ヤミ民泊が安いのは、民泊業者が旅館業法、建築基準法、消防法などの建築基準・設備基準を守らずに費用を削減し、「安全面へのコストをかけない」からである。このような違法状態が蔓延すると、法規制を遵守しなければならないホテルはヤミ民泊との激しい価格競争にさらされ、宿泊費の値下げを余儀なくされる（そうしないと客を取られる）。大阪ではヤミ民泊の蔓延によってヤミ営業が正業（ホテル）を圧迫し、「悪貨が良貨を駆逐する」事態が早くも始まっているのである。

　だがこうした事態は、（中長期的には）都市のイメージや品格を維持する上で決定的なダメージとなるだろう。ヤミ民泊の横行に象徴されるような「安かろう、悪かろう」といった都市のイメージが世界に広がれば、都市の品格が台無しになり、やがては旅行者が誰も寄り付かなくなる。大阪府の松井知事などは、そんなことはお構いなしに大阪万博とカジノ誘致に血道を上げているが、こんな調子だと大阪は遠からず「爆買いとヤミ民泊とバクチの街」になってしまうだろう。

東南アジアの訪日旅行者には民泊ニーズが高い

　とはいえ、ホテルや旅館に比べて相対的に廉価な民泊への外国人旅行者の需要が今後増えることは否定できない。2015年7月に日本政策投資銀行

(DBJ）と日本交通公社（JTBF）が共同で実施した「アジア 8 地域・訪日外
国人旅行者の意向調査」によれば、東南アジアからの外国人旅行者の間で民
泊ニーズが今後高まることは確実だ。以下、調査結果を要約する（日本政策
投資銀行関西支店研究レポート、「日本における民泊利用の実態—アジア 8 地域の
訪日外国人を対象とした調査をもとに—」、2016 年 3 月）。

（1）訪日経験者の民泊施設の利用実態（複数回答）は、日本旅館 47％、
　　　高級ホテル 39％、安価なホテル 35％に対して、民家（民泊）は正規の
　　　宿泊施設でないにもかかわらず既に 12％と一定の割合を占めている。
　　　また、訪日希望者の間ではそれが一挙に 27％に倍増し、今後の民泊需
　　　要が一段と高まることが予想される。

（2）地域別の民泊経験率（訪日経験者の中で民泊を利用した人の割合）は、
　　　インドネシア 21％、マレーシア 17％、香港 15％などが高く、タイ
　　　13％、中国 12％、韓国 10％などが続いている。これが民泊希望率（訪
　　　日希望者の中で民泊を利用したい人の割合）となると各地域ともほぼ倍増
　　　し、20％未満は 1 地域（台湾）だけで、20〜30％未満が 5 地域（韓国、
　　　香港、中国、タイ、シンガポール）、30％以上が 2 地域（インドネシア、
　　　マレーシア）と急上昇する。

（3）年齢別に民泊経験率をみると、20 代 17％、30 代 11％、40 代 13％、
　　　50 代 9 ％と若い世代が比較的多い。だが、民泊希望率になると 20 代
　　　が 33％に倍増するのは勿論のこと、30 代、40 代、50 代のいずれの世
　　　代においても軒並み 25％に跳ね上がる。これは、若者世代に偏ってい
　　　た民泊利用が今後中高年世代にも広がる予兆だと言える。

（4）民泊経験者の訪日動機は「観光」が 84％で圧倒的な比重を占める。
　　　同行人数は「1 人（単独）」が 11％しかなく、後はすべて家族や友人な
　　　ど「2 人連れ以上」である。つまり、民泊は単身者向けのビジネスホ
　　　テルのようなタイプではなく、家族・友人などが複数人数で利用でき
　　　るファミリータイプの宿泊施設が求められているのである。

（5）民泊経験者が日本の宿泊施設に求めるものは、「Wi-Fi などの整備」
　　　40％、「低価格」34％が突出しており、「日本文化の体験」25％、「英語
　　　対応」24％などが続いている（複数回答）。このことは、民泊経験者が

高価格・高水準のきめ細やかなサービスや充実した付随サービスより
も、外国人旅行者が自由に行動するために必要な通信環境や英語対応
といった基本的なインフラ整備を重視していることがわかる。つまり、
民泊利用者は情報環境の整った低価格の宿泊施設がお目当てなのであ
る。

京都の民泊は東京・大阪に比べて高率

　以上の調査結果から、日本政策投資銀行は「2020年時点で必要になる民
泊客室数」を、① 2020年における訪日外国人旅行者数が2000万人の場合
（当初の政府目標）、② 3000万人の場合（改定された政府目標）の2パターン
を想定し、民泊必要客室数を推計している（日本人の民泊利用は除く）。推計
方法は以下の通りである。

　※ 2020年時点で必要となる民泊客室数＝日本全体の訪日外国人旅行者数
［① 2000万人、② 3000万人］×［2014年の各県外国人旅行者延べ宿泊者数
（東京381万人、大阪160万人、京都86万人）÷ 2014年の日本全体の外国人旅
行者延べ宿泊者数1237万人］×民泊利用率［アジア8地域意向調査、民泊
希望率26.8％］× 1人当たり宿泊数［同、民泊経験者の日本滞在日数9.7
日×民家回答率44.8％］÷ 365日÷ 1室当たり利用人数［2人］÷ 2014年
の客室平均稼働率［東京78.8％、大阪81.0％、京都68.3％］。なお2014年
の数字は、観光庁「平成26年宿泊旅行統計調査」に基づく。

　同レポートは関西2府4県の民泊必要数は推計しているが、東京都は推計
していない。本稿では参考のため上記推計方法に基づき東京都も算出し、東
京、大阪、京都3地域で比較した。結果は以下の通りである。

（1）2020年における日本全体の民泊必要数は、①の場合5万5500室、
　　②の場合8万3300室となる（以下、同じ）。エアビーの日本登録物件は
　　2017年現在で約6万件（1件当たりの平均室数2室であれば2倍になる）
　　に達していると言われているので、その他の仲介サイトも含めれば、
　　民泊は2017年現在、政府の改定目標（訪日外国人旅行者数3000万人）
　　に対しても量的にはすでに足りていると言える。というよりは、供給

過剰で飽和状態だと言ってよい。

（2）同年の日本全体の宿泊施設に占める民泊の比重は、2013年度宿泊施設客室数156万2500室（ホテル82万7200室、旅館73万5300室）の3％（2000万人の場合）〜5％（3000万人の場合、以下同じ）程度を占めるにすぎず、それほど大きいものではない。問題は、民泊が東京・大阪・京都など一部の大都市地域に集中しており、しかもその大半がヤミ民泊であることだ。つまり、民泊問題は東京・大阪・京都などの「特定大都市問題」なのであり、それも「ヤミ民泊問題」なのである。

（3）関西2府4県の民泊必要数（① ②）は、大阪府（5570室、8360室）、京都府（3300室、4950室）、兵庫県（920室、1380室）、和歌山県（480室、720室）、滋賀県（340室、510室）、奈良県（190室、280室）となっている。つまり、2020年時点で関西全体に必要とされる民泊1万800室、1万6200室のうち大阪と京都が8870室、1万3310室と8割強を占め、民泊が両地域に集中していることがわかる。なお、東京は1万2620室、1万8930室になるので、東京・大阪・京都の3地域を合わせると2万1490室、3万2240室となり、日本全体の民泊必要数の4割を占めることになる。

（4）2013年度の宿泊施設客室数は、東京都の場合14万2100室（ホテル9万7900室、旅館4万4200室）、これに対する2020年時点での民泊の占める割合は9〜13％（同上）となる。大阪府は7万6300室（ホテル5万7000室、旅館1万9300室）で民泊比率は7〜11％（同上）、京都府は3万3000室（ホテル2万2800室、旅館1万200室）で民泊比率は10〜15％（同上）である。これで見ると、東京・大阪・京都の3地域のうち京都の民泊は絶対数は少ないものの相対比率が最も高く、ホテル・旅館との競合関係が今後一段と激しくなることが予想される。

（5）すでに2018年現在、大阪市は1万件以上、京都市は約3千件のヤミ民泊があると言われる。これに旅館業法の許可を得ている正規の民泊施設（簡易宿所）を加えると、大阪では現時点においても2020年時点での民泊必要数をはるかに上回っており、京都でも飽和状態にあることがわかる。宿泊施設の拡充に躍起になっている京都市関係者は、こ

のことをしっかりと念頭に置いてほしい。

住宅宿泊事業法が制定された背景、見落とされた問題点

　ここで、住宅宿泊事業法（民泊新法）についてもう一度おさらいをしておきたい。民泊新法が制定された背景には3つの大きな流れがある。第1は、安倍政権の下で「観光立国日本」が成長戦略となり、「アクション・プログラム」（実施計画）を推進するために宿泊施設の大幅増方針が打ち出されたことだ。第2は、宿泊施設の大幅増を実現するための手法として「規制改革」（規制緩和）が重視され、政府の規制改革会議の主導の下に旅館業法とは別の新たな枠組みの法制度として立法化されたことである。第3は、この新たな枠組みで提供されるのは住宅を活用した「宿泊サービス」であり、ホテル・旅館を対象とする既存の旅館業法による許可制ではなく、インターネットの活用を基本とした「届出」及び「登録」で済ませるというものである。

　具体的には、2015年6月閣議決定の「規制改革実施計画」において、「インターネットを通じ宿泊者を募集する一般住宅、別荘等を活用した民泊サービスについては、関係省庁において実態の把握等を行った上で、旅館・ホテルとの競争条件を含め、幅広い観点から検討し（2016年に）結論を得る」との方針が決定され、これを受けて、厚生労働省が「民泊サービスのあり方に関する検討会」を同年11月に発足させて検討が始まった。以降13回にわたる検討会を経て、2016年6月に最終報告書「民泊サービスの制度設計のあり方について」が公表された。

　報告書の制度枠組みの基本的な考え方は、「『家主居住型』と『家主不在型』に区別した上で、住宅提供者、管理者、仲介事業者に対する適切な規制を課し、適正な管理や安全面・衛生面を確保しつつ、行政が住宅を提供して実施する民泊を把握できる仕組みを構築する」というもの。また法体系としては、「この枠組みで提供されるものは住宅を活用した宿泊サービスであり、ホテル・旅館を対象とする既存の旅館業法とは別の法制度として整備することが適当である」とした。

　報告書の最大の問題点は、「本来必要な旅館業法の許可を得ていない違法

な民泊が広がっているため、この状況に早急に対応する必要がある」と繰り返し述べながら、違法民泊の規制に関してはほとんど触れていないことだ。違法民泊対策として挙げられているのは、旅館業法上の簡易宿所に関する基準緩和（玄関帳場設置の削除など）によって登録を促すこと、海外の民泊仲介サイトへの旅館業法の周知などに止まり、エアビーなど海外大手仲介サイトの登録物件の大半が違法民泊であることには完全に目をつぶっている。新法施行時点ですでに膨大な数に達している違法民泊にどう対処するか──、本来なら真っ先に検討しなければならないこの課題をスルーして、民泊の届出さえすれば「後はすべてうまくいく」との楽観主義に貫かれているのである。

民泊の届出は困難を極めるだろう

　以上の検討からして、これだけ問題がある違法民泊が2018年6月15日からの新法施行で直ちに「適法民泊」に転換すると考えるのは余りにも早計すぎる。エアビーをはじめ民泊仲介サイトがどれだけ法律を遵守するか（登録物件から違法民泊を削除するなど）によって、局面が大きく変わる可能性は否定しない。しかし「仲介サイト」はしょせん「仲介サイト」である。現物の民泊施設の提供者や運営管理者がその気にならなければ、違法民泊の適法民泊への転換は難しいからだ。すでに民泊届出に関しては、関係業界（建築士、行政書士など）から多くの警告が出されている。それらの中から代表的なものを選んで共通項を取り出してみよう。以下は、話し言葉でまとめた幾つかの要点である。

　「住宅宿泊事業法は、旅館業法の適用を受けずにより簡単に宿泊事業を行えるようにするという目的で作られた法律です。しかし、宿泊者の安全を確保することは重要なので、消防設備に関してはホテル・旅館といった本格的な宿泊施設と同様のものが求められます。自動火災報知設備の設置、非常用照明器具の設置、誘導灯の設置、こうした設備に設置には専門の資格を持った業者にリフォームをしてもらうことが必要になり、消防署への届出も行わなければなりません。また、3階以上の建物では耐火建築物であることが求められるなど、一般の家庭が気軽に届出をして始められるようなものではあ

りません」

「住宅宿泊事業法の届出に関する必要書類を整えることもなかなか大変です。まず部屋の図面ですが、図面に非常用照明の場所を書き入れたり、宿泊室の面積を計測するなどしなくてはならないことが山ほどあります。一般の家庭ではこうした図面を作成することは難しいので、専門の建築士や行政書士に建物をチェックしてもらうことが必要になります。図面の添付や添付書類の多さから見ても、専門的に行う許可申請の書類とそれほど大差はありません。また、地域によっては消防法令適合通知書の添付を求められますので、消防法令の知識も必要になります」

「家主が不在の場合や5室以上の部屋を提供する住宅宿泊事業者として届出をする場合は、国土交通大臣の登録を受けた住宅宿泊管理業者への管理の委託が必要になります。賃貸住宅の空室、貸別荘、空き家などではこの住宅宿泊管理業者への管理の委託が必要になるのですが、この登録自体の受付も2018年3月15日からとなっていて、事前受付の段階で管理の委託契約をできる業者がありません。家主が同居しており、かつ宿泊室が50㎡以下の場合のようなケースを除いて、住宅宿泊事業法を使っての民泊を始めるには旅館業の許可を取得するのと同じくらい大変になってしまう場合もあります」

　このような事態は、すでに事前の説明会でも明らかになっていることなので今さら繰り返すこともないが、問題は現存する「違法民泊」のどれぐらいが「適法民泊」に転換するかということだろう。違法民泊の多くが適法民泊になれば万々歳だが、それらの一部しか届出しないことになれば、問題は却って複雑化する。民泊新法に基づく届出状況が注視されなければならない所以だ。

第 5 章

民泊新法を巡る攻防

　政府規制改革会議の第 3 次答申（2015 年 6 月）に基づき、「インターネットを通じ宿泊者を募集する一般住宅、別荘等を活用した民泊サービスについては、関係省庁において実態の把握等を行った上で、旅館・ホテルとの競争条件を含め、幅広い観点から検討し結論を得る」が閣議決定され、「民泊サービスのあり方に関する検討会」が 2015 年 11 月に発足した。「あり方検討会」は厚労省と国交省にまたがる共同の検討会であるにもかかわらず、指揮は規制改革会議事務局である内閣府（官邸官僚）を通して行われた。

　政府規制改革会議は、検討開始から僅か 2 カ月半余りで「民泊サービスの推進に関する意見」を決定し、"総理の御発言"に沿って「改革の視点」と「今後取り組むべき課題」について官邸の意向を示した。

（1）旅館業法など関連法令における規制との関係を手当てすることに、一定の民泊サービスについては旅館業法の適用除外とした上で必要な規制を新たに行うことも含め、抜本的な対応を検討すべきである。

（2）サービス提供者の把握を的確に行う観点からの届出制や、仲介事業者によるサービスの提供を適切に管理するための許可制などを含め、幅広く検討し、適切な規制の下でニーズに応えた民泊サービスが推進できるよう、民泊サービス全体をカバーする規制体系を構築すべきである。

（3）サービス提供者や仲介事業者が外国人（外国法人）の場合も含め、規制の適切な執行体制を確保すべきである。

　第 3 章では「一定の民泊サービスについては旅館業法の適用除外とすべき」との官邸の意向を前提に進められた「あり方検討会」の議論を中心に、民泊新法制定に至る経過とその後の結果を追ってみたい。

〈5.1〉2018年12月号

エアビーの身勝手な言い分
～民泊サービス検討会の攻防（1）～

「（政府の）規制改革実施計画を受けまして、民泊サービスのあり方を検討するのが本検討会のミッションでございます……」。こんな浅見座長（東大教授、都市工学）の挨拶を皮切りに、「民泊サービスのあり方に関する検討会」（検討会という）が2015年暮れから厚生労働省の会議室で始まった。検討会メンバーは16人、内訳は大学教授など研究職7人（うち1人は内閣府規制改革会議委員）、弁護士2人、自治体幹部2人、関係業界5人（ホテル旅館連合会、賃貸住宅経営者協会、賃貸住宅管理協会、不動産協会、消費生活協会）、オブザーバーとして経団連産業政策本部長が名を連ねている。また事務局側は、厚労省生活衛生課長、観光庁観光産業課長、国交省市街地建築課長、消防庁予防課長など、旅館業法と民泊に関係する各省庁のスタッフが参加した（第1回検討会、2015年11月27日、厚労省HP）。以下、各回の検討会の討議の中で注目すべき発言や議論をかいつまんで紹介しよう。

エアビーによる民泊プレゼン

　第2回検討会は、関係業界からのヒアリングが中心だった。出席したのは民泊仲介サイト世界最大手の米エアビー、民泊自由化を強力に推進している経済団体の新経済連盟、そして自由化に慎重な日本旅館協会、日本ホテル協会、全日本シティホテル協会の5団体である。ハイライトは、エアビーが地域の社会経済にとってどれだけ貢献しているかを強調したバラ色の民泊イメージの演出（プレゼンテーション）だった。その骨子は以下のようなものだ（第2回検討会、2015年12月14日、厚労省HP）。

（1）エアビーは世界191カ国、3万4000都市で200万件の物件を運用し、ゲスト（宿泊施設利用者）は2013年400万人から2015年6000万人（2年間で15倍）に急増している。

（2）日本での2014年1年間の実績は、掲載物件2万1000件（前年比3.7

倍）、ゲスト 100 万人（同 5.3 倍）と急成長を遂げている。

（3）年間の経済波及効果は 2220 億円（うち京都 203 億円、大阪 265 億円）、雇用誘発効果は 2 万 1800 人（うち京都 2380 人、大阪 2580 人）と推計される。

（4）エアビーのサイトでは、ホスト（宿泊施設提供者）とゲスト（利用者）が双方向で評価できるシステムを導入し、サービス向上に努めている。

（5）ゲストの訪日目的の大半は休暇とレジャーであり、従来の宿泊施設ではなくエアビーを選んだ理由は、「地元の人のように暮らしたかった」（アンケート調査）からである。

（6）日本のホストの特徴は、幅広い世帯年収の人たちが参加しており、職種はアート、IT、教育など多様な分野にわたり、ほとんどが大卒の学歴を持っている。日本のホストは、「本当にすばらしい方々ばかりで、自分たちが住んでいるコミュニティのことをとても重要視しているごく普通の一般の方たちです」（エアビー、アジア太平洋公共セクター担当責任者談）というものである。

民泊は空き家活用に関する個人取引か

　民泊を「ホームシェア」と名付ける新経済連盟は、民泊サービスを個人間のシェアリングエコノミー（分かち合い経済）の一環と見なす立場から、民泊施設に対しては旅館業法などによる公的規制を適用除外すべきとの主張を一貫して繰り返してきた。「ホームシェア」というネーミングにも見られるように、新経済連盟は民泊を一般人（個人）間の自発的な宿泊サービスのやりとりと見なすことにより、民泊はホームステイの延長であり、民泊が「業（なりわい）＝ビジネス」ではないかのような主張を展開する。その意図は連盟事務局長の発言の中に集約されている。

　「ホームシェアというのは何かということでございます。民泊という単語もあるのですが、言葉によって捉え方がいろいろあるかと思いますので、念のために申し上げますと、ホームシェアというのは、空き部屋等を有効活用したい人をホストと呼んでいますが、これを空き部屋等に泊まりたい人、ゲ

ストに対してプラットホーム上のマッチングを通じて空き部屋等を提供する
サービスと考えております。プラットホームのレーティングシステムで、ホ
ストとゲストは相互評価され、評価の低い参加者は排除されるということ
で、これによりましてホームシェアというのは遊休資産を持つ一般人が供給
者になるということで、弾力的な供給が可能になっております。経済効果も
期待できると考えております」

　「経済効果ですけれども、我々は10兆円台の経済効果を生み出すという試
算をしているのですが、その試算の内訳はホームシェアで提供されるであろ
う物件は200万戸程度だろうと思っております。これによる外国人の受け入
れ可能人数は2500万人ぐらい。それによってゲストによる消費、それから
ホストによる投資、インバウンド消費諸々含めまして10兆円台の経済効果
が期待できるのではないかと思っております……」

　これに対して、日本旅館協会は次のように反論する。
　「先ほどエアビーさんや新経済連盟さんがおっしゃいましたけれどもきれ
いごとでございます。実態はそんなものではございません。実態は空きマン
ションの違法営業がほとんどでございます。物販のサイトに出店している業
者が例えば麻薬を売ったとします。そうしたら物販のサイトを管理している
ところに責任がないのか。私はあると思います。同様に違法な宿泊施設を仲
介したサイトに違法性がないのか、非常に疑わしいと私は思っております。
（民泊は）複数のマンションを借りて営業している全くのビジネスでありま
す。これがほとんどでありまして、いわゆる民泊、ホームステイのような民
泊まで我々は反対するものではありません。そういうビジネスが横行してい
て本当にいいのであろうか。私はグレーではなくてこれは違法だと思ってお
りますし、違法な宿泊施設を紹介しているサイトもこれは問題であると思い
ます」

　「厳しい旅館営業許可を我々はクリアしているわけでございます。もし民
泊という名の営業許可のハードルが低くなりますと、誰も旅館営業許可を取
らずに全部旅館営業許可を返上し、民泊になることは明らかであります。果
たしてそれで国民の生命と財産を守ることができるのか、ということをお考

えいただきたいと思います」

日本旅館協会が提起する民泊条件

　日本旅館協会の公式態度は、その後、規制改革会議の公開ディスカション「民泊サービスにおける規制改革」に提出された資料、「民泊への対応について」の中で表明されている。協会は同資料の中で「民泊＝有償で自宅の空き部屋等を利用し宿泊営業をすること」と明確に規定し、宿泊営業としての民泊に必要な規定およびその根拠を次のように列挙する（規制改革会議情報、2016 年 3 月 14 日、内閣府 HP）。

（1）訪日外国人観光客のみを民泊の対象とする。2030 年 3000 万人の目標は外国人観光客のみで達成できる。

（2）不在ホストを禁止する。ホスト不在の場合は、本人確認の不徹底、近隣トラブル、犯罪行為などが発生する。ホストがいる場合は、本人確認、宿泊名簿の管理、パスポートの保管が徹底し、近隣トラブルの防止や解決、災害時の避難誘導や滞在確認が可能となる。

（3）ホストの複数物件利用を禁止する（居住物件のみ）。複数物件の利用が可能になると、ホストがプロ化して民泊が投資対象となり、住宅不動産価格が高騰する。パリではエアビー利用の民泊短期滞在者が多くなった結果、アパート供給量が低下して賃料が高騰し、地元住民が減少してコミュニティが崩壊し居住環境が悪化している。パリ市当局は 2016 年 5 月から違法民泊の抜き打ち検査を始める予定だが、対策が後追いとなりすでに社会問題化している。

（4）近隣住民の承諾確認が必要である。近隣トラブルを未然に回避し、既存住民の住環境を保護するためには周辺住民の承諾が必要となる。集合住宅の場合は管理組合の承諾が必要であり、所有者や不動産業者がホストの場合は全入居者の承諾が必要である。エアビー等の禁止条項を集合住宅管理組合が備えることを認めるべきである。

（5）1 物件につき年間最大営業日数は 30 日までとする。新規営業者のみに営業日数を緩和するのは公平性を欠き、日数制限をするのは当然である。2020 年東京オリンピックの宿泊施設不足に関しても、首都圏で

は4500室不足に対して今後10000室が供給される予定なので、民泊は30日営業で十分対応できる。営業日数が30日を超えるときは現在の旅館業法を適用すべきである。

（6）保健所へのホスト届け出を義務化する。ホストの状況を確認できるよう届け出を義務化することが必要である。保健所への届け出がなければ違法民泊と認定し、保健所による立ち入り権限など監督責任を明確化すべきである。

（7）確実な納税を履行する。ホストの所得申告、宿泊税の徴収など納税義務を確実に履行しなければならない。仲介業者にも当然納税義務が発生する。

（8）以上の（1）～（7）の民泊規定を遵守するため、仲介業者の確認を義務化する。個人がホストになる可能性が高いので仲介業者に確認を義務付け、違反ホストに対しては行政の依頼にもとづき利用停止を義務付ける。

（9）罰則規定を制定する。WEB上ではなし崩し的に違反行為が広がることが多いので、安全・安心を担保するためにも罰則規定は必須事項である。

エアビー物件の適法性をめぐる質疑応答

　一連の報告の後で質疑応答が始まった。その中で議論の中心になったのが、エアビー掲載物件の適法性についてである。旅館協会とエアビーの間で交わされた質疑応答は以下の通り（要旨）。

　「エアビー社の方ですけれども、リスティングされているホストの施設の数といいますか、ホストの数が2万1000件日本にある。この中で営業許可を確実にお取りになっているところが何件あるのかを教えていただきたいのです。それは、御社の調査の中でこのホストは許可を取っている、このホストは取っていないのかというのは確認されているのかどうかということです」（旅館協会）

　「2万1000件という物件のうちにどれくらいが認可を受けているかどうか

ということですけれども、そもそも日本の法律（旅館業法）は1948年に制定されている。これに関してはまだインターネットというものが台頭する前であり、状況といたしましてはやはり今日の近代的なさまざまな人々や経済にそぐわないものであるというふうに考えております。同時に申し上げたい点といたしましては、何らかの形での規制、ルール、枠組みというのは必要だと考えておりますし、ここに関しましてはアップデートということが近々必要であると私どもも考えております」（エアビー）

　「私どもは世界3万4000都市に既にビジネスを持っております。国によって違う法律、自治体によって違う法律、さらには建物によって違う規則を全部私どものほうですべての規則や契約書類チェックして、それに見合っているかを判断することは不可能です。したがって、あくまでもこれはホスト側が自分たちが守らなければいけない法律に照らし合わせてきちんとやれるかどうかということを調べる責任があり、また違法かどうかの判断は当局の方々が責任をもって行うべきであると考えています。エアビーの立場はきちんとした明確なルールをつくり、ホストが理解することができるような明確なルールが整っているようにすること、必ずホストたちがそのルールを理解し彼らがそのルールを守るということをエアビー側で見ていくということです」（エアビー）

　ここで明らかになった事実は、すでに日本で2万1000件もの膨大な物件を掲載しているエアビーが、「インターネット時代以前の日本の法律（旅館業法）は近代的な経済活動にそぐわない」「国によって違う法律、自治体によって違う法律、さらには建物によって違う規則を全部チェックして、それに適合しているかどうかを判断することは不可能」と言い切ったことであろう。これは国境を超えて事業展開するグローバル企業が、国によって異なる法律を一々チェックするのは不可能であり、各国の法律をグローバル企業の活動に適合するよう改めるべきだと言っているに等しい。また、各国における法令順守の責任はホスト側にあり、それを取り締まるのは当局の責任だと責任転嫁していることも注目される（見逃せない）。ここには、国境を超えて事業展開するグローバル企業の傲慢な態度が余すところなく露呈しているで

はないか。

エアビー物件の大半は違法民泊

　それでは、エアビーの民泊仲介サイトの運用実態についてはどうか。この点については、第 5 回検討会の自治体関係者ヒアリングにおいて、京都市の観光政策監が『京都市民泊施設実態調査（中間報告）』に関する説明の中でエアビーの運用実態を以下のように明らかにしている。なお 2015 年 12 月の調査当時、京都市内で 10 件以上の物件を掲載している民泊仲介サイトは 8 社（うち 7 社は外資系サイト）、掲載件数は 3200 件に上るが、エアビーは全体の 8 割を掲載している最大の仲介サイトである（第 5 回検討会、2016 年 1 月 25 日、内閣府 HP）。

（1）京都市内では 2542 件の民泊施設がエアビーに掲載されているが、施設所在地（番地まで）を特定できたのは僅か全体の 4 分の 1 の 679 件（26.7%）にすぎない。さらに集合住宅については、所在地を特定できた施設であっても部屋番号がわからないケースが多いので、正確な所在地を特定できない物件が全体の 8 〜 9 割に達する。

（2）民泊を運営しているホストの住所地は、京都府内在住者 1730 件（68.1%）、日本国内 668 件（26.3%）、海外 53（2.1%）、不明 91（3.6%）である。しかし、京都府内で圧倒的な比重を占める京都市内在住者の住所地の把握が困難であるため（住所が単に「京都」としか記載されていない）、ホストの住所地はほとんどが不明に近いと言ってよい。つまりエアビーの掲載物件の大半は、民泊施設の所在地もホストの住所地も不明なのである。

（3）さらに『最終報告』（エアビーを含めた 8 サイト調査、市産業観光局、2016 年 5 月）によると、掲載物件 2702 件のうち所在地を特定できたのは 1260 件（46.6%）、うち旅館業の許可を確認できたのは 189 件（7.0%）、無許可 1071 件（39.6%）であった。このほか、所在地を特定できない 1442 件（53.4%）のうち、番地までは特定できないものの同じ町内に許可物件があるため「許可」と判定したのが 407 件（20.0%）、同じ町内に許可物件がないので「無許可」としたのが 776

件（23.3%）、区レベルまでしか所在地を把握できないため判定できないのが259件（9.6%）である。したがって、2702件のうち無許可施設は最低でも1847件（1071件＋776件、68.4%）となり、これに判定不能分を含めると最大2106件（1847件＋259件、77.9%）となる。つまり、エアビーを含めての民泊仲介サイト掲載物件の7～8割は、旅館業の許可がない違法民泊なのである。

（4）また、民泊施設所在地の都市計画法上の用途との適合性については、適合2026件（75.0%）、不適合322件（11.9%）、不適合可能性162件（6.0%）、判定不能192件（7.1%）となり、不適合物件は最低でも484件（322件＋162件、17.9%）、判定不能分を含めると最大676件（484件＋192件、25.0%）となる。このことは、民泊の2割前後が都市計画法に違反して、すでに一般住宅地（住居専用地域）に相当広がっていることを示している。

やりたい放題の無法企業を放置してよいのか

　以上、京都市の民泊実態調査を通して分かったことは、新しいビジネスモデルの創始者であり、シェアリングエコノミーの旗手と持てはやされているエアビーなるものの実態は、日本の旅館業法や都市計画法など国内法を一切無視する「やりたい放題の無法企業」だという事実であろう。そのことは、エアビー掲載物件の半数近くが所在地を確認できず、その中の旅館業の許可は全体の1割足らずで無許可施設が7割近くを占め、ホストの住所もほとんどがわからないという実態によって余すところなく証明される。つまり、エアビーによる民泊仲介サイトは、違法物件かどうかのチェックもせず、ホストの正確な住所も確認せず、要望があればどんな物件でも掲載するという「ルール無視」の営業を続けていることが明らかになったのである（そうでなければ、1年間で掲載物件が4倍近くも増えるはずがない）。

　この実態は、「エアビーの立場はきちんとした明確なルールをつくり、ホストが理解することができるような明確なルールが整っているようにする。必ずホストたちがそのルールを理解し彼らがそのルールを守るということをエアビー側で見ていく」という検討会でのエアビーの公式発言を根底から覆

すものであり、また「ホスト側が自分たちが守らなければいけない法律に照らし合わせてきちんとやれるかどうかということを調べる責任があり、また違法かどうかの判断は当局の方々が責任をもって行うべきである」との主張にも矛盾する。

なぜなら、エアビーがきちんとした明確なルールをつくり、ホストがそれを理解するようなシステムが構築されているのであれば、ホストの住所や民泊の所在地もわからないような怪しげな物件が仲介サイトにはびこるはずがないし、また当局が違反かどうかを判断するためには、掲載物件の基本事項が正確に記載されていることが不可欠だからである。加えてホストには収益が生じる以上、当然のことながら課税対象となり納税義務が生じる。ホストの属性や住所がわからなければ、当局は課税できないし徴税もできない。京都市では2018年10月1日から宿泊税の徴収が始まったが、これもホストの居場所がわからなければ徴収できなくなる。いわば、エアビーの現状は税金逃れの「脱法ビジネス」を奨励しているのと同じであり、法治国家としてはとうてい見過ごすことのできない事態だと言わなければならないだろう。

明らかになった課題

京都市の最終報告は、「民泊の課題」について次のように結んでいる。

（1）民泊施設は無許可営業の施設が多い。多くの民泊施設が旅館業の許可を取得しておらず、建物の構造や消防設備、衛生設備などで法令基準を満たしていない施設が多い。多くの民泊運営者（ホスト）は旅館業の許可を取ることが困難であり、可能だとしてもコストや手続きが負担になるので許可を取得しようとは考えていない。むしろ、様々な義務が発生する許可取得は「損」だと考えており、一部の民泊運営者に至っては、当局から指導を受けても事業を止めれば摘発されることはないと高をくくっている。

（2）宿泊施設周辺の住民は不安を感じている。多くの施設は事前に説明なく事業が始められており、そこには管理者が常駐していないだけでなく、管理者が不明で緊急連絡先も示されていないことが多い。このため、地域住民は施設を誰がどのように営業しているかわからず、具

体的なトラブルがなくても施設に対する不安感、不快感を抱くことになる。特に、オートロック式の玄関が設置されている集合住宅にその傾向が強い。

（3）宿泊施設の管理ができていない。無許可営業の施設が多く、行政による管理・把握ができていない。多くの施設は管理者不在であり、宿泊者の適正な管理（宿泊者名簿の作成、パスポートの確認など）がされていない可能性が高い。

（4）所在地が特定できない宿泊施設が半数以上存在した。

　ここから言えることは、エアビーが第2回検討会で説明した日本の民泊ホストのプロフィールは「真っ赤な偽り」だということであろう。「日本のホストの特徴は、幅広い世帯年収の人たちが参加しており、職種はアート、IT、教育など多様な分野にわたり、ほとんどが大卒の学歴を持っている。日本のホストは、本当にすばらしい方々ばかりで、自分たちが住んでいるコミュニティのことをとても重要視しているごく普通の一般の方たちです」、「ゲストが従来の宿泊施設ではなくエアビーを選んだ理由は『地元の人のように暮らしたかった』から」とのエアビーの説明は、民泊ビジネスをあたかも個人間の「ホームシェア」（空き家の貸し借り）に見せかける虚偽の説明であって、民泊ビジネスの現実のあくどい姿を覆い隠すカモフラージュにほかならない。

　民泊の実態は、旅館協会が指摘する如く「空きマンションの違法営業がほとんど」であって、「ホスト」という名の民泊営業者の大半は、儲け本位の不動産賃貸業者であることは各種の調査でも明らかになっている。しかも、その多くが他人の賃貸物件を無断で又貸しする違法業者（民法 612 条 1 項「賃借人は、賃貸人の承諾を得なければ、その賃借権を譲渡し、又は賃借物を転貸することができない」に違反）だというのだから、「違法民泊＝ヤミ民泊」といわれる存在は、民法と旅館業法を二重に掻いくぐってヤミ営業を続けるアウトローの業態だと言っても過言ではない。果たしてこの議論の行方はどうなるのか。引き続き検討会での攻防を追ってみたい。

〈5.2〉2019 年 1 月号

旅館業法の適用除外が眼目
～民泊サービス検討会の攻防（2）～

　〈4.2〉「首相官邸が指揮した民泊規制改革」では、「民泊サービスのあり方に関する検討会」（「あり方検討会」という）が発足する 1 カ月以上も前から、政府の規制改革会議及び下部組織の地域活性化 WG が国内外の関連法規の検討や関係省庁・関係業界のヒアリングを開始していたことを紹介した。規制改革会議はその後、"総理のご発言"を錦の御旗として僅か 2 カ月半の超スピードで「民泊サービスの推進に関する意見」を決定した。

　そもそも民泊サービスの「あり方」を検討する前に、規制改革会議が「推進」に関する意見を表明するのであれば、初めから「結論ありき」の結果になることは目に見えている。しかも念の入ったことには、規制改革会議は「旅館業法など関連法令における規制との関係を手当てすることにとどまらず、一定の民泊サービスについては旅館業法の適用除外とした上で必要な規制を新たに行うことも含め、抜本的な対応を検討すべきである」との指示まで出しているのだから、検討の幅はさらに狭められることになる。

　とはいえ、あり方検討会では規制改革会議の推進意見が必ずしもそのままの形で肯定されたわけではなく、むしろ議論は慎重意見の方が多かった。ただ手練れの事務局の采配によって、対立する意見は議論が深められることなく「各論併記」として処理される一方、議論の結果は「検討の方向性」「中間整理」といった形でまとめられ、政府側の意図する方向へ次第に収斂していったのである。本稿では、検討会の議論の流れを追うことによって政府の指示がどのような形で具体化されていったのか、あるいはどのような理由で具体化されなかったのかについて検証しよう。

基本的な視点、想定される論点、主な検討課題
　あり方検討会はまず関係業界のそれぞれの主張を聞く形で始まったが、議論は事務局が設定した「今後の検討に当たっての基本的な視点と想定される

主な論点（案）」（以下「視点・論点（案）」という）の枠組みに沿って進められた。この「視点・論点（案）」は、規制改革会議の意見に付けられた「民泊サービスの推進に当たっての主な検討課題」の枠組みに基づくもので、第4回検討会（2016年1月12日）の資料として提出された段階で初めて明らかになったものである。つまり、事務局は規制改革会議の意見を土台にして検討会の議論の枠組みを設定し、その方向へ議論が収斂していくような形で準備を整えていたというわけだ。

　それでは、規制改革会議の「主な検討課題」にはどんな内容が盛られていたのだろうか。内容は、（1）民泊サービス推進に当たって考慮すべき事項、（2）現行規制との関係、（3）規制の在り方の3項目であるが、最大の課題が「規制のあり方＝規制緩和」にあったことは言うまでもない。（3）の末尾には「参考」として例の"総理のご発言"が掲げられ、この発言を忖度して検討を進めることが議論の前提となっていた。「規制の在り方」について、規制改革会議から提示された「主な検討課題」とは次のようなものだ。

（1）ホストに対する規制については、民泊サービス推進の観点から緩やかであることが望ましい。しかしながら、その把握を的確に行う観点から届出制などとすることも検討すべき。仲介事業者に対する規制については、ホスト及びサービス利用者（ゲスト）へのサービスの提供を適切に管理することが必要であり、その前提としてどのような規制が必要か、届出制や登録制のほか許可制なども含め幅広く検討し、適切な規制の下でニーズに応えた民泊サービスが推進できるよう、民泊サービス全体をカバーする規制体系を構築すべき。

（2）ホストや仲介事業者が外国人（外国法人を含む）の場合も含め、執行可能性を踏まえどのような規制とすることが適当か。

（3）民泊サービスを法律上どのように位置付けるべきか。そのために旅館業法の一部改正で対応できるか。宿泊業法（仮称）など新法が必要か。

旅館業法の適用除外による新規立法が眼目

つまりここで言われていることは、民泊サービスの推進のためには、ホス

トに対する規制をできるだけ緩やかにして宿泊施設の供給を増やすこと。ホストとゲストを仲介する事業者に対しては、民泊サービス全体をカバーする規制体系が必要であり、旅館業法の適用除外を前提とする新規立法の必要性が示唆されていることである。このため「現行規制との関係」においては、旅館業法、建築基準法、消防法、旅行業法といった現行法制との関係で民泊サービス推進の妨げになる条項が列挙され、それらが現行法制の一部改正によって規制緩和できるか、それとも旅館業法を適用除外した上で新規立法をしなければ法体系上クリアできないかを検討しなければならない―としたのである。以下は、その対象となる現行法制の規制条項である。

【旅館業法関係】

　旅館業（ホテル、旅館、簡易宿所）を経営しようとする者は、構造設備基準に適合した施設について都道府県知事等の許可を得る必要がある。構造設備基準が緩い簡易宿所営業であっても、客室延床面積や条例で定める玄関帳場の要件などがあり、通常の住宅などでは適合困難な場合も多い。また学校等施設の周囲おおむね100メートルの区域内で、それらの施設の清純な施設環境が著しく害されるおそれがある場合、許可を与えないことがある。その他、換気、採光等宿泊者の衛生に必要な措置を講じる義務、宿泊者名簿を備える義務などがある。

【建築基準法関係】

　都市計画法上の用途地域に応じて建築できる建築物が制限され、ホテル・旅館は第一種住居専用地域、第二種低層住居専用地域、第一種中高層住居専用地域、第二種中高層住居専用地域、第一種住居地域（床面積が3000平方メートルを超える場合）、工業地域及び工業専用地域では建築できない。防火・避難に関し、ホテル・旅館に要求される構造設備が定められている（既存の建築物の用途を変更する場合も同様）。

【消防法関係】

　火災の予防、被害の軽減に関し、ホテル・旅館に要求される設備が定められている（既存の建築物の用途を変更して「特定防火対象物」（旅館等）になる場合も同様）。

【旅行業法関係】

　旅行業を営もうとする者は、観光庁長官の行う登録を受ける必要。旅館業法上の旅館業に該当するサービスである場合、これを仲介する事業は旅行業に該当し、仲介事業者は旅行業法上の登録が必要となる。

　要するに規制改革会議が提示した検討課題は、「現行規制との関係」の末尾に付けられた次の一文に尽きるだろう。

　「民泊サービスを推進するに当たっては、上記の各規制のとの関係について一つ一つ手当てするにとどまらず、ホテル・旅館又は旅館業についてはこれに関連する旅館業法関係以外の規制も適用されることから、一定の民泊サービスについては旅館業法の適用除外とした上で必要な規制を新たに行うことも含め、抜本的な対応を検討すべきではないか。またその際、どのような民泊サービスについて除外適用とすることが適当か」

議論の帰趨が決まった第4回検討会

　こうしてあり方検討会の議論が始まり、「視点・論点（案）」にはメンバーの意見が各論併記の形で積み重ねられていくことになったが、第4回検討会（2016年1月12日）において、表題が突如「今後の検討に当たっての基本的な視点と想定される主な論点（案）及び検討の方向性（案）について」に改められた。これは、検討会におけるこれまでの議論を踏まえた「検討の方向性（案）」のたたき台が事務局から示されたためである（「民泊サービス」のあり方に関する検討会、厚労省HP、以下同じ）。

　今から振り返ってみると、第4回検討会は議論の帰趨を決することになった重要な会合だった。同検討会では、まず内閣府規制改革推進室からこれまでの経緯を記した「規制改革会議における民泊サービスに関する検討について」が説明され、続いて規制改革会議の「民泊サービスの推進に関する意見」（2015年12月21日決定）が提示された。そして以上の2つの報告を受ける形で、これまでの議論を踏まえた「検討の方向性（案）」のたたき台が事務局から出されたのである。

　座長や規制改革会議関係メンバーは事の次第を予め知っていたであろうが、これまでフリーな立場で民泊サービスの「あり方」を議論するものとば

かり思っていた大半のメンバーはきっと驚いたに違いない。議論を始めてから僅か4回目の検討会で、政府からのご託宣ともいうべき規制改革会議の「民泊サービスの推進に関する意見」が突如提示され、しかも「主な検討課題」までが指示されることになったからである。

　こうして過去3回の検討会では各論併記だった「視点・論点（案）」が整理され、「検討の方向性（案）」が示されることになった。注目されるのは、課題の検討方法として、（1）現行制度の枠組みでの中で対応が可能であり当面早急に取り組むべき課題、及び現行制度の枠組みを超えた検討が必要な中期的な課題に2分して検討する、（2）早急に対応することが可能な課題に関しては、当初のスケジュールにとらわれず2016年中に実現する、（3）民泊サービスを一律に捉えるのではなく、家主・管理者の有無、戸建てか共同住宅か、個人所有と法人所有の区別など、その形態や特性に応じて規制の在り方を整理する―との方向性が総論として示されたことであろう。

棚上げされた特区民泊の検討

　安倍政権の当初の目論見は、（IT産業の要求に応えて）民泊サービスを住宅賃貸借契約と見なして旅館業法に基づく厳しい構造設備基準を回避し、「特区民泊」をモデルに民泊サービスの全国的普及を図るというものであった。だが、上記の「検討の方向性（案）」には「特区民泊」に関する記述がどこにも見つからない。検討会の「視点・論点（案）」においても、国家戦略特区との関係については僅か数件の意見が記録されているだけで、「特区民泊」に関する検討は事実上棚上げされたといってよい。

　この背景には、「特区民泊」の構想が初めて打ち出された日本経済再生本部の第10回会議（2013年10月）から僅か3年で、民泊を取り巻く社会状況が一変していたことがある。民泊仲介サイト世界最大手のエアビーが日本に上陸したのは「特区民泊」構想が打ち出されてから半年後の2014年5月、それから怒涛のような勢いで民泊ブームが引き起こされ、東京・大阪などの大都市では家主も管理者もいない投機目的の「ヤミ民泊」が空きマンションを中心にあっという間に広がった。しかも、その大半は家主の許可を得ない「サブリース物件」（又貸し・転貸の違法物件）であり、民泊サービスの実態

はマンションの管理規約などを無視した二重三重の「違法ビジネス」そのものだったからである。

　「ヤミ民泊」の横行によって、当然のことながら各地では近隣トラブルが頻発した。その中には、ゲストの匿名性のために犯罪の温床になる危険性が指摘されるケースも少なくなかった（後に大阪市内の「特区民泊」では、外国人宿泊客による殺人・死体バラバラ遺棄事件が引き起こされた）。かつて暴力団事務所がマンション内に設けられた際、身の危険を感じた居住者が一団となって退去勧告行動に立ち上がったことがあったが、同様の事態が「ヤミ民泊」をめぐっても起こったのである。

　ことは、もはや民泊だけの問題では収まらなくなった。大都市住宅の主流となったマンション居住者の間では「ヤミ民泊」に対する警戒感が一挙に高まり、放置すればマンション業界全体の信用性が揺らぐ事態にまで発展してきた。このまま「ヤミ民泊」がはびこる状態が広がり、マンションが居住者の安全確保や資産保全の面で信頼できない住宅物件だということになると、マンション業界は居住者から見放されて大打撃を受けることになる。国の経済成長の一方の担い手である住宅産業からも民泊ビジネスへの批判が高まり、住宅市場においては「ヤミ民泊」対策が喫緊の課題になった。こうして、安倍首相の目論んだ「特区民泊」をモデルとする民泊サービスの全国普及構想はあえなく消えたのである。

簡易宿所の規制緩和が急浮上した

　「ヤミ民泊」の急速な拡がりは、検討会事務局においても民泊サービスが「違法ビジネス」「アウトロー業態」といったダーティイメージで覆われる懸念を拡大させた。このような状況を払拭するには、「ヤミ民泊」の全国一斉調査を行って違法状態を一掃する方法もあった。だが、この方策は民泊サービスの普及を成長戦略の一環として位置づけ、IT 産業とともにシェアリングエコノミーを推進する安倍政権の基本方針に反することになる。そこで窮余の一策として浮上したのが、急増する民泊サービスを「簡易宿所」（許可取得）で対応し、その代わり簡易宿所に関する旅館業法の規制を一部緩和して最低限の構造設備基準を維持するという方策だったのである。

以降3回の検討を経て、第6回検討会（2016年2月29日）において「検討の方向性（案）」が確定され、第7回検討会（同3月15日）において「『民泊サービス』のあり方について」（中間整理案）としてまとめられることになった（以下、要旨）。

（1）現行制度の枠組みの中で対応できることとして、簡易宿所の枠組みを活用して旅館業法の許可取得を図る。簡易宿所営業の客室面積基準を「33㎡以上」としていたが、収容定員10人未満の場合には「3.3㎡×収容定員以上」に緩和する（旅館業法施行令の一部改正、2016年3月30日公布、4月1日施行）。

（2）同じく収容定員10人未満の場合は、宿泊者の本人確認や緊急時の対応体制など一定の管理体制が確保されることを条件として、玄関帳場（いわゆるフロント）の設置を要しないこととする。各自治体に対しては今回の改正の趣旨を踏まえ、必要に応じて条例の弾力的運用や改正等を要請する（同3月30日改正、4月1日施行）。

（3）旅館業法の許可に当たり、関係法令だけでなく賃貸借契約、管理規約（共同住宅の場合）に反していないことの確認を求める。

（4）自宅の一部やマンションの空き室などを活用して宿泊サービスを提供する場合には、旅館業法の許可を取得することが必要であることを周知し、併せて基準緩和措置の内容を国民、仲介事業者、自治体等に周知徹底を図り、旅館業法の許可取得を促す。

だが、客室面積が「3.3㎡（タタミ2畳）×収容定員」以上、フロントもない簡易宿所が旅館業法で認められたことは、アパートの4畳半1室でも民泊営業が可能になり、その後に新たな問題を引き起こすことになる。この件については改めて述べることにしたい。

難航した中期的課題の検討

一方、現行制度の枠組みを超えた検討が必要な「中期的な検討課題」については議論が相当難航した。これは検討会メンバー間の意見対立の激化もさることながら、観光庁と厚生労働省が共同所管する事務局内においても意見

の食い違いがあり、省庁間の調整に手間取ったためである。また、規制緩和の決め手になる宿泊施設の設備基準については、安全性（特に外国人による火災危険の予防）を重視する消防庁が基本方針を変えず、用途地域制の緩和（住宅地の民泊立地許可）に関しても、都市計画法を遵守する国土交通省の態度が崩れなかった。このため、現行制度の枠組みを超えた大幅な規制緩和は難しくなり、「中期的な検討課題」に関する検討が難航したのである。

　その一方、検討会の議論の中でサブリース業者のあくどい実態が明らかになり、また第7回検討会の前日に開かれた規制改革会議の公開ディスカッションにおいては、大量の違法物件を仲介サイトに掲載しているエアビーが「我々は自分の家を貸したいというホスト、その家に泊まりたいというゲストの個人がマッチングする場を提供しているだけで、仲介事業者でも何でもない」（規制改革会議公開ディスカッション、2016年3月14日、内閣府HP）と責任逃れの主張を述べるに及んで、さすがの事務局内部でも仲介事業者や管理事業者に対する一定の規制が必要との空気が強まった。以下、第7回検討会で示された「中期的な検討課題」に関する「中間整理案」の概要を示そう。

　まず総論としては、（1）民泊サービスの適正な活用を図るルールづくりのためには、旅館業法上の許可取得等の義務を一律に課すべきか、仲介事業者や管理事業者等の関連事業者に義務を課すべきか、現行制度の枠組みにとらわれない検討が必要、（2）民泊サービスが適正に行われるよう一定の規制を課すことを前提とした上で、「一定の要件」を満たす民泊サービスについては許可ではなく届出とする等、その健全な普及が図られる観点からの整理が必要との2点が示された。問題は「一定の要件」を満たす民泊サービスの具体的内容であるが、中間整理案ではこの点についてまだ十分に詰め切れていなかったので、以下のような指摘事項の列挙に止められた。

①家主居住で自宅の一部を貸し出すようなホームステイタイプの「民泊サービス」について、緩和の対象とすべき。

②ホームステイタイプの民泊のうち、営業日数、宿泊人数、面積規模などが一定以下のものに対象を限定すべき。

③家主不在のタイプについては、簡易宿所の許可を取得させるべき。

④共同住宅の空き室・空き家等家主不在の「民泊サービス」についても、

管理事業者を介在させ、家主に代わって一定の責務を担わせることにより、緩和の対象とすべき。

⑤共同住宅については、賃貸マンションと分譲マンションとで分けるべき。

違法民泊規制に向かって舵が切られた

だがこの中間整理案の中で注目されるのは、「一定の要件」の下での民泊サービスの規制緩和が行われるにしても、全体の基調としては下記のように「ヤミ民泊＝違法民泊」を営む家主や管理事業者、仲介事業者などに対して立入検査や報告徴収の必要性が確認され、罰金罰則に関する行政処分の強化が謳われていることであろう。この検討結果は、規制改革会議の当初の思惑をはるかに超える厳しいものであった。

背景には、「ヤミ民泊」に対する世論の急速な批判の高まりがあった。このような情勢の下で無原則な規制緩和を強行すれば、世論の猛反発はもとより旅館・ホテル業界や住宅・マンション業界からの批判も避けられず、ひいては安倍政権の政治リスクにも波及する恐れがあった。以下は、「ヤミ民泊＝違法民泊」に対する規制の必要性を示唆する中間整理案の内容である。

（1）「一定の要件」を満たす場合においても、現行の旅館業法上営業者に義務付けられている宿泊者名簿の備付義務や一定の衛生管理措置を求めるべき。

（2）問題が発生した場合に適切に対応できるよう、報告徴収、立入検査等の家主に対する一定の行政処分が必要。

（3）「民泊サービス」については近隣住民とのトラブル発生が特に懸念されることから、現行の旅館業法上は特に課されていない近隣住民とのトラブルを防止するための措置、トラブルがあった際の対応措置を検討することが必要。

（4）「民泊サービス」の実施に当たり、無断転貸や管理規約違反などの問題に対処するため、賃貸借契約、管理規約（共同住宅の場合）に反していないことの担保措置について検討すべき。

（5）旅館業法に基づく営業許可を受けずに営業を行っている「無許可営

業者」、その他旅館業法に違反した者に対する罰則については、罰金額を引き上げる等実効性のあるものに見直すべき。また、無許可営業者に対する報告徴収や立入調査権限を整備することについても併せて検討すべき。

（6）仲介事業者に対しては、サービス提供者が適法にサービスを提供しているかどうかの確認を求め、違法なサービスの仲介行為や広告行為を禁止する等の一定の規制を課す必要。その際、海外の事業者に対する規制の実効性を担保することや、旅行業法との関係を整理することが必要。

（7）個人がサービス提供主体となることも想定されることから、一定の要件を備えた管理事業者による管理・監督を求めることや、行政による指導体制のあり方などサービス提供に当たっての管理体制の確保について検討すべき。

（8）上記の諸点を踏まえ、一定の「民泊サービス」について、法規制の枠組みについての整理を行った上で必要な法整備に早急に取り組む必要がある。

検討会の議論は第 8 回以降、「民泊サービスの制度設計について」の検討に入っていく。「中間整理案」が最終的にどのような制度設計に帰着したのか、引き続きフォローしたい。

〈5.3〉2019 年 2 月号
規制改革会議主導の民泊導入は頓挫した
～民泊サービス検討会の攻防（3）～

最終報告前に閣議決定

民泊サービスのあり方に関する検討会（あり方検討会）は、中期的に検討すべき課題について第 8 回、9 回と議論を重ねた後、第 10 回（2016 年 5 月 13 日）から制度設計の検討に入った。以降 3 回の検討を経て、第 13 回検討会（同 6 月 20 日）において「民泊サービスの制度設計について」の最終報告

書を取りまとめた。

　この間、検討会が制度設計を議論するのに先立ち、規制改革会議が『規制改革に関する第4次答申〜終わりなき挑戦〜』（同5月19日）を発表し、安倍内閣はそれに基づく『規制改革実施計画（平成28年)』（同6月2日）を閣議決定した。注目されるのは、第4次答申の「民泊サービスにおける規制改革」の項目がほぼそのまま実施計画に書き込まれ、それが検討会最終報告書の「ひな型」になったことである。

　規制改革会議は、かって検討会が発足するに当たって『民泊サービスの推進に関する意見』（2015年12月21日）を決定し、民泊サービスの拡大に向けて検討会に「大胆な検討」を促した。そして今度は最終報告書の取りまとめにあたり、結論ともいうべき閣議決定を検討会に突き付けたのである。とはいえ、規制改革会議の方針がそのまま検討会の最終報告書になったわけではない。この間の議論の複雑な経緯を象徴するかのように、最終報告書の取りまとめについては事務局（厚労省生活衛生課長）が含みのある発言をしている（民泊サービスのあり方に関する検討会、第12回議事録、2016年6月10日、厚労省HP)。

　「この規制改革実施計画については、去る平成28年6月2日に閣議決定をされております。その内容につきましては、前回の民泊検討会の中で、内閣府の規制改革推進室からも御出席をいただき、御説明いただきました。規制改革会議の答申の内容が基本的に実施計画という形で閣議決定をされております。この計画は基本的にはこれまでの検討会の議論の内容と整合性を図った形で整理をされた内容というふうに認識をしているところでございます。また、これは閣議決定という内閣の最高意思決定という形で整理をされておりますので、当検討会も政府の中の検討会ということでございますので、こ　このまとめに当たりましては、この実施計画を前提としておまとめをいただければと考えております」

第4次答申の異例の長さ、詳細な内容

　規制改革会議のなかで民泊サービスに関する方針を取りまとめたのは、安

念潤司氏（中央大学法科大学院教授）を座長とする地域活性化 WG である。ところが意外なことに、安念座長が第 4 次答申の趣旨を説明するため第 11 回検討会（2016 年 5 月 23 日）に出席した際の発言は、これまでの規制改革会議の趣旨とはかなり異なるものであった（第 11 回検討会、議事録要旨、2016 年 5 月 23 日、同上）。

「今般、規制改革会議の第 4 次答申がまとまりまして、先週末、安倍総理にお渡しを申し上げたところでございます。当会議の答申としては異例の長さになりまして、相当制度の詳細に踏み込んだ内容となっております。まず第 1 に、この内容は基本的には民泊検討会での議論を踏まえてまとめたものでございまして、その内容、方向について当検討会のそれと大幅にというか、ほぼ一致しているものというように私どもは理解しております」

「第 2 に、年間提供日数の制限につきましては、180 日を上限といたしましたが、これは住宅という枠組みの中で宿泊サービスを提供するということを念頭に置いておりますので、住宅であるという以上は年間の半分以上を泊めるのは常識的でなかろうという線を打ち出したものでございます。この範囲の中で具体的にどのように日数を決めるのかということについては、当検討会において適切な御判断、御検討をいただければ幸いでございます」

「第 3 に、家主居住型の確認。確認というのは家主が居住していることの確認という意味ですが、その手段として、住民票がある住宅という書き方をしてございます。これについては何を意味しているかと申しますと、家主居住型と言う以上は、1 人の家主の方、住宅提供者が複数物件を扱うことは想定していないという意味でございます」

「私どもが民泊の問題に取り組んでまいりましてから相当期間がたちますが、当初見込んでおりましたものとは違いまして、次から次へと様々な困難な論点が出てまいりました。率直なところ、座長として本当に取りまとめることができるかどうか危惧したこともございます。しかるに、何とかこのような答申を取りまとめることができましたことにつきましては、当検討会の皆様、事務局の皆様の非常な御尽力の賜物と考えております」

　安念氏は自らを「過激な自由主義者」と称しているように、民泊サービスの規制改革に関しては、「旅館業法をベースに考えることには反対」、「プラットフォーマーにいろんなことをさせることは賛成できない」、「民泊物件の無断転貸や外部不経済問題を引き起こさない第一義的義務はホストにある（プラットフォーマーにはない）」、「日本独自の規制といっても国際的な枠組みに縛られており完全に自由なことはできない」といったエアビーそこのけの持論の持ち主である（規制改革会議公開ディスカッション、「民泊における規制改革」議事録、2016年3月14日、内閣府HP）。

　その安念氏が、なにゆえ方針の取りまとめを一時危惧しなければならないほどの状況に追い込まれたのか。そこには規制改革会議と検討会事務局との間で激しい議論の葛藤があり、その意向を尊重しなければ、規制改革実施計画そのものが宙に浮く恐れが生じていたのである。

抜本的検討は不発に終わった

　規制改革会議は当初、「特区民泊」と同様に“総理のご発言”を背景に民泊サービスの規制改革が一気に進むものと楽観視していた。事実、規制改革会議が国家戦略特区において旅館業法を適用除外する「特区民泊」を創設した時は、国家戦略特別区域法第13条に「旅館業法の特例」を措置するだけで事は済んだのである。また「特区民泊」がそれほど注目されなかったのは、それが国際競争力を高めることを目的として設けられた一部の「特別区域」に限定され、しかも民間企業が新しいビジネス展開をしていく上で必要な規制改革を行うための「例外措置」だとされていたからであろう。安倍政権はこのことに勢いを得て、「特区民泊」を先行モデルにして民泊サービスの規制緩和を一気に全国的に広げようと目論んだのである。

　規制改革会議はこのため、「小規模宿泊業のための規制緩和③、インターネットを通じ宿泊者を募集する一般住宅、別荘等を活用した宿泊サービスの提供」を改革項目に挙げ、できる限り早期に実現するため、「平成27年検討開始、平成28年結論」という期限を切った検討を指示した（規制改革実施計画、2015年6月16日閣議決定）。

　しかし、この「一定の民泊サービスについては、旅館業法の適用除外とし

た上で必要な規制を新たに行うことも含め、抜本的な対応を検討すべき」との規制改革会議の方針は、これまでも縷々述べてきたようにホテル・旅館業界から大きな抵抗を受けた。宿泊事業に従事する関係業界は、民泊が旅館業法から切り離され、「特区民泊」のように「罰則なし」「安かろう悪かろう」の宿泊サービスを提供する市場として急成長することを恐れたのである。

　それだけではない。旅館業法の所管官庁であり衛生管理業務を担ってきた厚労省や建造物の構造・設備安全基準を指導する国交省や消防庁においても、劣悪な民泊施設が野放しに広がることへの危機感が強かった。そして、何よりも「ヤミ民泊」への世論の反発がその後急速に広がり、安念座長の発言が示すように、民泊サービスを「特区民泊」並みに規制緩和する方向での「抜本的対応の検討」が次第に困難になっていったのである。

　このため規制改革会議の当初方針は大幅に後退を余儀なくされ、民泊規制を旅館業法から切り離して民泊サービスを自由化しようとする安倍政権の目論見は完全に失敗した。その結果、民泊サービスを「住宅を活用した宿泊サービス」と規定した上で「一定要件」を付し、旅館業法と接続する法制度の下で民泊サービスを規制するという方策が選択されることになった。「一定要件」とは、住宅を活用した宿泊サービスが「半年を超えない」（180 日以内）というものであり、半年を超えれば旅館業法が適用されるということで法律上の線引きがなされたのである。こうして、規制改革会議と検討会事務局間の調整が終わり、それが第 4 次答申と規制改革実施計画の中身となったのである。

家主不在型は果たして住宅といえるのか

　ところが、最終報告書の取りまとめに当たって今井猛嘉構成員（法政大学大学院法務研究科教授）から次のような指摘がなされた（第 12 回検討会、議事録、2016 年 6 月 10 日、厚労省 HP）。

　「最後が近いので、改めて御質問といいますか、確認をお願いしたいのですけれども、家主不在型という概念がどこまで入るかということです。今までの議論を聞いておりますと、こういうものを活用するのが経済合理性があ

るということはよくわかるのですけれども、他方で、家主がいない住宅というものを法律的に考えますと、住宅というものがそこの中に、居住者の生活の本拠として使われるべき建造物ということを考えますと、当然、そこには家主がいるのが普通であって、家主不在というのは例外的な話なのです。ですから、このページにも書いてあったと思いますけれども、バカンスに行っているようなときに少し貸すというところからスタートしていたと思います」

　「ですから、先ほど国交省の方からも説明がありましたけれども、住宅の定義というものをもう一度、御確認されて、家主不在型というものを、当初型ですね。当初から家主がいないようなものを、そもそも住宅と言っていいのだろうか。住居ではあるのですけれども、従前の住宅という概念と矛盾しないような枠組みをつくっていただきたいと思います。その際に、あとは、先ほど住民票による家主の確認というふうなこともありましたけれども、そのあたりも、ぜひ整理をお願いしたいと思います。誰が住んでいるかというのは住民票ですけれども、住居については、建造物に係る登記名義人という手段もありますので、そのあたりのものをうまく使って、本当に、現に管理している人が誰なのかを捕捉できるような制度をつくっていかないと、当初からの家主不在型を目的として建てられるような建造物に関する適正な規制ができないのではないかと思った次第です」

　今井氏の指摘は、最終報告書（案）における「Ⅲ.民泊の制度設計のあり方について」の中の「（3）制度枠組みの基本的な考え方」および「（4）法体系」について疑問を投げかけるものであった。（3）に関しては、「『家主居住型』と『家主不在型』に区分した上で、住宅提供者、管理者、仲介事業者に対する適切な規制を課し、適正な管理や安全面・衛生面を確保しつつ、行政が住宅を提供して実施する民泊を把握できる仕組みを構築する」という民泊の基本区分に対する疑義であり、（4）については「この枠組みで提供されるものは住宅を活用した宿泊サービスであり、ホテル・旅館を対象とする既存の旅館業法とは別の法制度として整備することが適当である」という立法趣旨に対する疑問であった。

不在は一時的不在と解されていた

　今井氏の指摘をもう少し敷衍すると、住宅は居住者の生活の本拠地として使われるべき建造物である以上、家主が居住する住宅に関しては「住宅を活用した宿泊サービス」を提供できると言えるが、家主が居住していない不在型住宅の場合は果たしてそれらを「住宅」と見なせるのか、それは単なる「空き建造物」ではないか、との指摘である。まして、初めから家主が住まないことを前提に「家主不在型」になることを目的として建てられるような建造物は到底「住宅」とは言えず、このような住宅は「住宅を活用した宿泊サービス」を提供する民泊物件とはみなせないのではないか、との批判である。

　この間の議事録を詳細に読んでみると、実は「家主居住型」と「家主不在型」に区分して民泊の制度設計のあり方を考えるという議論の枠組みは、すでに第1回検討会の参考資料として事務局から提示されていたことがわかる。「想定される民泊活用物件の類型」と題するこの資料は、民泊物件の類型をまず「一般住宅（戸建て）・共同住宅」という住宅形式に基づいて分け、次いで「家主の居住・非居住」という家主の居住形態によって分けるという考え方に立っている。そして、区分された4類型の民泊活用物件についてそれぞれの場合の課題を挙げ、規制のあり方を考えるという議論の枠組みが設定されているのである。

　本来ならば、最初の時点で今井氏のような意見が出てきてもおかしくなかったが、この時点では「不在＝一時的不在」といった解釈が普通であり、「不在＝常時不在」といったような状態は「例外的な話」だと考えられていたのであろう。今井氏が言うように、家主不在については、「バカンスに行っているようなときに少し貸す」程度の理解が一般的であり、当該家主がいずれ戻ってくることを前提にした「一時的不在」だと解されていたのである。したがって不在であっても、それは住宅が生活の本拠地であるとの法律概念には抵触しないと考えられていた。

　ところが、「家主居住」「家主不在」を基本区分にして民泊規制の制度設計を考えようとする検討会事務局の立場はそうではなかった。理由は、安倍首相の「民泊サービスの規制を改革していく国家戦略特区の先行事例を踏ま

え、特区諮問会議と連携しながら突破口を開いていただきたい」（規制改革会議、総理発言、2015年12月15日、内閣府HP）との意向を受けて、旅館業法と切り離した新法制定を迫る規制改革会議に対して、検討会事務局は別の考え方に立っていたからである。

　同事務局は、新法を旅館業法から切り離した法制度としてではなく、その接続上に法制度を設けることを模索していた。それが、生活の本拠地ではない不在型住宅であっても民泊活用物件の中に含めることによって一括して「住宅」とみなし、常時不在型住宅も含めて「住宅を活用した宿泊サービス」の対象として位置づけ、旅館業法と接続した法制度の下で民泊規制の制度設計につながったのであろう。

　だが厳密に言えば、常時不在型住宅は"不在家主型住宅"というべきであって、「家主不在型住宅」というのは正確ではない。「不在地主」という言葉があるが、不在地主とは「自分の所有地から遠く離れて住んでいる地主」（国語辞典）のことであり、自分の生活本拠地ではない別の場所に土地を所有している地主のことである。この定義からすれば、家主が別の場所に住所を定め、生活の本拠地にしていない住宅は"不在家主型住宅"と言うべきであり、「家主不在型住宅」などという紛らわしい言葉を使うべきではないだろう。まして今井氏が指摘するように、当初から「家主不在型」を目的にして建てられるような建造物をそもそも「住宅」とみなすことなどできない。しかし、今井氏の意見は最終報告書には反映されなかった。

家主不在型と不在家主型が一括された

　検討会事務局が、不在家主型と家主不在型を一括して「住宅を活用した宿泊サービス」の対象としたのは、「ヤミ民泊」がすでに東京、大阪、京都などの大都市一円に広がっており、もはやその存在を無視しては議論が成り立たないような背景があったものと思われる。このことを改めて痛感したのは、2018年6月、東京の明治大学（神田駿河台）で開かれた地域マネジメント学会主催の公開シンポジウム「民泊について考える」に参加したときのことである。

　パネリストは、観光庁の観光産業課長、民間の不動産経済研究所社長、マ

ンション管理研究会の代表、東京都大田区の生活衛生課長の４人で報告も討論も充実していたが、中でも不動産経済研究所社長の報告には度肝を抜かれた。東京では外国人旅行者に対して日本の生活体験を提供し、そのことを通して国際交流を目指す本来のホームステイ型の民泊ホストは僅か１割にも満たず、ホストの９割方は儲け本位の不動産賃貸業者であり、しかもその大半が他人の賃貸物件を無断で又貸し（転貸）する違法業者だというのである。

　こうした事態に直面するとき、違法なサブリース事業の大半を占める「不在家主型住宅」を一挙に民泊規制から外すことは「現実的ではない」と判断されたのであろう。それはまた、規制改革会議の「民泊サービスについては実態が先行し、必要な旅館業法の許可を得ていない事例が多く見られるとの指摘もあり、政府としては早急にルールを策定し推進していく必要である」（民泊サービスの推進に関する意見）との指示への対応策でもあった。こうして、最終報告書は不在家主と家主不在を一括して「家主不在型住宅」に区分して民泊管理者の登録を義務づけ、「住宅を活用した宿泊サービス」の規制対象に含める方策を講じたのである。

管理者・仲介事業者規制は大きな成果

　このように不十分な点は残しながらも、それでも検討会の最終報告書において家主居住型・不在型の如何にかかわらず民泊の運用が全国一律に届出制となり、これまでほとんど把握されていなかった民泊の実態が明るみに出されることになった意義は極めて大きいと言わなければならない。

　まず家主居住型の場合は自らの責任において、また不在型の場合は民泊施設管理者（登録された管理者に管理委託、又は住宅提供者本人が管理者として登録）の責任において、宿泊者名簿の作成と保存、衛生管理、近隣への対応、集合住宅管理規約や賃貸借契約事項の遵守、行政当局への情報提供などが義務化されることになった。そして管理者に法令違反が疑われる場合、行政庁による報告徴収や立入検査が行われるほか、上記業務を怠った場合の業務停止命令、登録取消等処分、法令違反に対する罰則が設けられた。

　これに関連して、最終報告書の中に「旅館業法の罰則規定の強化」が盛り込まれたことも大きい。「旅館業法に基づく営業許可を受けずに営業を行っ

ている者（以下「無許可営業者」という）、その他旅館業法に違反した者に対する罰則については、罰金額を引き上げる等実効性のあるものに見直すべきである」、「また、無許可営業者に対する報告徴収や立入調査権限を整備することについても併せて検討すべきである」との一節が盛り込まれたことは、上記の罰則規定を一層効果的にするものになった。

　また、それ以上に注目されるのは、民泊の仲介事業者が登録制となり、行政当局（保健衛生、警察、税務）への情報提供を義務づけられたほか、違法民泊取り扱いの禁止、法令違反を行った場合の業務停止や登録取り消し、不正行為への罰則が設けられたことである。外国法人を含む仲介事業者への規制は、管理業者への規制と同じく（あるいはそれ以上に）大きな意義があり、むしろこの点が最終報告書の核心であったとさえ思える。なぜなら、従来の「民宿」「ホームステイ」などの小規模宿泊事業と異なる民泊サービスの新しい特徴は、「インターネットを通じ宿泊者を募集する一般住宅、別荘等を活用した宿泊サービスの提供」にあるのであって、そこではインターネットを駆使して大規模な仲介サイトを運用する仲介事業者に対する規制が決定的な役割を果たすからである。

　違法ビジネスを合法ビジネスに転換させるためには、「公開性」と「公平性」の原則が基本である。民泊に対する法的規制の実施はこの公開性を担保し、ホテル・旅館業との公平性を保証する上での必要条件であり、かつ十分条件としての罰則が伴わなければ実効性を担保できない。そしてこの罰則付き規制は、民泊新法施行後に「ヤミ民泊」が激減させるという多大の成果を挙げることになるのである。

　もはや、エアビーなど仲介事業者は、「我々は自分の家を貸したいというホスト、その家に泊まりたいというゲストの個人がマッチングする場を提供しているだけで、仲介事業者でも何でもない」などと責任逃れをする訳にはいかなくなった。仲介事業者として生き残るためには民泊規制を遵守するほかはなく、正規のビジネスとして営業を続けていくには民泊規制をクリアーする以外に方法はなくなったのである。

〈5.4〉2019 年 3 月号

民泊新法施行半年の光と影

～地方分散は可能か～

対照的なスタンス

住宅宿泊事業法（民泊新法）が施行されたのは 2018 年 6 月 15 日のこと
だ。それから 12 月 15 日で半年が経過した。当日を挟んで特集された各紙の
記事が対照的で面白い。インバウンド（訪日外国人旅行者）ブーム先導役の
日経新聞は、「訪日客 3000 万人突破、5 年で 3 倍 アジア牽引、宿泊施設や
空路なお不足」（2018 年 12 月 19 日）と檄を飛ばす一方、民泊施設に関しては
「民泊にぎわい遠く、宿泊 70 万人どまり（新法施行～ 9 月）、自治体規制足か
せ、日本人の利用は伸びる」（同 12 月 12 日）と予想外の低調さを嘆いてい
る。

これに対して京都新聞の見出しは、「訪日客 3000 万人突破へ、地方への波
及 道半ば、魅力発信 模索続く」（2018 年 12 月 18 日）といささか抑制的だ。
しかし、旅館業法の規制緩和で急増した簡易宿所に関しては、「『お宿バブ
ル』早くも岐路、京の簡易宿所廃業急増、供給過剰で淘汰の波、厳しい民泊
規制も一因か」（同 12 月 15 日）と手厳しい。事態はすでに「ポストインバウ
ンド」の局面に向かいつつある――との認識が底流にあるからだろう。

全国動向を重視する全国紙と地元の実情を伝える地方紙では報道姿勢に違
いがあるのは当然だが、それにしても両紙のスタンスの違いがこれほど大き
いのはなぜだろうか。観光立国政策の旗振り役である日経新聞がインバウン
ド推進に懸命なのはよくわかるが、その最前線に曝されている京都では
「オーバーツーリズム」の弊害が日々激化し、すでに「ポストインバウンド」
の予兆（先行矛盾）が顕在化しているからだ。それが数字の上で明らかに
なったのが、今回の簡易宿所の廃業急増だったのである。本稿では東京オリ
ンピック開催を 1 年後に控えた現在、民泊新法施行後のインバウンド動向の
「光と影」を追ってみたい。まずは、絶好調とも見える訪日外国人旅行者数
の分析から始めよう。

このまま増え続けていって大丈夫？

　安倍政権が掲げる観光立国政策の主要課題は、第1が「2020年4000万人、2030年6000万人」というインバウンド目標（訪日外国人旅行者数）の達成、第2が三大都市圏以外の地方の比重（外国人延べ宿泊者数）を「2020年50％、2030年60％」にまで高めるというものだ（政府観光ビジョン構想会議「明日の日本を支える観光ビジョン」2016年3月、以下「政府観光ビジョン」という）。

　この点に関して言えば、安倍首相は外国人旅行者数について「多ければ多いほどよい」と考えているらしい。政府観光ビジョンの中でも「従来の政府目標を大幅に前倒しし、新たな目標に向かって進んでいく」と高らかに宣言している。だが懸念されるのは、東京・大阪・京都を結ぶ日本列島の「ゴールデンルート」に外国人旅行者が集中することで、オーバーツーリズムの弊害が日本を代表する大都市地域全体に広がることだ。現状を放置したままで東京オリンピック開催を迎えると、京都にも増して東京・大阪では混雑状況が深刻化し、日本の大都市中心部のすべてが観光公害に巻き込まれることになる。それに宿泊施設が不足しているからといって、3地域に宿泊施設を増設すればするほど、ゴールデンルートへの集中がますます加速することになり、「集中が集中を呼ぶ愚」を犯すことになる。

　第2次安倍内閣が発足した翌年の2013年から2017年までの5年間の訪日外国人旅行者数の推移をみると、東南アジア諸国に対する戦略的なビザ発給要件の緩和や免除、LCC（格安航空会社）や大型クルーズ船の新規就航などによって1036万人から2869万人（2.8倍）へ急増した【表1】。政府はこの勢いが持続するとして、2018年も前年比9％増の3130万人を見込んでいる（政府観光局「平成30年訪日外客数・出国日本人数」、2018年12月19日発表）。

　また今後の予測に関しては、JTBが2019年の旅行動向見通しを昨年12月中旬に発表し、訪日外国人は過去最高の3550万人（2018年見込みの12％増）に増えると予測している（日経2018年12月22日）。内閣府もLCCの就航便数が2019年、2020年と毎年2割ずつ伸びていけば、訪日客数が2020年には4210万人に達するとの見通しだ（日経2018年12月19日）。いずれも「増えれば万事OK」とも読める数字だが、これらの予測には「延べ宿泊者

【表1　訪日外国人旅行者数の推移、2013〜2017年、単位：万人】

	旅行者数	（指数）	増加数
2013年	1036	（100）	―
2014年	1341	（129）	＋305
2015年	1974	（191）	＋633
2016年	2404	（232）	＋430
2017年	2869	（277）	＋465
2018年見通し	3130	（302）	＋261

※資料出所：政府観光局（JNTO）「訪日外客数・出国日本人数」、2018年

数、地方50％」という政府目標をどう達成するかについては納得できる説明がない。三大都市圏以外に外国人宿泊者の半分を分散させる目標などまるで眼中にない——と言わんばかりだ。

局面は集中から分散へ

　オーバーツーリズムの弊害がゴールデンルート全域に広がろうとしている現在、事態の局面は明らかに変わりつつあると言えるのではないか。結論から言えば、我が国の目指すべきインバウンド目標は「集中第一」の段階を過ぎて、「集中から分散へ」の次のステージに入ったのである。これまでは数字目標を達成するため、なりふり構わず外国人旅行者の増加（だけ）を目指してきたが、今後はいよいよ地方分散を第一義的に考えなければならない局面に突入したのだと言えよう。

　このことを政府目標に即して考えると、従来は訪日外国人旅行者の「2020年4000万人、2030年6000万人」という第1目標の達成がまずありきで、その上で3大都市圏以外の地方の比重を「2020年50％、2030年60％」に高めるという第2目標が設定されていた。しかし、今後は第2目標の達成が主目的となり、その枠内で第1目標を調整（修正）しなければならないということだ。

　安倍政権は、政策理念として「観光立国」「観光先進国」を掲げている。「観光立国」とは観光政策によって国全体の繁栄をもたらすことだから、その先進国の実態が「ゴールデンルート栄えて地方滅ぶ」といった状態では看板倒れになる（失敗だ）。まして観光政策を「地方創生」「一億総活躍」につ

なげようというのであれば、その重点は国土の調和ある発展に貢献するものでなければならない。事実、政府観光ビジョンは、観光は「地方創生の切り札」だと大見得を切っているのである。

三大都市圏・地方部の地域区分に異議あり

　外国人旅行者の地方分散に関する分析に入る前に、政府観光ビジョンにおける地域区分の問題点、すなわち「三大都市圏＝東京・千葉・神奈川・埼玉・愛知・京都・大阪・兵庫の8都府県」と「それ以外の地方部」に国土を二分するという（乱暴な）地域の分け方について少し言及しておかなければならない。この地域区分は、観光白書においてもインバウンド動向を分析する基本的な枠組みとなっているが、これは「三大都市圏＝国土中心部＝インバウンド集中地域」、「地方部＝国土周辺部＝インバウンド分散地域」といったイメージ程度のものでしかなく、政策立案の土台となる地域区分にしては大雑把すぎるのだ。

　そもそも観光振興なるものは、政府が力説するように地域独自の「自然・文化・気候・食」を活かすことに真骨頂がある以上、観光資源の基本条件が全く異なる北海道から沖縄までを一括して「地方部」に区分することなど全く意味がないし、何よりも現実の外国人延べ宿泊者数の動向を反映していない。たとえば、政府観光ビジョンの基礎になった2015年の都道府県別外国人延べ宿泊者数をみると、三大都市圏の中に区分されている埼玉県は僅か16万人泊（全国35位）なのに対して、地方部では北海道564万人泊（2位）、沖縄県368万人泊（6位）、福岡県236万人泊（7位）などの有力道県がズラリと並んでいるのである。

　また、同じ地方部であってもその間には隔絶した大きな格差があり、東北6県（青森、岩手、秋田、宮城、山形、福島）は合わせても61万人泊、四国4県（徳島、香川、愛媛、高知）は44万人泊、中国3県（鳥取、島根、山口）は26万人泊に過ぎず、これら13県すべてを合わせても沖縄県の3分の1程度にすぎない。

　察するところ、三大都市圏以外はすべて「地方部」だとする政府の地域区分は、インバウンド分散を演出するための地方の個性やアイデンティティを

無視した単なる数字上の操作区分に過ぎず、そこには政策上の意味付けを何一つ見いだすことができない。この地域区分だと、たとえ地方部の比率が上昇したところで地方分散が実現したとは言えず、実態は北海道や沖縄など一部の地方が増えただけで、東北・四国・中国地方は依然として置き去りにされたまま──と言うことになりかねない。

適正な地域区分なくして分散政策なし

とはいえ議論を進めるために、政府観光ビジョンに従って2013年から2017年の外国人延べ宿泊者数の推移をみよう。まず言えることは、全国はこの間3350万人泊から7969万人泊へ2.4倍の増加となったが、2020年目標の1億4000万人泊（2013年の4.2倍、2015年の2.1倍）には程遠く、達成率は2017年現在56.9％に過ぎないということだ。当初の目標がそもそも大き過ぎたのである。

次に、2020年の外国人延べ宿泊者数を三大都市圏と地方部が共に7000万人泊になるよう分散させるとなると、2015年は三大都市圏4047万人泊（61.7％）、地方部2514万人泊（38.3％）なので、5年間で三大都市圏1.7倍、地方部2.8倍に増加させなければならない。だが、地方部の直近の数字は3266万人泊（2017年）だから、あと3年で地方部の外国人延べ宿泊者数を倍増させるなど、これはどう見ても無理としか言いようがない。

まして2030年には三大都市圏8700万人泊（2013年の4.0倍、2015年の2.1倍）、地方部1億3000万人泊（2013年の11.0倍、2015年の5.2倍）を目指すというのだから、地方部はこれから10年余りで1億人泊も増やさなければならなくなる。いったい誰がこんな途方もない目標を設定したのか知らないが、政府の観光ビジョンとしては余りにもお粗末すぎるし非現実的だ【表2】。

予測と結果がこれほど乖離するのは、政府観光ビジョンがいたずらに大袈裟な数字目標を並べるだけで、地方分散に不可欠な地域分析を欠落させているからにほかならない。国土交通省（観光庁）統計には、都道府県別の外国人延べ宿泊者数を経年的に追跡する「宿泊旅行統計調査」があり、その中には「地方運輸局別統計」が再掲されている。この地方運輸局別統計は伝統的

【表2　3大都市圏・地方部別、外国人旅行者延べ宿泊者数の推移・目標、%、（指数）、増減数、2013〜2030年、単位万人】

	全国	3大都市圏	地方部
	延べ宿泊者数	延べ宿泊者数	延べ宿泊者数
（実数）			
2013年	3350(100)(100)　　—	2164(64.6)(100)　　—	1186(35.4)(100)　—
2014年	4482(100)(138)＋1132	2907(64.9)(134)＋743	1575(35.1)(133)＋389
2015年	6561(100)(162)＋2079	4047(61.7)(187)＋1140	2514(38.3)(212)＋939
2016年	6939(100)(207)＋378	4186(60.3)(193)＋139	2753(39.7)(232)＋239
2017年	7969(100)(227)＋1030	4703(59.0)(217)＋517	3266(41.0)(221)＋513
（目標）			
2020年	14000(100)(418)＋6031/3年	7000(50.0)(323)＋2297/3年	7000(50.0)(590)＋3734/3年
2030年	21700(100)(648)＋7700/10年	8700(40.0)(402)＋1700/10年	13000(60.0)(1096)＋6000/10年

※資料出所：「明日の日本を支える観光ビジョン」、観光庁「宿泊旅行統計調査」

な地域区分とほぼ対応しており、それによって地域に即したインバウンド動向を知ることができる。最近の地域動向を分析しよう。

東京・大阪・京都がピンポイント的に増加している

　2013年から2017年までの5年間、全国の外国人延べ宿泊者数を地方運輸局別（10地域）に集計して作成してみると、そこからは「地方分散」の偽らざる姿が見えてくる。地方運輸局別統計は10地域に区分され、北海道、東北、関東、北陸信越、中部、近畿、中国、四国、九州の各地方運輸局管内と沖縄総合事務局を加えた10地域の統計数字が掲載されている（福井県が北陸信越地方ではなく中部地方に編入されている点に注意）。ここでは念のため、ゴールデンルートの拠点である東京・大阪・京都の3都府統計及び合計も再掲した【表3】。この間の地域別インバウンド動向を整理すると、次のような特徴が浮かび上がる。

（1）外国人旅行者が全国10地域のどこで宿泊しているかというと、ゴールデンルートを結ぶ2大拠点である関東・近畿が全国の3分の2（60％台）を占め、北端の北海道が1割前後、南端の九州・沖縄が1.5割前後、残り約1.5割が全国各地に分散している——といった不均等な配置地図が浮かび上がる。つまり「地方分散」と言っても、それは

【表 3　地方運輸局別、外国人旅行者延べ宿泊者数の推移、%、(指数)、増減数、2013〜2017 年、単位万人】

	全国	北海道運輸局	東北運輸局
2013 年	3350(100)(100)　　—	307(10.9)(100)　　—	35(1.0)(100)　　—
2014 年	4482(100)(138) ＋ 1132	389(8.7)(127) ＋ 82	40(0.9)(114) ＋ 5
2015 年	6561(100)(162) ＋ 2079	561(8.6)(183) ＋ 172	61(0.9)(174) ＋ 21
2016 年	6939(100)(207) ＋ 378	655(9.4)(213) ＋ 94	73(1.1)(209) ＋ 12
2017 年	7969(100)(227) ＋ 1030	770(9.7)(251) ＋ 115	107(1.3)(306) ＋ 34

	関東運輸局	北陸信越運輸局	中部運輸局
2013 年	1391(41.5)(100)　　—	111(0.3)(100)　　—	229(6.8)(100)　　—
2014 年	1871(41.7)(135) ＋ 480	129(2.9)(116) ＋ 18	308(6.9)(134) ＋ 79
2015 年	2522(38.4)(181) ＋ 651	195(3.0)(176) ＋ 66	547(8.3)(239) ＋ 239
2016 年	2580(37.2)(185) ＋ 58	225(3.2)(203) ＋ 30	538(7.8)(235) － 9
2017 年	2841(35.7)(204) ＋ 261	267(3.4)(241) ＋ 42	542(6.8)(237) ＋ 4

	近畿運輸局	中国運輸局	四国運輸局
2013 年	793(23.7)(100)　　—	56(1.7)(100)　　—	22(0.7)(100)　　—
2014 年	1085(24.2)(137) ＋ 292	69(1.5)(123) ＋ 13	28(0.6)(127) ＋ 6
2015 年	1592(24.3)(201) ＋ 507	117(1.9)(209) ＋ 48	44(0.7)(200) ＋ 16
2016 年	1708(24.6)(215) ＋ 116	137(2.0)(245) ＋ 20	65(0.9)(295) ＋ 21
2017 年	1978(24.8)(249) ＋ 270	167(2.1)(298) ＋ 30	84(1.1)(381) ＋ 19

	九州運輸局	沖縄総合事務局	東京都(再掲)
2013 年	256(7.6)(100)　　—	149(4.4)(100)　　—	983(29.3)(100)　　—
2014 年	324(7.2)(127) ＋ 68	239(5.3)(160) ＋ 90	1320(29.5)(134) ＋ 337
2015 年	553(8.4)(216) ＋ 229	368(5.6)(247) ＋ 129	1756(26.8)(179) ＋ 436
2016 年	572(8.2)(223) ＋ 19	386(5.6)(259) ＋ 18	1806(26.0)(184) ＋ 50
2017 年	751(9.4)(293) ＋ 179	462(5.8)(310) ＋ 76	1978(24.8)(201) ＋ 172

	大阪府(再掲)	京都府(再掲)	東京・大阪・京都(再掲)
2013 年	431(12.9)(100)　　—	263(7.9)(100)　　—	1677(50.1)(100)　　—
2014 年	620(13.8)(144) ＋ 189	329(7.3)(125) ＋ 66	2269(50.6)(135) ＋ 592
2015 年	897(13.7)(208) ＋ 277	458(7.0)(174) ＋ 129	3111(47.4)(186) ＋ 842
2016 年	1001(14.4)(232) ＋ 104	460(6.6)(175) ＋ 2	3267(47.1)(195) ＋ 156
2017 年	1167(14.6)(271) ＋ 166	556(7.0)(211) ＋ 96	3701(46.4)(221) ＋ 434

※資料出所：観光庁「宿泊旅行統計調査」から作成

日本列島全体から見れば斑状にしか展開していないのである。

（2）だが関東・近畿が全国の3分の2を占めているといっても、それが関東7都県、近畿2府4県に均等配分されているわけではない。直近の数字（2017年）によると、関東では2841万人泊の7割が東京に集中し、近畿では1978万人泊の6割が大阪、3割が京都、合わせて9割弱が大阪・京都に集中しているのである。東京は23区、大阪は大阪市、京都は京都市が圧倒的な比重を占めているので、狭い日本列島の中で東京・大阪・京都の3カ所に（ピンポイント的に）外国人宿泊客がひしめき合っているというわけだ。

（3）東京・大阪・京都を合わせた外国人延べ宿泊者数合計の推移（2013〜17年）をみると、5年間で1677万人泊から3701万人泊へ2.2倍増加しているが、これは全国3350万人泊から7969万人泊への2.3倍増とほぼ同率で拮抗している。つまり、政府の「地方分散」の掛け声にもかかわらず、全国の外国人延べ宿泊者数の半数近い比重を占める東京・大阪・京都の3地域が、依然として全国と同じ割合で増え続けているのである。この傾向は今後も大きく変わることはないだろうし、逆に東京オリンピック開催の影響でこれからもっと集中が高まることも考えられる。

東京・大阪・京都を抑制しなければ地方分散は不可能

東京・大阪・京都への「ピンポイント的集中」が依然として続いている中で、「地方分散」を強調しなければならない政府の立場は苦しい。昨今の観光白書（観光庁編）を見ると、「地方分散」に関する実質的な政策メニューや統計分析がほとんど見当たらないにもかかわらず、その効果を力説しなければならないからである。『平成30年版観光白書』（2018年9月発行）などはその典型とも言えるものだが、それでも「地方分散」を演出するためのさまざまな工夫が凝らされている。その幾つかの事例を挙げてみよう。

第1は、訪日外国人旅行者数や延べ宿泊者数、旅行消費額などに関する全国統計は国際ランキングを含めて大々的に取り上げられているものの、それらが地域的にどのように配分されているかについてはほとんど見るべき資料

がないことである。たとえば、「外国人延べ宿泊者数の対前年比を三大都市圏と地方部を比較すると、2017 年（平成 29 年）は三大都市圏で 10.2% 増、地方部では 15.8% 増となっており、地方部の伸びが三大都市圏の伸びを大きく上回るとともに、地方部のシェアが年間初めて 4 割を超えた」（35 頁）などと解説しているが、この場合の「地方」は三大都市圏（8 都府）以外の 39 道県すべてを含んでいるので、地方自治体からすれば「地方っていったいどこ？」ということにしかならない。

　また、三大都市圏と地方部の外国人延べ宿泊者数（2016 年、2017 年）を示す棒グラフが掲載されているが、地方部の方が大きく見えるように操作され、延べ宿泊者数の目盛りが拡大されている（三大都市圏グラフの 5000 万人泊と地方部グラフの 3500 万人泊の長さが同じ）。

　第 2 は、全国動向に関しては中長期にわたり経年的に取り上げられるのに対して、地域動向の分析は「対前年比」といった短期比較がやたらに多いことである。インバウンド動向は、もともと景気変動や災害、国際紛争やテロ、伝染病などによって大きく変動する。加えて、地域動向はそれ以上に流行の変動幅が大きく、情報の風向きで瞬間風速的に変化することも多い。したがって、この種の分析は「対前年比」で地域動向を判断することをできるだけ避け、中長期的な統計の積み上げを必要とする。そうでなければインバウンド分散政策など立てようがないにもかかわらず、それが欠落しているところに観光白書の致命的弱点がある。

　第 3 は、対前年比の比較が実数ではなく「伸び率」を基準にして行われていることである。たとえば、「外国人延べ宿泊者数について都道府県別に動向をみると、前年からの増加幅（絶対数）では東京都・大阪府等が上位となるが、伸び率でみると上位には地方部の県が多くなっている」（44 頁）として、都道府県別外国人延べ宿泊者数の伸び率（2017 年、上位 20 府県）のグラフが掲載され、青森 60.3%（1 位）、大分 59.3%（2 位）、佐賀 51.9%（3 位）、熊本 51.7%（4 位）、岡山 50.2%（5 位）……など、上位 19 県までが地方部の県であることが強調されている。

　しかし、もともと絶対数が小さい地方部の県に外国人延べ宿泊者数が増えれば伸び率が高くなるのは当然のことであって、それをもってインバウンド

の地方分散が全国的に進んでいるなどとは一概に言えるものではない。確かに伸び率全国第1位の青森県は、青森空港への中国直行便の就航によって外国人延べ宿泊者数が16万人泊（16年）から26万人泊（17年）へ60％も伸びたことは注目に値する。そのことの意義を決して軽視するつもりはないが、それでもって「今後も訪日外国人旅行者数が拡大していけば、地方部の延べ宿泊者数全体の押し上げにつながり、地域経済の活性化への影響度が益々高くなっていくことだろう」（45頁）と断定することはいささか早計過ぎると言わなければならない。

　結論的に言って、筆者は東京・大阪・京都への外国人旅行者の集中を抑制することなしには、インバウンドの地方分散は難しいと考えている。次回の民泊施設の動向分析も併せてそのことについて考えよう。

〈5.5〉2019年4月号

京都の民泊は簡易宿所に流れた
〜民泊行政の裏の事情〜

民泊に早くも陰り

　2019年1月4日、「民泊ニュース」（民泊ウェブサイト、Airstair編集）は、「民泊正念場へ、年間最大営業日数の180日到達で残り185日は民泊営業できず」、「住宅宿泊事業法『民泊』の廃業が増加、さらに増える恐れも」と伝えた。民泊新法では1年間の営業日数が最大180日に制限され、日数カウントは4月1日正午から翌年の4月1日正午までの期間が対象となる。新法は2018年6月15日施行なので、施行後に届け出た民泊の営業日数が2018年12月中旬以降は順次180日を超える場合が想定され（フル稼働の場合）、2019年4月1日正午までの残り3カ月間は営業ができなくなるというわけだ。

　また、民泊の届出件数の伸び率も徐々に陰りが見えてきている。2018年9月と10月の前月比伸び率はそれぞれ16％となっていたが、11月は11％にまで落ち込んだ。2019年1〜3月は営業日数が制限される上に冬場は宿泊業界の閑散期に当たるので、届出数の伸び率は今後さらに鈍化するかもし

れない。加えて、「廃業」が増加している点も注目される。観光庁は 2018 年
11 月 16 日分から民泊の廃止件数を公表しているが、11 月は 196 件だった廃
業数が 12 月には 287 件にまで増えてきている。

　京都市でも初めて民泊の廃業が出た。その模様を元旦の京都新聞が「民泊
半年京で初廃業、東山 営業日数制限で経営難」と報じている。記事による
と、当該民泊は東山区内の民家を借りて改装したもので、定員 5 人、1 人 1
泊 5 千円という標準的なタイプだった。2018 年 6 月 15 日に届出が市に受理
され 8 月末まで営業したが、稼働率 8 割を維持したものの利益幅が少なく、
9 月に廃業届を出した。他の民泊や急増した簡易宿所との競争が激しく、宿
泊単価を上げることが難しかったのが廃業の原因だという。担当記者は、
「実際、市内では簡易宿所も供給過剰に伴う淘汰で廃業が急増しており、本
年度は 11 月までに 97 件と前年度の年間件数を 3 割上回っている。観光客の
急増を受けた市内の『お宿バブル』は大きな曲がり角を迎えている」と結ん
でいる（京都 2019 年 1 月 1 日）。

民泊は大都市部に集中立地

　観光庁が毎月中旬と下旬に発表する「住宅宿泊事業法の届出状況一覧」
（観光庁「民泊制度ポータルサイト」）に基づき、民泊新法施行後の届出件数、
受理件数、廃止件数の推移をみよう。この届出状況一覧は「都道府県」「保
健所設置市」「特別区」に 3 区分され、保健所設置が義務付けられている都
道府県と特別区（東京 23 区）はすべて掲載されているが、政令指定都市、中
核市などの保健所設置市については主だった都市だけがピックアップされて
いる。なお、特別区は首都東京の中枢部、保健所設置市は政令指定都市や中
核市などの全国大都市、都道府県はそれ以外の地域だと考えればよい。

　概要を見ると、民泊の受理件数の伸びは特別区と保健所設置市が都道府県
より高いものの、件数はほぼ 3 等分されている。2018 年 12 月現在、全国受
理件数 1 万 1162 件のうち東京 23 区が 4001 件（35%）、保健所設置市が 3917
件（34%）、都道府県が 3694 件（32%）とほぼ 3 分の 1 ずつに分かれ、民泊
の 3 分の 2 が大都市部に集中している【表 1】。

【表1　保健所設置自治体別、民泊施設の届出・受理・廃止件数の推移、(指数)、%、2018年6、9、12月】

| | 6月 | | 9月 | | 12月 | | |
	届出	受理	届出	受理	届出	受理	廃止
全国	3,728(100) 100.0	2,210(100) 100.0	8,926(239) 100.0	7,719(349) 100.0	12,858(345) 100.0	11,612(525) 100.0	287 —
都道府県	1,390(100) 37.3	881(100) 39.9	3,079(222) 34.5	2,624(298) 34.0	4,112(296) 32.0	3,694(419) 31.8	49 —
保健所 設置市	1,124(100) 30.2	635(100) 28.7	2,624(233) 29.4	2,244(353) 29.1	4,379(390) 33.8	3,917(617) 33.7	113 —
特別区	1,214(100) 32.6	694(100) 31.4	3,223(265) 36.1	2,851(411) 36.9	4,367(360) 34.0	4,001(677) 34.5	125 —

※資料出所：観光庁「住宅宿泊事業法に基づく届出状況一覧」から作成、「民泊制度ポータルサイト」、件数はすべて毎月中旬の数字

関東・近畿6割、北海道・九州・沖縄3割

　次に、都道府県、保健所設置市、特別区の民泊届出状況を地方別に集計して推移をみよう【表2】。〈5.4〉「民泊新法半年の光と影」の外国人延べ宿泊者数の地域区分（全国10地域）との整合性を取るため、ここでは厚労省地方厚生局別ではなく、国交省地方運輸局別に集計した。

　2018年末の地方別民泊受理件数は、全国1万1612件のうち関東5011件（43%）と近畿2137件（18%）の両地方を合わせると6割強となり、これに北海道1739件（15%）と九州・沖縄1458件（13%）の3割弱を加えると、それ以外の地方には1割しか残らない—というものだ。この割合は、2017年の外国人延べ宿泊者数の地方別割合（関東・近畿61%、北海道・九州・沖縄25%）とほぼ見合うもので、宿泊需要に応じて民泊が供給されていることを示している。つまり民泊は、喧伝されるような地方の空き家解消には余り役立っていないということである。

　しかし、関東・近畿が全国の6割強を占めているといっても、それらが両地方一円に立地しているわけではない。2018年12月の受理件数をみると、関東5011件のうち東京23区が4001件（80%）、近畿2137件のうち大阪市・京都市が1756件（82%）を占めており、民泊が東京・大阪・京都の特定地

【表 2　地方別、民泊施設の届出件数、受理件数、廃止件数の推移、%、2018 年 6 、 9 、12 月】

	6 月		9 月		12 月		
	届出	受理	届出	受理	届出	受理	廃止
全国	3,728(100%)	2,210(100%)	8,926(100%)	7,719(100%)	12,858(100%)	11,612(100%)	287(100%)
北海道	710(19.0)	428(19.4)	1,390(15.6)	1,232(16.0)	1,928(15.0)	1,739(15.0)	78(27.2)
札幌市	570(15.3)	337(15.2)	1,094(12.3)	999(12.9)	1,487(11.6)	1,387(15.0)	75(26.1)
東北	57(1.5)	41(1.9)	133(1.5)	126(1.6)	163(1.3)	150(1.3)	9(3.1)
関東	1,680(45.1)	994(45.0)	4,093(45.9)	3,619(46.9)	5,471(42.5)	5,011(43.2)	132(46.0)
東京23区	1,214(32.6)	694(31.4)	3,223(36.1)	2,851(36.9)	4,367(34.0)	4,001(34.5)	125(43.6)
北陸信越	89(2.4)	41(1.9)	208(2.3)	180(2.3)	284(2.2)	251(2.2)	2(0.7)
中部	263(7.1)	176(8.0)	457(5.1)	421(5.5)	570(4.4)	533(4.6)	7(2.4)
近畿	361(9.7)	222(10.0)	1,208(13.5)	968(12.5)	2,444(19.0)	2,137(18.4)	36(12.5)
大阪市	179(4.8)	97(4.4)	734(8.2)	602(7.8)	1,623(12.6)	1,432(12.3)	31(10.8)
京都市	46(1.2)	22(1.0)	199(2.2)	129(1.7)	386(3.0)	324(2.8)	1(0.3)
中国	71(1.9)	51(2.3)	142(1.6)	122(1.6)	229(1.8)	221(1.9)	1(0.3)
四国	61(1.6)	31(1.3)	98(1.1)	84(1.1)	121(0.9)	112(1.0)	3(1.2)
九州	255(6.8)	133(6.0)	627(7.0)	506(6.6)	866(6.7)	769(6.6)	7(2.4)
沖縄	181(4.9)	93(4.2)	570(6.4)	461(6.0)	772(6.0)	689(5.9)	12(4.2)

※資料出所：同上

域（中心市街地）に集中立地していることがわかる。2017 年の外国人延べ宿泊者数における東京・大阪・京都の割合は、東京が関東の 70%、大阪・京都が近畿の 87% だから、オリンピックを翌年に控えた東京 23 区の民泊集中度が一段と際立っている。

大阪市・京都市で民泊受理件数が少ないのはなぜか

　東京 23 区に比べて、大阪市・京都市の民泊新法に基づく受理件数が相対的に少ないのはなぜか。その疑問を解くには、大阪市では「特区民泊」、京都市では「簡易宿所」の動向を分析しなければならない。

　特区民泊は、内閣総理大臣および都道府県知事から「国家戦略特別区域外国人滞在施設経営事業」についての認定を受けることで、旅館業法の規定が適用されずに民泊事業が営めるというものだ。だが国家戦略特区に指定されても、当該自治体が関連条例を定めなければ民泊事業を実施することができない。2018 年 10 月末現在、関連条例を定めている自治体は、大阪府、東京

都大田区、千葉市、新潟市、大阪市、八尾市、北九州市の僅か 7 自治体に限られる。

　興味を引かれるのは、国家戦略特区の指定地域が東京・神奈川・愛知・大阪・兵庫・京都・広島・沖縄の 1 都 2 府 5 県、仙台・新潟・千葉・大阪・福岡・北九州の 6 政令指定都市、そして仙北・成田・八尾・養父・今治の 5 都市の多くに亘っているにもかかわらず、特区民泊の関連条例を定めたのは僅か 7 自治体に過ぎないという事実だろう。この事態は、特区民泊を突破口に旅館業法の規制緩和を推進しようとした安倍政権の期待を大きく裏切るもので、大半の特区指定地域では特区民泊は「笛吹けど踊らず」という結果になったのである。

　唯一の例外が大阪市だ。2018 年 10 月末現在における 7 自治体の特区民泊認定数を比較すると、大田区 86 件 469 室、大阪府 12 件 22 室、新潟市 1 件 1 室、千葉市 1 件 1 室、北九州市 2 件 2 室、八尾市 0 件に対して、大阪市は 1500 件 4339 室と突出している。大阪市の特区民泊は、実に件数で全国 1602 件の 94％、室数で全国 4834 室の 90％を占めており、国策の結果がこれほど特定自治体に偏ることは特異な現象と言える。どうしてこんなことが起こったのか（内閣府地方創生推進事務局「国家戦略特区、特区民泊について」2018 年 11 月 30 日、内閣府 HP）。

大阪市で特区民泊がダントツになった理由

　大阪市の特区民泊が全国で「ダントツ状態」にあるのは、安倍首相と昵懇の仲だった当時の橋下市長が特区民泊を肝いりで推進しようとしたことに端を発している。橋下市長は 2014 年 9 月、大阪市が国家戦略特別区域に指定されるや直ちに関連条例案を市議会に提出したが、その内容は「民泊営業フリーパス」とも言えるもので、市議会各派（大阪維新を除く）から猛反対を受けた。条例案には事業者に対する行政の立入調査・指導の権限もなければ、近隣住民への事前説明や苦情窓口の設置などを事業者に義務付ける条項もなく、さすがの自公両党もこれには付いていけず、即刻否決されることになったのである（産経 2014 年 9 月 12 日）。

　その後、後任の吉村市長の下で事業者の義務事項などを定めた修正案が再

【表3　大阪市特区民泊の申請・認定件数の推移、2016年10月〜2018年10月】

	申請件数	室数	認定件数	室数
2016年10月〜2017年3月	73	157	63	133
2017年4月〜2018年3月	661	1,792	598	1,550
2018年4月〜2018年10月	994	2,908	839	2,656
2016年10月〜2018年10月合計	1,728	4,857	1,500	4,339

※資料出所：「民泊をめぐる現状と『大阪市違法民泊撲滅チーム』の運営について」、大阪市国家戦略特別区域外国人滞在施設経営事業(特区)、2018年12月18日

　度提出され、大阪市民泊条例が成立したのは1年半後の2016年1月15日のことである。それも周辺状況を勘案するという理由で条例施行日が同年10月31日まで延期されたため、事業規則や事業要綱の公布がこの日までずれ込むことになった。結局、当初予定から2年遅れで漸く特区民泊の認定作業が始まることになったというわけだ。

　吉村市長の基本姿勢は、当時「ヤミ民泊」が1万件もあるといわれた大阪市内の違法状態を合法化することが先決であり、「きちんと管理できる状態にするのが市の役割。規制でガチガチにすると違法民泊はこれからも増える。規制強化は不要」(毎日2018年3月3日)というものだった。折しも2017年1月から特区民泊の最低宿泊日数6泊7日が2泊3日に緩和され、また年間営業日数の制限もないことから、大阪市の姿勢を見越して爆発的な申請が始まり、認定件数もそれにつれて飛躍的に増加していった【表3】。

大阪市の民泊密度は東京23区の2〜2.5倍

　2018年12月時点の大阪市の実質的な民泊件数は、新法民泊1432件と特区民泊1500件を合わせた2932件となり、全国1万3214件(1万1612件＋特区民泊1602件)の5分の1強(22％)を占めることになった。また、東京都23区4087件(4001件＋大田区86件)との対比では4分の3弱(72％)に相当することになる。

　しかし、東京23区と大阪市は人口も面積も大きく異なる。都市の容れ物の大きさを考えないで単に民泊数を比較するだけでは、その問題状況を掴むことができない。2018年10月現在、東京23区人口は956万人で大阪市273

万人の 3.5 倍、面積は 627 ㎢で大阪市 225 ㎢の 2.8 倍という大差がある。東京 23 区と大阪市の「民泊密度」を比較すると、人口 1 万人当たりでは東京 4.3 件、大阪 10.7 件（2.5 倍）、面積 1 ㎢当たりでは東京 6.5 件、大阪 13.0 件（2.0 倍）となり、大阪市が東京 23 区の 2 倍以上の高密度に達している。

　これらの点から考えると、大阪市では民泊がすでに「飽和状態」あるいは「過密状態」に達していると言え、その予兆は随所であらわれている。激化する外国人宿泊者の獲得競争が宿泊単価のディスカウントを引き起こし、民泊営業の費用対効果（コスパ）の低下傾向が止まらないのである。このままでいくと民泊業界全体に「安かろう悪かろう」の悪循環が広がり、大阪市のブランドに傷がつくような事態が起こらないとも限らない。こうした大阪市の現状に憂慮したのか、特区民泊のイメージダウンを恐れる内閣府は、特区民泊が「外国人滞在施設経営事業」でありながら「日本人も宿泊可能」とする異例の広報宣伝に乗り出している。

　「注意喚起。本特例の対象施設は、制度上日本人でも外国人でも利用できるものですが、最近、対象施設の利用者が外国人に制限されているかのような誤解が広がっており、制度の正確な理解の確保と本制度の円滑な活用促進に支障が生じることとならないか懸念しております。国家戦略特別区域法第 13 条は、外国人旅客の滞在に適した『施設』を一定期間以上使用させる事業と規定しており、事業で用いる『施設』が外国人旅客の滞在に適したものであることを求めているものの、施設の『利用者』については何ら規定を設けておりません。つきましては、本制度の活用を推進していく観点から本制度に対する正確なご理解を賜りますようお願いいたします」（内閣府「国家戦略特区、特区民泊について」、2018 年 11 月、内閣府 HP）。

　だが、すでに東京 23 区の倍以上という高密度に達している大阪市の民泊がこのまま増えていけば、遠からず容れ物（大阪市域）から中身（民泊）が溢れる日がやってくるに違いない。今から「民泊バブル」が破裂したときの光景など余り想像したくないが、市内の至る所で「空き民泊」が散在し、それらが「ゴーストタウン」となって市内一円に広がりはしないか──との懸念

を断ち切れないのである。

　遅まきながら吉村市長も汚名を返上するため、2019 年 6 月の G20 サミット首脳会議の大阪開催を控えて「違法民泊撲滅チーム」を結成し、「ヤミ民泊」退治に乗り出した。だが、「猫を追うより皿を引け」との諺もあるように、総量規制なしの「ヤミ民泊」対策だけでは違法民泊撲滅にも限界がある。大阪のまちづくりの持続的発展のためには、吉村市長が（万博会場の整備はさておき）都市計画の観点から思い切った民泊の総量規制に踏み込むことが先決であり、それなしには「焼け石に水」程度の効果しか上がらないだろう。

簡易宿所が"民泊バイパス"になった京都市の事情

　大阪市とは異なり、京都市は民泊に対する厳しい姿勢で全国に知られる（観光庁担当者からもそのことを度々聞いた）。民泊業界からはこのことが民泊の届出件数や受理件数が伸びない原因だと批判され、これまでも度々行政手続きの改善を求める声が上がっていた。確かにそういう面もあるだろうが、筆者は別のところに基本的な原因があると考えている。それは行政側と民泊申請代行業者らが旅館業法の規制緩和に便乗し、積極的に「民泊の簡易宿所化」を進めてきたという"裏の事情"があるからである。

　この間の事情をもう少し解説すると、市民の眼が集中している民泊手続きを手抜きすることは表向き憚られるが、民泊営業希望者が数多くいることを考えると、そのニーズに応えるには旅館業法の規制緩和を利用して（より簡便な）簡易宿所への申請替えを勧めるといった便宜的な方法が浮かび上がるからだ。つまり、行政や代行業者側から民泊手続きの「バイパス」（抜け道）として簡易宿所営業への申請替えが推奨された結果、簡易宿所が急増し、その分だけ民泊届出件数や受理件数が減少したのではないか――ということが推測されるのである。それでは、簡易宿所営業に関する規制緩和とはいったいどういうものか。

　〈5.2〉「旅館業法の適用除外が眼目」でも詳述したように、簡易宿所営業に関する旅館業法の規制緩和とは、（1）これまでの客室面積基準「33㎡以上」を定員 10 人未満の場合には「3.3㎡×定員以上」に緩和する、（2）同

【表4　全国・政令指定都市・京都市、簡易宿所営業施設数の推移、(指数)、%、2012～2017年度】

年度	2012年度	2013年度	2014年度	2015年度	2016年度	2017年度
全国	25,071(100)	25,560(102)	26,449(106)	27,169(108)	29,559(118)	32,451(129)
政令市計	1,008(100) 100.0	1,044(104) 100.0	1,128(112) 100.0	1,508(150) 100.0	2,353(233) 100.0	3,382(336) 100.0
京都市	360(100) 35.7	390(108) 37.3	460(128) 40.8	696(193) 46.1	1,493(415) 63.5	2,291(636) 67.7

※資料出所：厚労省「衛生行政報告例の概況」各年度版から作成

じく定員10人未満の場合は玄関帳場（いわゆるフロント）の設置を要しないというものだ。この規制緩和は、旅館業法の政令改正によって2016年4月1日から即刻施行された。

　簡易宿所といえば、ユースホステル、ペンション、カプセルホテルなど「宿泊する場所を多人数で共用する施設」と旅館業法で定められているが、その客室面積基準がこれまでの「33㎡以上」から一挙に「3.3㎡×定員以上、ただし7㎡以上」に引き下げられたのだから影響は極めて大きい。極端な場合居室面積7㎡（タタミ4畳半）1室からでも民泊ができることになり、20㎡程度のワンルームマンションなら定員6人まで宿泊させることも可能だ。おまけに、民泊のような営業日数が年間最大180日という制約もないのだから、これほどうまい商売はないというわけだ。

　もともと京都市は観光都市ということもあって、若者向けのユースホステルやペンションなどの簡易宿所の割合が他都市に比べて高かった。それでも4年前（2014年度）までは施設数は概ね300～400件台で推移しており、政令指定都市全体（20市）の中で占める割合も4割前後で安定していた。ところが、規制改革会議から簡易宿所の規制緩和方針が喧伝され始めた頃から施設数が増加し始め、2015年度696件（12年度の1.9倍、政令指定都市全体に占める比率46％）、2016年度1493件（同4.2倍、64％）、2017年度2291件（同6.4倍、68％）と政令指定都市全体の2倍近い勢いで急増しているのである【表4】。

　2018年度にはいってからも月平均80施設の割合で増え続けているので、

2018 年度は新規許可数が 900 施設を超えることは確実となり、簡易宿所数はおそらく年度末には 3200 施設（政令指定都市全体の 70％超）に達するものと思われる。大阪市が全国特区民泊の 9 割を占めている状況が異常なら、京都市の簡易宿所が政令指定都市全体の 7 割を占める状態もまた異常だと言わなければならない。このような簡易宿所の粗製乱造を引き起こす「バイパス行政＝抜け道行政」が果たして許されていいものだろうか。

集中が集中を呼ぶ時代は終わった

　2018 年後半あたりから、京都新聞は「お宿バブル」という造語で京都市における宿泊施設の供給過剰状態に対してしきりに警告を発するようになった。これらの記事を系統的に読むと、京都の宿泊施設環境が歴史的な構造変化に直面していることに気付く。一言でいえば、それは「集中が集中を呼ぶ時代」が終わり、「集中が忌避される時代」に入ったということだ。

　日本有数の文化観光都市である京都は、他都市に比べてもともと観光客が多かった。1970 年代から 90 年代にかけての入洛観光客は 4000 万人近い水準で推移し、2000 年には市が「観光客 5000 万人構想」を宣言し、このときから数値目標を掲げた「呼び込み観光」が本格化した。そして、2010 年以降は目標の 5000 万人を上回るようになり、京都観光は新たな段階を迎えることになったのである。

　本来ならこの段階で U ターンすべきだったが、京都市は新たに『京都市観光振興計画 2020』（2014 年 6 月）を策定してさらに観光客誘致政策を加速した。加えて安倍政権の観光ビジョン発表後は、インバウンド誘致に便乗した『京都市宿泊施設拡充・誘致方針』（2016 年 10 月）を打ち出し、当面の施策として「2020 年までに約 1 万室新設する」（計 4 万室）との大幅な宿泊施設拡充方針を掲げたのである。ところが、この宿泊施設拡充方針が想定外の「ホテルブーム」を巻き起こした。

　京都新聞（2018 年 11 月 23 日）の試算によれば、2018 年 11 月現在、京都市の宿泊施設客室数は市が 2020 年までに必要と試算した 4 万室をすでに突破し、今後 2 年間のうちに 5 万室を上回る見通しであることがわかったという。京都新聞社は 2017 年 12 月にも 2020 年度までの宿泊施設客室数を集計

し、市内で約4万2千室と試算していたが、それ以後もホテル建設計画が相次いで発表されたため、僅か1年の間に1万室も積み増すという異例の上方修正となったのである。

　ホテル建設予想が僅か1年で1万室も上方修正される──、こんなことは今まで聞いたことがない。そのこと自体が「ニュース」になるほどの驚くべき出来事であり、京都市内のホテル建設ブームはもはや「狂乱状態」にあると言ってもよいぐらいだ。だが、この異常事態が引き起こす影響は決して小さくない。ホテル業界内部での過当競争はもとより、宿泊業界全体の過当競争に波及することは目に見えている。その予兆が真っ先にあらわれたのが、粗製乱造された簡易宿所の廃業急増の動きだったのである。

　京都新聞（2018年12月15日）は、このことを「京の簡易宿所 廃業急増、供給過剰で淘汰の波、厳しい民泊規制も一因か」と報じている。記事によると、簡易宿所の廃業数は2016年度16件、2017年度73件、2018年度は11月末の8カ月で97件に上っており、年ごとに増えてきている。また、こうも書いている。「市が今年（2018年）6月の改正旅館業法施行に合わせ、条例で簡易宿所に民泊同様の『駆け付け要件』を義務づけたことも廃業に拍車をかけそうだ。一定の場所に管理人の駐在などが求められ、人件費負担が増す。既存施設などは20年3月までに要件を満たす必要がある。9月15日以降に適用が始まっているが、申請は数件にとどまっている」。

　粗製乱造の簡易宿所が淘汰されていくのは当然のことだが、それに巻き込まれて京都のまち全体が壊れていくのは座視できない。

第６章

オーバーツーリズムの危機

　京都市が「5000 万人観光都市」の目標を達成し、次の「世界があこがれる観光都市へ」を掲げた京都観光振興計画 2020 が策定されたのは、今から５年前の 2014 年 10 月のことである。当時、京都市は米旅行雑誌の投票で世界第１位に選ばれ、前年の 2013 年には観光客数、外国人宿泊客数、観光消費額がいずれも過去最高の数字を記録していた。いわば、観光都市京都の絶頂期において策定されたのが「京都観光振興計画 2020」だったのである。

　2020 年計画には全体にわたって「京都経済の牽引役」として観光の効用が力説され、観光客数を誘致して観光を振興すればするほど地域経済が発展するという “観光オールマイティ論” が展開されている。これを受けて２年後に打ち出された「京都市宿泊施設拡充・誘致方針」（2016 年 10 月）では、国が 2020 年の訪日外国人客数 4000 万人目標を達成した暁には、京都市の外国人宿泊客数は最大 630 万人に達すると想定し、約１万室の新規供給が必要とされた。

　市の宿泊施設拡充・誘致方針を機にホテル・民泊の建設ラッシュが始まり、２年後には５万室を超えた。しかし、門川市長は「宿泊施設は過剰ではなく、まだ足りない」との認識を変えず、市中心部での宿泊施設の増加抑制は「市場原理と個人の権利を最大限尊重する政治経済や現在の法律では困難」として事態を放置したままだった。第 6 章では、各種調査機関の宿泊施設予測を参考にしながら、2020 年、2030 年における宿泊施設過剰問題の行方を展望する。

〈6.1〉2018 年 7 月号

オーバーツーリズムの危機が現実化している
～中小企業は潤っていない～

世界があこがれる観光都市

　京都市が「5000 万人観光都市」の目標を達成し、次の「世界があこがれる観光都市へ」を掲げた『京都観光振興計画 2020』が策定されたのは、2014 年 10 月のことだ。観光都市・京都の絶頂期において策定された『京都観光振興計画 2020』（以下「2020 年計画」という）では、観光客数を誘致して観光を振興すればするほど地域経済が発展するという「量の経済」の論理が支配していた。次の一節がそうである（第 1 章、京都にとっての観光とは）。

　「これから人口減少、少子高齢化が進行する中、観光客を誘致し、観光産業を発展させることは地域の経済力の維持・発展のためには不可欠です。このため国を挙げて、あらゆる地域で観光振興についての取り組みが行われています。京都市においても 2010 年に人口 147 万人、高齢化率 22.9％だったものが、2020 年には人口 142 万人、高齢化率 27.9％になると推計されており、地域活力の維持・発展のためには、観光振興の取組を進めることが極めて重要です」
　「京都市では市内総生産の約 10％を観光業が占めると推計されています。観光の振興は、地域内経済への波及効果が大きいため京都の経済を力強く牽引できるとともに、安定的な雇用を創出し、税収の増加や都市格の向上を通じて市民生活の向上につながります。世界や他の地域の動きも見据えながら、時代に合わせた観光振興に取り組むことが必要です」

　また、これを受けて 2 年後に打ち出された『京都市宿泊施設拡充・誘致方針』（2016 年 10 月）では、国が 2020 年の訪日外国人客数 4000 万人目標を達成した暁には、京都市の外国人宿泊客数は最大 630 万人に達すると想定し、「本市においても平成 32 年（2020 年）、平成 42 年（2030 年）に向けて外国人

宿泊客の宿泊受入環境の整備が課題」だとした。つまりごく最近まで、京都市の観光振興の基本は観光客数の増加におかれ、なかでも訪日外国人旅行者（インバウンド）の誘致に重点が置かれていたのである。

あれから3年……

市産業観光局は2020年計画がどのように進んでいるかをチェックするため、2015年3月から「マネジメント会議」を設け、これまで計6回の会議を開催している。注目されるのは、第6回会議において「外国人宿泊客数300万人、5年前倒しで達成」「観光消費額1兆円、4年前倒しで達成」など計画目標の超過達成が華々しく報告される一方、計画の策定後僅か3年で予期しなかった様々な課題が噴出していることがわかったことだ。

そこでは、①インバウンド客の急激な増加とマナー問題、②無許可民泊施設の増加、③観光客の集中と混雑、④近場国内観光客の伸び悩み、⑤好調な観光の効果が実感できない、⑥伝統産業・伝統文化振興につながっていない、といった諸課題が列挙され、新たな環境の変化としては「観光業やサービス業を支える担い手不足」などが指摘されている。これらの諸課題に関しては各委員からの発言が相次ぎ、観光振興一辺倒の京都市施策に対するこれまでにない危機感が表明されたという（京都市情報館、第6回京都観光振興計画2020マネジメント会議、2018年1月）。

「オーバーツーリズムが騒がれている昨今、観光と市民との間に生じた課題解決（が重要）である。バルセロナでは、エリアに応じて規制と緩和をうまく組み合わせている」

「現在、計画策定当時には想定していなかった、成果を出したゆえの課題が生じている。現在は好調な数値も中長期的にみればマイナス方向に動く可能性がある。（略）改めて観光振興計画を通じて何を目指していくのか、どういうまちづくり、京都の未来像を描くのかを考えていく必要がある」

「量を増やしていくことを抑え、質を高めていくことに特化していくべきである。インバウンド施策の推進もよいが、交通やトイレ、混雑などの受け入れの部分でキャパシティを上回り、市民が負担に感じているところがある

のではないかと思う」

「担い手不足を実感している。最近は時給1000円でも人が集まらない時代になってきた。観光・サービス業は年中無休でないと事業ができないので、定休日を設けるのも難しいが、労働時間や勤務環境を改善しないと優秀な人材が集まってこない」

深刻化するオーバーツーリズムの弊害

マネジメント会議で指摘された諸課題は、疑いもなく「オーバーツーリズム」といわれる問題現象にほかならない。オーバーツーリズムとは、その観光地が受け入れられる許容限度を超えて観光客が訪問している過剰混雑状態のことであり、日本ではしばしば「観光公害」などといわれている。京都市の例で言えば、観光政策の基本理念である「住んでよし、訪れてよし」のバランスが崩れ、観光公害都市への変質がすでに始まっているということだ。

オーバーツーリズムは、ヨーロッパの観光先進国ではすでに数年前から深刻な社会問題として浮上している。ヴェネチア（イタリア）やバルセロナ（スペイン）の事例は日本でもよく知られているが、最近ではAP通信がアムステルダム（オランダ）の深刻化する現状を特集記事として報じた。その外電を伝えた「トラベルボイス」（観光産業ニュース専門サイト、2018年1月12日）は、「世界で起きている観光客の増え過ぎ問題、『オーバーツーリズム』とは？　アムステルダムは規制強化へ」と題して次のように紹介している。

「オーバーツーリズムがマスコミで報じられるようになってきた。確かに観光客がもたらす収入は経済を潤し、雇用を創出する。しかしアムステルダムの場合、町の人口85万人に対し、訪問客が数百万人規模というインパクトは大きい。町は観光客だけにあるのではない。生活者と観光客のバランスを考えないといけない時代に入ってきたことを認識しなければならない」

「アムステルダムといえば、世界遺産に登録された運河や小道、蜘蛛の巣のように張り巡らされた路地がある有名な観光都市。最近、市当局は観光客にも居住者にも魅力ある街づくりへと方向転換を図っている。アムステルダ

ム市のホテルの利用宿泊数は、2006 年の年間 800 万泊から 2016 年は 1400 万泊へと拡大した」

「アムステルダムの歴史地区、同心円状に広がる運河沿いは、格安ホテルや Airbnb（世界最大手民泊仲介サイト）の進出により変貌してしまった。静かだった自宅前の道はダウンタウンと格安宿を行き交う人々で騒がしくなり、近所の憩いの場だった緑地では Airbnb 利用客がパーティーをするようになった。『かつては、本当にのんびりして美しい運河沿いの住宅街だったのに、騒音がものすごい』と市民は嘆く」

「アムステルダム市が制定または検討中の取り組みには、新規ホテル建設の中止、移動式 Bar の禁止、中心部にあるクルーズ船ターミナルの郊外への移転、旧市街と商業地区の一部で観光客のみを対象とした店の営業禁止などがある。Airbnb については、アムステルダム市内での営業は年間 60 日の上限を設けること、利用ゲストから観光税を徴収することで合意した。観光税の徴収は、宿泊料金に対する割合ではなく定額制に変更することを検討中。これにより格安料金で部屋を貸しているところは収益が圧迫されるようになり、価格志向の旅行者にとっても魅力が薄れるかもしれない。こうした税制の見直しにより、ハイエンド（最上級）の旅行者が増え、格安旅行者が減る効果を期待している」

「このままではアムステルダム市が変わってしまう。実際、もうここには住みたくないと引っ越していく人が増えている地区もある。バランスをどうとるかが問題だ。歴史ある古都が、暮らしに必要な店や施設のないゲットーになってしまうのを防ぐ必要がある」

　アムステルダムといえば、筆者が 1970 年代初頭に「京都の市電をまもる運動」の一環としてヨーロッパの高性能路面電車調査に行った懐かしい都市であり、それ以降も会議や調査などでほぼ 10 年おきに訪れている美しい歴史文化都市だ。そこで撮った千枚余りのスライドは運動に参加した多くの京都市民に見てもらったが、AP 通信が伝える昨今の惨状は、京都市民にとっても決して他人ごととは思えない。マネジメント会議で表明された京都市に対するオーバーツーリズムへの危機感は、果たして市当局やメディアでも共

有されているのだろうか。

外国人宿泊客数目標300万人、実態は400万人超

　京都新聞（2018年1月20日）は、第6回マネジメント会議の結果を「京都市の観光振興計画の見直し、観光消費目標を上方修正　外国人宿泊客数は変更なし！」と報じた。主な内容はこうだ。

（1）京都市は、2014年制定の観光振興計画に盛り込んだ2020年の観光消費額目標1兆円が4年前倒しで2016年に1兆862億円と達成したため、1兆3千億円に上方修正する。

（2）外国人宿泊客数の目標も5年前倒しで実現しているが、観光客の増加を追い求めすぎると市民生活に悪影響を与える面もあるとして、年300万人にする目標を変更しないとした。

（3）京都市は「観光と市民生活の調和を図り、好調な観光の効果を市全域に還元するには量より質を追求する」としている。背景には、観光客の増加による交通機関の混雑や違法民泊の存在が市民生活に悪影響を及ぼし、多くの市民が観光の経済効果を実感できていないという危機感がある。

（4）東京五輪を見据えて充実させる施策として、無許可民泊への対応強化や市域全体への観光客誘致、地域と連携した観光資源の掘り起こしなどを挙げ、観光振興計画に追加する考えを示した。

　だが、この評価はいささか甘すぎるのではないか。というよりは、「フェイクニュース」だと言われても仕方がないほどの重大な事実誤認がある。なぜなら、京都市が公表している外国人宿泊客数には無許可民泊施設の利用者は含まれていないため、外国人がほとんどを占める約110万人の無許可民泊施設の宿泊客数が一切カウントされていないからである（平成28年京都観光総合調査結果〈概要〉3頁、2017年6月）。

　マネジメント会議が「無許可民泊施設の増加」を重大視するのであれば、外国人宿泊客数の中に民泊宿泊客を含めなければ実効ある計画を推進することにはならないだろう。実際、民泊利用者を含めると2016年の外国人宿泊

客数は 318 万人＋ 100 万人（110 万人の 9 割）＝ 418 万人となり、すでに 300 万人目標を 4 割も（大幅に）超えている。門川市長も、外国人宿泊客数 318 万人のほかに無許可民泊施設宿泊者が 100 万人に達していることを認めている（〈4.5〉「民泊はもはや供給過剰、飽和状態なのだ」）。この事実を無視して「外国人宿泊客数目標 300 万人を変更しない」などというのは、虚構の数字にもとづく架空の目標設定以外の何物でもあるまい。

　京都市のオーバーツーリズム対策は、外国人宿泊客数がすでに 2016 年現在で 420 万人に達しているという「現実」から出発しなければならない。そして、今後さらなる増加が見込まれる外国人宿泊客をいかに適正規模にマネジメントしていくかという「新たな目標」を設定しなければならないだろう。つまり、これまで観光客誘致一本だった観光政策の基本を逆転させ、外国人宿泊客数を「増やす目標」から「管理する目標」へ転換させることが必要なのである。そうすれば、外国人宿泊客数 300 万人という目標は「観光と市民生活の調和を図り、好調な観光の効果を市全域に還元するには量より質を追求する」ことにつながるだろうし、マネジメント会議が掲げる「進化する計画の実践〜追加施策及び目標修正について〜」の趣旨も生きてくるというものだ。

観光消費額目標、1 兆 3000 億円上方修正の内実

　それでは、目標 1 兆円を 1 兆 3000 億円に上方修正した観光消費の内実についてはどうか。2020 年計画がいうように観光消費が市民所得や事業者収入の増加につながり、市民生活全体の豊かさと向上に貢献しているのであれば申し分ない。だが、高度成長期の熱海や白浜などの温泉街では、一部の大手ホテルが観光消費を囲み込むことで温泉街全体が寂れるといった事態が発生した。京都ではこのような現象が起こっていないか、幾つかの資料で確かめてみよう。参考にするのは、民間信用調査会社の帝国データバンク京都支店の「特別企画：京都府内のホテル・旅館の経営実態調査」及び市産業観光局の「京都市中小企業経営動向実態調査」（年 4 回実施）である。

　帝国データバンク調査は、各年 1 月時点の企業概要データベース「COSMOS2」（147 万社収録）に収録されている京都府内に本店を置く「ホテ

ル・旅館」を主業とする企業145～150社の収入高などを年商規模別に分析
したもので、東京や大阪などに本社を置く系列ホテルや外資系ホテルは対象
に入っていない。この調査は新しく2016年から開始され、2018年で3回目
になる。全国的にも同様の調査（ホテル・旅館業、7915社）が実施され、最
新版は2018年4月に公表されている。

　注意を要するのは、帝国データバンク調査は主として年商規模が大きい企
業が対象であり、いわゆる中小企業や個人企業はほとんど含まれていないこ
とである。これに対して京都市中小企業経営動向調査は、中小企業基本法に
もとづく中小零細企業を対象にしたもので、サービス業（飲食・宿泊業を含
む）では従業員規模100人以下、または資本金5000万円以下が調査対象に
なっている。本稿では、両者を併用して京都のホテル・旅館の経営概況を俯
瞰してみたい。

大手企業と中小企業の2極化

　まず、帝国データバンク調査の見出しを並べてみると、2016年から18年
にかけてのホテル・旅館業の経営動向がよくわかる。「市場規模1000億円
超、3年連続で増加～大手企業と中小企業の2極化鮮明～（2016年版）」「収
入高、過半数の企業が増収～収入高合計は4年連続で増加～（2017年版）」
「大企業の収入が拡大、中小企業が伸び悩む～収入高、増収企業が減少、4
割にとどまる～（2018年版）」がそれである。以下、帝国データバンク調査
の主な分析結果を箇条書きにして示そう。

（1）京都府内に本店を置くホテル・旅館147社の収入高合計は、2012年
　　　度943億円から2016年度1088億円へ5年連続で前年度増加となった。
　　　御三家は各年度ともJR西日本ホテル（2016年度320億円）、京都ホテ
　　　ル（同107億円）、京阪ホテル（同80億円）で、トップ3社で全体収入
　　　高のほぼ半分を占める。

（2）2016年度の年商規模5億円以上企業32社の収入高動向の内訳は、
　　　増収18社（56%）、減収7社（22%）、横ばい7社（22%）。1億円以上
　　　5億円未満企業84社の場合は、増収32社（38%）、減収14社（17%）、
　　　横ばい38社（45%）。1億円未満企業31社の場合は、増収10社

（32%）、減収 9 社（29%）、横ばい 12 社（39%）である。ここでは年商規模が大きい企業ほど増収比率が高く、小さい企業ほど増収比率が低いという「2 極化」傾向が鮮明に出ている。

（3）京都府内では 2020 年頃までホテルの開業や開発計画が相次ぎ、ホテル・旅館相互の集客競争が一段と高まることが予想される。しかし、2015 年度に比べて 2016 年度は増収企業が減少し、横ばい傾向が鮮明になるなど、すでにホテル・旅館の稼働率は高水準で推移し、飽和状態に達しているものとみられる。今後はゲストハウスの増加や民泊の参入も見られ、大手企業から中堅、中小零細企業までのあらゆるクラスで集客競争が激化し、年商規模を問わず「勝ち組」「負け組」の 2 極化がさらに鮮明になっていくものと見られる。

中小企業景気指数は 2016 年後半から下向き

「京都市中小企業経営動向実態調査」（以下、市中小企業調査という）は、2018 年 3 月で 126 回を数える歴史ある調査である。毎年 3 カ月ごとに年 4 回実施され、四半期ごとの経営動向が分析される。調査は、製造業 370 社、非製造業 430 社、計 800 社に対してアンケートを送付するもので、回答率も 60％台と高い。観光消費に直接関連ある業種としては「飲食・宿泊業」（回答企業数は平均 30 数社）であるが、観光関連の売上 25％以上企業も「観光関連企業」として再掲されている（回答企業数は平均 50 数社）。

第 126 回調査（京都市情報館 2018 年 4 月発表）の回答企業 486 社のプロフィールは京都の典型的な中小企業といえるもので、（1）設立年次は戦前 56 社（12%）、戦後〜昭和 49 年 266 社（55%）、昭和 50 年以降 159 社（33%）、（2）資本金は 1000 万円以下 235 社（50%）、1001 万円〜3000 万円 134 社（28%）、3001 万円以上 112 社（23%）、（3）従業員規模は 9 人以下 167 社（34%）、10 人〜29 人 173 社（36%）、30 人以上 136 社（29%）である。

調査項目は多岐にわたるが、代表的な項目は調査時点を基準として「それ以前の 3 カ月（実績）」と「次の月からの 3 カ月（見通し）」の景気動向を問うものであり、前年同期と比較して「上向き傾向」「変わらない」「下向き傾

向」の3択で回答を求めている。調査結果は、企業景気指数DI（「上向き」
と回答した企業割合から「下向き」と回答した企業割合を差し引いた数値。50を
基準値として当該数値を加え、50を上回れば景気拡大、下回れば景気縮小と判断
される）としてあらわされるのが特徴であり、業種ごとに企業景気指数DI
がどう推移してきたのかが年四半期ごとに表示されるのでわかりやすい。以
下、2013年から2018年に至る四半期ごとの全業種および飲食・宿泊業と観
光関連企業の企業景気指数DIを示そう【表1】。

（1）全業種の2013年Ⅰ期から2018年Ⅰ期までの5年1期（計21期）に
　　わたる景気指数DI（実績値）の推移は、2014年Ⅰ期の景気指数が消費
　　税引き上げにともなう駆け込み需要の影響で52.1になったことを除
　　き、残りはすべて50を下回っている。最も落ち込んだのは2016年Ⅳ
　　期の37.6であり、総じてここ数年間の京都市の中小企業全体の景気指
　　数は（観光バブルにもかかわらず）製造業、非製造業を問わず低迷して
　　いる。

（2）飲食・宿泊業は、四季折々の観光シーズンの変化を反映して景気指
　　数の変動幅が大きい。全体傾向としては2013年Ⅱ期48.4から2015年
　　Ⅳ期72.6までが上昇傾向、それ以降は現在まで下降傾向をたどってい
　　る。景気指数が50を超えたのは5年21期のうち8期（38%）であり、
　　それ以外は50以下に低迷している。

（3）観光関連企業は、全業種の中から観光売上25%以上の企業が抽出さ
　　れるので飲食・宿泊業よりは変動幅が緩やかになっている。2013年Ⅱ
　　期から2016年Ⅰ期までは12期のうち10期が50以上となり好調を維
　　持したが、2016年Ⅲ期以降は40前後にまで落ち込み、現在も回復の
　　兆しが見えない。5年21期のうち50を超えたのは10期（48%）であ
　　る。

　以上、中小企業に関して言えば、観光消費に直結する飲食・宿泊業や観光
関連企業の景況は全業種（平均）よりましとはいえ、その期間は2013年半
ばから2016年半ばまでのほぼ3年間に限られており、2016年後半からは急
速に落ち込んでいる状況が読み取れる。つまり、2020年観光振興計画がス

【表1　京都市中小企業、全業種、飲食・宿泊業、観光関連企業の景気指数の推移、2013〜2018年】

	2013年				2014年				2015年			
	Ⅰ	Ⅱ	Ⅲ	Ⅳ	Ⅰ	Ⅱ	Ⅲ	Ⅳ	Ⅰ	Ⅱ	Ⅲ	Ⅳ
全業種	37.8	44.7	43.3	49.5	52.1	44.6	41.8	43.8	40.8	45.5	45.0	47.6
飲食・宿泊業	34.0	48.4	56.5	40.6	60.6	45.2	38.6	50.0	56.9	45.2	66.7	72.6
観光関連企業	37.8	55.8	59.0	60.0	64.0	50.0	47.9	56.6	46.9	54.7	68.1	62.5

	2016年				2017年				2018年			
	Ⅰ	Ⅱ	Ⅲ	Ⅳ	Ⅰ	Ⅱ	Ⅲ	Ⅳ	Ⅰ	Ⅱ（見通し）		
全業種	43.9	43.1	38.3	37.6	36.3	43.7	43.6	47.2	43.1	46.4		
飲食・宿泊業	57.4	52.9	46.7	33.8	34.7	48.4	40.3	39.1	46.3	40.4		
観光関連企業	55.2	49.1	35.6	25.5	33.0	43.1	37.0	37.3	42.9	43.9		

※資料出所：京都市産業観光局「第126回中小企業経営動向実態調査」及び各四半期版から作成

タートした頃から飲食・宿泊業や観光関連企業の景況が下向きとなり、それ以降は回復傾向が見られないのである。この原因のすべてをオーバーツーリズに求めることには無理があるにしても、「近場国内観光客の伸び悩み」「好調な観光の効果が実感できない」「伝統産業・伝統文化振興につながっていない」といった兆候は、インバウンド一辺倒の観光振興策の見直しを求める点で十分な材料を提供しているといえるだろう。

〈6.2〉2019年9月号

"モンスター化"する観光産業をどうする
〜文化観光から産業観光への転換〜

モンスターが街を呑み込む

　平成から令和への時代の変わり目に差しかかった現在、京都のまちづくりが直面する最大の課題は何だろうか。〈6.1〉「オーバーツーリズムの危機が現実化している」では、戦後3度目のまちづくりの危機として、これから本格化する「オーバーツーリズム」と「観光公害」の2つを挙げた。しかし、オーバーツーリズムも観光公害も観光にともなう「マイナス現象」であって、その原因をあらわす言葉ではない。問題は、このようなマイナス現象を

引き起こすものはいったい何かということだ。

　一言でいうなら、オーバーツーリズムや観光公害の根源は、「インバウンド時代の到来＝観光のグローバル化」にともなう観光産業の"モンスター化"にある、と筆者は考えている。観光産業といっても、規模も業態もさまざまで、十把一絡げに論じられるものではないが、ここではグローバルな"モンスター企業"が資本力にものを言わせて観光業界全体に支配的な影響力を及ぼしている状態、もっと言えば、牛耳っている状況──とでも言っておこう。たとえば、日本上陸以来、「ヤミ民泊」を野放しに拡げてきた米大手旅行サイトのエアビー、京都の景勝地や都心の学校用地を我が物顔に独り占めしている外資系超高級ホテル、伝統的な街並みを呑み込むような巨大ホテルを次々と建設し続けている全国ホテルチェーンなどが、それに当たるだろう。

　このような事態は、「世界の観光都市」といわれるイタリアのヴェネチア、オランダのアムステルダム、スペインのバルセロナなどにおいては、すでに都市そのものの存続を脅かすまでに深刻化していることが知られている。問題に直面しているこれら諸都市では、観光産業のモンスター化に如何に対処するか、モンスター企業を如何にコントロールするかが焦眉の課題になっている。京都もまたその例外ではなく、オーバーツーリズムや観光公害はその前触れあり、このままグローバル資本を先頭に観光産業が肥大化していけば、遠からず京都全体が観光産業という"モンスター"に呑み込まれてしまうことになりかねない。

　これはSF世界のことではないが、巨大ホテルが津波のように次から次へと京都の街を呑み込んでいく有様は、あたかも宮部みゆきの小説「荒神」に出て来る怪獣の出現や、庵野秀明監督の映画「シン・ゴジラ」の光景を想起させる。本稿では、京都における観光産業の"モンスター化"がどのように進行してきた（いる）か、京都市の観光振興計画がそれにどのようにかかわったかなど、昭和から平成への時代の変わり目にまで遡って検証してみたい。

文化観光局から産業観光局へ

　京都の観光産業は、もともと中小企業がほとんどと言ってもいいフラット
な構造だった。だから、京都市は一貫して地元観光産業の育成振興を観光政
策の中心課題に掲げてきたのであり、その嚆矢は、昭和から平成への時代の
変わり目に文化観光局によって策定された『21世紀（2001年）の京都観光
ビジョン―京都市観光基本構想―』（1992年）だった。

　同ビジョンは、文化首都づくりのために「観光を市民全体に関わる課題と
してとらえ、観光を京都のまちづくりの中で積極的に位置づける」（基本的
方針1）、「観光産業をこれまで以上に重要な産業として育成・振興してい
く」（基本的方針3）といったユニークな方針を打ち出して全国から注目され
た。前者は、観光を市民生活やまちづくりと関わらせて一体的に把握すると
いう観光行政の新しい視点であり、後者はその推進母体となる地元観光産業
の育成・振興に注力するというものだ。これらはいずれも、現在の京都の観
光政策の主柱となっている戦略的ビジョンの提起だった。

　行政内部では、これに合わせて大幅な組織改編（1995年）が行われた。内
容は、（1）中核的な「文化首都」づくりを目指した企画調整局の再編成、
（2）京都の文化を市民と共に支える体制の整備、文化市民局の設置、（3）
観光・コンベンションの振興に向けた体制の整備、産業観光局の設置、（4）
都市づくり関係局の再編成などといった大掛かりなものであり、その中で以
下のように観光行政が文化観光局から産業観光局へ移管されることになった
のである（『京都市政史』第5巻、資料・市政の展開、162～164頁、2006年）。

　「文化首都づくりを掲げ、局の統合を含む大幅な組織改編を行う。……
（3）観光・コンベンションの振興に向けた体制の整備。京都に集積する豊
富な文化資源を活用した観光振興策と、京都の各種産業の振興のための施策
を相互に連携させることにより、観光・コンベンションのより一層の振興と
産業の活性化を図るために、文化観光局の観光部門と経済局を統合し、『産
業観光局』を設置します」

　この組織再編は、観光行政に関する担当部局の単なる変更にとどまらず、

京都市の観光政策の基調を「文化」から「産業経済」に切り変える一大契機
となった。産業観光局はそれ以降、『京都市観光振興基本計画―市民との
パートナーシップでつくる21世紀の観光都市・京都―』（1998年）を皮切り
に、2010年に「5000万人観光都市」の目標を掲げた『京都市観光振興推進
計画〜おこしやすプラン21〜』（2001年）および『新京都市観光振興推進計
画〜ゆとり、うるおい、新おこしやすプラン21〜』（2006年）を立て続けに
策定し、それ以降は「5000万人構想」の次の新たな目標を掲げた『未来・
京都観光振興計画2010＋5、いよいよ旅の本質へ―7つのプロジェクト、
動く』（2010年）や『世界があこがれる観光都市へ、京都観光振興計画
2020』・『京都市MICE戦略2020』（2014年）を連続して打ち出すなど、平成
時代を通して観光振興の「アクセル」を一貫して踏み続けてきたのである。

内向きから外向きへの政策転換

　もともと文化観光局による地元観光産業の育成・振興方針は、「観光産業
の近代化の推進」「小規模旅館の積極的紹介」「旅館・ホテルタウンの構想」
「京都を滞在型の観光都市に」「京料理の積極的紹介」「土産品の開発」など
の個別施策を掲げたもので、現在のように観光客数、観光消費額、産業規模
などの数値目標を追求するものではなかった（同上「観光産業の育成と振興」、
20〜24頁）。

　ところが、観光行政が産業観光局に移管されて最初に策定された『京都市
観光振興基本計画』（1998年）では、当時、阪神・淡路大震災の影響で年間
観光客数が1994年3967万人から1995年3534万人へ433万人（11％減）も
激減したにもかかわらず（それゆえに）、「観光産業を京都市の重要戦略産業
として位置付け、観光産業を2010年に市内総生産の30％になるよう育成
し、本市経済の拡大を図る」（同上「京都観光の目指すべき将来像〜三つの基本
目標〜」、11頁））とする、驚くような強気の数値目標を掲げたのである。

　これは、策定委員会委員の積極的意見を大胆に取り入れたものであった
が、京都市にとっては国内観光客を対象とするこれまでの「内向き」の観光
振興策から、外国人観光客を視野に入れた「外向き」の観光振興策へ方向転
換する大きな切っ掛けとなった。京都市は、国内の観光需要が依然として低

迷している状況の下で、海外からの観光需要の受け入れによって危機打開を図るべく、インバウンド推進に向けて大きくハンドルを切ったのである（同上「大交流時代の観光振興」、4頁）。

　「近年、インターネットをはじめとする高度情報化の進展、国際航空路の整備などに伴い、国境や地域を越えた世界的な交流が急速に拡大しつつある。WTO（世界観光機関）は、1996年現在5億9千万人の世界中の外国旅行者が2000年に7億5千万人に、2010年には10億人に達すると見込み、特に東アジアを中心に外国旅行者の爆発的増加、観光爆発が起こると予測しており、観光は世界的な大競争時代を迎えようとしている。また、自由時間の拡大と所得の増加に伴い、観光に対するニーズは多様化の一途を辿っており、観光の形態やそれに呼応するサービスなども大きく変化すると見られる。こうしたまさに『観光革命』と称すべき新しい潮流を的確に捉えた京都の観光振興を展開し、都市の活性化を図らなければならない」

　だが、京都が観光の「世界的大競争時代」に乗り出すことは、同時に京都の観光市場の「自由化」と「市場開放」をともなうものでもあったことを忘れるわけにはいかない。輸入規制を取り払って外国産品やサービスを自由に輸入できるようになれば、グローバル資本の進出は必然的であり避け難いものになる。21世紀のインバウンド時代における「観光爆発」「観光革命」への対応は、取りも直さず京都がグローバル企業の進出に門戸を開くことを意味するものであったが、当時はまだ、それにともなう観光産業の"モンスター化"のリスクについてはほとんど誰もが気づいていなかったのである。

一点突破主義のプロジェクト構想

　思うに、21世紀を「世界的な大交流時代」と捉え、京都を「観光革命先駆都市」と位置づける平成最初の観光振興基本計画は、「基本計画」とネーミングされていたものの、その実は平成不況の下で低迷する京都経済をインバウンド観光の振興によって打開しようとする一点突破主義的な"プロジェクト構想"であった。

　通常、基本計画は「総合計画」とも呼ばれるように、市政全般にかかわる内外情勢を分析し、そのトレンドを読み解いて市政の基本方向を設定し、それぞれの部門ごとに方針の具体化を委ねるという分権型の構成となっている。行政計画は総合的で手堅い性格のものなので、特定の分野や課題に偏ることは行政の歪みをもたらしかねない—と考えられてきたからだ。しかし、産業観光局による観光振興基本計画は、表向き平成観光ビジョンの「部門計画」のような体裁をとっているが、行政計画の前提である現状分析はほとんど省略され、将来方向がインバウンド観光にアプリオリに設定されている点ではまさしく"プロジェクト構想"そのものであった。

　グローバル資本の行動原理を象徴する言葉に「選択と集中」という有名なキーワードがある。ゼネラルエレクトロニックCEO、ジャック・ウェルチ氏が提唱した企業戦略だ。グローバル資本のコアとなる事業を「選択」し、そうでない事業は容赦なく切り捨て、「選択」したコアの事業に経営資源を集中するという冷酷かつ苛烈な企業戦略である。グローバル資本と地方自治体は存立基盤も組織原理も違うが、行政の民営化にともない企業的手法が推奨されるなかで、観光行政にもそのような考え方が浸透してきたのであろう。観光産業局が初めて手掛けた観光振興策はそのさきがけとも言え、「選択と集中」の原理に基づいてインバウンド時代に対処しようとするものであった。それが、京都のまち全体を「テーマパーク」化し、市民自らが多様な交流の担い手となるよう意識革命をしなければならないとする「観光革命先駆都市」のプロジェクト構想だったのである。

　「選択と集中」の原理に基づくプロジェクトは、目標が明確であり、ストーリーが単純でなければ成功することが難しいと言われる。総花的な課題を羅列しているだけでは、施策や事業の焦点がなかなか定まらないからだ。同時に、プロジェクトは期限を切って具体的な成果が求められるので、達成目標が客観的な数値で示されていなければならない。客観的な数値目標を設定することでプロジェクトの進行管理が可能になり、達成度が明らかになって次の目標を設定することができるようになるからである。こうして産業観光局の観光振興基本計画は、次々と新しい数値目標を設定して改定を繰り返し、数値目標の達成それ自体が次第に目的化していくようになっていく。

国の観光立国政策が追い風に

　市の産業観光局にとって幸いだったのは、小泉内閣が 21 世紀に入って訪日外国人旅行者を 2010 年 1000 万人に倍増する方針を表明し、観光立国懇談会を開催して『観光立国懇談会報告書—住んでよし、訪れてよしの国づくり—』（2003 年 4 月）を公表したことだろう。京都市観光審議会のメンバーが国の懇談会委員に起用されたこともあってか、冒頭の「観光立国の意義—今、なぜ観光立国か」の一節には、市の観光振興基本計画とよく似た趣旨が述べられている（「観光立国懇談会」首相官邸 HP）。

　「世界観光機関（WTO）によると、1970 年における全世界の外国旅行者数は 1 億 5900 万人であったが、2000 年には 6 億 9700 万人に増加した。そして、2010 年には 10 億人に、2020 年には 16 億人になると予測されている。国際観光はまさにグローバリズムの推進力としての威力を発揮しつつある。（略）大交流時代の到来にもかかわらず、日本は、世界に十分に開かれた国にはなっていない。外国から日本に来る旅行者は約 500 万人で、国際ランキングでみると、世界で 35 位にとどまっている。それは、第 1 位のフランスへの旅行者 7650 万人と比べるとわずか 16 分の 1 であり、日本は国際観光については後進国の地位に甘んじている。（略）日本がグローバリズムの定着に貢献し、『大交流』の利点を享受しようと思うならば、世界に真に開かれた国となることが何よりも大切である」

　こうして、「観光の国際化＝観光産業のグローバル化＝観光立国」を掲げた国策が小泉内閣によって定立され、第 2 次安倍内閣によって急展開されることになった。とりわけ安倍内閣では、「観光立国実現に向けたアクション・プログラム」（2013 年 6 月）の策定以来、数値目標を掲げた実施計画が毎年提示されることになり、目標実現のための動きが一気に加速することになった。以下は、観光立国の実現に向けた政府の取組の流れである（観光庁 HP）。

　○ 2003 年　小泉首相「観光立国懇談会」主宰、「ビジット・ジャパン事業」開始

○ 2006 年　「観光立国推進基本法」成立

○ 2007 年　「観光立国推進基本計画」閣議決定

○ 2008 年　麻生内閣、観光庁設置

○ 2009 年　中国個人観光ビザ発給開始

○ 2013 年　安倍内閣「日本再生に向けた緊急経済対策」「日本再興戦略 -JAPAN is BACK-」閣議決定、「観光立国実現に向けたアクション・プログラム」策定、訪日外国人旅行者数 1000 万人達成

○ 2014 年　2020 年訪日外国人旅行者数 2000 万人の目標設定

○ 2015 年　安倍首相「明日の日本を支える観光ビジョン構想会議」開催、訪日外国人旅行者数 2000 万人達成

○ 2016 年　「明日の日本を支える観光ビジョン」策定、訪日外国人数 2020 年 4000 万人、2030 年 6000 万人に目標改定

○ 2018 年　訪日外国人旅行者数 3000 万人達成

京都が観光立国・日本を牽引する？

　京都市（産業観光局）は、このような事態の展開にさぞかし自信を深めたことだろう。なにしろ、自分たちがつくった観光振興計画（1998 年）が国の観光立国政策（2003 年〜）のひな型になったのである。その所為か、安倍政権の下で次々と打ち出されるアクション・プログラムに対して、京都市は国内のトップランナーとして積極的に呼応するようになっていく。なかでも、第 2 次安倍内閣の「インバウンドの飛躍的拡大」を目指した『アクション・プログラム 2014』（2014 年 6 月）及び「2020 年 4000 万人、2030 年 6000 万人」のインバウンド目標を掲げた『明日の日本を支える観光ビジョン』（2016 年 3 月）が、京都市の観光政策に対して与えた影響は決定的とも言えるものであった。

　京都市は、『京都観光振興計画 2020』（2014 年 10 月）および『京都市宿泊施設拡充・誘致方針』（2016 年 10 月）をそれぞれ政府発表から僅か数カ月後に策定し、内容的にも時間的にも国の期待に応えることのできるトップランナーとしての力量を示した。これらの中で京都市が打ち出したキャッチコ

ピーは、「世界があこがれる観光都市・京都」「観光立国・日本を牽引する京都」である。『京都観光振興計画2020』の冒頭で、門川市長は次のような抱負を語っている。

「平成32年（2020年）のオリンピック・パラリンピックの東京開催が決まり、これから我が国は一層注目を浴びるものと存じます。そしてこれは、京都に伝わる日本文化を広く発信し、京都が『観光立国・日本』を力強くけん引する絶好の機会でもあります。今回のチャンスをしっかりと捉えて、京都、ひいては我が国の発展の礎としていくためには、6年後に何をするのかではなく、この6年のうちに何をするのかが極めて重要です。本計画は、スピード感を持って取組を進めていくため、従来の『未来・京都観光振興計画2010＋5』の次の計画として半年前倒しで策定したものです」

門川市長の抱負はまた、『京都市宿泊施設拡充・誘致方針』のサブタイトル、「観光立国・日本を牽引する安心安全で地域と調和した宿泊観光の向上をめざして」というフレーズにもよくあらわれている。内容はもう繰り返さないが、上記の宿泊施設拡大方針は、国の（過大な）インバウンド目標をそのまま前提として、京都の2020年宿泊客数を1640〜1830万人（2014年実績の1.2〜1.4倍）と想定し、うち外国人宿泊客数については440〜630万人（6年間で2.4〜3.5倍）もの大幅増加を見込むものであった。「まえがき」には、京都が日本の文化と観光を牽引するのだという意気込みが溢れているのである。

「京都市には、日本の未来を切り開く役割があると考えている。日本の文化を千年以上育んできた文化拠点都市として、世界的な観光都市として評価されている観光立国拠点都市として、京都に伝わる日本の暮らしの美学、生き方の哲学や伝統を大事にしながら、世界からあこがれられ、尊敬される都市となり、この国の文化と観光、伝統産業を牽引する責務がある」

富裕層誘致はブランド棄損の歯止めになるか

　京都市の自負はともかく、問題はこれだけ大量の外国宿泊客を誘致し、宿泊施設を拡大すれば、京都が果たして「世界からあこがれられ、尊敬される都市」になれるかということだろう。すでにビジネス業界の間では、「観光消費1兆円の京都市、大混雑でブランド棄損の危機に」（『ビジネス＋IT』2017年10月25日）とか、「4年連続で減少、日本人の『京都離れ』が始まった根本原因」（同、2019年4月13日）とかいった記事が最近急速に拡散している。そのいずれもが「市中心部は容量が限界に達し、観光客を受け入れきれなくなっている」（天野同志社女子大学教授・地理学）、「京都のキャパシティが限界に来ている。その結果、日本人観光客がイメージする静の京都らしさを感じられないことが影響しているのではないか」（廣岡京都外国語大学教授・観光学）といった懸念を伝えているのである。これに対して、門川市長は依然として強気姿勢を崩していない。昨年末の市長会見の様子を京都新聞（2018年12月13日）は次のように報じている。

　「京都の宿泊施設、想定の5万室超えでも誘致継続、市長表明。京都市の門川大作市長は12日の定例記者会見で、市内に立地する宿泊施設の客室数が2020年に5万室を超え、市の想定を約1万室上回る見通しとなったことについて『外国人宿泊客数は前倒しで目標を達成しており、宿を取りづらいとの声がまだ多い』とし、高級施設などを中心に引き続き誘致を推進する考えを示した。市は16年にまとめた宿泊施設拡充・誘致方針で、東京五輪が開かれる20年の訪日外国人客数が国目標の4千万人を達成する場合、市内に必要な客室数を4万室と想定した。一方で京都新聞が今秋、事業者が発表済みのホテル計画や市に届け出があった旅館業施設の計画などに基づき試算した結果、客室数は5万1千室となった。昨冬の試算では4万2千室だったが、上振れした。門川市長は市の想定について『最低4万室が必要という計算だ』と説明し、4万室の確保にめどが付いたことを『宿泊施設は過剰ではなく、まだ足りない』と受け止めていた昨年12月の記者会見から認識を大きく変えなかった。その上で市中心部での宿泊施設の増加抑制は『市場原理と個人の権利を最大限尊重する政治経済や現在の法律では困難』とし、周辺

部などで高級施設を増やすことが抑制策になるとの考えを示した」

　この市長発言の意図するところは極めて重大であり、京都市のインバウンド偏重の観光振興策がいまや危険水域に突入したことを示している。一方では「市中心部での宿泊施設の増加抑制は、市場原理と個人の権利を最大限尊重する政治経済や現在の法律では困難」として巨大ホテル建設を野放しにしながら、他方では「周辺部などで高級施設を増やすことが抑制策になる」として周辺の景勝地を高級施設のために確保すると言うのだから、これでは京都市民の生活本拠地である中心市街地も周辺部の歴史的景勝地もすべて "モンスター企業" の餌食に捧げることを宣言しているに等しい。

〈6.3〉2019年10月号
富裕層観光の表と裏
〜ラグジュアリーホテルが京都を救うか〜

　〈6.2〉「"モンスター化" する観光産業をどうする」では、それら観光産業の1事例として京都の歴史景勝地や都心の学校用地を独占して開発を進める「ラグジュアリーホテル＝富裕層向け外資系超高級ホテル」の進出を挙げた。ラグジュアリーホテルの誘致はかねてから門川市長の主張であり、ことあるたびに強調されてきた京都観光の柱だ。だが、ラグジュアリーホテルの対象である「富裕層観光」は、京都観光にとって果たしてプラスなのか、それともマイナスなのか、これまで詳しく検討されることがなかった。ラグジュアリーホテルの進出は京都観光の「質の向上」につながり、京都の「都市格の向上」に寄与する—と市当局が一方的にPRしてきただけの話なのである。

　この種の話は外資系ホテルが進出する際の広報戦略の一環として流布されることが多いが、日本（とりわけ京都）では外資系ホテルに関係の深い観光コンサルタントや投資コンサルタントの発言が大きな影響力を持っていることが注目される。安倍政権の「明日の日本を支える観光ビジョン構想会議」の委員であり、日本政府観光局の特別顧問や京都市の国際観光大使などを務めるデービッド・アトキンソン氏（グローバル金融資本・ゴールドマンサック

スの元アナリスト、ゴールドマンサックスは外資系ホテルに巨大投資しているグ
ローバルファンド）などはその代表格と言える。

　本稿では、京都市の観光振興計画の中で富裕層観光がどのように位置づけ
られてきたかについて、門川市長の発言やIT観光関連産業の動きを中心に
その流れを追うことにしよう。富裕層観光がPRされる「表」と「裏」を考
えてみたいのである。

5000万人構想の次は？

　2008年から門川市政（第1期）がスタートするが、この年はちょうど「年
間入洛観光客数5000万人構想」が達成された年だった。門川市政の下で新
しく策定された「未来・京都観光振興計画2010 + 5」（2010年3月策定、
2015年計画という）は、ポスト5000万人構想として「世界が共感する観光
都市＝5000万人感動都市」を次の目標に掲げた。具体的には「『5000万人
観光都市』を実現した京都観光は、『量の確保』とあわせて『質の向上』を
図ることとします」（「京都観光が目指す姿」16頁）というものだ。

　注目すべきは、京都市が5000万人目標を達成したにもかかわらず、2015
年計画では次の目標として6000万人、7000万人といった新たな数値目標が
設けられなかったことだろう。これ以外の項目では詳細な数値目標が設定さ
れ、それぞれの進捗度が具体的な数字で示されているにもかかわらず、観光
客数の新たな目標が掲げられなかったのはなぜか。

　考えられる解釈は2つある。1つは、年間観光客数5000万人を「上限値」
とみなし、観光客数の「総量規制」に力点を移したというもの。京都観光が
既に5000万人という最大限のボリューム（量）を確保した以上、これ以上
の増加は観光公害を深刻化させる恐れがあるので、今後は「質の向上」に努
めるという考え方だ。これが本当なら、京都市が「量から質へ」の政策転換
に踏み切ったと考えることも可能だが、計画の中身を読むと、この解釈には
かなり無理がある。

　もう1つは、更なる「量の拡大」を目指しながらも、当分は外部情勢が厳
しいので（少なくとも）5000万人規模の年間観光客数は確保したいというも
のだ。「入洛観光客数は平成8年以降増加傾向にあり、平成20年には初めて

5000万人を突破しました。しかし、平成20年9月からの米国発の金融恐慌や平成21年以降の新型インフルエンザなど外部からの影響を受け、平成21年は厳しい状況にあります」（「京都観光の現状と課題」10頁）との説明があるように、こちらの方がどうやら本音に近いらしい。つまり、門川市政は依然として「量の拡大」を目指しているが、外部情勢が厳しくこれ以上の観光客数の増加が容易でないので、当面は「質の向上」に重点を置くということなのだろう。

市長こだわりのキーワード

　2015年計画における「質の向上」政策の一環として打ち出されたのが、「ラグジュアリー層に対する誘致の強化」及び「世界的な知名度の高いホテルの誘致」である。計画文書のなかには、市長こだわりのキーワードである「富裕層＝ラグジュアリー層」が至る所に（十数カ所も）出てくる。目立つのは、（1）京都観光を取り巻く情勢の中で「世界における富裕層の増加」がことさらに強調されていること、（2）戦略的プロモーションの推進事業として「ラグジュアリー層に対する誘致の強化」が繰り返し強調されていること、（3）外国人観光客の多様なニーズに応える宿泊施設の整備に関して「世界的な知名度の高いホテルの誘致」が特記されていることなど、至る所でラグジュアリー層に傾斜した施策が見られる。以下は、その代表的な一節である。

【世界における富裕層の増加】

　「富裕層人口（金融資産100万ドル以上の個人資産家数）は、2007年に1000万人に達しました。経済産業省・国土交通省により実施された『平成18年度ラグジュアリー・トラベルマーケット調査事業』によると、アメリカ、ヨーロッパを中心とする海外ラグジュアリー・トラベルマーケットでは、レジャー目的の旅行で年間1億円以上消費する層が10万人以上も存在すると言われています」

【ラグジュアリー層】

　「経済力があるだけでなく、文化的素養が高く、京都が持つ奥深い魅力への興味・関心が高い、また周囲への発言力や影響力が強く、京都の魅力が発

信・伝達されるという二次的影響も期待されるラグジュアリー層に対するプロモーションに着手します」

【世界的な知名度の高いホテルの誘致】

「わが国の国家的課題である観光立国の牽引役を期待される京都において、外国人観光客誘致を一層強化するとともに、国際会議や企業研修旅行などビジネス団体客誘致につなげるため、世界的な知名度の高いホテルを誘致します。その際、三山山麓部や景勝地など京都らしさを感じることのできる地域への誘致について検討します」

ビジネス誌にも反響広がる

「富裕層観光」を掲げる京都市の観光政策に逸早く注目したのは、富裕層ビジネスに関心を示す経済週刊誌だった。『週刊ダイアモンド』の電子版ダイアモンド・オンラインは、「京都発、観光立国ニッポン！世界を見据えた観光政策のあり方とは—門川大作・京都市長インタビュー」と題して、門川市長のロング・インタビューを掲載している（2010年10月4日号）。

趣旨は、「京都市は観光政策を重点課題とし、5000万人観光都市達成後の新たな観光の目指す姿を打ち出し、外国人や富裕層などの誘致に意欲をみせる。長期的にはビザ緩和などで中国人観光客も増えていくだろう。それらにどう対処していくのか。門川大作京都市長にその戦略についてうかがった」というもの。インタビューは、富裕層ビジネス研究会を主宰する経営コンサルタントをわざわざ起用して行われた。門川市長はそのなかで次のような熱弁を振るっている。

「5000万人観光都市を実現し、京都観光は新たなステージを迎えました。観光の質を高め、『上質な京都の旅』を堪能してもらう中で満足度を深め、量の確保に繋げていく。そのために7つのプロジェクトを立ち上げました。その中で富裕層は重要なターゲットです」

「京都市は2012年以降、世界的なブランド力を持つ旅行博 ALTM（Asia Luxury Travel Market）の誘致を目指しています。誘致が成功すれば、アジア・パシフィック地域から富裕層を顧客とするバイヤーが京都を訪れるよう

になり、本物で上質な観光地としての京都を知ってもらうよいきっかけになると考えています。6月には観光庁とともに主催者トップと会談、京都の魅力をアピールしてきました。今後、京都は世界水準の受け入れ態勢を整備、京都らしい上質なおもてなしを提供するために、マーケティング戦略にも力を入れ、国・地域ごとの市場ニーズにきめ細かく対応した情報発信をしていくことを計画しています」

「今後は富裕層の受け入れとインフラの整備を強力に推進していくつもりです。京都には国際的な知名度の高いホテルが少ない。経済界と手を携え、そのような外資系ホテルを誘致することにも努力しますが、それと並行してサービスも進化させないとなりません」

2020 オリンピックの旗振り役、新経済連盟の狙い

それにしても、門川市政がなぜこれほどまでに「富裕層観光＝ラグジュアリーツーリズム」に熱を上げるのか。市長自身がそのことを自覚しているかどうかは別にして、インバウンド観光の展開のためには旅行サイト（プラットフォーマーと呼ばれる）など IT 観光関連産業の影響が大きく、それらが外資系ホテルと手を組んで「五つ星ホテル信仰」を系統的に積みあげてきたことがその背景にあるのだろう。また、京都市の国際観光大使を務めるデービッド・アトキンソン氏からの直接のアドバイスがあるのかもしれない。

日本の IT 産業はまだ離陸したばかりだ。インターネットを利用した新ビジネス（通信販売や旅行サイトなど）を開拓しようとする IT 関連企業を中心に「新経済連盟」（代表理事・三木谷楽天会長）が結成されたのは 2010 年のことでまだ 10 年にも満たない。それゆえ離陸後間もない IT 産業にとって 2020 東京オリンピックの開催は「千載一遇のチャンス」であり、あらゆる手を使ってこの機会をものにしようと考えても不思議ではなかった。新経済連盟は安倍政権の推進する「観光立国」に眼を付け（舞台にして）、IT 産業のビジネスチャンスを一気に広げようとする一大戦略に打って出たのである。

オリンピックを「錦の御旗」にして関連業界が伸し上がる構図はこれまでも枚挙の暇がない。1964 オリンピックの主役は言うまでもなくゼネコンで

あり、オリンピックを機に乱暴な都市計画が強行され、新幹線や高速道路網などのインフラ整備が一気に進んだ。日本の道路網の起点である日本橋（重要文化財）の上にも首都高速道路が建設され、江戸・東京の貴重な歴史景観がこともなく破壊された（この高速道路の地下移設工事が目下検討中だとか、工事費は数千億円、工事期間は10〜20年かかる見通しだという）。

　1964オリンピックの成功体験に学んだ新経済連盟は、柳の下の2匹目のドジョウを狙って2020オリンピックをIT産業の「インフラ整備元年」にしようと企んだのだろう。新経済連盟の中に「観光立国推進PT」（プロジェクトチーム）が結成されたのは2013年11月29日、東京オリンピック開催がIOCで決定された9月7日から僅か84日後のことだった。それから1年半後に第1回目の提言『観光立国2020』（2015年2月27日）が、以降1年置きに『超観光立国〜1億人・30兆円の目標実現に向けて〜』（2016年3月25日）、『観光立国実現に向けた追加提案』（2017年5月25日）が次々と出された。

“1億人・30兆円提言”の内実

　政策提言の中身は、「2030年までに年間訪日外国人数1億人、訪日外国人年間旅行消費額30兆円を実現する」という度肝を抜くような提案に尽きる（それ以外は何もない！）。「1億人・30兆円」という数値目標もさしたる根拠がなく、目標が大きければ大きいほどIT産業への需要が高まる—との思惑で作られた提言としか思えない。なにしろ、2014年現在の年間訪日外国人1341万人を2030年までに1億人（7.5倍、年平均成長率13.4%）、年間訪日外国人旅行消費額2兆305億円を30兆円（15倍弱、年平均成長率18.3%）にするというのだから、真面目な経済人は誰一人信用していない。

　それでもこの提言は、安倍政権の「明日の日本を支える観光ビジョン構想」に予想外の影響を与え、「観光立国に向けたアクションプログラム2015」の目標を2016年には「2020年4千万人・8兆円、2030年6千万人・15兆円」に倍増させるという成果を上げた。第2回提言の『超観光立国〜1億人・30兆円の目標実現に向けて〜』（2016年3月25日）には、提言の趣旨・目的が次のように記されている。

「（本提言は）官邸に設置された『明日の日本を支える観光ビジョン構想会議』（議長：安倍総理）において、3月末までに観光立国に関する新たなビジョンが取りまとめられることとされていることを踏まえ、観光立国PTにおいて新経済連盟として新たな提言として作成したもの。少子高齢化といった課題に世界でいち早く直面する日本では、観光立国を目指すことで経済成長を図っていくことは喫緊の課題である。2020年に開催されるオリンピックは、日本の良さを世界に発信するとともに、日本を観光立国とする絶好の機会である」

提言には、この目標を実現するため「インバウンド促進」「国内観光の振興」「観光行政の体制強化」の3つの施策が掲げられているが、その内容は驚くほど身勝手なものだ。提言30頁のうち実に25頁が「インバウンド促進」に占められ、「国内観光の振興」は僅か2頁、「観光行政の体制強化」はたった1頁しか割かれていない。つまり、新経済連盟が構想する「超観光立国」は頭の上から爪の先まで「インバウンド観光立国」なのであり、そのために必要な各種の規制緩和策が羅列されているだけで、国内観光の振興などまったく眼中にないのである。

儲かる観光がすべて、富裕層観光も同じ

小泉内閣が「観光立国懇談会報告書」（2003年）を出したときのインバウンド目標は年間1000万人だった。サブタイトルにもあるように、懇談会報告書には「観光立国の基本理念は、『住んでよし、訪れてよしの国づくり』を実現することにある」と明記されていた。それがいつの間にか「1億人・30兆円」の経済目標一本やりに変質し、「儲かる観光」が観光立国のすべてとなった。これらIT産業の眼には、1000万人の10倍にもあたる1億人の外国人観光客がひしめき合う日本国土の惨状など想像もできないのだろう。

また、そこに羅列されている施策も「デジタルマーケティング戦略の強化＝プラットフォームの拡充」「航空政策の見直し＝LCC、空港発着枠の飛躍的拡大」「ホームシェア＝民泊サービスの自由化」「ライドシェア＝白タク営業の自由化」「キャッシュレス決済＝カード利用の自由化」「ラグジュアリー

ツーリズム＝富裕層観光の拡大」「ナイトタイムエコノミー＝風営法の改正」
など、IT 産業の食欲を満たすメニューばかりだ。当然のことながら、観光
立国 PT の第 2、第 3 提言の中に出てくる「ラグジュアリーツーリズム」の
位置づけも、「消費単価の高い富裕層の観光客を日本に誘致することにより、
消費額の大幅な拡大が期待できる」というもので、門川市長が強調するよう
な「観光の質の向上」「都市格の向上」などは一言も出てこない。まして、
「住んでよし、訪れてよし」といった市民目線はどこを探しても見つからな
いのである。

デービッド・アトキンソン氏の持論をどう見る

　それでは、デービッド・アトキンソン氏の場合はどうか。氏の著書、
『新・観光立国論』（東洋経済 2015 年刊、資料①）及び『新・観光立国論実践
編、世界一訪れたい日本のつくりかた』（同 2017 年刊、資料②）を見よう。
両書はいずれもベストセラーになっただけあって興味深い内容が多いが、こ
こでは「富裕層観光＝ラグジュアリーツーリズム」に限って氏の持論を検証
してみたい。少し長いが代表的な一節を紹介する（要旨）。

　「日本の外国人観光客にまつわる報道を見てて違和感を覚えるのは、『訪日
外国人観光客が前年比で××％増加した』と人数を中心に報じられることで
す。これは世界的に見るとかなりユニークで、世界で『観光立国』と評価さ
れている国が一次的目標として掲げているのは基本的に『観光収入』なので
す。当たり前の話ですが、たとえば 1000 万人の観光客が来ても 1 人当たり
1 万円しか使わないときの経済効果と、1 人当たり 10 万円を落とす場合の
経済効果はまったく違います。もちろん、それなりの観光客数も大事な前提
ではありますが、観光立国が『効果』としてこだわらなくてはならないの
は、『いかにしてお金を落とさせるか』ということなのです」（資料①、
153〜154 頁）
　「（日本において）ホテル問題が非常に深刻だということは、世界のデータ
を見れば明らかです。ここでさらに分析を進めていくと、『5 つ星ホテル』
の重要性が浮かび上がります。Five Star Alliance という有名な『5 つ星ホ

テル』の情報サイトがあります。その139カ国にわたるデータによると、2017年5月現在、登録されている世界の『5つ星ホテル』の数は3236件。『5つ星ホテル』の登録されている国々の2015年国際観光客数は11億4907万人ですので、1件あたりの外国人観光客は35万5090人になります。『5つ星ホテル』の数とその国の観光収入の間には、なんと91.1％という驚きの相関係数が見られました。ここから浮かび上がるのは、観光戦略の成否は『5つ星ホテル』によって決まると言っても過言ではないという事実です。ちなみに、外国人観光客1人あたりの観光収入が世界第46位の日本には、Five Star Allianceに登録されている『5つ星ホテル』はわずか28件しかありません。やはり日本には『5つ星ホテル』が足りないと結論付けていいと思います」（資料②、232〜236頁）

「ここで注目すべき国はタイです。タイを訪れる外国人観光客が落とす金額の平均は世界第26位。ドル換算で日本より物価がかなり高いにもかかわらず、日本の第46位よりもかなり高い順位なのです。その理由のひとつはやはり『5つ星ホテル』の数です。日本の28件に対し、タイには110件の『5つ星ホテル』があります。これは世界第6位。実はタイは観光収入でも世界第6位で、購買力調整をすると第3位まで上がります」（資料②、237頁）

観光戦略の成否は5つ星ホテルで決まる！

観光立国の基本目標は「いかにして金を落とさせるか」であり、観光戦略の成否は「5つ星ホテルによって決まる」と力説するアトキンソン氏の主張は、観光収入がすべてのグローバル資本からみれば魅力あるものかもしれない。その意味で、同氏は疑いもなく彼らの100％代弁者であり、資本法則に忠実な優れたアナリストなのだろう。5つ星ホテルが世界中から富裕層を招き寄せ、そこが惜しみなく金を落とさせるための一大消費基地となり、それによって観光市場が左右されるというのはそうかもしれない。

だが、「儲かる観光がすべて」といったアトキンソン氏にとっては、観光地といえどもそこが住民の生活の場であり居住空間であることがおそらく目に入らないのだろう（見たくないのかもしれない）。氏の著書は一から十まで

グローバル観光資本の眼で書かれており、「住んでよし、訪れてよし」といったキーワードは全くと言っていいほど出てこない。筆者のように長年まちづくりの調査や研究に携わってきたものからすれば、大多数の地域住民（99％）を排除してごく一部の富裕層（1％以下）のために掛け替えのない環境資源を独占させることなど（絶対に）許されないと思うのだが、氏はこともなげにそこをスルーしてしまうのである。

　だが、アトキンソン氏のような「富裕層観光」→「ラグジュアリーツーリズム」→「5つ星ホテル」を直線的に結びつける発想は、グローバル観光資本にとって歓迎されることはあっても、まちづくりの基本理念からすれば地域社会を分断する「排他主義」に通じるばかりか、格差社会を空間的に固定する「排他的都市計画」の容認につながる可能性が大きい。5つ星ホテルが数多く進出している発展途上国においては、都市の土地利用が特権層によって支配され、大多数の住民が住む権利を奪われているケースが多い。そのような地域で、富裕層のみが5つ星ホテルに滞在できるような都市を目指すことが、果たして「観光立国」の目標であり理想なのか、いま根本的に問われているからである。

スラム都市バンコクの現実を直視すれば……

　アトキンソン氏が称賛してやまないタイの首都・バンコクはいったいどんな都市なのだろうか。バンコクには5つ星ホテルが33件もあり、都市別ランキングではロンドン・パリ・ニューヨークなどに続いて世界第7位の位置を占めている。これだけ見れば、バンコクは世界有数の「5つ星ホテル都市」ということになる。

　だが少し目を転じてみれば、バンコクが東南アジア有数の「スラム都市」であることが浮かび上がってくる。1970年代から疲弊した農村部から職を求めてバンコクに流入した貧困層が鉄道沿いや運河周辺の低湿地に住みつき（不法占拠地域の広がり）、トタン屋根やベニヤ板の廃材で覆われた密集市街地が市内や郊外の至る所に形成され、やがてスラムとして固定化し拡大していくのが、これまでのバンコク都市形成史だったからである。

　5つ星ホテルが林立するタイ王宮近くの景勝地区から車で10分も走れば、

市内の至る所でスラム地区に行き当たる。詳しくは紹介できないが、社会学者で難民問題を研究している人見泰弘氏によれば、バンコクの都市スラムは1980年代から2000年代にかけて急成長し、地区数は943地区から1774地区へ、人口は96万人から181万人へ、都市人口に占めるスラム人口比率は18.5％から31.7％へいずれも倍近くに増加している（「バンコクにおける都市スラムの現状と課題」、名古屋学院大学論集、社会科学編、第49巻第3号、2013年1月）。

　この間、タイのインバウンド（外国人観光客数）の伸びは凄まじく、1990年658万人（世界18位）、2000年958万人（17位）、2010年1594万人（16位）、2017年3538万人（10位）と30年近くで6倍を超える急成長を続け、それとともに5つ星ホテルの数も急増してきた。バンコクの人口も1990年544万人から2018年1016万人に倍増し、全人口に占める割合は29％に達している。また、郊外部も含めた首都圏人口は1429万人、全人口に占める比率は31％となっている。

　このようなバンコクが直面する深刻な大都市問題に目もくれず、5つ星ホテルの数だけを数える観光分析は余りいただけない。京都市の国際観光大使の重責を担うアトキンソン氏には、もう少し視野を広げてグローバル観光のあり方を考えてほしい。これが京都市民としての筆者のささやかな願いである。

おわりに

　最後に、最近刊行された『週刊東洋経済、観光立国特集』（2019年9月7日号）の目玉記事、「キーマン対談、菅義偉×デービッド・アトキンソン」の内容を少しだけ紹介して本稿を終えたい。言うまでもなく、アトキンソン氏は京都国際観光大使であると同時に日本政府観光局の特別顧問であり、菅官房長官の実質的なブレインでもある。注目されるのは、東京オリンピック後の観光産業の振興策に関して、菅官房長官が「統合型リゾートとスキー場の整備がカギを握る。これを改善するだけで、年間1000万人は訪日観光客が増える」と断言し、カジノ産業を核とする統合型リゾート（IR）開発を次の観光産業振興の要に据えていることだ。

　この対談が行われた頃と相前後して2019年9月4日、政府がカジノを含む統合型リゾート施設（IR）の整備に関する基本方針を発表し、その全容が明らかになった。「国内最大3カ所」（2020年代半ばに開業予定）とされるIRの立地区域選定基準には、「日本を代表する観光施設にふさわしいこれまでにないスケール」（前例のない規模）が明記されたことに加えて、「2030年に訪日外国人旅行者を6千万人、消費額を15兆円とする目標達成に大きく寄与しなければならない」ことが特記された。IRが観光立国政策の一環として運用されることが初めて明らかになったのである（京都2019年9月5日）。

　統合型リゾート施設（IR）は別名「カジノリゾート」と呼ばれるように、カジノを中核とする超巨大エンターテインメント施設のことである。アトキンソン氏は著書の中で、富裕層観光のカギとなる5つ星ホテルとIRの関係をいみじくも次のように語っている（『新・観光立国論実践編』259、262頁、東洋経済新報社、2017年）。

　「『上客』対応の観光戦略を進めていく上で有効な手段のひとつが『IR』（カジノを含む統合型リゾート）です。なぜならIRは、『5つ星ホテル』をどうファイナンスして、建てたあとそれが成立するようにどう観光客を誘致するかという課題の解決策になりうるからです。IRとは、高級ホテル、国際会議場、高級ブランドなどを扱うショッピングモール、シアター、コンサートホール、アミューズメントパーク、そしてカジノがすべてひとつにまとまった超巨大リゾート施設のことで、日本政府も観光戦略の一環として本格的に導入を検討しています。2016年12月国会でIR推進法が通過したのも、まだ記憶に新しいことでしょう」

　「このような話をすると、『IR』の機能は非常に素晴らしいのでぜひやるべきだが、そこに『カジノ』があるとギャンブル依存症の増加や治安悪化が懸念されるので、『カジノなしのIR』をつくるべきだと主張される方がいますが、それは不可能です。IRの豪華な施設の建設費、それを運営していくための費用は、実は全体面積のわずか5％未満のカジノフロアの収益がたたきだしています。カジノは、いわば超巨大リゾートの『集金エンジン』なのです」

　アトキンソン氏の観光戦略は、「富裕層観光」「5つ星ホテル」「カジノリゾート」が三位一体となって構成されており、これはアメリカのカジノ都市・ラスベガスを本拠地とするカジノ観光資本の経営戦略そのものと言える。京都はラスベガスではないし、IR も予定されていない。だが、大阪に「カジノリゾート」がオープンするとその影響は避け難いものになり、京都のラグジュアリーホテルが大阪から流れてきた香港・マカオ・シンガポールなどの「カジノマフィア」によって悉く占領されるような事態が起こらないとも限らない。京都の都市格の低下が「5つ星ホテル」から始まるといった冗談が本当の話にならないように、これからも監視の目が離せない。

〈6.4〉2019年12月号
門川市政の原罪、オーバーホテル問題
～宿泊施設過剰は全国トップ～

　次期市長選の最大の争点は、言うまでもなくオーバーツーリズムの受け皿となっている「オーバーホテル問題」だろう。京都市内では、ホテルや簡易宿所（いわゆる民泊）がいまなお凄まじい勢いで増えている。都心地区などでは「まち」全体が巨大ホテル群に呑みこまれそうな勢いで、このままでは町家はもとより歴史的な「まち」そのものが消えてなくなるかもしれない。
　先日、ホテル問題に取り組む市民の勉強会に参加したが、坂本龍馬ゆかりの木材商「酢屋」の主人の訴えは衝撃的だった。木屋町界隈ではここ数年間に20件を超えるホテルが進出し、龍馬の海援隊京都本部が置かれていた酢屋が押しつぶされそうになっているというのである。酢屋がなくなれば「龍馬通り」も歴史的意義を失う。巨大ホテル街の一角に酢屋の石碑だけが残るような市街地が果たして京都の「まち」と言えるのか……筆者にはそう言える自信がない。
　酢屋では毎年龍馬ゆかりの行事が行われ、全国から大勢の歴史愛好家が集まる。だがここ1、2年、酢屋を取り巻く周辺の変貌ぶりは余りにもすさまじく、誰もが息を呑み、絶句するという。惨状に接した参加者たちからは、「市役所はいったい何をしているのか！」「市民はなぜ立ちあがらないの

か！」「京都市民は危機意識が足りない！」などの声が上がるというが、悲しいことに私たちはその批判に応える回答を持っていないのである。

　事態は深刻であると同時にもはや危機的と言うべきだろう。本稿では門川市政検証の第2弾として、その"原罪"ともいうべき「宿泊施設過剰状態＝オーバーホテル問題」を取り上げ、次期市長選の参考に供したいと思う。

一片の通達では片付かない

　昨今、メディアが京都のホテル問題を取り上げる機会がめっきり増えてきた。門川市長もこのような状況が気になるのか、2019年9月30日の市議会代表質問に対する答弁では、市中心部で急増している宿泊施設に関して「市民生活との調和を最優先にしない施設は参入を控えてほしい」などと述べたという（京都2019年10月1日）。もっとも代表質問は与党会派（自民）からのものだから、質問は市のポーズを引き出す程度のもので、市長答弁も「参入を控えてほしい」といった随分控え目のものだった。おそらく議会事務局あたりがそれらしく見せるため、質疑応答のシナリオを書いたのだろう。

　市当局は今後、市長答弁を踏まえて関係団体にこうした意向を伝えるというが、紙切れ一枚の通達でことが片付くのなら誰も苦労はしない。強制力のない一片の「通達＝お願い」に何の効果もないことは、市当局自身が一番よく知っていることだ。市民もまた、それが市長の（いつもの）パフォーマンスに過ぎないことを知っている。まさかこの程度のやり取りで市長選を乗り切れるとは思っていないだろうが、それにしても緊張感を欠くことおびただしい。

　もっとも市は、「通達だけではない。中長期的な取り組みを11月中に公表する」とも言っているらしい。これだと何だか本格的な対策を用意しているかのように聞こえるが、注意すべきは「当面の緊急対策」を「中長期的な取り組み」にすり替えようとしているのではないか、ということだ。オーバーホテル問題は「将来の問題」ではなく「直面する問題」であり、「中長期的な取り組み」ではなく「緊急対策」を必要とする問題なのだ。肝心なことは今どうするかであって、遠い将来のことをあれこれ言うことではないだろう。目の前の火事を放置しながら貯水槽をどこかにつくるといった話は、的

外れも甚だしい。

　市内の宿泊客室数は、すでに市の誘致方針（2016 年）に掲げた 4 万室をはるかに上回り、2020 年には 5 万 3 千室を超える勢いとなっている（後述）。その結果、京都の歴史ある「まち」が至る所で破壊され、木屋町の酢屋の事例にもみられるように、市民生活との調和はもとより地域の活性化や京都の文化継承を阻害するケースが続出している。事態がそこまで切迫しているというのに、この期に及んでなお「中長期的な取り組み」を強調することは「何もしない」ことと同じであり、現状を放置・助長していると思われても仕方がない。

京都のオーバーツーリズムが国会代表質問に

　市議会与党会派（自民）の生ぬるい代表質問に比べて、2019 年 10 月 7 日に開かれた第 200 回臨時国会の代表質問では、自民・林幹雄幹事長代理が京都のオーバーツーリズムを突然取り上げて周囲を驚かせた。林氏は、観光政策についての質問の中で京都や鎌倉でオーバーツーリズムの弊害が深刻化していることに触れ、政府が外国人旅行者数目標 4000 万人、6000 万人を達成しようとするのであれば、「オーバーツーリズム対策」に本格的に取り組まなければならないと、安倍首相の見解を質したのである。

　実は、この代表質問には伏線があった。自民の観光立国調査会（会長・林幹事長代理）は、かねがね観光公害という表現に「問題あり」として報道機関や業界関係者らに使わないよう働きかけてきた。「訪日客の増加に伴う課題はあるが、経済効果は大きく『公害』と言うのはおかしい。『オーバーツーリズム』など他の表現を広めるべきだ」というのである（共同通信 2018年 11 月 29 日）。

　そこで今回の代表質問となったわけだが、筆者は自民見解とは逆に、観光公害よりもオーバーツーリズムの方がより本質的な表現だと考えている。観光公害が観光地の混雑やそれに伴う数々の表面的な「迷惑行為」（現象）を指しているのに対して、オーバーツーリズムは地域の適正容量を超えて環境資源を荒廃させる「過剰観光」（原因）を意味する、より本質的な言葉と考えているからだ。「猫（観光公害）を追うより皿を引け（総量規制）」という

格言をしばしば取り上げるのは、そのことを強調したいからにほかならない。

　とはいえ、安倍首相は林氏の代表質問に答えて自ら主導した観光立国政策の成果を強調しながらも、今後は「オーバーツーリズム対策」を強化しなければならないと答弁し、国の責任を認めたことは注目に値する（「衆議院TVインターネット審議中継」、2019年10月7日、衆議院HP）。この首相答弁は、菅官房長官の京都訪問時の「観光公害対策は一義的に自治体の問題」とする見解を基本的に修正するもので、今後各省庁は首相答弁を踏まえた対策に取り組まなければならなくなる。自民・林幹事長代理の代表質問は（図らずも）オーバーツーリズム対策の必要性・緊急性をクローズアップさせたのであり、事態は新しい局面に入ったのだと言えよう。

　京都市にとってこの首相答弁の持つ意味は重大だ。安倍政権とともに観光立国政策の先頭を走ってきた京都市は、今度は「オーバーツーリズム対策＝オーバーホテル問題」に本格的に取り組まなければならなくなる。京都市議会でも集中的な審議が求められることになるが、その本格的な論戦の第一歩が次期市長選であり、オーバーホテル問題をめぐる選挙戦であることは間違いない。与野党各会派は総力を挙げてこの問題に取り組み、問題の所在を明らかにし、市民の審判を受けなければならない。そのことが門川市政3期12年にわたる観光政策の総決算につながり、京都観光を再生させる次の展開を準備することになるからである。

不動産市場の潮目が変わった

　筆者が京都市の観光政策について本誌の連載を始めたのは、2年半前（2017年4月）のこと。最初のタイトルは「インバウンド旋風が吹き荒れている〜このままでは京都が危ない〜」というものだった。折しも安倍政権の観光立国政策が国中を席巻しており、京都市内はすでにインバウンド旋風の渦中にあった。門川市政が打ち出した「宿泊施設拡充・誘致方針」が猛烈な民泊ブームやホテル建設ラッシュを引き起こし、市内中心部は「観光バブル」ともいうべき激しい不動産投機に見舞われていたからである。

　このときに指摘したのは、京都市内の様子が中曾根内閣時代の首都改造計

画（1985年）にともなう「不動産バブル」と酷似していることだった。1980年代の東京のオフィス年間供給量は概ね130ヘクタール程度だったにもかかわらず、国土庁大都市圏整備局が首都改造計画に拍車をかけるため、「東京区部のオフィス床面積は今後15年間に5000ヘクタール（超高層ビルで250棟分）の新規需要が見込まれる」と3倍近い需要予測を発表したのである。

　すでに国有地払い下げ政策によって加熱一方だった不動産市場は、この発表をきっかけに未曽有の「不動産バブル」状態に突入した。慌てた国土庁はその後再推計を行い新規需要を「3分の1」（元通り）に修正したが、そのときはもう遅かった。5000ヘクタールの数字が独り歩きして東京はおろか全国大都市にも不動産バブルが広がり、商業地価が数年間で1桁上昇するといった空前の不動産投機の嵐が全国で吹き荒れることになったのである。

　程度は違うが、京都市内のオーバーホテル問題にも同様の構図が見てとれる。宿泊施設の誘致・拡大を市政の根幹に据える門川市長は、2020年東京オリンピック開催を「千載一隅のチャンス」と見て宿泊施設の誘致・拡大方針（2016年）に大号令をかけた。この拡大方針が不動産投機に火を点け、土地買い占め競争の号砲となり、京都の不動産市場の潮目が一気に変わったのである。この瞬間から大規模な民泊・ホテルの建設ラッシュが始まり、「観光バブル」の幕が切って落とされたのだ。

2016年を挟んで客室が7倍増

　宿泊需要に対して施設供給が大きく上回る状況を「宿泊施設過剰状態＝オーバーホテル問題」というが、2013年から2019年までの6年間の宿泊施設数の推移をみると、前半の3年間と後半の3年間では件数・客室数ともに実に7倍もの開きがある。前半（2013年4月〜2016年3月）は321件2347室、年平均107件782室の増加だったのに対して、後半（2016年4月〜2019年3月）は2386件1万6631室、年平均795件5544室の増加となり、件数・客室数ともに実に7倍増となっている。もはや前代未聞の「観光バブル」と言ってよく、2016年がオーバーホテル問題の出発点だと言っても過言ではない。

　厚生労働省及び京都市の資料によると【表1】、旅館はこの6年間に少し

ずつ減り続け、依然としてその流れは止まっていない。件数は 402 件から
364 件、客室数は 5778 室から 5273 室とほぼ 1 割方の減少だ。増えたのはホ
テルと簡易宿所だが、それでも前半の 3 年間はそれほど増えたわけではな
い。ホテルは 145 件から 163 件、客数数は 1 万 9279 室から 2 万 830 室と
"微増レベル"にとどまっていた。一方、簡易宿所は 360 件から 696 件（1.9
倍）、客室数は 2292 室から 3489 室（1.5 倍）と急増したものの、客室全体の
ボリュームからすれば、まだホテルの 6 分の 1、旅館の 3 分の 2 程度に止
まっていた。

　異変が生じたのは、最近の 3 年間のことだ。ホテルは 163 件から 260 件

【表 1　都市営業種別宿泊施設許可数、（指数）、2012〜2018 年】

	合計		ホテル		旅館		簡易宿所	
	施設数	客室数	施設数	客室数	施設数	客室数	施設数	客室数
2012 年	907 (100)	27,349 (100)	145 (100)	19,279 (100)	402 (100)	5,778 (100)	360 (100)	2,292 (100)
2013 年	930 (102)	28,149 (103)	153 (106)	19,862 (103)	387 (96)	5,791 (100)	390 (108)	2,496 (108)
2014 年	1,002 (110)	29,189 (107)	162 (112)	20,593 (107)	380 (95)	5,667 (98)	460 (128)	2,929 (128)
2015 年	1,228 (135)	29,786 (109)	163 (112)	20,830 (108)	369 (92)	5,467 (95)	696 (193)	3,489 (152)
2016 年	2,043 (225)	33,887 (124)	182 (126)	22,436 (116)	368 (91)	5,317 (92)	1,493 (415)	6,134 (268)
2017 年	2,866 (318)	38,419 (140)	211 (146)	23,899 (124)	364 (91)	5,273 (91)	2,291 (636)	9,247 (403)
2018 年	3,614 (398)	46,147 (169)	260 (179)	28,335 (147)	364 (91)	5,273 (91)	2,990 (831)	12,539 (547)

※資料出所（注1）：ホテル・旅館の件数及び客室数、簡易宿所の件数は、厚生労働省『衛生行政
　例（2012〜2017 年）』から得ることができる。ただし簡易宿所の客室数がわからないので、京都
　市『許可施設数の推移』（2019 年 5 月速報値）で補完した。なお、京都市速報値は 2013 年以前
　の資料が掲載されていないので、京都市の 2014 年簡易宿所平均客室数（1 施設 6.4 室）を施設
　数に乗じて 2012 年、2013 年の簡易宿所の客室数（推計値）を算出した。
※同（注2）：ホテル・旅館の 2018 年件数及び客室数は京都市資料では合算されているので（厚労
　省資料は未公開）、ホテル・旅館の件数及び客室数を従来通りの別建とするため、旅館は便宜
　上 2017 年と同数とし、ホテルは合算数から旅館を差し引いた推計値を掲載した。

（6 割増）、客室数は 2 万 830 室から 2 万 8335 室（4 割増）と急増し、加えて
それ以上に簡易宿所の増加が凄まじかった。件数は 696 件から 2990 件（4.3
倍）、客室数は 3489 室から 1 万 2539 室（3.6 倍）と急増し、その結果、簡易
宿所の客室数は旅館の 2.4 倍、ホテルの 4 割強を占めるまでに肥大化したの
である。

喜んでばかりはいられない、日本人客の京都離れが進行

　宿泊施設誘致・拡大方針の発表から 3 年、2019 年 7 月に発表された『平
成 30 年京都観光総合調査』によれば、「質の向上の取組が実を結び、観光消
費額、宿泊客数等が過去最高に！」とあるように、外国人宿泊客数の増加に
よって観光消費額が過去最高に達したことが誇らしげに報告されている。市
内の宿泊施設数が約 3 万室（2016 年 3 月）から 4 万 6 千室（2019 年 3 月）に
増えた結果、宿泊施設の手配が容易になり、宿泊客数と観光消費額の増加に
つながったというのである。

　だが、全体傾向を見れば必ずしも喜んでばかりはいられない。外国人観光
客が急増している一方、日本人客が減少するという "京都離れ" の傾向が次
第に強まっているからである。京都の年間観光客数が 5684 万人のピークに
達した 2015 年以降の 3 年間の変化を、日本人と外国人の日帰り客数・宿泊
客数の比較でみよう【表 2】。

　【表 2】から読み取れる明確な傾向は、外国人観光客が 2015 年 482 万人
（日帰り 166 万人、宿泊 316 万人）から 2018 年 805 万人（日帰り 355 万人、宿泊
450 万人）に 323 万人（1.7 倍）増加しているのに対して、日本人客は 5202
万人（日帰り 4156 万人、宿泊 1046 万人）から 4470 万人（日帰り 3338 万人、宿
泊 1132 万人）へ 732 万人（14％）も減少していることである。その結果、全
体の観光客数は 2015 年の 5684 万人ピークに 2016 年 5522 万人、2017 年
5362 万人、2018 年 5275 万人と 3 年間で 409 万人減、年平均 136 万人減と次
第に下降傾向に転じている。

　観光客数が国内外ともに穏やかな形で増えているのならいいが、外国人観
光客の急増が日本人客の減少を引き起こしているのであれば、そこにはオー

【表2　京都市日本人・外国人別観光客数、日帰り客数、宿泊客数、（指数）、2015～2018年　単位：万人】

	観光客数			日帰り客数			宿泊客数		
	計	日本人	外国人	計	日本人	外国人	計	日本人	外国人
2015 年	5684 (100)	5202 (100)	482 (100)	4322 (100)	4156 (100)	166 (100)	1362 (100)	1046 (100)	316 (100)
2016 年	5522 (97)	4861 (93)	661 (137)	4107 (95)	3764 (91)	343 (207)	1415 (104)	1097 (105)	318 (101)
2017 年	5362 (94)	4619 (89)	743 (154)	3805 (88)	3415 (82)	390 (235)	1557 (114)	1204 (115)	353 (112)
2018 年	5275 (93)	4470 (86)	805 (167)	3693 (85)	3338 (80)	355 (214)	1582 (116)	1132 (108)	450 (142)

※資料出所：2015～2018年京都観光総合調査から作成

バーツーリズムの危険信号が点滅していると言わなければならない。国際情勢の変化や世界景気の変動を受けやすい外国人観光客の一過性ブームは、中長期的にみれば国内需要に支えられている京都観光の持続性を阻害し、不安定化にもつながりかねないからである。

ホテル稼働率が7割を切る可能性も

　一方、宿泊施設の供給状況はどうか。2019年6月7日に発表された2018年宿泊施設数（住宅宿泊事業法に基づく民泊施設は含まない）は、3年前に比べて3614件（2386件増、2.9倍）、客室数4万6174室（1万6361室増、1.5倍）と予想を上回る増加となり、2年前倒しで市当局の「4万室目標」を突破することになった。加えて市観光MICE推進室の推計によると、現在計画中の宿泊施設を含めれば、2020年頃には5万3千室を超える見通しだという（京都2019年5月28日）。市の予想をはるかに超えて宿泊客室数が急増し、僅か5年間（2016～2020年）で3万室が5万3千室にまで膨れ上がるとなると、これまでの政策判断が果たして適切なものであったかどうかが問われることになる。

　京都のオーバーホテル問題が筆者だけの杞憂でないことは、各種の調査報告からも確かめることができる。ニッセイ基礎研究所は2019年2月、『都道

府県別にみた宿泊施設の稼働率予測〜インバウンド拡大に伴うホテル建設が進み、一部地域では供給過剰も〜』と題する研究レポートを発表した。以下はその要約である（京都府に占める京都市内のホテル客室数は9割弱に達するので、ここでは京都府の傾向を京都市の傾向とみなして分析する）。

（1）2017年時点のホテル稼働率は、東京83.9%、大阪86.5%、京都81.7%である。予約等がスムーズに行える適正稼働率の上限を85%（空室率15%）、2020年訪日外国人旅行者数を政府目標4000万人に設定すると、新規必要客室数（2017年対比）は東京2.2万室、大阪1.4万室、京都0.3万室となる。同じく2030年6000万人の設定では、新規必要客室数は東京3.0万室、大阪1.9万室、京都0.5万室となる。

（2）2020年までに東京3.0万室、大阪2.0万室、京都1.1万室のホテルがオープンする計画なので、2020年のホテル稼働率は3年前に比べて東京80.3%（3.6%減）、大阪78.5%（8.0%減）、京都67.9%（13.8%減）に低下する。つまり、東京、大阪、京都では新規供給客室数が必要客室数を大きく上回る結果、ホテル稼働率は2020年時点でいずれも低下して余剰客室数が増えることになる。

（3）なかでも「京都は2017年の客室数2.7万室に対して、41%増に相当する1.1万室のホテルが2020年までにオープンする計画になっており、供給過剰になる恐れがある。計画を加味した稼働率は67.9%と7割を割り込む水準にまで大幅に低下しており、競争環境の激化が見込まれる」（原文）という結果になり、オーバーホテル問題が深刻化する可能性が一番大きい。

　注意しなければならないのは、ニッセイ基礎研究所のレポートには「前提条件」があることだ。それは、ホテル需要の基礎となる外国人旅行者数を政府目標（2020年4000万人、2030年6000万人）が「達成される」ことを前提に新規必要客室数が算出されていることである。したがって、もし政府目標が達成されなければその分だけ必要客室数は縮小し、新規供給客室数とのギャップは拡大することになる。外国人旅行者数は「変数」であり、ホテル客室数は「定数」だ。2020年、2030年時点で外国人旅行者数が変動するこ

とがあっても、いったん建設されたホテル客室数は変わることがない。その結果がホテル稼働率の変動（低下）としてあらわれるのである。

宿泊需要と供給のギャップ、京都が突出して高い

　もう1つの調査報告を紹介しよう。不動産サービス大手の CBRE（日本本社：東京）は 2019 年 6 月、特別レポート『2021 年のホテルマーケット展望～増加する需要と供給の中で勝ち残るホテル～』を発表した。ニッセイレポートが都道府県別の分析であるのに対して、CBRE レポートは国内主要 9 都市（東京、大阪、京都、名古屋、札幌、福岡、那覇、仙台、広島）を対象としたもので、より実態に近い分析になっている。以下はその要約である。

（1）2018 年の訪日外国人旅行者数は 3119 万人、初めて年間 3000 万人の大台に乗った。外国人延べ宿泊者数は 8860 万人泊（対前年比 900 万人増）で 11％増えたが、日本人宿泊客数は 4.2 億人泊（900 万人減）で 2％減となり、延べ宿泊者数合計は 5.1 億人泊と変化がなかった。

（2）主要 9 都市における 2019～21 年開業予定のホテルは、この 1 年の間に（公表ベースで）約 3 万室から約 8 万室（2.5 倍）に増加し、2018 年末時点の既存ストックの 24％に相当する見込み。既存ストックに対する新規供給客室の割合を都市別に見ると、京都 51％、大阪 32％、東京 24％で京都が突出して高い。ホテル供給のインパクトが最も大きい京都は、賃貸オフィスの貸室総面積が 2010 年末時点との比較で唯一減少している都市でもある。京都ではオフィスからホテルへの建て替えといった他用途からの建て替えも進んでいる。

（3）政府目標を前提に外国人延べ宿泊者数を計算すると、2020 年に 1.4 億人泊、2030 年に 2.2 億人泊となる。この数字を基に都道府県別にホテル客室数需要を求め、都市別に補正推計し、稼働率を 85％に想定して必要客室数を求めたところ、主要 9 都市のいずれにおいても 2021 年の必要客室数（需要）は予想ストック（供給）を下回る結果になった。必要客室数と予想ストックのギャップ（余剰客室数）は、大阪 2.1 万室、東京と京都 1.2 万室、名古屋 8 千室、仙台 4 千室、札幌 3 千室などとなり、三大マーケット（東京、大阪、京都）に属する都市のギャッ

プが大きく、地方部に属する都市は比較的小さい。

（4）ホテル開業が相次いでいる都市の中には、正常な競争原理が働くことでホテルによって優勝劣敗が分かれ始めている都市もある。ストックが増加する今後は、あらゆるホテルがインバウンド需要拡大の恩恵に与れるわけではなく、単純な価格競争を避け、誘客力の強いホテルを作るには差別化が鍵となる。

　この調査報告が出てから、日経新聞は京都のオフィス事情について次のような記事を掲載している。見出しは「オフィス枯渇古都の悩み、ホテル熱に押され供給停滞」「下京区など高さ規制緩和 効果は先」というもの（2019 年 6 月 21 日）。以下はその抜粋である。

　「ホテル建設に押されてオフィスが不足する流れは大阪をはじめ各地に共通するが、京都はより深刻だ。不動産サービスの CBRE（東京・千代田）によると、京都のオフィス向け賃貸不動産の空き室率は 19 年 3 月期で 0.5％。東京 23 区 0.6％、大阪 1.3％、神戸 1.7％などの都市を下回る。賃料は 17 年以降過去最高値を更新し続け、市内の想定成約賃料は 1 坪当たり 1 万 4300 円と 3 年前に比べ約 3000 円上昇した。担当者は『（京都では）オフィス向け不動産は新設されないどころかここ数年間取り壊され、ホテルなどに転換されてきた』と語っている」

　ホテル建設ラッシュが地価を吊り上げ、住宅価格や家賃高騰をもたらして市内中心部から住民の流出を招いていることは、かねがね指摘されてきたことだ。だが、その影響がオフィス業界にも広がり、京都全体の経済活動が阻害される事態が出てきていることは看過できない。門川市政による観光産業への異常な肩入れが京都全体の都市構造や経済構造に大きな歪みをもたらし、住宅供給はもとよりオフィス供給にも異常な困難をもたらしていることが、各種の調査レポートでも明らかになったのである。

訪日韓国人 48％減の衝撃が大きい

　現在、京都のホテル業界では「需要・供給ギャップ」が拡大する一方となっているが、最近になってこの問題にさらに輪をかけるような事態が発生した。訪日客全体の 4 分の 1 を占める韓国人旅行者が、日韓関係の悪化から半減したのである。2019 年 9 月 19 日の各紙朝刊は、観光庁が発表した 8 月の訪日外国人旅行者数の結果について「訪日韓国人 48％減、日韓関係悪化響く」（毎日）、「訪日韓国人 8 月は半減、日本の食品輸出 4 割減」（朝日）、「訪日客 韓国 48％減、8 月 関係悪化 影響鮮明」（読売）などと 1 面トップで報じ、その衝撃の大きさが改めて明らかになった。各紙は韓国人旅行者数の減少に焦点を当てているものの、訪日外国人旅行者数全体への影響についても論じている。以下、代表的な記事を挙げよう。

　「観光庁が 18 日に発表した 8 月の訪日外国人旅行者数（推計値）によると、韓国からの旅行者数は前年同月比 48.0％減の 30 万 8700 人と大幅に減少した。日韓対立の長期化が響いており、減少幅は東日本大震災後の 2011 年 5 月以来の大きさとなった。訪日客全体も 2.2％減の 252 万 100 人と、台風による関西国際空港の一時閉鎖や北海道地震の影響があった昨年 9 月以来、11 カ月ぶりに減少した。政府は、東京五輪・パラリンピックが開かれる 2020 年に訪日客を 4000 万人にする目標を掲げている。だが、訪日客全体もマイナスに転じたことで目標達成が危うくなる可能性もある」（毎日 2019 年 9 月 19 日）

　「訪日外国人旅行者の伸びにも陰りが見え始めた。韓国との関係悪化が足を引っ張るだけでなく、近年の伸びを牽引してきた台湾や香港からの訪日客数も頭打ちになっている。2020 年に訪日客を 4000 万人に増やす政府の目標は、達成へ向け正念場を迎えている（略）。JTB が運営する外国人向け旅行サイトでは、京都発着の日帰りツアーなどへの韓国人からの申し込みが、8 月は前年同月より 7 割ほど減少。大阪市内の各ホテルでも韓国人宿泊者の利用が減っており、リーガロイヤルホテル（北区）の担当者は『今後も影響は続きそうだ』と懸念する（略）。もっとも懸念材料は韓国だけではない。8 月の訪日客数では 2 位の台湾は 1 〜 8 月累計で横這い、4 位の香港は長期化

するデモの影響もあり 2 ％減だった。いずれも 2 回以上日本を訪れたリピーターが 8 割を超え、『日本の旅行が飽きられ始めている』（関係者）との声もある」（読売、同）

　これに対して菅官房長官は、翌 19 日の記者会見で「韓国は大幅減になったが、中国が 16％、欧米や東南アジアは 13％の大幅増となっている。1 月から 8 月までの総数も 3.9％増だ」と述べ、依然として強気の姿勢を崩していない。そして、政府が掲げる「2020 年外国人旅行者 4000 万人」目標は達成可能であり、そのための環境整備に取り組むことが政府の役割だと重ねて強調した（各紙 2019 年 9 月 20 日）。

中国人 1 人当たり旅行支出が減り始めた

　だが、安倍政権の観光目標は、訪日外国人旅行者数だけではなく旅行消費額についても具体的目標を示すものだった。この点について詳細な検討を加えているのが日経新聞だ。結論から言うと、中国人旅行者の場合は 1 人当たりの旅行支出額が大きいので、旅行者数が減らない場合でも 1 人当たり支出額が減少すると観光業界は大きな打撃を受けるというのである。以下、2 つの記事を紹介する。

　「近畿運輸局によると、2019 年 1 〜 6 月の近畿 2 府 4 県への訪日客に占める韓国人の割合は 24％で、5 割を超える九州に比べると観光業への影響は限定的だと見られる。一方、中国客が減った場合の打撃は今回の比ではなくなる。2 府 4 県への訪日客に占める中国人の割合は 36％。全国の訪日客に占める中国人の割合（27％）と比べ、関西は中国人への依存度が高い。中国客の減少が関西の観光業にとって最大のリスクだ。12 年の尖閣諸島の国有化後に日中関係が冷え込んだ影響で、中国客が減少。日本政府観光局によると、12 年 10 月〜 13 年 8 月に中国客数が前年同月比で平均 28％の減少が続いた」（日経 2019 年 9 月 21 日）

　「2018 年の訪日客 1 人当たりの旅行支出額は前年比 0.6％減の 15 万 3029 円。とりわけ訪日客全体の 3 割を占める中国人が 2.4％減の 22 万 4870 円と

落ち込みが大きかった。ひところの爆買いブームは影を潜め、そこに元安が追い打ちをかける。中国人客の支出は為替変動に左右されやすい特徴がある（略）。三菱 UFJ モルガンスタンレー証券の試算では『訪日観光客数を一定とすれば、10％の人民元安は 19 年の消費支出額を 2430 億円下押しする』と分析。人民元安が訪日客数の減少につながれば影響はさらに拡大しかねない」（同 2019 年 10 月 3 日）

　これに対する菅官房長官の反論はまだ行われていないが、中国経済が米中貿易戦争の影響で下降局面に差し掛かっている現在、今後その影響を最も受けやすいのが中間層であり、中間層の海外（日本）旅行ブームがこれまでと同じベースで続くとはとても考えられない（それに最近の中国からの訪日旅行ブームは、香港や台湾との関係悪化の反映だとする観測もある）。韓国人客ほどの急激な減少は起こらないまでも、中国人客数がこれまでのような勢いで増え続けるとは到底考えられず、とりわけリピーターが多い中間層ではその影響が強く出てくるものと予測されている。
　中国経済の減速はもはや明らかだろう。日経新聞は「中国 GDP 倍増（20年目標）黄信号、2 期連続減速貿易戦争響く」、毎日新聞は「中国成長6.0％に減速、習指導部 カンフル剤限られ」との見出しで次のように報じている。

　「中国の景気減速が止まらない。2019 年 7 〜 9 月の国内総生産（GDP）は前年同期比で実質 6.0％の伸びにとどまり、2 四半期連続で減速した。貿易戦争が長引き、自動車や電機など製造業に打撃が広がる。20 年の GDP を10 年比で倍増する長期目標の達成にも黄信号がともった。中国政府は過剰債務を抱え、大規模な景気対策を打ち出しにくい」（日経 2019 年 10 月 19日）。
　「景気のてこ入れに向けて習指導部に残された選択肢は多くないのが実情だ。中国政府は今春、2 兆元（約 30 兆円）規模の減税を打ち出したほか、中国人民銀行（中央銀行）も市場への資金供給を断続的に強化するなど総掛かりでカンフル剤を打ってきたが、経済の減速基調を止めるには力不足だっ

た。（略）国際通貨基金（IMF）は15日、19年の世界の実質成長率の見通し
を3.0％増とし、08年のリーマン・ショック後の景気回復期で最も低い水準
に引き下げた。20年の中国の成長率予想は5.8％と、天安門事件後の1990
（3.9％）以来の水準に低下すると見ている」（毎日同）。

　すでに中国人客1人当たり旅行支出額は構造的減少傾向に向かっているの
で、これに訪日旅行者数の頭打ちあるいは減少傾向が加わると、ホテルなど
観光業界に与える影響は極めて大きいものがある。いずれにしても2019年
1年間の訪日外国人旅行者数および旅行消費額が発表されれば結果は明らか
になるが、政府の4000万人目標はもはや警戒信号が点滅し始めたと言って
もよく、まして菅官房長官が強調するカジノリゾート誘致を梃子にした
6000万人目標などは遥か遠くに霞んでしまっている。中国経済の減速は、
中間層の旅行控えによって訪日外国人旅行者数の減少をもたらすばかりか、
富裕層のカジノ離れによってカジノリゾートの低迷を導くからである。

いま、夢から覚めるときだ

　〈7.2〉「次期京都市長選では観光政策が一大争点に」でも述べるように、
京都では経済界も政界もいまだインバウンド景気に酔っているかのようだ。
京都経済同友会（観光委員会）は、つい最近まで「私たちは、現在の状況が
深刻な『オーバーツーリズム』にあるとは考えておらず、観光客数を大幅に
制限すべきとの立場はとらない……目先の諸問題には適切に対処する必要が
あるが、受け入れキャパシティの拡大を通じて京都の観光が持続可能な成長
を実現することは可能だと考えている」と大見得を切っていたのである（京
都経済同友会、提言「持続可能な京都観光を目指して」、2019年3月20日）。

　だが、この時点ですでに京都の「オーバーホテル問題」は明らかになって
いたのであり、その後現実はさらに劇的な形で展開している。最近では訪日
韓国人の激減や中国人の買い控えによってインバウンド消費が落ち込み、政
府目標の実現が危うくなってきている。また、目標が達成されたとしてもホ
テルストックが需要を大きく上回り、稼働率は適正水準（85％）を下回って
経営が成り立たない事態が現実化しつつある。

　経済合理性や経営効率を尊ぶ経営者であれば、このような事態を冷静に見ることができるはずであり、京都経済同友会は提言を次のように改めなければならない。「私たちは、現在の状況が深刻な『オーバーツーリズム』にあると考えており、観光客数を大幅に制限する必要がある。受け入れキャパシティの縮小を通じてこそ、京都の観光は持続可能な成長を実現することが可能だと考えている」と。

　経済界も政界ももう夢から覚めるときなのだ。オーバーツーリズムの受け皿である「オーバーホテル問題」の所在が明らかになったいま、観光公害の激化を防ぎ、京都を再び京都らしく取り戻すためには、次期市長選において門川市政の観光行政を総決算しなければならない。オーバーホテル問題の解決なくして京都の未来はない。京都市民が本物のまちづくりのために立ちあがるときがやって来たのである。

〈6.5〉2018年5月号
京都の平成時代は"狂乱状態"で終わるのか
〜ホテル・民泊ラッシュが住居を奪う〜

平成時代をどうみる

　「平成時代」（1989〜2018年）が間もなく終わろうとしている。メディア各紙は挙って「平成特集」を掲載しているが、日経新聞連載の『平成の30年、陶酔のさきに』（毎週土曜日掲載）が面白い。連載のサブタイトル「陶酔のさきに」が示すように、平成時代はまさにバブル経済に翻弄され、その後遺症に苦しめられた30年だったからだ。連載第2回は、「バブル許した『国際協調の金看板』、後手の地価対策、GDP2年分失う」（2017年10月14日）との見出しで次のように総括している。

　「平成が始まった1989年は、年末に日経平均株価が最高値を記録した年である。地価はさらに2年ほど後にピークをつける。その後の平成の経済はバブル崩壊による後遺症に苦しめられた。なぜ日本は、バブルの膨張を許したのか。（略）土地資産のピークは1990年末の2470兆円。大きく落ち込み、

持ち直す時期もあったが、2015年末でも1100兆円台にとどまる。国内総生産（GDP）の2倍を超す富が失われたままである」

　平成の終わりを意識したかどうか知らないが、京都市でも第61回都市計画審議会（2017年3月）において「持続可能な都市検討部会」が設置され、同年6月から検討が始まった。しかし、2017年3月にはすでに都心3区（中京・下京・東山）の商業地価上昇率（年率）が10％を超えていたにもかかわらず、そこで提示された持続可能な都市の構築に向けた検討の視点は、「人口減少・少子高齢化社会に対応した、魅力あるまちづくりを目指した持続可能な都市の構築に向けた検討を行っていくことにより、都市計画マスタープランをより実効性のあるプランとしていきたい」（第1回検討部会議事録、都市計画審議会HP）というすこぶる能天気なものだった。

突如、規制緩和の動きが浮上した

　ところがそれから1年後、「新景観政策の更なる進化検討委員会」（委員長・門内輝行京大名誉教授、2018年7月）と称する「有識者会議」が突如立ち上げられ、建物の高さ規制緩和をはじめとする「新景観政策の見直し」が行われることになった。しかも検討委員会は、都市計画審議会の一部会としてではなく「有識者会議」という形になったのである。

　周知のように、都市計画審議会は各政党の市会議員などもメンバーとして参加するため、政策変更に際しては議論が長引くことが多い。だから、手っ取り早く物事を決めるには、市当局が任意でメンバーを選べる「有識者会議」に限る—ということになるのだろう。2017年11月には早くも五条通りなど一部地域で建物の高さ規制を3〜11メートル緩和する案が示され、それ以降わずか半年余り（今年3月末）で答申が出される予定だという（各紙2018年11月16、17日）。

　有識者会議が急きょ立ち上げられたのはなぜか。その背景には、訪日外国人観光客の急増で市内中心部にホテル建設が集中し、地価が高騰してマンション購入やオフィスビルの確保が難しくなったという事情がある。このため、建物の高さ規制を緩和してマンションやオフィスを増やし、若年人口の

市外流出を防ぐのだという。だがこんな問題意識は、僅か1年前の都市計画審議会の「持続可能な都市検討部会」の発足時には市当局にさらさらなかったのである。

第1回検討部会（2017年6月）で示された資料、『京都市の現状について（開発許可の状況）』を見よう。そこにあるのは「高度経済成長期（昭和40年代頃）及びバブル期（平成初期頃）に開発許可数が大きく増加した。近年はバブル期に比べ件数は減少しているが、一定の開発圧力は存在している」という程度の解説だけで、市内中心部ではすでに「地価高騰＝ミニバブル」（後述）が生じているとの認識が全く見られない。

ところが、1年後の有識者会議の初会合では、市都市計画局長は一転して「50年後、100年後を考えた時、京都市に住んで働く人が消えていく。シティマネジャーとして焦燥感がある」（京都2018年10月14日）と危機感をあらわにした。2018年3月に新しい地価公示が発表され、市内中心部の地価上昇が10％を大きく超えて南区にも広がり、ますます勢いを強めていることが判明したからだ。

宿泊施設拡大方針が地価高騰を煽った

市内中心部から人が消えてゆく最大の原因が、インバウンド急増を一大ビジネスチャンスと捉える「ホテル・民泊ブーム」にある以上、それを煽ってきた京都市が責任を免れることはできない。市の『宿泊施設拡充・誘致方針』（2016年10月）が打ち出されたときは、市内中心部の商業地価はすでに年率10％近い上昇を示していた。それが市の拡大方針を契機に翌年からは10％台に乗り、その後ますます高騰の度合いを深めている。市の拡大方針がホテルや民泊（簡易宿所）の急増に拍車を掛け、地価を高騰させて市内中心部の人口流出を加速させたことは間違いのない事実なのである。

であれば、有識者会議は何をさておいてもまず市の宿泊施設拡大方針の是非について議論し、その総括の上に新政策の検討を始めるべきではなかったか。ところが、有識者会議の門内委員長もまた、「歴史的な景観は日本の財産だが、市民が暮らしやすいことも重要。時代の変化に対応しながら街として持続できるよう解決策を考えたい」（日経2019年1月4日）と、訳の分

かったような（分からないような）理屈を付けて市の意向に同調している。そこに見え隠れするのは、厳しすぎる景観規制が市民の暮らしを阻害しているとの俗流的見解だけで、有識者としての見識はいささかも窺えない。

　市当局もまた市当局だ。「時代の変化＝インバウンド急増」に合わせて規制緩和をするのであれば、わざわざ有識者会議のお墨付きなど得る必要はない。市長や都市計画局長が、観光政策の基本である「住んでよし、訪れてよし」の方針を棄てて、「観光客誘致に一路邁進する」と宣言すればよいだけの話なのである。

市内中心部はいまや"ミニバブル"状態

　国土交通省（土地鑑定委員会）の地価公示の推移を見ると、リーマンショック（2008年）による不況の影響で、これまで京都市の地価は住宅地・商業地ともに下落が続いてきた。ところが、インバウンドの影響が表れ始めた2012年頃から地価が下げ止まり、商業地は2013年から、住宅地は2014年から上昇に転じた。最近では、市内中心部がまるで"ミニバブル"のような様相を呈しており、ホテルや民泊（簡易宿所）が集中している中京・下京・東山・南区では地価が激しく上振れするようになった。

　とりわけここ2、3年の動きが激しく、2017年には中京・下京・東山の都心3区で商業地価の上昇率が10％台に乗り、2018年は南区もこれに続いた。この動きは2019年になって上京・左京区にも波及し、市内11区のうち過半数の区で商業地価上昇率が10％台に乗ることは確実だろう。いわば、京都市中心部のほとんどが"ミニバブル"の波に洗われるようになったのである【表1】【表2】。

　毎年発表される地価公示の動向については、国土交通省土地鑑定委員会（分科会）が各都道府県の「価格形成要因等の概要」という分析結果を発表している。京都については、2017年地価公示の「地価動向の特徴と要因」の分析がわかりやすい。以下はその抜粋である。

　「リーマンショックをはさんで、これまで京都の商業地域の地価を長くリードしてきたのはマンション用地であったが、最近はホテル用地がこれに

【表1　京都市行政区別、商業地価対前年変動率の推移、単位%、2006～2018年】

	2006	2007	2008	2009	2010	2011	2012	2013	2014	2015	2016	2017	2018
京都市	4.1	11.6	5.8	▲3.5	▲5.5	▲1.2	▲0.3	0.2	2.2	2.3	5.0	6.5	9.1
左京区	—	—	3.8	▲2.5	▲4.8	▲2.1	▲0.1	0.5	0.7	1.4	2.2	5.1	5.1
北区	—	—	4.3	▲4.5	▲5.5	▲2.4	▲0.2	▲0.5	1.7	1.7	2.1	3.4	3.7
右京区	—	—	9.8	▲2.9	▲3.2	▲3.2	▲0.8	▲0.3	0.2	0.1	0.7	0.8	2.0
西京区	—	—	6.6	▲2.8	▲3.5	▲0.9	▲0.4	0.0	0.5	0.5	0.7	0.5	2.2
上京区	—	—	2.6	▲2.9	▲5.1	▲0.8	▲0.6	0.1	1.4	1.8	2.2	3.7	6.1
中京区	—	—	6.4	▲5.2	▲6.3	0.0	0.5	1.3	4.7	4.0	8.1	10.3	11.7
下京区	—	—	6.3	▲4.6	▲5.9	▲0.9	0.1	0.5	2.6	3.1	8.1	10.3	14.5
東山区	—	—	10.8	▲1.5	▲5.3	▲0.7	▲0.2	0.3	2.3	2.9	6.4	12.1	15.4
南区	—	—	2.1	▲1.9	▲4.9	▲2.9	▲1.5	0.3	2.3	3.1	6.8	1.9	12.6
伏見区	—	—	2.1	▲1.9	▲4.9	▲2.9	▲1.5	▲0.9	▲0.1	▲0.1	0.2	1.3	2.0
山科区	—	—	3.3	▲2.4	▲5.9	▲2.4	▲1.7	▲1.5	▲0.6	▲0.3	0.4	1.1	1.4
中心5区	6.6	15.1	5.5	▲4.4	▲5.8	▲0.9	0.0	0.6	3.0	2.9	6.3	8.0	10.5
その他区	▲2.3	1.8	3.5	▲1.9	▲4.1	▲2.6	▲1.0	▲0.9	▲0.2	▲0.2	0.3	0.9	1.5

※資料出所：国土交通省土地鑑定委員会、『地価公示』各年版から作成、2007年以前は行政区別変動率は掲載されていない。
※注：「中心5区」は北区・上京区・左京区・中京区・下京区（地価公示の地域区分による）
※ 「その他」はそれ以外の6区

【表2　京都市行政区別、住宅地価対前年変動率の推移、単位%、2006～2018年】

	2006	2007	2008	2009	2010	2011	2012	2013	2014	2015	2016	2017	2018
京都市	▲0.2	3.5	2.7	▲2.9	▲4.9	▲2.6	▲1.4	▲0.9	0.1	0.3	0.5	0.8	1.3
左京区	—	—	3.1	▲3.3	▲5.4	▲3.5	▲1.4	▲0.8	0.3	0.4	0.8	1.2	1.5
北区	—	—	3.9	▲3.5	▲5.5	▲2.9	▲0.9	▲0.4	0.8	0.6	0.6	1.1	1.6
右京区	—	—	3.7	▲1.9	▲2.5	▲0.9	▲0.6	▲0.4	▲0.1	▲0.1	▲0.2	0.0	0.4
西京区	—	—	5.2	▲3.0	▲2.6	▲1.2	▲0.5	▲0.2	0.2	0.6	0.5	0.5	0.7
上京区	—	—	5.0	▲2.0	▲4.5	▲0.6	0.3	▲0.2	1.5	1.6	2.0	3.2	5.1
中京区	—	—	2.0	▲2.9	▲3.6	▲3.0	▲0.3	0.5	0.5	1.0	1.5	3.3	6.8
下京区	—	—	1.3	▲2.3	▲5.1	▲1.7	▲0.8	0.0	0.3	1.3	1.2	2.0	3.6
東山区	—	—	2.7	▲2.0	▲3.9	▲1.3	▲1.3	▲0.5	0.8	0.7	0.8	1.1	2.1
南区	—	—	1.7	▲2.3	▲4.7	▲2.3	▲1.2	▲0.4	0.2	0.5	0.5	1.0	1.3
伏見区	—	—	0.7	▲3.2	▲6.4	▲3.0	▲2.2	▲1.5	▲0.5	▲0.2	0.3	0.1	1.3
山科区	—	—	0.5	▲3.3	▲6.3	▲4.0	▲2.8	▲2.5	▲1.3	▲0.6	▲0.4	▲0.4	0.2
中心5区	2.2	4.5	3.5	▲3.2	▲5.3	▲2.9	▲1.0	▲0.5	0.6	0.7	1.0	1.6	2.5
その他区	▲2.8	0.7	1.9	▲1.5	▲3.2	▲2.0	▲1.4	▲1.2	▲0.7	▲0.5	▲0.4	▲0.4	▲0.2

※資料出所：同上

とって代わった感がある。訪日外国人数は（平成）28 年 1 月～10 月で 2011 万人、昨年の同期間の 1632 万人を 23.3％上回った。京都市内主要 15 ホテルの平成 28 年 1 月～10 月の平均稼働率は 86.8％で、3 ～ 6 月と 8 月は 90％を超えている。年々のインバウンドの拡大に比べてホテルの不足感は強く、ここ 3 年ほどのホテル料金の高騰は目を瞠（みは）るものがある。極端な例では 10㎡のスタンダードシングルの料金が 1 泊 2 万 7000 円。こうした状況が全国のホテル事業者を京都へ参入させる動機となっている。特に最近は電鉄系ホテル事業者の参入が目立つ。こうした事業者が土地を取得する際は、路線価の 3 ～ 5 倍であることが多い。平成 27 年 10 月の京都駅近くの例では 11 倍弱というケースもあった」

住宅着工戸数が落ち込んでいる

　市内中心部の商業地価が、ここ連続して 10％台の上昇率を記録するようになったことの影響は極めて大きい。2000 年以降、京都市の新設住宅着工戸数は毎年ほぼ 1 万 4000 戸前後の水準を維持してきたが、リーマンショック後は全体的な経済不況の煽りを食って一気に 1 万戸を割り込む水準までに下落した。それが 2013 年頃から漸く復調の兆しをみせ、1 万 2600 戸に達したと思った矢先、今度は再び 1 万戸すれすれとなり、2017 年には遂に 9000 戸を割るまでに落ち込んだのである（京都市総合企画局『統計解析 No.54』2013 年 6 月、『同 No.91』2019 年 4 月）。

　注目すべきは、今回の住宅着工戸数の落ち込みがリーマンショックの場合に比べてかなり違った特徴がみられるということだ。リーマンショックの場合は、市内全体がそれほどの落差がなく平均的に落ち込んだのに対して、今回は中心部の落ち込みが特に激しいのである。両時期を比較しよう。

　リーマンショック前の住宅着工戸数のピークは、2006 年の 1 万 5960 戸（指数 100）だった。この年を基準にしてその後の推移を見ると、2009 年の 8823 戸（同 55）で底を打った後、2012 年までに漸く 1 万戸余（同 64）の水準に達した。市内を「北西部 4 区（左京・北・右京・西京）」「中心部 4 区（上京・中京・下京・東山）」「南部 3 区（南・伏見・山科）」の 3 地域に分けて比較すると、2006 年に対する 2009 年の住宅着工戸数指数は、市全体 55、北西

【表 3　京都市行政区別、住宅着工戸数の推移、単位：戸、（指数）、2006〜2012 年】

	2006 年	2007 年	2008 年	2009 年	2010 年	2011 年	2012 年
京都市	15,960(100)	13,527(85)	10,485(66)	8,823(55)	9,836(62)	9,090(57)	10,124(64)
北西部 4 区	5,760(100)	4,274(74)	3,916(68)	3,718(65)	4,141(72)	3,391(59)	3,800(49)
左京区	1,580(100)	1,166(74)	1,325(84)	990(63)	1,308(83)	944(60)	1,076(68)
北区	1,123(100)	842(75)	830(74)	681(61)	725(65)	496(44)	614(55)
右京区	2,195(100)	1,316(60)	972(44)	1,250(57)	1,335(61)	1,152(52)	1,187(54)
西京区	862(100)	950(110)	789(92)	797(92)	773(90)	799(93)	923(107)
中心部 4 区	5,686(100)	4,894(86)	2,974(52)	2,481(44)	2,320(41)	2,551(45)	3,463(61)
上京区	1,333(100)	1,068(80)	693(52)	700(53)	754(57)	729(55)	880(66)
中京区	1,908(100)	1,523(80)	1,212(64)	589(31)	947(50)	792(42)	1,509(79)
下京区	1,941(100)	1,816(94)	754(39)	966(50)	447(23)	827(43)	835(43)
東山区	504(100)	487(97)	315(63)	226(45)	172(34)	203(40)	239(47)
南部 3 区	4,514(100)	4,359(97)	3,595(80)	2,624(58)	3,375(75)	3,148(70)	2,861(63)
南区	1,271(100)	946(74)	985(77)	451(35)	1,010(79)	857(67)	596(47)
伏見区	1,767(100)	2,155(122)	1,829(104)	1,397(79)	1,765(100)	1,518(86)	1,438(81)
山科区	1,476(100)	1,258(85)	781(53)	776(53)	600(41)	773(52)	827(56)

※資料出所：京都市総合企画局『統計解析 No18』2008 年 2 月、『同 No.91』2019 年 4 月から作成

【表 4　京都市行政区別、住宅着工戸数の推移、単位：戸、（指数）、2013〜2017 年】

	2013 年	2014 年	2015 年	2016 年	2017 年
京都市	12,602(100)	10,529(84)	10,518(83)	10,462(83)	8,978(71)
北西部 4 区	4,419(100)	4,015(91)	3,816(86)	4,458(101)	3,618(82)
左京区	1,259(100)	1,069(85)	1,094(87)	1,533(122)	947(75)
北区	806(100)	887(110)	701(87)	768(95)	787(98)
右京区	1,564(100)	1,265(81)	1,333(85)	1,496(96)	1,208(77)
西京区	790(100)	794(101)	688(87)	661(84)	676(86)
中心部 4 区	3,999(100)	3,005(75)	3,260(82)	2,511(63)	1,559(39)
上京区	1,020(100)	706(69)	765(75)	744(73)	445(44)
中京区	1,335(100)	1,152(86)	1,432(107)	714(53)	570(43)
下京区	1,236(100)	882(71)	843(68)	797(64)	388(31)
東山区	408(100)	265(65)	220(54)	256(63)	156(38)
南部 3 区	4,184(100)	3,632(87)	3,442(82)	3,493(83)	3,801(91)
南区	1,071(100)	989(92)	1,020(95)	845(79)	1,044(94)
伏見区	2,064(100)	1,808(88)	1,587(77)	1,863(90)	1,776(86)
山科区	1,049(100)	712(68)	835(80)	785(75)	981(94)

※資料出所：京都市総合企画局『統計解析 No.91』2019 年 4 月から作成

部 4 区 65、中心部 4 区 44、南部 3 区 58 となり、中心部 4 区の下落幅は市全体の 8 割を維持していた【表 3】。

これに対して今回の住宅着工戸数の落ち込みは、エアビーが日本上陸した 2014 年頃から始まり、とりわけ中心部の下落幅が大きいところに特徴がある。2013 年の 1 万 2600 戸（100）に対する 2017 年の指数は、市全体 71、北西部 4 区 82、中心部 4 区 39、南部 3 区 91 となり、中心部 4 区は市全体の半分程度にまで落ち込んでいる。つまり、リーマンショックの場合は経済不況に伴う全体的な落ち込みだったのに対して、今回の落ち込みはインバウンド急増にともなう地価高騰が主な原因であり、地価高騰の激しい中心部に住宅着工戸数の減少が集中的に発生しているのである【表 4】。

なぜ、拡大方針の誤りを認めないのか

市当局が宿泊施設誘致政策の誤りをなかなか認めようとしないのは、それがどれほど激しいホテル投資を招き、既存住宅の民泊化（簡易宿所化）をもたらしているかを十分把握していないか、あるいは分かっていても態度表明をためらっているからだろう。

京都市から毎月公表される『旅館業許可施設の推移（速報値）』は、旅館・ホテルと簡易宿所の施設数、客室数、新規許可数などが掲載されているが、所在地は記されていない。そこで京都市情報館の『旅館業法に基づく許可施設一覧』（2018 年 12 月 31 日現在）及び『住宅宿泊事業法に基づく届出施設一覧』（2018 年 12 月 28 日現在）から個々の宿泊施設の所在地を特定し、行政区別に集計してみた。ただし、この資料には客室数が掲載されていないので施設規模は分からない。客室数 100 を超えるホテルも、客室数の少ない簡易宿所や民泊もカウント数は同じく 1 施設なのである。

大小さまざまな宿泊施設を施設数だけで比較することには限界があるが、それでも営業種別に所在地を集計すれば、その分布状況は把握できる。【表 5】は 2018 年末現在の行政区別宿泊施設許可数（民泊の場合は届出数）、【表 6】は行政区別にみた許可（届出）時期別の宿泊施設数である。なお、2017 年 12 月に旅館法の一部改正が行われた以降、それまで別々に掲載されていた旅館とホテルが統合され「旅館・ホテル」となった。このため、統計の継

【表5　京都市行政区別・営業種別、宿泊施設許可（届出）数、%　2018年12月末現在】

	合計	ホテル	旅館	簡易宿所	民泊
京都市	3,639(100%)	242(100%)	310(100%)	2,743(100%)	344(100%)
北西部4区	598(16.4)	28(11.6)	76(24.5)	403(14.7)	91(26.5)
左京区	259(7.1)	8(3.3)	45(14.5)	171(6.2)	35(10.2)
北区	141(3.9)	1(0.4)	5(1.6)	111(4.0)	24(7.0)
右京区	158(4.3)	7(2.9)	17(5.5)	107(3.9)	27(7.8)
西京区	40(1.1)	12(5.0)	9(2.9)	14(0.5)	5(1.5)
中心部4区	2,374(65.2)	164(67.8)	205(66.1)	1,811(66.0)	194(56.4)
上京区	324(8.9)	7(2.9)	7(2.3)	289(10.5)	21(6.1)
中京区	630(17.3)	61(25.2)	41(13.2)	470(17.1)	58(16.9)
下京区	705(19.4)	70(28.9)	76(24.5)	498(18.2)	61(17.7)
東山区	715(19.6)	26(10.7)	81(26.1)	554(20.2)	54(15.7)
南部3区	667(18.3)	50(20.7)	29(9.4)	529(19.3)	59(17.2)
南区	413(11.3)	24(9.9)	1(0.3)	370(13.5)	18(5.2)
伏見区	214(5.9)	24(9.9)	25(8.1)	141(5.1)	24(7.0)
山科区	40(1.1)	2(0.8)	3(1.0)	18(0.7)	17(4.9)

※資料出所：京都市情報館「旅館業法に基づく許可施設一覧」（2018年12月31日現在）、「住宅宿泊事業法に基づく届出施設一覧」（2018年12月28日現在）から作成

続性を維持する観点から2018年以降は名称等から判断して従来の分類を踏襲した。集計結果から読み取れるのは、市内を「北西部4区」「中心部4区」「南部3区」の3地域に区分すると、その傾向が明白に見えてくることだ。

　最大の特徴は、ホテル、旅館、簡易宿所などの営業種の如何に関わらず、中心部4区が市全体の宿泊施設の3分の2を恒常的に占めていることであろう。また、民泊の比重もそれに近い。なかでも都心3区（中京・下京・東山）の比重が突出していて、市全体に占める都心3区の割合はホテル65%、旅館64%、簡易宿所56%、民泊50%に達している。

　通常、都心部といえば収容力の大きい大規模宿泊施設に特化するのが普通だが、京都市の場合は、中心部4区に中小施設から大規模施設まで、伝統的旅館から近代的ホテルまで、性格の異なる各種の宿泊施設が揃っており、加えて京町家型民泊も多いところに際立った特徴がある。つまり、各種宿泊施設の"共存"が地域の魅力を形成しているのであって、このバランスが崩れると「京都らしさ」が一挙に失われることになりかねない。街全体をのみ込

むような巨大ホテルの相次ぐ進出は、その危機が一歩手前まで来ていること
を示しているのではないか【表 5】。

平成最後の 10 年は "狂乱状態"

　次に、平成 30 年を 10 年周期で 3 期に分けて宿泊施設数の推移をみよう。
平成の始まりである 1989 年を基準に宿泊施設数の推移をみると、第 1 周期
（1989〜98 年）はホテル 2.3 倍、旅館 1.2 倍、簡易宿所 1.4 倍と比較的穏や
かな増加傾向を示していたのに対して、第 2 周期（1999〜2008 年）に入る
と、旅館 1.2 倍、ホテル 4.0 倍、簡易宿所 2.8 倍とホテルの増加が目立つよ
うになった。

　問題はそれからだ。第 3 周期（2009〜18 年）では "異変" とも言える大変
化が起こったのである。旅館は 1.5 倍でほとんど変わらないのに比べて、ホ
テル 10.5 倍、簡易宿所 48 倍（民泊を含めると 54 倍）に激増したのである。
対前 10 年比でみると、旅館 1.1 倍なのに対して、ホテル 2.6 倍、簡易宿所
17.5 倍（民泊を含めると 19.7 倍）になる有様だ。これはもう "狂乱状態" と
言ってもよい事態ではないか【表 6】。

　おそらく、この傾向が今後ますます加速することは間違いない。建物の高
さ規制緩和が中心部人口の回復につながればこれに越したことはないが、事
態はむしろ「焼け石に水」に終わる公算が大きい。市の宿泊施設拡大方針が
続く限りホテル・民泊（簡易宿所）の市内中心部への集中は止まらず、規制
緩和が却って更なるホテル投資の火付け役になり、人口流出に「火に油」を
注ぐことになるからだ。

　だが、このような平成最後 10 年の京都の "狂乱状態" は、「ポスト平成時
代」の暗い幕開けを予感させる。前回はそのことが簡易宿所の廃業に結びつ
いていると指摘したが、今年になってホテルにもその影響が忍び寄っている
ことが明らかになってきた。京都新聞（2019 年 3 月 3 日）は、「京の主要ホ
テル国内客 21 カ月前年割れ、訪日客増 観光混雑で敬遠、18 年は 9.4％減」
と題して、次のように報じている。

　「京都市内の主要ホテルに宿泊した日本人の実人数が 2018 年 12 月まで 21

【表 6　京都市営業種別宿泊施設数、対前 10 年比倍率（A）、1989 年基準比倍率（B）の推移】

	合計		ホテル		旅館		簡易宿所		民泊
	(A)	(B)	(A)	(B)	(A)	(B)	(A)	(B)	
1989 年 12 月	287(1.0)	(1.0)	23(1.0)	(1.0)	207(1.0)	(1.0)	57(1.0)	(1.0)	–
1998 年 12 月	380(1.3)	(1.3)	52(2.3)	(2.3)	247(1.2)	(1.2)	81(1.4)	(1.4)	–
2008 年 12 月	534(1.4)	(1.9)	93(1.8)	(4.0)	284(1.1)	(1.4)	157(1.9)	(2.8)	–
2018 年 12 月	3,639(6.8)	(12.7)	242(2.6)	(10.5)	310(1.1)	(1.5)	2,743(17.5)	(48.1)	344

※資料出所：同上

カ月連続で前年実績を下回ったことが、市観光協会などの調査で分かった。18 年全体も前年比 9.4％減（10 万 4 千人減）で 4 年連続マイナスだった。ホテル関係者の間では、訪日客の増加で市内の観光地が混雑するようになったのが大きな要因との見方が多く、日本人の『京都離れ』への懸念が深まっている」

　京都の主要ホテルにおける日本人宿泊客の減少は、訪日外国人宿泊客の増加とは逆にここ数年すでに長期的傾向と化しつつある。訪日客が増え始めた2014 年頃から予兆があらわれ始め、2015 年 4.0％減、2016 年 3.8％減、2017 年 4.8％減と 3 年連続で減少し、2018 年には遂に 10％近い大幅な下落となってあらわれたのである。
　京都市の取るべき道は唯一つ、宿泊施設拡大方針を撤回してインバウンド総量規制に踏み切る以外に方法はない。平成時代の最後 10 年の"狂乱状態"から抜け出すためにも、「ポスト平成時代」の明るい夜明けを迎えるためにも、今その決断が求められている。

〈6.6〉2018 年 9 月号
京都は"インバウンド総量規制"が必要だ
～日本人客の「京都離れ」が始まっている～

山高ければ谷深し
京都の都市計画史上、これほど急激な変化が起こったことが過去にあった

だろうか。高度成長期の自動車公害による深刻な大気汚染や環境破壊、バブル期の高層マンション建設による日照妨害や景観破壊……、京都を襲ったまちづくりの危機は過去何度かあったが、それにも増して最近のホテル開発ラッシュの勢いは凄まじいの一言に尽きる。表通りの大型ホテル建設だけではない。裏通りや路地裏に至るまで中小様々な民泊ホテルが所構わずに侵入してきているのである。

　2018 年 6 月 29 日の NHK テレビ番組『関西熱視線、沸騰！KYOTO 争奪戦〜ホテル開発ラッシュの光と影〜』は、いま京都で起こっているホテル開発ラッシュの生々しい現場の姿をルポして、多くの視聴者に衝撃を与えた。京都の中心部では昨年開業分と現在建設中のホテルを合わせると 116 件に達し、簡易宿所（民泊ホテル）に至っては昨年 1 年間だけで約 900 件も増えたというのである。しかし、京都市はまだ「宿泊施設が足りない」と考えているとか、そんなナレーションが流れていた。

　問題はホテルの数だけではない。中国系投資会社などは「京都の通りを丸ごと買った！」とホームページで大々的に謳う始末、路地全体を京町家風にリフォームして宿泊ビジネスに乗り出す計画だという。その際には路地の名称を自社名（中国名）を課した名前に変えたいというのだから、これが認められるとなると、歴史的地名を大切にしてきた京都のど真ん中に "リトルチャイナ" が出現することになる。

　このような状況をどうみるか、2 人の有識者がコメントしていた。これまでインバウンド観光を散々煽ってきた外国人投資コンサルタントは今回起用されず、代わって景観評論家のアレックス・カー氏、バルセロナのまちづくりを研究してきた阿部大輔龍大教授がコメンテイターに登場した。両氏は、行き過ぎた京都の観光開発に警告を発してきた良識ある専門家であり、番組制作者とも問題意識を共有する有識者として起用されたのだろう。

　番組では出てこなかったが、「山高ければ谷深し」という株式相場の格言がある。相場は暴騰することもあるが、その後一転して急落する危険をはらんでいるというものだ。「上げ幅が大きいときほど下げ幅もきつい」ともいわれる。実際、最近の京都を取り巻く観光情勢は、株式相場にも似た速さで変動している。株式相場がネット取引で瞬時に変動するように、世界規模で

ネット予約が飛び交う観光市場では、ちょっとした情報が切っかけで観光客がどっと押し寄せることもあれば、あっという間にいなくなってしまうこともあるのである。

　それでも観光産業が依然として成長戦略の「打ち出の小槌(こづち)」のようにもてはやされている昨今、その格好の舞台となった京都では、市長以下「時代に乗り遅れるな！」とばかり（いまだ）冷めやらぬ興奮状態が続いているらしい。市の観光振興計画では次から次へと強気の目標が設定され、目標が達成されるや次のさらなる目標が追加されるという「拡大サイクル」が継続中なのだ。だが最近になって、メディアの間でも漸く「少しは頭を冷やせ！」といった論調が垣間見えるようになってきた。

インバウンド全盛時代のメディア論調

　ここ2、3年、インバウンドに関するメディア論調をざっと振り返ってみよう。私が本誌で観光問題をテーマに取り上げるようになったのは、2017年4月の「インバウンド旋風が吹き荒れている～このままでは京都が危ない～」以来のことだ。連載2回目からは、サブテーマを「東山区のまちづくりを考える」にした。これは昨年（2017年）2月、「いいまちねっと東山」（東山区のまちづくりに取り組む市民団体）の年次総会に招かれた際、東山区でこの間ずっと続いてきた異常な人口減少が観光問題と密接に関わっていることを実感したからだ。

　京都の都心部なかでも東山区では、限度を超えた観光需要の高まりが地域経済や雇用状況を混乱させ、「観光バブル」ともいうべき異常な地価高騰を引き起こしていた。東山区では「住んでよし、訪れてよし」のまちづくりが危機に直面しており、若い世代が（嵐のような）観光ビジネスの進出で自分たちの街に住み続けることができなくなり、高齢者だけが取り残されるという文字通りの「空洞化現象」が目の当たりに進行していたのである。だが、「インバウンド全盛時代」ともいうべき世論状況の下では、東山区の危機的状況は必ずしも正確に認識されてこなかった。

　背景には、第2次安倍内閣が発足してから間もなく『日本再興戦略』（アベノミクス3本の矢の第1弾、2013年6月）が打ち出され、観光産業が経済成

長戦略の要に位置づけられたことがある。「2030 年に訪日外国人旅行者数 3000 万人超を目指す」との政府目標が掲げられ、3 年後には安倍首相自らが議長を務める政府観光構想会議において、インバウンド（訪日外国人旅行者）目標が一挙に「2020 年 4000 万人、2030 年 6000 万人」に引き上げられた（観光庁、『明日の日本を支える観光ビジョン』、2016 年 3 月）。注目すべきは、大方のメディアがこれらの目標を達成するには宿泊施設を飛躍的に増やさなければならない――と異口同音に主張したことだ。

　例えば読売新聞（2015 年 11 月 10 日）は、「観光構想会議始動、訪日客 3000 万人超へ新戦略、宿泊施設、地方誘導が課題」として次のように論じている（要旨）。

　「政府は 9 日、『明日の日本を支える観光ビジョン構想会議』の初会合を開き、日本を訪れる外国人観光客を年間 3000 万人超に増やす新たな戦略づくりに着手した。訪日客数は今年、『2020 年までに 2000 万人』とする政府目標に迫る勢いだが、今後さらに訪日客を増やすには、宿泊施設の整備や地方への誘客など解消すべき課題が山積している」

　「訪日客年 2000 万人の目標達成がほぼ確実になる中、初会合では民間の有識者らから『新たな高い目標を掲げるべきだ』との声が相次いだ。外国人観光客数が世界最多のフランスが 14 年に 8370 万人、アジア 1 位の中国が 5560 万人と世界の観光大国にはまだまだ及ばないからだ。大きな課題の一つが宿泊施設の不足。観光庁によると、今年 8 月のホテルや旅館の稼働率は全国平均で 70.2% と過去最高を更新した。特に訪日客が利用しやすいシティホテルは、27 都道府県で予約が難しいとされる 80% を超えた。そこで、マンションなどの空き部屋を宿泊施設として活用する『民泊』の拡大が議論されている。気軽に安い宿泊施設が見つけられるため、インターネット上で民泊を仲介するサービスが事実上広がりつつある」

日経新聞も大キャンペーンを開始

　日経新聞（大阪本社）はもっと前のめりだった。政府で議論が始まった頃から関西経済特集はインバウンド一色になったのである。「関西インバウン

ド旋風」と題する特集（2015 年 12 月 4 日）では、「百貨店・ホテル フル回転、『爆買い通り』地価押し上げ、民営・関空飛び立つ、訪問外国人 1000 万人へ」との大見出しが躍り、その熱狂ぶりが窺えるというものだ。

　「関西経済でインバウンド（訪日外国人）の存在感が高まっている。訪日客の増加に伴い、消費だけでなく生産、投資に波及してきた。表玄関となる関西国際空港も民営化への道筋が決まった。インフラ整備などに課題は残るが、インバウンド対応が関西経済の成長の牽引役になりつつある。三菱 UFJ リサーチによると、2015 年に関西を訪れる外国人は前年比 52％増の 730 万人の見通し。首位の関東（1132 万人）に及ばないが、中部（285 万人）に差をつけている。世界的な観光地を多数抱えることが背景にある。16 年は 860 万人と一段と増える見通しだ。関西を訪れる外国人は消費も積極的。15 年は 6948 億円と 14 年比 68％増、16 年は 8764 億円と 15 年比 26％増を見込む。全国の 2 割に相当する。とりわけ関西は消費意欲の旺盛な中国人客の比率が全国より高く、1 人当たり消費額の増加につながっている」

　同紙はまた大阪商工会議所との共催で、連続シンポジウム「関西経済圏の進路」を 2015 年 10 月から 2016 年 2 月にかけて 3 回、同じく連続シンポジウム「関西の未来」を 2017 年 4 月から 12 月にかけて 4 回、計 7 回も開いている。メインテーマはいずれも政府の成長戦略と関西（大阪）の役割に関するもので、関西でのインバウンドの成長に大きく期待を掛ける内容になっている。

高度成長期にも見紛う "インバウンド未来学"

　日経キャンペーンの特徴は、インバウンドの急成長を背景に 21 世紀の関西の未来をバラ色一色に描こうというものだ。シンポジウムの主役にはツーリズム産業と IT 産業関連の経営者やイデオローグが起用され、紙面ではインバウンドが飛躍的に発展していくための展望やシナリオが華々しく打ち出されている。

　これらの論調は今から半世紀前、1960 年代から 70 年代にかけて一世を風

靡した“未来学ブーム”を彷彿とさせる。当時、地盤沈下を続けていた関西
経済を回復させるためには、巨大コンビナート開発が不可欠との大キャン
ペーンが展開され、大阪湾一帯にわたって白砂青松の海岸が次々と埋め立て
られていった。臨海工業地帯を造成して重化学工業を発展させることが湾岸
自治体の至上命題となり、地域開発のメルクマールは工業出荷額と国民総生
産（GNP）の増大一本やりとなった。後に大問題となる公害問題や自然破壊
などの負の側面は、当時一切無視されていたのである。

　政府の観光ビジョンを推進する日経キャンペーンもまた、ほぼ同様のシナ
リオで展開されている。工業出荷額をインバウンドに、GNPをインバウン
ド消費額に読み替えれば、シナリオはほとんど変わらない。その論調は、イ
ンバウンドが増えれば増えるほど、関連消費が増えれば増えるほど、国や地
域の経済は発展するという単純な“インバウンド信仰”を身にまとったもの
にすぎない。そこには、オーバーツーリズムが都市の品格を貶め、地域のサ
ステイナブルな発展を妨げるといった危機感もなければ、過剰観光が地価高
騰を招いて「街の空洞化＝居住基盤の破壊」につながるといった問題意識も
見られない。以下、その典型的な主張を2つだけ挙げておこう。

　「2015年の訪日外国人の数は1974万人だった。このうち大阪を訪れたの
が716万人。大阪の訪日客は13年に263万人、14年に376万人だったこと
を踏まえれば、いかに急激に伸びたかがわかる。さらに多くの観光客を呼び
込むには、関西地域全体の連携が不可欠だ。中国や東南アジアから日本に来
る場合、東京よりも大阪の方が1時間早く着くという点は強みだ。しかも、
そこから京都、奈良など1時間程度の移動時間内に観光地が凝縮されてい
る。こうした地域は世界的にも珍しい。関西がより一体感を増せば、より多
くの観光客に来てもらえるはずだ。円安やビザの発給条件の緩和など訪日客
が増える条件は整っている。日本はまだ観光産業という点では駆け出しの段
階だ。特にアジアからの旅行者はもう一段伸ばすことができると考えてい
る」（第3回「関西経済圏の進路」シンポジウム、「進化するインバウンド戦略」、
基調講演、日経2016年3月16日）
　「10年前、日本のインバウンドは約800万人だった。いまは2400万人で

3 倍になった。日本の数少ない成功例の 1 つだ。ビザを発給緩和しただけで外国人が日本を発見してくれた。これだけで世界は劇的に変わっていることがわかる。日本にはカネがある。1800 兆円の個人資産があり、企業は 400 兆円もため込んでいる。働く人の資質は極めて高い。世界最先端のテクノロジーもある。カネ、人、技術と三種の神器がそろっている。これらを有効活用すればいい。イノベーションか、グローバル市場か。これからを生き残るのにどちらかしかない。インバウンド事業はグローバルだ」(第 4 回「関西の未来」シンポジウム、「まちと企業の新境地を開くインバウンド」、基調講演、日経 2017 年 12 月 20 日)

風向きが変わったのは僅か 1 年前のこと

　インバウンド全盛時代のメディア論調の風向きが少し変わり始めたのは、2017 年夏の朝日新聞夕刊 (6 月 14 日) が切っかけだった。本誌連載に眼を止めた朝日記者 (大阪本社) がある日、筆者を訪ねてきて、京都観光の現状をどうみるかについて意見を求めた。その後、当該記者が各方面の取材を重ねて書いたのが、「訪日爆増京都が悲鳴、『観光公害』『風情がなくなった』、祇園で夜桜点灯中止、バス乗れず 歩道も混乱、空き家増 広がる違法民泊」とする大型記事である。「訪日爆増、京都が悲鳴」との朝日新聞の見出しはインターネット上でも評判となり、全国を駆け巡った。

　各社の反応は素早かった。毎日新聞は、論説委員コラムで京都はもとより世界各国の「悲鳴を上げる観光地」(2017 年 7 月 26 日) を取り上げ、「経済効果をもたらすという面にばかりとらわれると、損か得かが先に立つ。消費し尽くされ、やがてあきられてしまうだけではない関係こそが大切なのだ」と説いた。また、ロンドン特派員報告 (同 9 月 20 日) では、「欧州 広がる観光客排斥、物価高騰、住宅も不足」との実情を伝え、「欧州各地で外国人観光客を排斥する動きが広がっている。個人の家を宿泊先として提供する『民泊』の普及で観光客が急増した結果、物価高騰や住宅供給の不足など住民の暮らしが激変したためだ。観光は国家にとって貴重な収入源となるため、各国とも観光客の誘致に注力してきたが、旅のスタイルを変えた民泊のもたらす弊害への対応にも迫られている」と警告を鳴らした。

　日経新聞（東京本社）も少しは世論の変化を感じ取ったのか、インバウンド一辺倒の編集方針（大阪本社）とは異なる「広がる『観光公害』への対策を急ごう」との社説（2017年9月18日）を掲げた。趣旨は「観光客は世界中で増えている。欧州では反観光運動がおこり、受け入れ抑制に乗り出す都市もあらわれた。民泊の普及で空き家が減り家賃が上昇したことも反観光ムードを生んでいる。外国人観光客が急増した日本でも摩擦や弊害への対処は急務と言える」というもの。政府に対しても観光公害の現状把握と総合的な対策を呼びかけた。

バルセロナよりひどい京都の混雑ぶり

　注目されるのは、読売新聞の速報ニュース（読売オンライン）の「観光公害の"加害者"にならずに旅行できるか」（深読みチャンネル、2017年10月27日）だろう。この記事は独自取材ではなく外部専門家による解説記事だが、そこで指摘されている観光公害の実態は、これまでの常識を覆すもので傾聴すべき内容を含んでいる。以下は、寄稿者の井門隆夫高崎経済大学准教授（JTB企画部門などを経て現職）の指摘する観光公害の実態である。

（1）1992年開催のオリンピック以後、観光客誘致を推進してきたスペイン随一の観光都市バルセロナでは、2016年に3200万人の観光客が押し寄せた。160万人の人口と比較すると20倍になる。バルセロナ市の調査では、「市民が困っていること」のトップが「失業の悩み」から「観光客に関する悩み」に代わった。

（2）日本には観光客の人口比がバルセロナをはるかに上回る観光地がある。2016年の観光客数は、鎌倉市2128万人（人口17万人の125倍）、由布市363万人（人口3.5万人の104倍）、高山市450万人（人口9万人の50倍）、それに京都市5522万人（人口148万人の37倍）だ。バルセロナより混雑が酷いとされるヴェネチアでも観光客は2000万人（人口25万人の80倍）だ。海外で相次いでいる観光客排斥のデモが国内で起きないのが不思議になるほど、（日本の）一部の観光地では観光客数が膨れ上がっている。

（3）観光地の環境を巡っては、「ツーリズム・キャリング・キャパシ

ティー」という概念がある。「観光地受け入れ容量」などと訳され、自然の生態系を壊さないよう、あるいは社会的な問題や事件・事故が起きないように、観光客の適正人数を割り出して維持するというものだ。政府は、訪日外国人旅行者数を2020年に4000万人、2030年に6000万人に増やすことを目標としている。2030年に外国人の延べ宿泊者数が日本人の生産人口（15〜64歳）の延べ宿泊者数を超える計算だ。もし、現状の旅行スタイルのまま、延べ宿泊者数とともに訪日外国人観光客が増え続けたとすれば、全国各地に観光公害がまん延し、日本でも観光客排斥の動きが起こるおそれがある（以下、略）。

日帰り客の減少は危機信号だ

この指摘は極めて重要だろう。京都市ではすでに受け入れ容量を超えた「オーバーツーリズム」の弊害が顕在化している。その影響は、2015年に過去最高の5684万人（日本人と外国人の合計）を記録した観光客数が、2016年には5522万人、2017年には5362万人へと2年連続してマイナスとなり、ピーク時から322万人（6％減）も減少したことでもわかる。原因は、外国人観光客（日帰り＋宿泊）がこの2年間で宿泊客を中心に482万人から743万人へ261万人（54％増）急増したにもかかわらず（したために）、日本人観光客が逆に日帰り客を中心に5202万人から4619万人へ583万人（7％減）も大幅に減少したからだ。

2018年7月5日に発表された『平成29年京都市観光総合調査結果』の注目点は、京都を訪れた日本人客の半数近くが「残念なことがあった」と不満を表明していることだ。しかも、その割合は昨年よりも2ポイント増加して46％に達し、「人が多い、混雑」「人が多くてゆっくり楽しめない」「バスがいつも満員で乗れない」と明確にオーバーツーリズムの弊害を指摘している（京都2018年7月5日）。このままでは急増する外国人観光客のために混雑トラブルが日常化し、そのことが京都観光のイメージダウンにつながり、日本人客の減少に拍車をかけることにもなりかねない。

将来につながるサステイナブルな観光需要とは、そのときどきの日帰り客が街の佇まいに好感を抱いて宿泊客となり、さらにその宿泊客が手厚いおも

てなしに感激してリピーター（常連客）になるという持続的なサイクルを通して形成されるものなのである。「今日」の日帰り客を満足させることができなければ、「明日」の宿泊客の確保はおぼつかない。日本人客の日帰り客が年々減少していることは、持続的な京都観光にとっては明白な危険信号なのであり、今回の結果を「『宿泊観光』の実が結び、『泊まってこそ京都』の理念が浸透。『観光消費額』及び『宿泊客数』が過去最高に！」などと大喜びするのは見当違いも甚だしい（京都市情報館、『平成29年京都市総合観光調査結果【概要】』、2018年7月5日）。

　「儲かる観光＝観光消費額」を重視するあまり日帰り客を軽視し、宿泊客数（だけ）を重視するような観光政策は明らかに間違いだと言わなければならない。日帰り客と宿泊客は相互流動的なものであり、相互補完的な存在なのである。両者が適度の「受け入れ容量」のもとで程よいバランスを保つことがサステイナブルな観光需要の涵養につながることを想えば、京都市はそろそろ目を覚まして"インバウンド信仰"から抜け出し、儲かる観光一辺倒から抜け出す時が来たのではないか。

量より質の京都新聞

　全国紙の論調もさることながら、京都市内で最多の購読数を持つ地元紙、京都新聞の与える影響は極めて大きい。2015年末から2018年6月に至るまで約2年半の社説をざっと読んでみたが、その論調は京都市民の堅実な気質を反映したもので、国や京都市の「前のめり姿勢」にブレーキを掛ける立場が一貫している。例えば、インバウンド目標を倍増する政府の『明日の日本を支える観光ビジョン』に関しては、全国紙のキャンペーンに同調せず、「訪日客過去最多、冷静に戦略を練りたい」（2016年1月20日）として量より質を重視する独自路線を掲げた。また、京都市が政府目標に呼応して大幅な宿泊施設増設方針に踏み切った際は、「京の宿泊施設、『旅館』の可能性に目を」（同9月26日）として地元旅館の意義を喚起し、観光の急激な伸長を京都市民の暮らしの豊かさにつなげることこそが市政に求められる命題だと説いた。富裕層向けのホテル建設や民泊を進める前に、「足もとの旅館の再生と活用が先」だと促したのである。

　同紙の社説が最も力点を置いたのは民泊問題だ。厚生労働省が2016年6月に最終報告書「民泊サービスの制度設計のあり方について」を公表したときは、ホテル不足を理由にした宿泊施設の粗製乱造を戒め、地域と調和した安心安全な民泊を育てるため、「民泊新ルール、地域の自主性を生かせ」（2016年7月17日）と主張した。そして、罰則規定や調査立ち入りの権限も含め、自治体条例による地域の自主性が最大限生かされるよう国に配慮を求めたのである。

　また、住宅宿泊事業法（民泊新法）案が2017年3月に国会上程されて以降は、「民泊新法案、活発な論議で懸念拭え」（2017年3月15日）を皮切りに、2018年3月まで計5回の社説を連打している。論説のいずれもが京都の街をカオス（混沌）にしないためには民泊を野放しにせず、条例などで規律ある営業を行わせる措置は当然とするもので、市民生活を脅かす違法民泊を京都から排除するため市内外への周知徹底を求めるものであった。その厳しい論調が市民の共感を呼び、市当局の民泊対策を動かしたことはまず間違いない。その背景には「政府は2020年に外国人旅行者を4千万人とする目標を達成するため、宿泊場所を増やさねばならないと考えているのだろうが、国民の住環境を悪化させてまで取り組む必要があるのだろうか」という同紙の基本姿勢がある。

“インバウンド総量規制”が必要だ

　とはいえ、メディア論調は「インバウンド信仰」や「オーバーツーリズム」と決別するにはまだまだ程遠いと言わなければならない。というよりは、観光公害への警告が漸く始まったばかりだと言った方がよく、朝日新聞でも「訪日観光客、集中和らげる工夫を」（社説、2018年2月1日）とか、「目立つ『観光公害』」（オピニオン欄、ニッポンの宿題、同4月21日）といった程度の微温的批判にとどまっている。公害問題が深刻化した1970年代には、「くたばれGNP！」といった激しい言葉が時代のキーワードになり紙面を踊ったが、それに比すべき「くたばれインバウンド！」との言葉はいまだメディア各社のどこにも登場しない。観光公害やオーバーツーリズムに対するメディアの危機感が乏しく、国民世論としてもまだまだ浸透していないか

らだろう。

　京都市政ではこれまで「呼び込み観光」が重視され、それがインバウンド信仰と結びついて「攻めの観光」と標榜されてきた。だが、攻めの観光が臨界点に達して観光公害を生み出し、オーバーツーリズの弊害が顕在化している現在、その基調を量的拡大から質的向上に大胆に転換させなければならない時が来ている。具体的に言えば、観光客数や宿泊客数を「受け入れ容量＝適正人数」以内に抑制するため、宿泊施設（部屋数）の上限を地域ごとに設定し、それを上回るホテルや民泊施設の建設を規制することが求められる。東山区をはじめ都心部の宿泊規制は急務の課題であり、目下進行中の違法民泊への厳しい取り締まりがその第一歩になるだろう。

第3部 新型コロナウイルスの歴史的試練に直面して

　2020年京都市長選と同時並行的に中国で発生した新型コロナウイルスの感染拡大は、これまで絶好調だった京都観光をどん底に突き落とした。市長選前からすでにオーバーツーリズムや観光公害についての問題点が明らかになり、市民の批判が高まるなかで京都市も政策転換を迫られていた。そこに降って湧いたのが「パンデミック」となった世界規模の新型コロナウイルスの大流行だったのである。世界各国が感染拡大を防ぐために「鎖国状態」となってヒトとモノの移動が遮断され、国境を超えるインバウンド観光は致命的な打撃を受けた。京都市観光協会は「京都市観光協会データ月報（2020年2月）」で、次のような悲痛な声明を発している。

　「新型コロナウイルスの影響により京都59ホテルにおける外国人延べ宿泊客数は前年同月比53.8%減と約半減しました。外国人比率は29.2%とインバウンド伸長初期の2015年の水準に戻りました。日本人・外国人を合わせた総延べ宿泊客数は前年同月比27.3%減となり、客室稼働率は54.3%、客室収益指数（RevPAR）は39.7%減とこれまでにない数値を記録し事態の深刻さを表しています」

　「3月に入り京都観光はさらに厳しい局面を迎えております。小中高の一斉休校、大手テーマパークの休園、出張の自粛などが生じ、国内の旅行マインドは一変しました。海外においても欧米豪に新型コロナウイルスの感染が拡大し、現地からの出国禁止や日本への入国禁止などにより訪日旅行全体が事実上閉ざされるという誰しも想像することができなかった事態に陥っています。航空路線も大幅に減便・運休しており、加えて東京オリンピック・パラリンピックの延期が発表されるなど先行き不透明な状態は当分の間続くと思われます。京都観光のみならず、世界の観光産業がこれまでに経験したこ

とがない大きな試練を迎えています」

　東京五輪開催が予定されていた2020年は、安倍政権の観光立国政策の仕上げの年であると同時に、京都市基本計画「京プラン」（2011〜20年度）と「京都観光振興計画2020」（2014〜2020年度）の最終年度にあたる。京都市基本構想（2001〜25年度）の第3期計画である次期基本計画（2021〜25年度）は、策定作業が昨年8月に始まり、今年2月の第4回審議会で答申案の骨格がほぼ固まったとされる。観光振興計画の方は、2020年5月から11月にかけて次期計画が策定される予定となっていた。だが、インバウンドブームを前提に準備作業が進められてきた各種計画は、新型コロナウイルスの感染拡大で総崩れとなり、そこに五輪開催延期という一大ショックが加わって、京都は目下パニック状態にあると言っても過言ではない。京都はこの前代未聞の危機すなわち「ビフォーコロナ」から「アフターコロナ」への道程をどう乗り越えるのか、いまその真価が問われている。第3部では、インバウンド観光から"持続可能な観光"への道筋を考える。

第 7 章

京都市長選における政策転換

　門川市政が 3 期 12 年を終える 2020 年市長選挙は、門川市政の継承か、刷新かをめぐって争われた選挙だった。それはまた、門川市政の表看板である京都の観光政策の在り方をめぐってその是非を問う選挙でもあった。2013 年 9 月に IOC 総会で 2020 年東京五輪開催が決まるや否や、門川市政は安倍政権の観光立国政策と歩調を合わせてインバウンド観光の推進に乗り出し、東京五輪開催年を目標年度とする「世界があこがれる観光都市へ」と銘打った京都観光振興計画 2020 を翌年策定した。門川市長は、巻頭言でその意気込みを次のように語っていた。

　「平成 32 年（2020 年）のオリンピック・パラリンピックの東京開催が決まり、これから我が国は一層注目を浴びるものと存じます。そしてこれは、京都に伝わる日本文化を広く発信し、京都が『観光立国・日本』を力強く牽引する絶好の機会でもあります。今回のチャンスをしっかりと捉えて、京都、ひいては我が国の発展の礎としていくためには、6 年後に何をするのかではなく、この 6 年のうちに何をするのかが極めて重要です。本計画は、スピード感を持って取組を進めていくため、従来の『未来・京都観光振興計画 2010 ＋ 5』の次の計画として半年前倒しで策定したものです」

　だが、インバウンドブームに伴う「観光バブル＝ホテル・民泊ラッシュ」が過熱し、京都のまちが「オーバーツーリズム」（観光公害）の波に呑み込まれそうになるに及んで、市長選の重大争点として "インバウンド観光の是非" が急浮上するようになった。門川市長は市長選の直前になって突如前言を翻し、「市民生活と京都のまちに調和しない宿泊施設はお断りする」との方針を打ち出した。第 7 章では、「世界があこがれる観光都市」を掲げた京

都市観光振興計画 2020 の実態を解明し、オーバーツーリズムをめぐる政策転換の背景を探る。

〈7.1〉2019 年 6 月号

観光政策の見直しは時代の変わり目に
～平成から令和へ～

新元号あれこれ

　新元号が「令和」に決まった。菅官房長官が新元号を発表した 2019 年 4 月 1 日以降、マスメディアは「令和」一色に染まった。新元号の出典となった万葉集がすでに出版ブームになっているという。

　新聞紙上では 4 月 1 日夕刊から 2 日朝刊にかけて、「新時代の令名膨らむ期待」（毎日）、「『令』『和』次代への思い映す」（朝日）、「『令和』次代へ、和の心 新時代」（読売）、「『令和』新時代を象徴」（日経）、「新時代 紡ぐ唄」（産経）、「明るい次代心待ち」（京都）などなど、新時代を強調する見出しが躍った。こうしたことも影響したのか、共同通信社が 4 月 1・2 両日に実施した全国緊急世論調査によると、新しい元号に「好感が持てる」73％、日本の万葉集が出典になったことを「評価する」84％という結果になり、大方の国民が新元号に賛意を表しているようにみえる（京都 2019 年 4 月 3 日）。

　しかしその一方、穏やかならぬ動きもある。安倍首相は発表当日（例によって）産経新聞の単独インタビューに応じ、「日本の国柄はしっかりと次の時代にも引き継いでいくべきだ。長い歴史、伝統や文化の上に新しい時代を切り開いていく」「元号は日本にしかないものだ。（略）日本に元号という仕組みが続いて今日があるからこそ、皆さんがどういう時代にしたいという思いを込めて元号を考えられるのだろう」と、その政治意図を明け透けに語ったのである（産経 2019 年 4 月 2 日）。

　産経新聞は、社説（主張）で「元号法の規定に基づき内閣が政令で決める現代でも、御代替わりに限って改まる元号は本質的に『天皇の元号』である」「正式な手続きは新天皇の下でとるべきだった。……将来は制度を改め、閣議決定した元号を新天皇が詔書で公布されるようにしてもらいたい」など

と主張している極め付きの保守系新聞だ。安倍首相が新元号発表当日、しかも首相官邸において「天皇の元号」を広言する産経新聞の単独インタビューに応じたことは、首相談話で言及できなかった"本音"を産経紙に語らせるためだったとしか考えられない。

　それでも、新元号効果で内閣支持率は 9.5 ポイント上昇して 52.8％となり、不支持率は 8.5 ポイント減の 32.4％となった（共同通信調査）。このところ支持率と不支持率が拮抗する状態が続いていただけに、安倍首相にとっては予想以上の成果であり、朝日新聞が「『令和』報道あふれる、全キー局生中継 全国紙 9 〜15 ページ割く」（2019 年 4 月 6 日）と伝えたように、"政治ショー"としても大成功となったのである。

新元号は時代の変わり目にすぎない

　「新元号＝新時代」と考えるのが一般的な理解なのかもしれないが、本稿では「新元号＝時代の変わり目」と捉えたい。それは、新元号が新時代として定着するには相当長期の年月を要すると考えるからだ。

　時代の記号である元号は、「元号は新しい時代の希望や理想を文字であらわしたもの、その時にふさわしいものを選んだだけ」（日経「元号という時代の記号」2019 年 3 月 25 日）である以上、「改元で社会のありようがただちに変わるものではない。社会をつくり歴史を刻んでいくのはいまを生きる一人ひとりである」（朝日社説 2019 年 4 月 2 日）、「平成を振り返りつつ令和の時代をどう築いていくのか。国民自身が考えながら時代のページをめくっていくことになる」（毎日社説、同）といった主体的な捉え方が必要だろう。「明治維新」「大正デモクラシー」「昭和恐慌」「平成バブル」など、元号はその時代時代を象徴する歴史的画期によって初めて国民が広く共有する時代認識となり、歴史的存在としての時代が定着するからである。

　京都の観光政策に即して言えば、新元号になったからといって直ちに「インバウンドブーム」が収まるわけでもなければ、「観光公害」が消えてなくなるわけでもない。むしろ 2020 年東京五輪や 2025 年関西万博を控えて、事態はこれからますます悪化すると考えるのが現実的だろう。とすれば、改元便乗型の安易なキャッチコピーで従来政策を糊塗するよりは、当分は新元号

を「時代の変わり目」と位置づけ、それを契機にこれまでの政策を再点検した方が生産的なのではないか。具体的に言えば、平成時代の京都観光を彩った「夢＝目標」と「現実＝当面する課題」のギャップを冷静に見極め、改めるべきは改めるといった思い切った対応が必要なのだ。

　本稿でもこの際、平成時代から新元号時代に移行する「時代の変わり目」に応じて、サブタイトル「東山区のまちづくりを考える」を「京都のまちづくりを考える」に改め、これからの新時代にふさわしい京都の観光とまちづくりのあり方を総体的に考えてみようと思う。具体的には、京都の観光とまちづくり政策が昭和から平成にかけてどのように変化したか、平成になってどれほど大きな変貌を遂げたか、当面する時代の変わり目の課題は何かなど、京都市の基本計画や観光振興計画を分析しながら新時代の課題を考えてみたいと思うのである。

昭和から平成へ、歴史の曲がり角を振り返ると……

　「時代の変わり目」と言えば、バブル崩壊で始まった平成時代は「日本の曲がり角」「京都の曲がり角」ともいうべき歴史的転換点だった。注目すべきは、京都市政がこの歴史的転換点において『京都市基本計画』（基本計画という）を『新京都市基本計画』（新基本計画という）に切り替えるという大胆な行動に打って出たことである。「新計画策定方針」が市長決定されたのは、基本計画が策定されてから5年後の1990年6月、そのときから新基本計画に向けての検討作業がスタートした（京都市企画調整局『新京都市基本計画の策定に向けて―現行計画のフォローアップと新計画の策定方針―』1992年2月）。

　高度成長期の余韻が残る中で策定された『京都市基本計画〜伝統を生かし創造をつづける都市〜』は、1985年を起点とし2000年を目標年次とする京都市最初の本格的な総合基本計画だった。計画の骨格をなす基本指標値は、15年間で人口を147.9万人から164万人（1.1倍）へ、市内純生産は3兆4500億円から7兆5300億円（2.2倍）へ、1人当たり市民所得は216万円から417万円（1.9倍）へ倍増させるという意欲的なものだった。だが、基本指標値をこれまでの趨勢（過去の実績）から導かれる「予測値」ではなく、

将来の期待にすぎない「目標値」に設定したことが、平成バブルの崩壊にともなう深刻な経済不況のなかで計画のすべてを破綻させることになったのである。

　計画策定から 5 年後、1990 年時点の基本計画の目標値と実績値のギャップ（乖離）は、人口が目標 156 万人に対して計画時よりも 1.8 万人減の146.1 万人、市内純生産が 5 兆 148 億円に対して 4 兆 815 億円（達成率 8割）、1 人当たり市民所得が 305 万円に対して 264 万円（達成率 8 割）と、もはや手直しの利かないまでに広がっていた。基本計画のフォローアップ作業はその原因を次のように述べている（「設定した基本指標値と実績値の比較」26頁）。

「定住人口については、平成 2 年（1990 年）の段階で約 10 万人の開きが出ている。これは、出生数の大幅な減少による自然増加率の低下と、転出超過傾向に歯止めが掛からなかったことによるものである。出生数の大幅な減少は出産適齢女性人口の減少や合計特殊出生率の低下によるものである。この合計特殊出生率の低下は、晩婚化が進んだことなど種々の要因が考えられるが、ハード、ソフトの両面での『子育て環境』の問題も大きいと思われる。転出超過傾向に歯止めが掛からなかったのは、戦前木造住宅の老朽化や昭和62 年（1987 年）からの地価の異常な高騰等に伴い、住宅及び居住環境の悪化が急速に進行し、住居費（持家価格、借家家賃等）の比較的安い本市周辺部への転出が増加したことや、首都圏への人口・産業の一極集中が進む中で、本市からも若年層を中心とした首都圏への転出超過が続くとともに、地方圏から本市への転入が減少したことなどによるものと思われる。また、経済関連指標の乖離が大きいが、この理由として本市の主力産業である繊維関連産業の長期低迷、事業所の流出などが影響しているものと思われる」

　この事態は（観光分野を除いて）30 年後の現在においても基本的に異なることがない。女性の合計特殊出生率が全国最低レベルで長年続いていることも同じなら、東京一極集中に伴う若年層の転出超過傾向も相変わらずのままである。また、平成バブルほどではないにしても、インバウンドブームによ

る地価高騰は市内中心部で猛威を振るっており（ミニバブル状態と言える）、これらに対応できない子育て世帯の市外流出傾向にも歯止めが掛かっていない。

夢物語から現実直視へ転換した新基本計画

新基本計画は「20世紀の京都のまちづくりの仕上げとして取り組む施策・事業を掲げるとともに、21世紀の京都創造への基礎づくりとなる方策を示すもの」とされ、計画期間は概ね1990年から2000年までの10年間、ただし基本指標値は2010年まで設定された。名称は『新京都市基本計画〜平成の京づくり、文化首都の中核をめざして〜』という華々しい響き持つものであったが、将来像の骨格を示す基本指標値はすべてダウンサイジングの対象となった。

2000年時点の新基本計画の目標値をそれ以前の基本計画と比較すると、人口は164万人から148万人へ一挙に16万人切り下げられ、市内純生産は7兆5300億円から7兆円へ、1人当たり市民所得は417万円から340万円へそれぞれ大幅ダウンとなった。長期計画としての基本計画が僅か5年で見直され、しかもこれほど大幅な下方修正が行われたことはおそらく過去に例を見ないのではないか。京都市を取り巻く状況はそれほど深刻だったのであり、やり直さなければ基本計画そのものが崩壊する事態に直面していたからである。それはまた、市政に対する市民の信頼が瓦解する危機を孕むものでもあった。

新基本計画の冒頭に掲げられた「新京都市基本計画審議会答申文」は、高度経済成長期の成長主義から脱却して「京都＝文化首都」たらんとする決意を表明するものであった。そして、「重要なことは、京都再生の確かなイメージを持って種々の課題に取り組むことである」として基本計画が“夢物語”になることを戒め、安易な目標設定ではなく“確かなイメージ”を確立することの重要性を説いた。また「行政は種々の限界を持っており、全能ではない」とその限界を率直に認め、市民の協力を呼び掛けた。これを受けた「平成の京づくり」では、「計画の基本的な考え方」が次のように述べられている（3頁、要約）。

【策定の趣旨】

　現在、本市においては常住人口の減少、大学や事業所の流出、地域コミュニティの弱体化、京都らしい風景・景観の変貌などが進み、京都が個性と魅力に満ち、文化豊かな大都市であり続けられるかどうかの岐路に立っている。こうした京都の置かれた現状を直視し、社会経済状況の大きな変化に能動的に対応する新しいまちづくりの方向と具体的な施策を明らかにすることが京都市政にとっての緊急の課題になっている。

【まちづくりの基本方針】

（ア）京都が来るべき 21 世紀において中核的な『文化首都』となるための『平成の京都策』の確立、これが今日、京都に課せられた最大の課題である。

（イ）京都は、まず何よりも人間が自由に生きる都市でなければならない。京都に住み、働き、学び、遊び、憩うすべての人々にとって、人間としての尊厳が認められ、都市を舞台とする自発的な活動やくらしづくりが保障されて、都市がいきいきとしていることが必要である。

（ウ）京都はまた、まちづくりの中で蓄積された文化財や産業技術、自然景観や都市景観、更にはくらしの知恵などに見られるように、優れたストックを生かし、それに新しい息吹を与え続ける都市でなければならない。

（エ）京都は、高度な芸術文化を創造し続ける都市でなければならない。高度な芸術文化とは、市民が生み出すさまざまな文化が相互に刺激し合い、その中から生み出される重層的で複合的な文化のことである。

（オ）更に、京都は広く外に向かって開かれた都市でなければならない。「グローバルな視野での都市づくり」に、いま京都は取り組まなければならない。（以下、略）

平成観光ビジョンの新鮮な視点

　新基本計画の策定作業が始まったのと相前後して、京都市は 21 世紀に向けた観光基本構想を策定する「京都市観光基本構想策定委員会」を 1991 年 4 月に発足させた。『21 世紀（2001 年）の京都観光ビジョン―京都市観光基

本構想―』(「平成観光ビジョン」という)がまとまったのは、それから 2 年後のことである。平成観光ビジョンは、「京都観光の位置づけと姿勢」「観光文化の創造と発展」「観光産業の育成と振興」「観光交通体系の整備」「外国人観光客の誘致と国際化の進展」「京都観光文化情報センターの設立」という 6 つの基本方針を掲げた本格的な観光基本構想であり、京都観光を取り巻く厳しい環境を直視し、21 世紀 (2001 年) に向けた京都の観光ビジョンを提起しようとするものであった。

　なかでも注目されたのは、「観光を市民全体に関わる課題としてとらえ、観光を京都のまちづくりの中で積極的に位置づける」という新しい視点だった。観光を観光客と観光施設の問題に矮小化することなく、京都の「まち」全体が観光資源であるという観点から、観光を市民生活と調和する形で受け入れ、まちづくりの一環として位置づけるというコンセプトである。この基本方針は、今日風に言えば「住んでよし、訪れてよし」ということになるが、当時としてはきわめて斬新な考え方だった (「京都観光の位置づけと姿勢」7 〜 8 頁)。

　同時に「観光産業の育成と振興」が基本方針の 1 つに取り上げられ、産業政策の一環として観光産業が位置付けられたことも注目に値する (同上 20 頁)。これまでは個々の施策として実施されてきた観光事業が産業政策の対象になった背景には、1975 年以来四半世紀にわたって続いてきた入洛観光客数 (3800 万人前後) の横ばい状態を打破する意図が込められていた。またこれに関連して、訪日外国人客への対応も大きな課題と認識されていた。全国の訪日外国人観光客数は 1985 年以降 200 万人台に乗ったものの、京都への外国人訪問客はその 1 割余りの 30 万人台に低迷していたからである。入洛観光客数は一時期 4000 万人 (1990 年) を超えたこともあったが、1991 年以降はバブル経済の崩壊で再び 3800 万人台に落ち込み、阪神淡路大震災 (1995 年) の影響もあって、2000 年まで 4000 万人台に回復することはなかった。

　岡田知弘京大名誉教授 (地域経済学) は、観光が産業政策の主対象になった背景をこの間の経済事情との関係から次のように分析している (村上弘他編『京都市政、公共経営と政策研究』、法律文化社、2007 年、151 頁、要約)。

「1990 年代半ばには、平安建都 1200 年記念事業を節目にした開発事業が一段落するとともに、長期不況の深化と生産の海外シフトによる産業空洞化の波が京都経済の牽引車であった製造業全体を覆うことになる。これは、これまでの構造不況業種であった繊維産業だけでなく、先端的な電気機械工業や情報産業も同様であった。事業所数は 1992 年以降、97 年を除いて減少傾向を続けている。従業者数も 1992 年から 10 年連続の減少となったほか、製造業出荷額も傾向的に低落している。この結果、京都経済全体に占める製造業のウエイトも低下することになり、1980 年度 29％のシェアが 2001 年度には 17％までに低下した。以上のような実体経済の変化が、1990 年代以降『ものづくり』中心の産業政策から観光を戦略産業に位置づけた産業政策への転換を促したと言えよう」

ふたたび夢物語へ、観光産業を市内総生産の 30％に

それからの展開は急ピッチだった。観光政策の担当部局が 1995（平成 7）年度の組織再編に伴い文化観光局から産業観光局に移管され、観光対策費も飛躍的に増額された。そして 21 世紀を目前にした 1998 年 3 月、新基本計画に基づき、平成観光ビジョンを具体化するための『京都市観光振興基本計画 —市民とのパートナーシップでつくる 21 世紀の観光都市・京都—』（観光計画 1998 という）が策定された。

しかし、新基本計画や平成観光ビジョンの策定から僅か数年の間に京都市の観光政策の基調は大きく変化（変質）していた。基本計画や観光ビジョンの下位計画としての振興計画は上位計画に沿うものでなければならないにもかかわらず、観光計画 1998 の中身は「似て非なる鬼子」と化していたのである。そこでは新基本計画の審議会答申にみられるような抑制的で格調高い文言は影を潜め、威勢のいい前のめりの姿勢だけが目立つようになった。それは、市長挨拶の中で突然あらわれた「光り輝くまち・京都」といったピカピカの言葉や、計画の理念である「観光革命先駆都市」という首をかしげたくなるようなキーワードなどに象徴されている。

「観光革命先駆都市」としての京都市の構成要素は、（ 1 ）観光に関する市民の意識革命、（ 2 ）大交流時代の観光振興、（ 3 ）テーマパークシティ・京

都の潜在力の3つである。だが、そこから受ける印象は観光企業のキャッチコピーまがいのもので、もはや「文化首都・京都」の面影はどこにもみられない。21世紀初頭は、外国人旅行者の爆発的増加すなわち「観光爆発」が起る時代だと位置づけられ、そこでは観光は世界的な「大競争時代」「大交流時代」に突入するとの時代認識が主流となった。京都はこの「観光革命」ともいうべき新しい潮流を的確にとらえ、観光振興と都市の活性化を図らなければならないとされたのである。

　このため、京都は1年を通してまち全体を「テーマパーク」と化し、従来の観光客だけでなく買い物や商用客、さらには在住者や通勤・通学者もすべて観光客として捉える視点が強調されることになった。そして、市民自らが多様な交流の主役となるべく意識革命を行い、市民、事業者、社寺・文化施設、そして大学までが「観光革命先駆都市」の担い手とならなければならないとされた。現代風に言えば、さしずめ「一億総観光時代」というところだろうが、これはテーマパークの経営者である京都市（ホスト）が観光客（ゲスト）と市民（キャスト）とのパートナーシップで観光産業を振興するため、市民の意識革命（意識改造）を促す……というディズニーランドばりの商業主義的シナリオそのものであろう。

　さらに驚いたことには、昭和の夢物語を反省したはずの観光計画1998において、「京都観光の目指すべき将来像〜三つの基本目標〜」の1つに、「観光産業を京都市の重要戦略産業として位置づけ、2010年に市内総生産の30％を目指す」（策定時13％）という基本目標が掲げられたことだ。この基本目標は「中間まとめ」（1997年6月）の段階では「計画の理念」に位置づけられていたが、最終案では数値目標として一段と具体化された。だが「市内総生産の30％」という目標が2010年に達成可能かどうかを裏付ける資料は一切なく、また審議過程で検討された形跡もない。昭和から平成にかけて我を取り戻した（はずの）京都市が、今度は観光産業を戦略産業に仕立てるため、再びコマーシャリズムにまみれた夢物語の世界に逆戻りしたのである。

　ちなみに、その後明らかになった市内総生産実績値は2010年5兆9742億円であり（京都市統計ポータルサイト）、その30％は1兆7922億円だから、それから5年後の2016年観光経済波及効果1兆1772億円と比較しても6千

億円も不足することになる（京都市産業観光局「観光消費額に係る京都市域への経済波及効果等について」2017 年 12 月）。

次期京都市長選では観光政策が一大争点に
～門川市政の表層と深層①～

　次期京都市長選がいよいよ 2020 年 2 月に迫った。現時点で候補者がどんな顔ぶれになるか予測することは難しいが、観光政策のあり方が一大争点になることはまず間違いないだろう。2008 年以来 3 期 12 年にわたる門川市政にとって、そのすべてが注がれてきたと言っていいほど観光政策が大きな比重を占めてきただけに、候補者がどうなろうと、この間の市政に対する市民の評価と審判が不可欠だからだ。

　次期市長選が実施される 2020 年は、言うまでもなく東京オリンピックが開催される年である。安倍政権の観光立国政策、『明日の日本を支える観光ビジョン』は、東京オリンピックを契機に訪日外国人旅行者数 4000 万人、旅行消費額 8 兆円という桁外れの目標を達成すべく、ここ数年間「インバウンド観光」を遮二無二推し進めてきた。その意味で、2020 年は安倍政権の観光立国政策にとって決算の年であると同時に、政府と同一歩調で進んできた門川市政にとっても決算の年なのである。

京都の観光公害は国家的課題

　だが、オリンピックが近づくにつれて京都の観光公害は日増しに激しくなり、もはや「観光立国推進」を唱えるだけでは済まされなくなってきた。次期市長選の重大争点として"京都観光政策の是非"が急浮上し、京都市がオーバーツーリズムに対してどのような姿勢で臨むか、観光公害に対してどのような対策を打ち出すかが厳しく問われる状況になってきたのである。

　気配を察したのか、門川市長は 2019 年 7 月の定例記者会見で「市民生活と調和した持続可能な観光都市推進プロジェクトチーム」を設置したことを挙げ、（1）違法民泊の取り締まり、（2）観光客の集中する地域での観光マ

ナー対策、（3）市バス混雑問題の3点を中心に対策に取り組むと発表した。問題はこの程度の対症療法で観光公害が果たして防げるのかということだが、2019年9月1日発行の『市民しんぶん』（観光特集号）によると、それ以上のことは書かれていない。

　市広報の内容は、（1）「観光の利点」として観光収入の増加や「宿泊税」の効用を強調することから始まり、（2）「民泊対策」「マナー問題対策」「市バスの混雑対策」に関する取り組みの説明に移り、（3）記者会見では触れなかった「観光客の分散化対策」（時期・時間・場所の3つの集中を緩和するための対策）に少しだけ言及するという形で終わっている。つまり、観光収入は貴重な財源なので観光重視の方針はこれからも変わらない。ただし一部に問題が発生しているので、対策を若干強化したい——という程度のものだ。

　政府も同様のスタンスだ。2019年6月、市幹部と一緒に伏見稲荷大社を視察した菅官房長官は、「一部の地域で問題が発生していることは承知しているが、まずは自治体が知恵を出し、必要なことは政府が支援する」とまるで他人ごとのように述べたという。観光公害は「一義的には自治体の問題」との認識であり、国は与り知らぬこととでも言いたいのだろう（京都2019年6月3日）。

　菅官房長官は人も知る観光立国政策推進のキーパーソンであり、2020年4000万人目標の達成はもとより、次の6000万人目標をめざして統合型リゾート施設（IR）を推進している中心人物である。政府が地方の観光公害などには眼もくれず、今後もインバウンド観光を遮二無二推進すると宣言している以上、京都の観光公害は激化することがあっても緩和されるとは考えにくい。

次期市長選への準備は2年前から始まっていた

　門川市長は『市民しんぶん』2019年9月1日号で、「私が市長に就任した平成20年に観光客数5千万人を達成しました。次は6千万人という声もありましたが、市民生活との調和を最優先に文化や旅の本質を求める方向へ大転換（しました）」などと述べている。だが、この市長発言は真っ赤なウソであり事実に反する。6千万人にならないよう「大転換」するとの方針は、

市の観光振興計画のどこにも書かれていない。本当のところは、（4 期目の出馬に備えて）更なる観光客数の増加をめざす「受け入れキャパシティの拡大」の準備が 2 年前から始まっていたのである。

　準備作業の 1 つは、市都市計画審議会の下に設置された「持続可能な都市検討部会」（部会長・川崎雅史京大教授、社会基盤（土木）工学、2017 年 6 月〜2019 年 3 月）による『京都市持続可能な都市構築プラン』の策定作業、もう 1 つは市長の付属機関「京都市新景観政策の更なる進化検討委員会」（委員長・門内輝行京大名誉教授、建築学、2018 年 7 月〜2019 年 4 月）による景観規制の見直し作業である。前者は 2019 年 3 月、後者は 4 月にそれぞれ答申が発表された（京都市情報館 HP）。

　この 2 つの都市政策づくりを比較して感じることは、市長や市当局の熱意が両者の間では格段に違うということだ。都市計画審議会部会（都市計画法に基づく法定審議会）で進められた都市構築プラン策定の方は、特段に PR されることもなく粛々と作業が終わったのに対して、景観規制見直し（市当局は「新景観政策の更なる進化」と呼んでいる）の方は、それこそ〝鳴り物入り〟の展開となったからである。

　理由は明らかだろう。10 年前に新景観政策が策定された頃は、インバウンド観光はまだ本格化していなかった。しかしここ数年、急増するインバウンド観光を目前にして、（障害になる）新景観政策を見直さなければならないとの意見が地元経済界で高まっていたのである。また、菅官房長官の態度にもみられるように、4000 万人目標を達成するためには、京都がその先頭に立たなければならない—とする国の圧力も大きかった。

　市当局が任意に設置できる市長の私的諮問機関、「新景観政策の更なる進化検討委員会」（「見直し委員会」という）が発足したのは 2018 年 7 月のこと、その直後の 9 月から一連の「新景観政策 10 周年記念事業」が連続的に開催され、大々的な市民向けの「景観規制見直しキャンペーン」が始まった。というよりは、次期市長選を見据えて一連の記念事業が以前から計画され、その一環として「見直し委員会」が設けられたと言った方が実態に近いだろう。

　記念事業は、（1）門川市長や委員会委員長を交えた「特別鼎談」（2018 年

9 月）を皮切りに、（2）委員会委員などがコーディネーターを務める各界専門家による「連続講座」（同 9 ～11 月）の開催、（3）それらの成果を受け、市民公募委員と有識者が議論を交わす「京都市景観市民会議」（同 11 月）が組織されるなど、京都市の総力を挙げたものとなった（予算も莫大）。そして、年末には「総括シンポジウム」が開かれ、京都経済同友会代表幹事（後述）などが参加するパネルディスカッションで一連の行事が締めくくられた。これら記念事業の一部始終は、A4 判 182 頁の美本・『新景観政策 10 年とこれから』（都市計画局景観政策課発行、2019 年 3 月）の中に収められている。

結論先にありき、見直し委員会

通常、審議会や委員会の議論は当局の諮問を受けてからスタートするものだが、今回の見直し委員会の議論は〝結論先にありき〟で始まったところに際立った特徴があった。つまり、委員会が発足してから議論がスタートしたのではなく、発足前にすでに市当局の方針が決まっており、それに合わせて議論が進められることになっていたのである。したがって、記念事業の内容と委員会の議論の間には齟齬があってはならず、それらを一体のものとして市民にアピールできるよう用意周到に手筈が整えられた。第 1 回委員会で委員長に選出された門内京大名誉教授の挨拶が、この間の事情をいみじくも物語っている（第 1 回委員会議事録 4 頁、2018 年 7 月 25 日、要約）。

「先ほど植村副市長からもお話がありましたように、新景観政策 10 周年ということで、総括の文章を書いてくれとお願いされました。今まで新景観政策に携わってきた立場からいろいろなことをまとめました。総じて言えば、今まで規制をして、規制法という形でつくってきて、取りあえずはそれでいいと思うのですけれども、これからはむしろ景観を創造していくという、景観政策を規制法から創造法へ転換していくことができないのかということが、私が原稿をまとめたときの最後の総括でした。それを受けて、創造法としての新しい景観政策の展開を図ろうということを京都市の方で決断されて、今日その諮問書という形で頂くことになりました」

　実に率直な裏話の披露であるが、要するに見直し委員会が発足する以前の段階で市当局が「新景観政策の見直し」を決定し、その方向性を「規制法から創造法への転換」に設定した上で、それに相応しい委員会メンバーの人選が行われたということであろう。それにしても、委員長がここまで明け透けに諮問に至った経過を披露しているところを見ると、その後の委員会運営がどのような形で展開されたかは想像に難くない。

経済界からの圧力も加わった

　それからもう一つ、今回の景観政策の見直しが如何に大掛かりなものであったかを知る上で、経済界が組織的な支援態勢を組んでいたことを付け加えなくてはならない。記念事業の「総括シンポジウム」に京都経済同友会の鈴木代表幹事がパネリストとして参加したことは紹介したが、注目されるのは、京都経済同友会が 2017 年 7 月から 8 月にかけて 5 種類の都市政策検討委員会を同時並行的にスタートさせていたことだ。7 月には観光委員会、景観委員会、交通委員会、8 月には北部委員会、就職・採用・教育委員会がそれぞれ議論を開始し、2019 年 3 月には上記 2 つの答申と相前後して、5 つの委員会からの提言が一斉に発表されたのである（京都経済同友会 HP）。

　提言のタイトルは、観光委員会「持続可能な京都観光を目指して」、景観委員会「未来の京都の景観に向けて」、交通委員会「『歩くまち・京都』の実現に向けて」、北部委員会「北部の観光産業発展のための経営改革と人材育成」、就職・採用・教育委員会「学生に選ばれる企業と街を目指して」というもので、内容は多岐にわたっている。しかし、そこに共通するのは　京都経済の発展は新しい価値の創造すなわち「資源の有効活用＝開発」によって生まれるとする企業経営者の視点を強く打ち出したものであり、明らかに景観政策の規制見直しを後押しするものとなっている。その代表的な意見を一つだけ挙げよう（「観光委員会」提言、3 頁）。

　「私たちは、現在の状況が深刻な『オーバー・ツーリズム』にあるとは考えておらず、観光客数を大幅に制限すべきとの立場はとらない。企業経営においても急成長する事業においてはそのための歪みというものがあり、これ

らの課題を解決することで持続的な成長を目指すものである。目先の諸問題には適切に対処する必要があるが、受け入れキャパシティの拡大を通じて京都の観光が持続可能な成長を実現することは可能だと考えている」

　「行政は過去の経緯や利害関係者への配慮から思い切った政策の立案が難しい。経営者は行政が言い出しにくいことについて世の中に問える。都市運営も企業経営も資源を有効活用し新しい価値を創造するという点で通じる面が多い。（略）京都の都市運営に不十分な点は、観光客側の視点が欠如しているのではないか。他都市に目を向ければ有益な事例が多くあるにもかかわらず、京都の独自性や特殊性ばかりに目を向けてしまう傾向がある。新規性や多様性に対する寛容度が低い点はイノベーションの阻害にも通じるのではないか」

　このような問題意識を背景に鈴木代表幹事は2019年4月、西脇京都府知事や門川京都市長と面会し、京都のインバウンド観光は「オーバーツーリズムの状況にない」との認識を示した上で、景観については「高さの『規制』から景観の『創出』に移行する時期だ」と指摘した。また、提言に込めた思いについては、インタビューの中で「経済界が行政に代わって言うべきことを言わなければならない」と、今回の同友会提言の意図を率直に語っている（日経2019年4月3日、抜粋）。

　経済界からの強い要望（圧力）は、市議会与党会派を通して市政運営に直ちに反映されることとなる。門川市長がこれまで（現在も）市民の批判を無視してホテル建設ラッシュを放置し、宿泊施設の過剰問題の存在を容易に認めようとしないのは、経済界が現状を「オーバーツーリズム」の状況にはないと断定し、今後も「受け入れキャパシティの拡大」を通じて京都観光の成長が可能だとする強い意向を示しているからであろう。

規制と創造を対立させる稚拙なロジック

　見直し委員会の結論は、答申文中の「2．京都市の景観政策に求められるもの、（1）優れた景観の新たな創造」の次の一節に集約されている。

「京都を文化と産業の息づく持続可能な創造都市としていくためには、景観の保全・再生だけでなく、活き活きとした暮らしや営みの実現に繋がる新たな景観の創造も求められる。しかし、新景観政策は景観の保全・再生のために形態をコントロールする『規制法』が中心となっており、相当の効果をもたらしているとはいえ、まち全体を活き活きとした場所にしていく上で必要となる新たな景観の創造にも貢献できる『創造法』になっているわけではない。京都の景観づくりでは、保全・再生と創造のバランスをとることが重要であり、そのことを可能にする景観政策の体系を構築することが求められる。それゆえ、景観政策を規制法から創造法へと進化させる必要がある」

　ここでのロジックのポイントは、景観政策を「規制法から創造法へ」進化させると称して、（1）「規制」と「創造」を対立概念として捉え、（2）「規制」については「保全・再生のための建築コントロール」に矮小化することで消極的なイメージを与える一方、（3）「創造」についてはそれとは対照的に「活き活きとした暮らしや営みの実現に繋がる新たな景観」をつくりだすポジティブな行為として描き出す─という点にある。
　だが本来、規制はそのような性格のものではないはずだ。国語辞典によれば、「規制＝規律を保つために制限すること」とあり、用語例には「交通規制」が挙げられている。交通規制がなければ道路交通は麻痺して機能不全に陥り、交通事故が続発して生命が危険にさらされる。安全で快適なドライブを確保するためには、危険な「あおり運転」を規制しなければならないのは当然のことだ。建築規制や都市計画規制も同じで、規制がなければ居住環境の悪化を防ぐことができないし、災害防止も不可能になる。
　つまり、規制は市民の暮らしや都市の営みに不可欠な秩序と快適さを保つ上で、市民生活の公準である「シビルミニマム」と「アメニティ」を維持していくための必須要件であり、良好な市街地環境を確保するために求められる基本的な「社会ルール」なのである。したがって、規制と創造を対立関係に置き、規制を転換（否定）して創造を追求することなど理論的にも実践的にも成立しない。規制は創造の基礎であり前提なのであって、両者は「共存関係＝相互補完関係」にあると見るべきなのである。

規制法から創造法へ、架空の主張は成り立たない

　それにしても、「規制法から創造法へ」といったスローガンがなぜそれらしく持ち出されるのだろうか。私はその背後に、市当局（委員長を含めて）が「創造」という言葉のあいまいさを意識的に利用したネーミング（命名・造語、新製品を売り出すときに印象の強い名前を付けること）を打ち出し、景観規制をなし崩し的に緩和しようとする、ある種の政治的意図を感じずにはいられない。

　規制と創造を対立的にとらえる発想の基底には、京都同友会が言うように新しい価値の創造は「資源の有効活用＝開発」によって生まれるものであり、規制は開発の阻害要因だと考える古臭い「開発主義」（開発イデオロギー）が根強く横たわっている。だが、国連の「環境と開発に関する世界委員会」（ブルントラント委員会、1987年）が提起した新しい開発概念の意義は、開発と環境は互いに反するものではなく共存しうるものとして捉え、「持続可能な開発」概念を導いたことにある。持続可能な開発とは「節度のある開発」のことであり、内容的（質的）には経済開発、社会発展、環境保全が調和するような「バランスの取れた開発」のことであり、規模的（量的）には、現在世代が将来世代の環境資源を食い潰すことのないような「抑制された開発」のことである。

　そもそも「創造法」というネーミングに問題があることは、見直し委員会のなかに法律家が1人でもいればすぐにでもわかることだ（委員会は土木・建築・景観などの工学系メンバーだけで構成されている）。規制法には法的根拠があるものの、創造法は「架空の存在」であり、市当局の便宜的な「ネーミング」でしかないからである。規制法は、現行法制の中に「宅地造成等規制法」「騒音規制法」「ストーカー規制法」など市民生活にとって身近な法律があるように、その必要性は社会から広く認知されている。社会秩序を乱す反社会的行為や迷惑行為が日常的に発生するという社会の現実がある以上、それらの行為を未然に防止し、被害の拡大を防ぐためには各種の規制法が必要だからである。

　それに対して「創造法」という法体系は存在しないし、法律用語としても存在しない。景観規制の見直しの根拠法となる都市計画法の中にも「創造」

という法律用語は一言も出てこない。規制法は対象、目的、手段が明確に規定されているのに対して、「創造法」は（1）いったい何を（対象）、（2）どのような内容・あり方のものとして（目的）、（3）どういう手段・方法（手段）で具体化するかが明確でないのである。それほど「創造法」という"法概念"は曖昧かつ抽象的であり、具体性を欠いた内容のない概念だと言わなければならない。

　「創造法」があたかも現実に存在するかのように説明し、法的根拠の裏付けもなく「規制法から創造法へ」などと主張することは慎まなければならないだろう。まして、公的に運営される見直し委員会やイベントでこのような主張が展開され、市当局がそれを「公的見解」として流布することは明らかな問題行為であり、是正されるべきと考える。正確でないネーミングの"法概念"を市当局が公式用語として使用することは、市民の意識を誤った方向に誘導するもので許されるものではないからである。

高層開発を創造に言い換えた京都市マスタープラン

　ところが「創造法」とまでは踏み込んでいないが、「創造」という用語が市の公文書に出てくるのは、実は今回が初めてではないのである。都市計画法第6条の2第1項には「都市計画区域については、都市計画に、当該都市計画区域の整備、開発及び保全の方針を定めるものとする」という条項があり、各都市の法定都市計画はこの条項に基づいて策定されることになっている。しかし、市民向けの解説書である『京都市都市計画マスタープラン』（2012年）には、「整備、開発、保全」がなぜか「保全、再生、創造」に変更されている。マスタープランの「4.将来の都市構造、①京都市の特性を踏まえた土地利用の展開」の中には「保全・再生・創造の土地利用」という項目があり、以下のような記述がみられる（55頁）。

　「内陸盆地都市の特徴を生かし、三山の自然的土地利用とその地理的条件によって限られた市街地の都市的土地利用から構成される都市の基本的な構造を維持・継承します。そのため、市域を大きく『保全』『再生』『創造』の3ゾーンに大別し、これを都市づくりの基本として、それぞれの特性に応じ

た土地利用を誘導するとともに、各ゾーンの中においても保全・再生・創造
の考え方に立った個性的な土地利用を誘導します」

「〈保全ゾーン〉三山、文化財や史跡の点在する山麓部、山間部、ゆとりと
景観に恵まれた地域一帯における自然と歴史的な景観を保全するとともに、
良好な居住環境の保全・向上や文化、学術、研究機能の集積を図るゾーン。
〈再生ゾーン〉伝統的な京町家も数多く残り、商業・業務機能が集積し、
職・住・文・游が折り重なる歴史豊かな市街地における調和を基調とする再
生を図るゾーン。〈創造ゾーン〉21世紀の新たな活力を担う創造のまちづく
りを進めるゾーン。基本とする考え方は上記の3つですが、それぞれのゾー
ンの中でも個別に保全・再生・創造の考え方があります」

「保全・再生・創造の都市づくりを踏まえ、保全ゾーンは低層または中低
層を主体とする地域、再生ゾーンは中低層または中高層を主体とする地域、
創造ゾーンは中低層または中高層を主体としつつ、環境も配慮しながら高層
も許容する地域とします」

　つまりここでは、「創造ゾーン＝21世紀の新たな活力を担う創造のまちづ
くりを進めるゾーン」などと大げさに説明されているが、実態は開発自由度
の高い高層建築ゾーンが「創造ゾーン」とネーミングされているだけの話で
あって、内容的にはそれ以上でもそれ以下でもないのである。見直し委員会
の答申も「京都の景観づくりでは、保全・再生と創造のバランスをとること
が重要であり、そのことを可能にする景観政策の体系を構築することが求め
られる。それゆえ、景観政策を規制法から創造法へと進化させる必要があ
る」と述べているように、意図するところはマスタープランの中に「それぞ
れのゾーンの中でも個別に保全・再生・創造の考え方があります」との注記
を利用して、保全・再生ゾーンの中に開発自由度の高い区域を個別に導入で
きるよう、景観政策の見直しが必要だと言っているにすぎない。

高さ規制・容積率の緩和は "逆さまの論理"

　見直し委員会の答申後、2019年6月から7月にかけて都市計画局景観政
策課から景観規制と都市計画規制の見直しについて市民意見の募集（パブ

リックコメント）が実施された。タイトルは、「『持続可能な都市の構築』及び『新景観政策の更なる進化』に向けた都市計画の見直しについて」という尤もらしいものだが、サブタイトルには「用途地域や容積率、高度地区、景観地区等の見直し（案）について市民の皆様の御意見を募集します」とあるように、主たる狙いは、都市計画規制の見直しによって市内幹線道路沿道や工場地帯の建物の高さ、建蔽率（建築面積÷敷地面積）、容積率（延床面積÷敷地面積）を緩和し、オフィス・マンション供給の落ち込みを打開したいとするものだ。

　具体的には、五条通、御池通、葛野大路通など幹線道路の沿道部分を用途地域の変更などによって建物高さ、建蔽率・容積率を大幅緩和し、オフィスやマンションを高層化して建て易くしようというもの。その代表例は、五条通沿道（JR 丹波口駅〜西大路通）を従来の準工業地域から商業地域に変更することで、建物高さを 20m から 31m へ、建蔽率を 60％から 80％へ、容積率を 200〜300％から 600％へ見直すというのであり、建物高さを 1.5 倍、容積率を 2 〜 3 倍にして大型高層ビル化を進めようというのである。

　注意しなければならないのは、規制緩和の対象となる建築物が「事務所又は研究施設」という制限が一応付けられているものの、「その機能性を高める利便施設（店舗、飲食店、保育所等）を併設した建築物」も関係する床面積が当該建築物の半分未満なら認められるという付帯条項があることだ。京都市は「MICE 観光＝会議・研修・展示等のイベントを中心とするビジネス観光」に力点を置いている以上、事務所や研究施設に必要な「利便施設」の中にホテルが入らないわけがない。利便施設の例示として「店舗、飲食店、保育所等」が挙げられているが、この「等」の中にホテルが含まれることは自明の理だろう。

　とすれば、五条通、御池通など幹線道路の沿道では、高さ規制と建蔽率・容積率の緩和によって生み出される床面積の少なくない部分がホテルによって占められることになり、床単価が吊り上げられることで、オフィスやマンション供給が思うように進まない事態も十分に起こりうるのではないか。

　このように「規制法から創造法へ」などと称して、オーバーツーリズムの元凶であるホテル建設はいっこうに規制せず、そのために用地不足に陥った

オフィスやマンションを供給するためと称して高さ規制や容積率の緩和に踏み切るのは明らかに“逆さまの論理”というべきであろう。市内のオフィスやマンション不足の根本原因は、観光投機に基づくホテル建設ラッシュに用地を奪われているためであって、ホテル規制を厳しくして投機活動を規制し、地価を適正水準に下げない限り、オフィスやマンション供給を回復させることは難しいのである。

【追記】

　本稿の課題は、京都市のお題目である「規制法から創造法への進化」という法概念の検討にある。しかし、法律の専門家ではない筆者にとってこの課題は身に余るものであり、初稿を書き上げた段階で長らく都市法の研究に従事されてきた原田純孝東大名誉教授の校閲を受けることにした。原田氏は日本の都市法研究のリーダーの一人であり、大著『日本の都市法Ⅰ、Ⅱ』（東京大学出版会、2001年）の編者でもある。校閲の労を取られた原田氏に心からの謝意を捧げるとともに、コメントの大要を以下に記したい。

　　（1）「創造法」という概念は、法律用語として存在しない。「規制法」と「創造法」を対概念的に使用して対比させることも、法律的には適切でない。

　　（2）「規制法」では、「規制」の対象や目的、方法がそれなりに明確になるが、「創造法」では、①いったい何を、②どのような内容・あり方のものとして、③どういう手段・方法で「創造」していくかが不明確のままである。仮に「新しい景観の創造法」と言ってみても、②や③は曖昧なままである。

　　（3）一方、「開発法」は、「開発」という言葉の中身を当該課題に応じてそれなりに示すことができるので、まだ法律的な概念として成り立つと思われる。都市開発、都市計画、まちづくりなどは、すべて「創造」の契機を含んでいるので、「開発法」を当該課題に即する形で使う方が直截で素直なように思われる。

　　（4）「創造法」という言葉は、要するに「再開発・高度利用の促進、そのための規制緩和」というような言葉の使用を避けるために市当局がひ

ねり出したネーミングであって、実体的な中身は「緩和・改変・開発」なのではないか。

（5）以上から、「創造法」という"法概念"は、曖昧で、不明確で、無内容としかなり得ず、「規制法」とはレベルの違い過ぎる言葉のように思われる。

〈7.3〉東山講演録 2019 年 12 月

京都が京都でなくなる日
～門川市長の変節、政策転換～

門川市長が突然、方針転換（変節）した

　門川市長は 1 カ月前の 2019 年 11 月 20 日、市長選を目前にして「市民の安心安全と地域文化の継承を重要視しない宿泊施設の参入はお断りしたい」と、これまでのインバウンド観光一本やりの姿勢を一転して翻した。昨年暮れの定例記者会見では、宿泊施設客室数の見通しが 2020 年に 5 万室を超え、市の想定を 1 万室も上回る事態がすでに明らかになっているにもかかわらず、宿泊施設が過剰との現実を頑として認めなかった。しかも、市中心部での宿泊施設の抑制は「市場原理と個人の権利を最大限尊重する政治経済や現在の法律では困難」として一切の政治責任を放棄し、周辺部などで高級施設を増やすことが抑制策になると（子供じみた）考えを示していたのである。

　それから 1 年、別に事態が劇的に変わったわけではないにもかかわらず、「これ以上増え続けると劣化や過当競争を引き起こす恐れがある。あらゆる手段を用いて取り組む」と突然これまでの認識を改め、「京都は観光都市ではなく、市民の暮らしの美学が観光面で評価されているので、基本は市民生活だ。観光の前進と同時に生じた問題に適切に対応していくことで『観光課題解決先進都市』を目指したい」（毎日 2019 年 11 月 21 日）と臆面もなく語った。

　京都市政のリーダーには、京都が京都であるための確固たる政治哲学と政策の一貫性が求められる。そうでなければ、千年の古都・京都を「品格のある持続可能な観光都市」に導くことは難しい。門川市長は、これまで 3 期

12年間にわたってひたすら「京都のインバウンド観光都市化」を進めてきたのだから、いまさら方針転換（変節）するのはおかしい。4選出馬するのであれば、これまでの方針を市民に正面から堂々と問うのが筋というものであり、それが与党会派の支持が得られないのであれば、支持政党なしで立候補するか、それとも引退するかを選ぶべきなのだ。

　門川市長はなぜ、前言を翻して方針転換（変節）したのか。その背景には、京都新聞が京都市議選候補者93人全員に対して行ったアンケート調査において、「外国人観光客をさらに増やすことに賛成ですか」との質問に対して、自民党候補者の大半が「どちらでもない＝賛成できない」と回答したことがあった（京都2019年4月1日、2日）。

市議選アンケートの意外な結果

　京都市議選候補者93人全員に対するアンケート調査では、「外国人観光客をさらに増やすことに賛成ですか」との質問に対して、回答は「賛成」25人（27%）、「反対」19人（20%）、「どちらでもない」49人（53%）となり、「どちらでもない」が過半数を占めるという意外な結果になった【表1】。この傾向は、当選者67人に絞ってみても「賛成」18人（27%）、「反対」15人（22%）、「どちらでもない」34人（51%）とほとんど変わらない【表2】。

　当選者の会派別回答は、「外国人観光客をさらに増やす」ことに（1）公明・維新はほぼ全員が賛成、（2）共産はほぼ全員が反対、（3）自民・立民・国民・京都などは慎重というように、オール与党内部でも意見が分かれている。公明・維新がインバウンド観光拡大に積極的なのに対して、自民が消極的なのはなぜか。

　原因は明らかだろう。最近、市議会に対して市民からの苦情が殺到するようになり、インバウンド観光への疑問や不信が、自民会派の間でも急速に高まってきているからだ。地元業界や地域町内会などの利害関係が深い自民は、地域住民からオーバーツーリズム（観光公害）の弊害を突き付けられて四苦八苦するようになり、そうした影響がアンケート結果となってあらわれたのである。今年の市議選で住民の支持（1票）を取り付けるためには、インバウンド観光に慎重でなければならないとの空気が一気に広がったのであ

【表1　京都市議選候補者アンケート、「外国人観光客をさらに増やすことに賛成ですか」】

	計	自民	公明	維新	京都	国民	立民	共産	その他
合計	93	23	11	6	7	8	7	21	10
賛成	25	3	11	5	0	1	1	0	4
どちらでもない	49	20	0	1	7	7	6	3	5
反対	19	0	0	0	0	0	0	18	1

※資料出所：京都新聞、2019年4月1、2日

【表2　京都市議選当選者、同上】

	計	自民	公明	維新	京都	国民	立民	共産	その他
定数	67	21	10	4	5	4	3	18	2
賛成	18	3	10	3	0	0	1	0	1
どちらでもない	34	18	0	1	5	4	2	3	1
反対	15	0	0	0	0	0	0	15	0

※資料出所：上記の候補者アンケートから当選者を抜粋して再集計

る。

京都は観光都市ではないという詭弁

　門川市長は、最近「京都は観光都市ではない」などと訳の分からないことを言うことが多くなった。京都新聞社主催の座談会では、司会が「京都市を中心に多くの観光客が訪れて経済的なプラス面が大きい一方、過度な集中や混雑などで住民生活に支障が出ている。観光公害、オーバーツーリズムという問題といかにバランスをとるか」と質問したのに対して、「京都は観光都市ではないと常に言っている。文化的、伝統的な暮らしが観光の面で評価されている。政策はあくまで市民生活を基軸に進めている。京都に集中というが、インバウンド（訪日客）全体の中で12％しか市内に泊まっていない。伏見稲荷大社以外の伏見、嵐山以外の右京、西京は観光客が少ない。季節、時間、場所の『三つの集中』の打破に取り組んでいる。ほんまもんの伝統文化や産業を感じてもらい、市民の豊かさにつなげるには、高品質の宿泊施設がまだ足りない」と答えている（京都2019年1月3日）。

　また、産経新聞インタビューの「京都は『観光都市ではない』とよく言わ

れていますが、その真意は？」との質問に対しては、「特にこの10年、旅行雑誌などでも観光面で高い評価を受けるようになりました。しかし、観光面で高く評価されているお寺や神社、自然、景観、文化などは決して観光のためにできたものではありません。京都に伝わる日本の心、精神文化、その背景にある暮らしの美学、生き方の哲学、そういうものが大都市でありながら感じられる。それが観光的にも評価されている」と回答している（産経2019年4月28日）。

　この発言が事実であれば、京都市民は何も観光公害にも悩まされることもなく、ホテルや民泊の建設反対運動に立ち上がる必要もないはずだ。しかし現実は、門川市長の3期12年間、京都市政は市民生活を二の次にしてすべてをインバウンド観光に注ぎ込んできた結果、京都の観光商業化がもはや一線を超えており、誰が見てもオーバーツーリズム（観光公害）の弊害を否定できなくなってきている。門川市長は、インバウンド観光中心の「儲かる観光政策」をカモフラージュするため、京都は金儲け本位の「いわゆる観光都市」ではないと主張しているだけの話なのである。

　本物の観光都市と「いわゆる観光都市」は違う。千年の古都・京都は、品格のある本物の観光都市であるはずだ（あるべきだ）。門川市長が「京都は観光都市ではない」などと言うのはミソクソを一緒にする類の話で、市長としての見識に欠けることおびただしい。このような発言を相変わらず繰り返すのは、京都がインバウンド観光一色の都市すなわち「いわゆる観光都市」化しつつある実態を市民に知られたくないからだろう。

京都国際観光文化都市はどこへ行ったのか

　京都には、憲法第95条「特別法の住民投票」の規定に基づき、戦後まもなく「京都国際文化観光都市建設法」（1950年）が市民の総意で制定され、「京都国際文化観光都市」という立派な名称が確立している。憲法第95条には、「一の地方公共団体のみに適用される特別法は、その地方公共団体の住民の投票においてその過半数を得なければ、国会は、これを制定することができない」とあり、京都国際文化観光都市建設法は、京都市民の住民投票による過半数の同意を得て、国会で制定されたのである。同法の第1条（目

的）には次のような条文がある。

「第一条 この法律は、京都市が世界において、明びな風光と歴史的、文化的、美術的に重要な地位を有することにかんがみて、国際文化の向上を図り世界恒久平和の理想の達成に資するとともに、文化観光資源の維持開発及び文化観光施設の整備によつてわが国の経済復興に寄与するため、同市を国際文化観光都市として建設することを目的とする」

しかし、桝本・門川市政を通して「京都国際文化観光都市」の名前が出て来るのはたった1回しかない。観光振興計画の土台として位置付けられているのは「世界文化自由都市宣言」の方であり、門川市長は「今でも声に出して読むと涙が出て来る」のだという（産経インタビュー、同上）。

「世界文化自由都市宣言」（1978年10月）は、京都の都市像を「京都は古い文化遺産と美しい自然景観を保持してきた千年の都であるが、今日においてはただ過去の栄光のみを誇り、孤立して生きるべきではない。広く世界と文化的に交わることによって、優れた文化を創造し続ける永久に新しい都市でなければならない。われわれは、京都を世界文化交流の中心にすえるべきである」と宣言している。おそらく「広く世界と文化的に交わることによって、優れた文化を創造し続ける永久に新しい都市でなければならない」という一節が、インバウンド観光を推進する門川市政と響き合うのであろう。

だが、京都が優れた文化を創造し続ける「永久の新しい都市＝品格のある本物の観光都市」であるためには、京都の歴史文化の伝統を未来に伝える"都市の持続可能性"が担保されていなければならない。「永久の新しい都市」は豊かな歴史的土壌の存在が前提になるのであって、この都市宣言は「新しい都市」への方向性が過度に強調され、その土台となる都市の持続可能性の重要性が軽視されている。京都がインバウンド観光によって都市としての持続可能性を失うときは、「京都が京都でなくなる日」を迎えるときなのである。

政策転換には、それ相応の反省と理屈が要る

　政策の方針転換は、政治への信頼と首長の進退に係る一大事だ。政策の一貫性は首長の政治生命そのものである以上、首長のポストはその実現手段でしかない。首長が首長であるためにはポストよりも政策が大事なのであって、市長というポスト欲しさに方針転換（変節）することは、首長の権威と正統性を失墜させ、市政に対する市民の信頼を失わせることになる。

　門川氏が出馬に固執するのであれば、インバウンド観光を推進してきた3期12年間の市政を総括し、市民の評価と判断を乞わねばならない。だが、方針転換を表明した2018年11月の記者会見で用意されたのは、「『市民生活との調和を最重要視した持続可能な観光都市』の実現に向けた基本指針と具体的方策について（中間とりまとめ）〜市民・観光客・事業者・未来四方よしの持続可能な観光地マネジメントの実践〜」という、舌をかむような長たらしいタイトルの文書だけだった。

　この「中間とりまとめ」は、これまでの事務的レベルの対策を延々と並べただけで、従来の取り組みに関する総括もなければ、オーバーツーリズム（観光公害）やオーバーホテル問題を解決するための方針も示されていない。これは官僚の作文であれ学生のレポートであれ、このような長たらしいタイトルの文書は、言わなければならない肝心の内容が定まらず、些末な事項の羅列でお茶を濁す場合の見本ともいうべきものだ。

　一連の騒動は目下、京都商工会議所の立石会頭が今年最後の定例記者会見（2019年12月16日）で示した見解で一見収まっているかのように見える。立石会頭は、門川市長がホテル建設を抑制していく考えを示したことについて、「賛成だ。地域との共生という意味でいっぺん立ち止まって検証すべきところに来ている」（毎日2019年11月17日）と述べて事態の収拾を図った。だとすれば、門川氏はこれまでのインバウンド観光政策をどう見直すのか、選挙公約として具体的に示さなければならない。筆者は、少なくとも次のような市民意向調査が必要だと考えている。

　（1）　インバウンド観光の是非について、京都市民の意見を聴く「インバウンド観光に関する意向調査」を実施すること。

　（2）　インバウンド観光対策として観光客の上限を定める「総量規制」の

是非について、京都市民の意見を聴く「観光総量規制に関する意向調査」を実施すること。

〈7.4〉2020 年 1 月号
もうそこまで来ている、京都が京都でなくなる日
〜門川市政の表層と深層③〜

　世界の潮流が「持続可能な観光」に向かいつつある現在、安倍政権の観光立国政策は、時代の流れに逆行する「平成の高度成長政策」だったことが次第に明らかになってきている。昭和の高度成長政策は、海を埋め（臨海コンビナート開発）、山を削り（宅地造成）、高速道路を張り巡らすなど、深刻な環境破壊（公害）と過密・混雑（大都市集中）をもたらした。大都市はいま、その後遺症ともいうべき地震・台風・豪雨などが引き起こす数々の災害リスクに直面している。

　国際社会から「エコノミックアニマル」と評された（GNP 至上主義の）高度成長は、ヒト・モノ・カネのすべてを引き寄せる「東京一極集中」を加速し、過疎化の波を全国土に広げて地方を疲弊させた。高度成長は、国土の均衡ある発展と都市の持続可能な成長を妨げ、過密過疎問題を激化させ、人間居住環境（ハビタット）の縮小と荒廃をもたらした。日本国土はいま、恒常的な人口減少と地域社会の荒廃によって「衰退の危機」に瀕している。

京都の歴史的本質は "持続可能性"
　京都も例外なく高度成長の嵐に巻き込まれたが、それでも京都をこよなく愛する町衆や市民によって辛うじて「まち」が守られ、千年余にわたって受け継がれてきた古都はいまなおその輝きを失っていない。京都が世界でも類まれな「サステイナブル都市」として知られているのは、京都の歴史的本質が "都市の持続可能性" に裏打ちされ、そのことが「京都が京都」である所以となっているからである。

　京都市の基本構想・基本計画には、都市理念として「世界文化自由都市宣言」（1978 年 10 月）が掲げられ、「京都は古い文化遺産と美しい自然景観を

保持してきた千年の都であるが、今日においてはただ過去の栄光のみを誇り、孤立して生きるべきではない。広く世界と文化的に交わることによって、優れた文化を創造し続ける永久に新しい都市でなければならない。われわれは、京都を世界文化交流の中心にすえるべきである」と謳われている（京都市基本計画・『京プラン』、11頁、2011年）。

　過去の栄光を誇り、孤立して生きることは避けなければならないが、京都が優れた文化を創造し続ける「永久の新しい都市」であるためには、京都の歴史文化の伝統を未来に伝える"都市の持続可能性"が担保されていなければならない。「永久の新しい都市」は生まれるのではなくて生まれ変わるのであり、そのためには持続可能性という豊かな歴史的土壌の存在が前提になるのである。この都市宣言は（高度成長期の影響もあって）「新しい都市」への方向性が過度に強調され、その土台となる都市の持続可能性の重要性が軽視され、看過されている。都市理念といえども時代の産物であり、時代風潮の影響から免れ得ない以上、私たちは常に（世界文化自由都市宣言も含めて）「京都が京都」であることの意味を考え続けなければならないだろう。

　"都市の持続可能性"という視点からすれば、京都はいま間違いなく観光立国政策によって「京都が京都でなくなるリスク」に直面していると言える。安倍首相のいう「新しい時代・令和」を迎えた現在、皮肉にも観光立国のトップランナーとして走り続けてきた門川市政の観光政策が限界に達し、オーバーツーリズムに基づく深刻な観光公害が京都の都市の持続可能性を脅かしているからだ。門川市政を検証するための本稿第3弾は、しばし具体的問題から離れて京都のまちづくりの原点に立ち返り、安倍政権の観光立国政策の意味を問い直すことによって、京都が京都であるための歴史的な立ち位置を確かめてみたいと思う。

G20観光相会合、共同宣言を採択

　次期市長選を目前に控えた折しも折、全国各紙は2019年10月26日、北海道倶知安町で開かれていた主要20カ国・地域（G20）の観光相会合が、共同宣言を採択して幕を閉じたと報じた。G20観光相会合は、観光客の急増が地域社会に負担をもたらすオーバーツーリズム（観光公害）の解決に主要各

国が積極的に取り組むことで一致し、自然や文化財を守りながら持続的な発展を目指す宣言文を採択して閉幕した。

　翌 27 日の朝日新聞は、1 面トップで「G20 観光相会合で議論、観光公害世界の悩み、訪日客増 対策半ば」と大きく伝え、「世界的な旅行市場の拡大に伴う観光客の急増が自然資源の保護や環境への影響、混雑など『様々な困難を生み出す』との認識で各国が一致し、大企業がもうかるだけでなく観光による利益が地元に行き渡るよう申し合わせた」と報じた。

　日経新聞も「増えすぎた観光客が地域住民の生活に悪影響をもたらす『オーバーツーリズム（観光公害)』が世界的な課題になっている。観光業は将来有望な成長産業である一方、その副作用も無視できなくなりつつある」と警告し、オーバーツーリズム発生のメカニズムを次の 3 段階に分けて解説している。記事では、京都がどの段階にあるかについては言及していないが、すでに第 2 ステージから第 3 ステージに移行しつつあることは明らかだろう。

　（1）第 1 ステージ。観光客の増加で混雑し、観光客の満足度や再来訪希望に影響が出る。

　（2）第 2 ステージ。さらに観光客が増えると地域の観光地化が進み、日常生活に支障をきたす（具体例：公共交通機関が混雑)。

　（3）第 3 ステージ。観光に対する地域住民の反感や嫌悪感が生まれ、持続可能性が低下する（具体例：地価高騰で地域住民が商売継続困難に。郊外への転居を強いられる)。

　京都新聞もまた、「世界的な観光ブームの陰で二つの懸念材料が浮上している。旅行者急増に伴う『観光公害』、頻発する自然災害のリスクだ。放置すれば成長を阻害しかねず、G20 観光相会合では取り組み方針を確認。赤羽国交相は『新たな一歩を踏み出せた』と総括した。ただ具体化はこれからで、当面は各国の対応が問われる」と、観光公害とともに災害リスクの増大についても指摘している。いずれも正鵠を得た指摘であり、関係者はもとより私たち市民も謙虚に受け止める必要があるだろう。

持続可能な観光、政府は関心ゼロ

　G20の観光相会合が開かれるのは今回が初めてというが、このことはオーバーツーリズム（観光公害）がもはや看過できない世界規模の国際問題に発展してきていることを示唆する。しかし〈6.4〉「門川市政の原罪、オーバーホテル問題」でも指摘したように、安倍首相が国会答弁で「オーバーツーリズム対策」に（はじめて）言及したのはG20観光相会合が開かれる直前（10月7日）のことであり、この問題の重要性をどれだけ認識しているかは疑わしい。なぜなら、平成の高度成長政策ともいうべき観光立国政策は、頭の天辺から足の爪先まで「成長戦略としての観光＝儲かる観光＝プロフィット・ツーリズム」一色で染められ、インバウンドの倍増計画・倍々増計画はあっても「持続可能な観光＝サステイナブル・ツーリズム」という視点は皆無だからである。また、そこから必然的に引き起こされる様々な「環境破壊＝観光公害」についてもまったく無関心だからである。

　明日の日本を支える観光ビジョン構想会議（議長・安倍首相）が観光ビジョンを打ち出した当時の『平成28年版観光白書』（2016年）は、第Ⅱ部「成長する世界の旅行市場を我が国の活力に」の中で「明日の日本を支える観光ビジョン」の意義を大きく扱っている（101〜103頁）。そこで強調されているのは、観光立国への凄まじいばかりの決意である。

　「観光はまさに『地方創生』への切り札であり、GDP 600兆円達成への成長戦略の柱である。国を挙げて観光を我が国の基幹産業へと成長させ、『観光先進国』という新たな挑戦に踏み切る覚悟が必要である（略）。『観光ビジョン』の取りまとめを受け、我が国は『観光先進国』の実現に向け、政府一丸、官民を挙げて常に先手を打っていく」

　さらにこの決意の次には、訪日外国人旅行者数、訪日外国人旅行消費額、地方部での外国人延べ宿泊者数、外国人リピーター数、日本人国内旅行消費額など数々の年次目標が列挙され、目標達成のための施策メニューがズラリと並べられている。これらはいずれもまごうことなき産業政策・経済政策としての観光政策の展開であって、「オーバーツーリズム」「観光公害」といっ

た負の側面を表す言葉はもとより、国際社会のコンセプトとなりつつある
「持続可能な観光」も見つからない。日本の観光白書が「観光産業白書」だ
と言われるのもけだし当然だろう。

　白書とは、政府各省庁が政策・行政の現状と課題を国民に知らせるための
報告書であり、政治主張を主とする施政方針演説とは文書の性格を異にす
る。観光庁が毎年発行する『観光白書』は A4 判 310 頁余り、字数は図表を
含めて 60 数万字に及ぶ大部の報告書であり、そこには膨大なデータが記載
されている。所管庁としての決意を述べるのは自由だが、白書の使命はあく
までも施策の現状と問題に関する客観的な報告にある以上、国際社会ではす
でに観光政策のキーワード（共通言語）として遍く使われている「持続可能
な観光」「オーバーツーリズム」「観光公害」といった言葉が一言も出てこな
いのは奇異にさえ感じる。このような現状認識では、我が国にはオーバー
ツーリズム（観光公害）をメインの議題とする G20 観光相会合を主催する資
格がない──、と言われても仕方がないのである。

早くから始まっていた国連の動き

　「成長戦略」としての我が国の観光立国政策の本格的展開は、2012 年第 2
次安倍内閣発足直後から始まるが、国連では遥かそれ以前から "持続可能な
観光" への取り組みがスタートしていた。しかし、安倍政権の観光政策が時
代の流れに逆行する形で始まったために、観光白書には国連の動きが全く反
映されていない。国土交通省・国土交通政策研究所の『持続可能な観光政策
のあり方に関する調査研究』（2018 年 4 月）によれば、1987 年に国連「環境
と開発に関する世界委員会」（ブルントラント委員会）で「持続可能な発展」
（サステイナブル・デベロップメント）が定義されて以降、国連では 20 世紀末
から 21 世紀初頭にかけて「持続可能な観光」への動きが精力的に展開され
ている。以下、代表的事項のみを抽出しよう。

　○ 1992 年、第 1 回「環境と開発に関する国連会議」（地球サミット）にお
　　いて「持続可能な観光における指標開発のための国際的タスクフォー
　　ス」結成。

　○ 1993 年、国連世界観光機関（UNWTO）「ツーリズムの持続的マネジメ

ントのための指標」提唱。

○ 2004 年、UNWTO「観光における持続可能性」定義、「観光地のための持続可能な開発指標」発表。持続可能な観光とは「訪問客、産業、環境、受け入れ地域の需要に適合しつつ、現在と未来の経済、社会、環境への影響に十分配慮した観光」をいう。

○ 2008 年、国際持続可能観光委員会（CSTC）「世界規模での持続可能な観光基準」発表。

○ 2013 年、CSTC「観光地向け基準」策定。EU「EU における観光指標システム」発表。

○ 2015 年、国連総会（持続可能な開発サミット）「持続可能な開発のための 2030 年アジェンダ」採択、「持続可能な開発目標」（SDGs）発表。「2017 年開発のための持続可能な観光の国際年」決議。

○ 2017 年、「開発のための持続可能な観光の国際年」実施年、UNWTO が各国政府や観光業界に観光の持続可能性を向上させるための対応の強化を要請、状況報告を求める。例えば、各国閣僚レベルの観光政策評議会設立、各地における観光の持続可能性評価、持続可能な観光の実施に資する能力開発など。

国連決議無視の観光白書

　ところが驚いたことに、観光白書には例年「世界の観光の動向」が冒頭に記載されるものの、その内容は国連世界観光機関（UNWTO）から発表される観光統計に限定されており、それ以外の情報は皆無に近い。国際観光客到着客数と実質世界 GNP の推移、国際観光客受け入れ数の地域別シェア、国際観光客の年平均伸び率の予測、外国人旅行者受け入れランキング、国際観光収入ランキング、国際観光支出ランキングなどなど、観光経済や観光産業に関するマクロ統計で紙面が埋め尽くされているのである。

　観光白書においては、自民党観光立国調査会（会長・林幹事長代理）の意向を受けて「観光公害」という言葉が禁句になっているせいか一言も出てこない。代わりの言葉として「オーバーツーリズム」は使っても構わないとされているが、膨大なインバウンド目標を掲げている政府にとっては、「オー

バー」という表現はできるだけ避けたいのが本音だろう。観光白書が「観光公害」という言葉を避け、「オーバーツーリズム」をタブー視する背後には、経済目標の達成の妨げになるような記述は一切許さない――との首相官邸の強い意向がうかがわれる。最近の観光白書を隅から隅まで読んでみたが、筆者が確認できたのは以下の数点である。

（1）平成28年版観光白書（2016年8月発行）。「持続可能な観光」に関する記載は一切なし。

（2）平成29年版観光白書（2017年9月発行）。2017年は国連の持続可能な観光国際年であるため「持続可能な観光国際年特集版」としてもよかったが、関連事項は皆無で記載が一切ないのに驚く。第Ⅱ部第3章に「持続可能な観光地づくりに向けて」とのタイトルがあるが、内容は賑わいのある観光地づくりのためのマーケティング手法の紹介にすぎない（92頁）。

（3）平成30年版観光白書（2018年9月発行）。第Ⅱ部第4章「これまでの分析のまとめと今後の課題」の中に「持続可能な観光の確立に向けて～インバウンドの増加がもたらす我が国の観光の課題」という申し訳程度の3頁ばかりのコラムがある（110～112頁）。ここでは観光公害という言葉はないが、オーバーツーリズムについては「特定の観光地において、訪問客の著しい増加等が市民生活や自然環境、景観等に対する負の影響を受忍できない程度にもたらしたり、旅行者にとっても満足度を大幅に低下させたりするような観光の状況は、最近では『オーバーツーリズム』と呼ばれるようになってきている」との一応の説明がある。だが、問題はそれからである。

月とスッポンほど違う持続可能な観光の定義

実は、観光白書のコラムの中に「観光立国を目指す上で乗り越えなければならない課題」という下記のような項目があり、そこでの解説の内容が振るっているのである（111頁）。

「重要なことは、こうした課題に対し安易に観光客を排除するのではなく、

環境や市民生活との調和を図るための様々な努力を地道に積み重ねていくことである。人口減少が続く我が国においては、交流人口の増加により経済成長や地域経済の活性化を図り、さらには国際的な相互理解を増進するためにも『観光立国』の実現は不可欠であり、その際、訪日外国人旅行者数の増加と環境や市民生活との調和を図る『持続可能な観光』の実現は、乗り越えなければならない課題である」

　ここには、日本政府の「持続可能な観光」に関する見解（解釈の仕方）の特徴がよく出ている。それは「経済成長や地域経済の活性化のためには観光客（交流人口）の増加が不可欠であるため、観光客の増加を排除（抑制）しない」「観光客の増加を前提に、環境や市民生活との調和を図るために持続可能な観光を実現する」というものだ。つまりここでは、観光立国が「目的」、持続可能な観光は「手段」と見なされ、しかも持続可能な観光は「乗り越えなければならない課題」としてバリアー視されているのである。

　しかし、前述の国土交通政策研究所報告によれば、国連世界観光機関（UNWTO）による「持続可能な観光」の定義にはこれとは正反対の主張が表明されている。

（1）観光の持続可能性の原理は、観光の発展における環境、経済、社会文化的な側面に関わっており、長期間の持続可能性を保証するためには、これら3つの領域間（①環境資源の活用の最適化、②ホストコミュニティの社会文化的真正性、③長期的な経済活動の保証）で適切な均衡がとれていなければならない。

（2）持続可能な観光の発展には3つの条件（①関連するすべてのステークホルダーの参画、②幅広い参加と確実な合意形成のための強い政治的リーダーシップ、③観光の影響をモニタリングする継続的取り組み）が必要であり、観光客の高いレベルの満足を維持しなければならない。

　ここでは、「環境資源活用の最適化」という表現で環境資源容量（キャリング・キャパシティ）を超える観光客の抑制が原則とされ、あわせて「ホストコミュニティの社会文化的真正性」を強調することで観光公害から地域社

会の尊厳を守り、「長期的な経済活動の保証」ということで地域経済の継続
的な振興を図るという主張が明確に表明されている。換言すれば、「上流」
での観光客抑制が適切にコントロールされることによって「下流」の様々な
観光対策が初めて有効になり、持続可能な観光を実現できるという明確なコ
ンセプトが示されているのである。

公害対策基本法・経済調和条項を想起させる

　「持続可能な観光」に関する観光白書の記述と UNWTO の定義を比較し
て感じることは、政府の発想が昭和高度成長期制定された公害対策基本法
(1967 年) の「経済調和条項」から未だ抜け切っていないということだろう。
「公害列島」と言われるまでに激化した当時の公害問題に対して、政府は
「事業者、国及び地方公共団体の公害に対する責務を明らかにし、公害対策
の総合的推進を図ることにより、国民の健康を保護し、生活環境を保全する
ことを目的」(第 1 条) として公害対策基本法を制定した。しかしその一方、
経済界の圧力に屈して「生活環境の保全については、経済の健全な発展との
調和を図られるようにするものとする」(第 2 項) との付帯条項が挿入され
ることになったのである。これは、経済成長の支障にならない範囲 (程度)
で公害対策をやる (やればいい) というもので、「経済調和条項」と呼ばれて
国民世論の批判の的になった。

　その後、経済調和条項の欺瞞性に対する抗議運動が爆発する中で、政府は
1970 年公害国会において経済調和条項のすべてを削除することを余儀なく
され、1972 年に開催された国連人間環境会議 (ハビタット会議) では、大石
環境庁長官 (当時) が高度成長政策によって経済発展を優先したことが公害
問題を深刻化させる原因になったことを反省し、日本は経済成長優先から人
間尊重へ大きく方向を変えたと演説するに至った (昭和 48 年版環境白書、参
考資料 1、「国連人間環境会議における大石代表演説」、1973 年、環境省 HP)。

　このように公害対策を経済成長の妨げにならない範囲 (程度) で実施する
といった方針では、環境破壊と国土の荒廃を防ぐことはできない。同様に、
観光客の増加を放置したままで環境や市民生活との調和を図るために「努
力」すればいいというのでは、安倍首相のいう「美しい日本」は跡形もなく

消えてしまうだろう。観光資源には限られた容量（キャリング・キャパシ
ティ）があり、観光客が許容量を超えるときは環境破壊が引き起こされ、市
民生活が侵害されるからである。観光客の増加が一定限度を超えると、地域
社会はその圧力に耐えられなくなり、地域社会が崩壊するからである。

　"持続可能な観光"は経済成長を達成するための手段や方便ではなく、
トータルな持続可能な発展（サステイナブル・デベロップメント）を導く目標
の1つであり、それ自体が観光政策・観光行政の目的でなければならない。
インバウンド誘致を推進する門川市政がこのまま継続すれば、大都市である
京都が物理的に消えてなくなるとまでは言えないものの、オーバーツーリズ
ム（観光公害）によって京都が何の変哲もない都市に変貌してしまう可能性
を否定できない。オーバーツーリズム（観光公害）によって京都の都市の持
続可能性が損なわれるときは、「京都が京都でなくなる日」を迎えるときな
のである。

歪められたオーバーツーリズム実態調査

　安倍政権の監督下にあるとはいえ、それでも観光行政の現場にある観光庁
としては実態を無視することができない。オーバーツーリズム（観光公害）
という現実があり、国民の間やメディアではごく普通の言葉として使われて
いる以上、それを禁句にしたり、タブー視することは言論統制につながると
いっても過言ではないからである。観光庁は遅まきながら2018年6月、「持
続可能な観光推進本部」を設置し、主要観光地を抱える全国214自治体に
オーバーツーリズム（観光公害）に関するアンケート調査を実施することに
なった（138自治体回答）。

　本来ならば、現状と課題を明らかにするのが白書の使命である以上、調査
結果は観光白書の独立した1項目として取り上げられるべきであった。だ
が、直近の『令和元年版観光白書』（2019年10月30日発行）を見ると、それ
が僅か2頁の「コラム」の中に閉じ込められ、しかも数行の紹介に矮小化さ
れている。以下、その要旨を紹介しよう（「コラムⅡ-8、我が国におけるい
わゆるオーバーツーリズムの状況」、令和元年版観光白書、103～104頁、2019
年）。

　第 1 は、コラムの表題が傑作なことに「いわゆるオーバーツーリズム」に
なっていることである。「いわゆる」の意味を国語辞典で引くと、「世にいわ
れている」「世間でいう」とある。つまり、観光庁は「いわゆる」を付ける
ことで、（世間ではそういうかもしれないが）政府としては公式にオーバー
ツーリズムを認めているわけではないことを暗に表明したのである。

　第 2 は、それにもかかわらず、「すべての地方自治体が、訪問する旅行者
の増加に関連する課題の発生を認識しており、特に近年では混雑やマナー違
反に関する個別課題を強く意識する傾向にある。さらに、当該地方自治体の
多くがこれらの課題に対する様々な対応策を講じ始めている」ことを認めざ
るを得なかったことである。政府の系統的なサボタージュにもかかわらず、
全国各地の自治体では観光公害の存在が強く意識され、オーバーツーリズム
対策がすでに始まっていることが判明したのである。

　第 3 は、結論がなぜか「全国的な傾向としては、現時点においては、他の
主要観光国と比較しても『オーバーツーリズム』が広く発生するには至って
いないと言える」という含みのある表現になっていることである。筆者はこ
の表現の中に、担当者の苦心（真意）の跡を読み取ることができると思う。
なぜなら、「オーバーツーリズムが発生するに至っていない」との結語に付
けられた前提条件である「全国的傾向としては……」「現時点においては
……」「広く……」は、いずれも「全国的傾向としては発生していない」→
「地方では発生している」、「現時点においては発生していない」→「近い将
来発生する」、「広く発生していない」→「特定地域では発生している」と読
み替えることも可能だからである。

政府内外で持続可能な観光への検討が始まっている

　その一方、政府部内では「持続可能な観光」に向けて検討の動きがすでに
始まっていることに注目しなければならない。国土交通省・国土交通政策研
究所では、2017 年度から 2 年間にわたって「持続可能な観光」に関する調
査研究が取り組まれ、その結果がすでに 2 冊の報告書にまとめられている
（「持続可能な観光政策のあり方に関する調査研究」、国土交通政策研究第 146 号、
2018 年 4 月、「同（Ⅱ）」、150 号、2019 年 7 月）。

　この調査研究の基本視点の1つとして、「訪日観光のネガティブ・インパクトへの早期着眼と受入策と抑制策の組合せによる質の高い観光」に関するテーマが設定されていることは極めて興味深い。「観光は地方創生、経済効果等様々な効果が期待できるものであるが、観光客が急激に増えたり増加しすぎたりした場合、地域社会にネガティブ・インパクトを及ぼす可能性もある。今後、訪日外国人客を一層増やしていくなかでは、訪日外国人客の量だけでなく質やネガティブ・インパクトにも着目しつつ、経済、地域社会、環境等への影響も踏まえながら受入策と抑制策を組み合わせて質の高い観光を実現していく必要がある」というのがその理由である。また、報告書の内容については、豊富な海外調査事例の分析はもとより、国内自治体のオーバーツーリズム対策についても詳しく紹介されていて参考になる点が多い。

　政府系シンクタンク・日本総合研究所においても、「特集、持続可能性を高める地域経営研究」の一環として、2019年には「地方中小企業の中核人材不足解消に向けて」「持続可能な地域創生に向けた外国人住民政策について」「人口減少化のローカル鉄道」「同、持続可能なコミュニティ交通」などのテーマとともに、「求められる観光公害（オーバーツーリズム）への対応—持続可能な観光立国に向けて—」の研究成果が報告書として発表されている（高坂昌子、『JRIレビュー』第67号、日本総合研究所、2019年5月）。高坂報告は示唆に富む論文であり、持続可能な観光の具体的方策についても教えられるところが多い。本稿ではとりあえず「要約」のエッセンスを紹介しよう。

　第1は、現時点における観光政策・観光行政の全体的傾向として、「東京オリンピックを機にインバウンド4000万人も視野に収めつつある。一方で観光客の増加・集中に伴う弊害も顕在化し、騒音や渋滞のために住環境や交通手段などの生活基盤が損なわれた一部地域では、観光への忌避感が広がりつつある。しかしながら、政府や多くの自治体は誘致客の多寡にもっぱら関心を注ぎ、観光がもたらす問題事象への危機感が薄いのが実情である」と、我が国の政府や自治体における問題状況を的確に把握していることである。

　第2は、観光公害・オーバーツーリズム対策について、「観光客の集中による弊害は『観光公害（オーバーツーリズム）』と呼ばれ、世界中の著名な観光地でみられる現象である。弊害が顕著な海外の観光地では様々な対応がな

されているものの、いまだ決定的打開策は確立されていない。背景には、観光地の特質やセールスポイントが多様である、観光資源を保全、修復するための選択肢が広範である、ビジネスへの配慮が求められるなか、徹底的な観光資源保全策の実行は容易でないなどの実情がある」と、対策の多様性と困難性を指摘していることである。この点については、京都で今後対策を具体化するに当たっては、市民や市議会の理解を得るために検討しなければならない大きな課題であろう。

　第 3 は、それにもかかわらず、今後の採るべき方向性として「最近、日本人に余暇の過ごし方を問うと、混雑等を理由に国内観光を忌避する声が多く聞かれる。また欧米豪では、現在の主流インバウンドであるアジア系に比べて観光公害への問題意識が高い。我が国観光消費額の 8 割以上を日本人による支出が占め、欧米豪が次の誘客市場として重要視される事情を踏まえると、観光公害対応の必要性、重要性は今後さらに高まろう」と、長期的・戦略的視点に基づく観光公害・オーバーツーリズム対策の重要性を喚起していることである。

　筆者はこれらの中でも、とりわけ“観光への忌避感”というキーワードに注目する。最近とくに「京都の混雑に耐えられない」「京都が京都らしくなくなった」との苦情を聞かされることが多くなったからである。国連世界観光機関（UNWTO）の持続可能な観光の定義の中に「観光客の高いレベルの満足を維持しなければならない」とあるように、京都は良質の観光を提供することによってこれまで多くのリピーターを獲得し、観光客の高いレベルの満足を得て来た。だが、「悪貨は良貨を駆逐する」というが、オーバーツーリズム（観光公害）は京都の良質の観光資源を荒廃させ、観光への忌避感を増幅させ、持続可能な観光を阻害する。このままの調子でインバウンド観光客が増え続ければ、京都は近いうちに「京都が京都でなくなる日」を迎えることは確実だろう。

〈7.5〉2020 年 2 月号

本物の観光都市、いわゆる観光都市
～門川市政の表層と深層④～

　2020 年 1 月 19 日告示、2 月 2 日投開票の京都市長選が目前に迫った。立候補者は 3 人、現職の門川大作氏（68 歳、自民・公明・立民・国民推薦）、市民との共闘を掲げる弁護士の福山和人氏（58 歳、共産・れいわ推薦）、地域政党の前代表・京都市議の村山祥栄氏（41 歳）の面々だ。各陣営の選挙政策をみると、三人三様というよりも案外似通った内容が多い。最大の争点になると思われていた観光政策が、門川市長の突然の方針転換によって一見宙に浮いた状態になったからだ。門川氏は 2019 年 11 月 20 日、「市民の安心安全と地域文化の継承を重要視しない宿泊施設の参入はお断りしたい」と、これまでのインバウンド観光一本やりの姿勢を一転して翻したのである。
　それに最近では「京都は観光都市ではないと常に言っている」（新春座談会、京都 2019 年 1 月 3 日）などと宣伝するようになった。
　だが、2014 年から 2020 年の現在に至るまで京都市の観光政策・観光行政のすべては「京都市観光振興計画 2020」に基づいており、その表題は「世界があこがれる観光都市へ」なのである。公文書で京都は「観光都市」だとしながら、門川市長はなぜ「京都は観光都市ではない」などと口走るのであろうか。これらの発言をよく吟味すると、門川氏がこれまで推進してきたインバウンド観光中心の「儲かる観光政策」をカモフラージュするため、京都は金儲け本位の「いわゆる観光都市」ではないと主張していることがよくわかる。言わんとするところは、一つはインバウンド観光の実態を粉飾して、京都は観光都市にありがちなあこぎな空気にはまみれていないと主張していること、もう一つは京都市政が市民生活を重視し、京都の「まち」を大切にしてきたと主張することで、「京都らしさ」が失われていないと強調していることである。

政府直轄のインバウンド観光都市・京都

　この点、門川氏が仕えてきた桝本前市長はもっと明け透けで、「京都は観光都市ではない」などといった屁理屈はこねていない。それどころか、桝本時代の観光振興計画は、"21世紀の観光都市・京都"の表看板をストレートに掲げているように、京都の観光都市化を一路目指したのである。桝本氏は「21世紀を目前に控えた今日、京都のまちの活力の停滞が指摘されている。京都の活性化は観光振興抜きには考えられない」と強調し、そのためには「京都は一年を通してまち全体がテーマパークである」として、美しい自然景観も世界文化遺産に登録された社寺もすべて「儲かる観光」のためのテーマパークの観光資源だと見なしていたのである（京都市観光振興基本計画『市民とのパートナーシップでつくる21世紀の観光都市・京都』、1998年）。

　桝本前市長はこうして年間観光客数「4000万人」「5000万人」の大目標を掲げ、京都観光の基本目標として「観光産業を京都市の重要戦略産業として位置付け、2020年には市内総生産の30％を目指す（1998年当時13％の2.3倍）」と設定することで、京都経済の観光産業化と商業観光化への火蓋を切ったのである（同上）。

　桝本前市長の忠実な部下だった門川氏が、この方針を受け継いでいることは言うまでもない。門川市長就任後に策定された観光振興計画には、（1）観光客5021万人の来訪によって経済が活性化、（2）観光客が訪れることによって人口規模を上回るまちづくりが進む、（3）観光客が訪れることによって都市としての評価や機能が高まるなど、観光振興を市政の根幹に据えることが強調されている（『未来・京都観光振興計画2010＋5』2010年3月）。

　それだけではない。門川時代の観光政策は、桝本時代とは異質の発展を遂げたことに注目しなければならない。端的に言えば、桝本前市長は「京都の観光都市化」を目指したのに対して、門川市長は「京都のインバウンド観光都市化」を目指したのである。政府が2008年の観光庁設置以来、2010年中国訪日個人観光ビザ基準緩和、2012年観光立国推進基本法閣議決定、2013年東京オリンピック（2020）決定、2014年観光立国実現アクションプログラム策定（以降、毎年策定）、2016年明日の日本を支える観光ビジョン策定、2018年住宅宿泊事業法（民泊新法）施行など、国の施策を矢継ぎ早に打ち出

すなかで、門川市長はその先陣としての役割を引き受け、京都は〝政府直轄のインバウンド観光都市〟となったのである。

菅官房長官×デービッド・アトキンソン×門川市長

　京都市政と政府を結んだキーパーソンに、「21世紀の所得倍増計画＝インバウンド観光の推進」を提唱するデービッド・アトキンソン氏（国際金融資本ゴールドマンサックスの元アナリスト）がいる。アトキンソン氏は、安倍政権の中枢・菅官房長官のブレインとして国の観光立国政策に関わり、京都市政にも大きな影響を与えている人物だ。

　アトキンソン氏の代表作『新・観光立国論─イギリス人アナリストが提言する21世紀の所得倍増計画─』（東洋経済新報社、2015年）には、それ以前の政府インバウンド目標（2020年2000万人、2030年3000万人）が過小だとして、「2020年5600万人、2030年8200万人」にするのが妥当だと書かれている（138～143頁）。同氏は、安倍首相が議長を務める「明日の日本を支える観光ビジョン構想会議」委員に推薦され、インバウンド目標を倍増させる上で主導的な役割を果たした。こうした「功績」が認められたのか、アトキンソン氏は日本政府観光局特別顧問となり、京都では国際観光大使に任命されて、京都と国を結ぶキーパーソンとなった。

　菅・アトキンソン両氏に共通する観光コンセプトは、観光のコマーシャル化とグローバル化を極限まで追求することであり、その担い手であるインバウンド観光をワールドワイドに展開することだ。そして門川市長は、菅・アトキンソン直伝の「インバウンド観光路線」を推進する忠実な実行役（エージェント）となり、京都がその舞台となったのである。

門川4選への戦略、インバウンド観光のさらなる拡大

　門川氏は市長任期3期目以降、宿願の「4選出馬」を目指してあらゆる努力を傾けてきた。だが、自民は党要綱で政令指定都市市長選の党本部推薦は「3期12年まで」と定めており、門川氏が4選出馬するためにはこのバリアーを乗り越えなければならない。たとえ党本部推薦が無理だとしても、少なくとも京都府連の推薦を得なければならない。そこで考え出されたのが、

安倍政権のインバウンド政策に沿って新景観政策を見直し、高度規制と容積規制を緩和して建設業界・不動産業界をはじめ京都経済界の支持を得るという選挙戦略だった。安倍政権の後押しを背景に「インバウンド観光のさらなる拡大」に対する経済界の支持を取り付ければ、「オール与党」の面々も賛成してくれるはず、これで 4 選出馬もまず大丈夫と踏んだのである。

　その後の経過は順調だった。2018 年中頃から「新景観政策の更なる進化検討委員会」（見直し委員会）を立ち上げ、並行して市民向けの「新景観政策 10 周年記念事業」を開催して景観規制緩和のための大キャンペーンをスタートさせた。京都経済同友会も並行して 5 つの都市政策検討委員会を発足させ、昨年 3 月末にはすべての答申が出そろった。門川氏はこうして、「目先の諸問題には適切に対処する必要があるが、受け入れキャパシティの拡大を通じて京都の観光が持続可能な成長を実現することは可能だと考えている」（同友会観光委員会）とのお墨付きを得たのである。

　だが、ここで忘れてならないのは、京都では市長選の 1 年前に統一地方選すなわち京都市議選が行われるということだ。市議選は地域課題に最も敏感な選挙である以上、立候補者は現職であれ新人であれ、住民の関心事を無視することができない。ここで門川氏は、思わぬ事態に遭遇することになる。4 選出馬のための選挙戦略すなわち「インバウンド観光のさらなる拡大」が、オール与党からは必ずしも全面的な支持を得られないことが判明し、選挙戦略の転換を迫られたのである（東山区講演録参照）。

方針転換は首長の進退につながる一大事

　門川市長は情勢を読み間違えていたことに気付いたのか、2019 年 11 月 20 日の定例記者会見で「市民の安心安全と地域文化の継承を重要視しない宿泊施設の参入はお断りしたい」と従来の態度を一変させた。また、それに先立つ 11 月 13 日の地元経済 4 団体との懇談会でも「（京都市内の）宿泊施設の数はもう足りている」との認識を示し、「地域がどうしても欲しいというホテル以外は進出をお断りしたい」と表明した。そのためには、「あらゆる行政手段を使いたい」との決意を語ったともいわれる（朝日 2019 年 11 月 14 日）。

　だが、考えてもみたい。門川市長は僅かその 1 年前の 2018 年 12 月の定例

記者会見で、宿泊施設客室数の見通しが 2020 年に 5 万室を超え、市の想定を 1 万室も上回る事態がすでに明らかになっているにもかかわらず、宿泊施設が過剰との現実を頑として認めなかったのだ。しかも、市中心部での宿泊施設の抑制は「市場原理と個人の権利を最大限尊重する政治経済や現在の法律では困難」として一切の政治責任を放棄し、周辺部などで高級施設を増やすことが抑制策になるとの（子供じみた）考えを示していたのである（京都2018 年 12 月 13 日）。

　それから 1 年、別に事態が劇的に変わったわけではあるまい。なのに「これ以上増え続けると劣化や過当競争を引き起こす恐れがある。あらゆる手段を用いて取り組む」と突然認識を改め、「京都は観光都市ではなく、市民の暮らしの美学が観光面で評価されているので、基本は市民生活だ。観光の前進と同時に生じた問題に適切に対応していくことで『観光課題解決先進都市』を目指したい」（毎日 2019 年 11 月 21 日）と臆面もなく前言を翻したのである。

　政策の方針転換は、政治への信頼と首長の進退に係る一大事だ。最近の例を挙げれば、林文子横浜市長が（菅官房長官の圧力で）カジノリゾートに対する従来の態度を一変して誘致に乗り出したことが記憶に新しい。この瞬間、林市長は横浜市民の信頼を一挙に失い、横浜市政は取り返しのつかない打撃を受けた。彼女は自らの政治生命を賭して、あくまでもカジノリゾート誘致反対の姿勢を貫くべきであった。政策の一貫性は首長の政治生命そのものである以上、首長のポストはその実現手段でしかない。首長が首長であるためには、ポストよりも政策が大事なのである。

　門川市長とて事情は同じだろう。市長というポスト欲しさに方針転換（変節）することは、首長の権威と正統性を失墜させ、市政に対する市民の信頼を失わせる。それでも出馬に固執するのであれば、インバウンド観光を推進してきたこれまでの 3 期 12 年間の市政を総括し、市民の評価と判断を乞わねばならない。だが、方針転換を表明した昨年 11 月の記者会見で用意されたのは、「『市民生活との調和を最重要視した持続可能な観光都市』の実現に向けた基本指針と具体的方策について（中間とりまとめ）〜市民・観光客・事業者・未来四方よしの持続可能な観光地マネジメントの実践〜」というタ

イトルの文書だけだった。

　この「中間とりまとめ」は、これまでの事務的レベルの対策を延々と並べただけで、従来の取り組みに関する総括もなければ、オーバーツーリズム（観光公害）やオーバーホテル問題を解決するための方針も示されていない。とはいえ、この「中間とりまとめ」は、図らずも門川市政3期12年間の実態と限界を示す格好の材料を提供することになった。そして「最終とりまとめ」は、市民の手で書かれなければならないことが改めて明らかになったのである。

4選出馬のための変節、「中間とりまとめ」は苦肉の策

　それでは、自ら招いたオーバーツーリズム（観光公害）に対する反省もなく、オーバーホテル問題に関する総括もないような「中間とりまとめ」はいったい何のために作られたのか。表向きは「市民生活との調和を最重要視した持続可能な観光都市」の実現を謳い、「有識者や観光関連事業者、市民の皆様からの御意見を把握し、これまでの取り組みの成果及び地域ごとの課題の検証、並びに今後の施策の検討等」を課題に掲げているが、本当のところは門川4選出馬のためのアリバイ作りだった気配が濃厚だ。市議選アンケートで「外国人観光客をさらに増やす」ことへの疑義を呈した自民などオール与党会派に対する根回しの道具として、不十分ながらもとりあえず「中間とりまとめ」を緊急に作成する必要があったからである。

　紆余曲折を経て2019年11月9日、自民京都府連は門川4選出馬を容認し、漸く推薦を決定した。伊吹衆院議員が門川氏の眼前で「手放しの支援ではない」ことを暗に強調したように（京都2019年11月20日）、インバウンド観光一本やりの門川市政に対する自民の態度には相当厳しいものがあった。また、国政では共産と共闘しているはずの立民・国民なども門川推薦を決定したが、その際「中間とりまとめ」が有力な材料になったことは間違いない。例え形式的だけでも門川氏が方針転換しなければ、オール与党の支持を取り付けることは難しかったのであり、「中間とりまとめ」はそのための苦肉の策だったのである。

　一方、「受け入れキャパシティの拡大を通じて京都の観光が持続可能な成

長を実現することは可能」とのお墨付きを与えた経済界は、門川氏の方針転換（変節）をいったいどのように見ているのだろうか。2019年11月17日に開かれた経済4団体トップとの経済問題懇談会では見て見ぬふりで、主要議題は早くもインバウンド観光拡大から産業界の起業対策に移っていた（京都2019年11月18日）。

　京都商工会議所の立石会頭が「インキュベーション施設やオフィスの集積は十分ではない。市は小学校跡地でホテルの活用を進めているが、経済面でも活用を」と水を向けると、門川市長は「急増する宿泊施設が過剰」との認識を示し、「ホテルよりもオフィスビルや住宅が必要。学校跡をスタートアップ企業の拠点とするなど、あらゆる行政手段を使って踏み込みたい」と、まるで昨日までのことを忘れたかのように呼応したのである。

　代表幹事が交代した京都経済同友会もまた、大倉代表幹事が「クリエーティブな人材が確保できずに東京へ企業が流出するのは避けてほしい。住みたいと思われる京都の有利な部分を失わないように」と述べ、いつの間にか「住みたいと思う京都＝インバウンド観光の抑制」へ軸足を移していた（同上）。代表幹事が替わったからといって、過去2年間にわたって練り上げた提言の内容が変わるわけでもないのに、何のことはない。こちらの方もまた門川市長に合わせて方針転換（豹変）したのである。

インバウンド観光にどう決着をつけるか

　一連の騒動は目下、京都商工会議所の立石会頭が2019年最後の定例記者会見（12月16日）で示した見解で一見収まっているかのように見える。立石会頭は、門川市長がホテル建設を抑制していく考えを示したことについて、「賛成だ。地域との共生という意味でいっぺん立ち止まって検証すべきところに来ている」（毎日2019年11月17日）と述べて事態の収拾を図った。門川市長はこれで胸をなでおろしたかもしれないが、市民の方はそうはいかない。かねがね指摘してきたオーバーホテル問題（宿泊施設の過剰状態）の存在を門川市長が認めた以上、市は「中間とりまとめ」のようなあいまいな代物ではなく、インバウンド観光にどう決着をつけるかを示さなければならなくなったからだ。

　今から 70 年前の 1950 年、京都市民は憲法第 95 条「特別法の住民投票」の規定に基づき、住民投票によって"京都国際文化観光都市"の礎を築いた。そして 21 世紀前半に差しかかったいま、京都はインバウンド観光都市の道をこのまま突き進むのか、それともいったん立ち止まって考え直すのか、その岐路に立っている。2020 年京都市長選は、京都が 21 世紀における「国際文化観光都市＝品格のある持続可能な観光都市」のあり方を問う選挙なのであり、"本物の観光都市かいわゆる観光都市か"について市民の政治選択を問う歴史的な機会なのである。

〈7.6〉2020 年 3 月号

京都市長選を通して浮かび上がった基本問題
〜門川市政の表層と深層⑤〜

　本誌 2020 年 3 月号が店頭に並ぶ頃には、京都市長選の結果がもう判明していることだろう。政治は結果がすべてだと言われ、選挙は 1 票でも多い候補者が当選する。とりわけ首長選挙はたった 1 人のポストを争う選挙だから、議員選挙に比べて勝敗の与える影響が格段に大きい。勝った側はすべてが支持されたと思い込み、負けた方はその反対の気持ちになりがちだ。だが、接戦が予想される今回の京都市長選は、いずれの陣営が勝ったとしても民意の所在は一義的ではないと考えるべきだ。市民の総意をリスペクトしない市政は早晩に破綻する。

　京都は成熟した国際文化観光都市である。前号でも述べたように、京都では憲法第 95 条「特別法の住民投票」の規定に基づき、戦後まもなく市民の総意によって京都国際文化観光都市建設法（1950 年）が制定され、「京都国際文化観光都市」という名称が確立した。この法律は、京都が品位の高い持続可能な観光文化を目指す上での都市基本理念、すなわちあるべき都市像と行政理念を指し示したもので、「住んでよし、訪れてよし」の観光理念を体現し、「京都が京都である」ための基本理念を提示している。

　本稿の締め切り日が選挙告示前（2020 年 1 月 18 日）であることから、その後の情勢次第では論点が多少ずれることがあるかもしれないが、それを承知

の上で今回の市長選の争点を幾つかの角度から分析してみたい。各陣営の候補者が如何なる都市基本理念のもとに市長選を戦おうとしているのか、それを実現するためにどのような公約を掲げているのかを比較分析し、市長選を通して浮かび上がった京都の今後のまちづくりの課題を考えてみたいのである。

国連観光・文化京都会議で提起されたこと

　市長選がもう事実上スタートしていた 2019 年 12 月 12・13 の両日、国連世界観光機関（UNWTO）と国連教育科学文化機関（ユネスコ）が主催する「国連観光・文化京都会議 2019」が国立京都国際会館で開かれた。筆者は一般市民（公募）の 1 人として 2 日とも参加したが、「将来世代への投資～観光×文化× SDGs（持続可能な開発目標）～」との全体テーマの中で、とりわけ議論の中心になったのは、「オーバーツーリズム」（観光公害）と「ローカルコミュニティ」（地域社会）という 2 つのキーワードだった。

　会議の中で明らかになったのは、2 カ月前の北海道倶知安町（ニセコ・スキーリゾートの所在地）で行われた G20 観光相会合と同じく、観光客の急増が市民生活の日常を脅かす「オーバーツーリズム」（観光公害）が世界各地で広がっており、一部のエリアでは混雑と混乱、環境資源の毀損、物価高騰や地価高騰などの社会問題が噴出しているという現実だった。このため国連会議では、観光客と地域社会の双方に利益をもたらす「持続可能な観光」の形を考えることが提起され、世界各国・地域から様々な経験と対策が報告されて議論が行われたのである。

　これらの議論は最終日に採択された「京都宣言」の中に盛り込まれ、数十項目にも及ぶ宣言文となったが、筆者が特に注目するのは次の 2 項目だ。第 1 は、観光の利益は文化資源と地域社会の福祉の向上に確実に還元されるようにすること。第 2 は、オーバーツーリズムに対しては季節、地域、時間帯で観光客の分散化を促すよう観光地を戦略的にマネジメントすることである。両者は表裏一体とも言える課題だが、京都ではとりわけ「オーバーホテル問題＝宿泊施設過剰問題」にそれらの矛盾が集中してあらわれている。門川市政によって口火が切られた「京都市宿泊施設拡充・誘致方針」が市内中

心部での異常ともいえるホテル・民泊ラッシュを引き起こした結果、観光利益はホテル産業に集中する一方、不利益だけが周辺住民の負担として押し付けられるという不条理極まりない事態が進行しているからである。

門川発言 京都はオーバーツーリズムにあらず

この点に関する特別講演において、門川氏（京都市長）はいったいどのような発言をしたのだろうか。門川氏は京都がオーバーツーリズムといった言葉で表現されることに抵抗を感じるとして、それらの混雑現象は限られた地域の問題であり（京都市の基本問題ではない）、市は観光公害の解決に向けて「季節・時間帯・地域集中の3点打破」の施策に鋭意取り組んでいると強調した。だが、門川氏はオーバーツーリズムの意味を正しく理解できていないようだ。

オーバーツーリズムには狭義・広義の2つの意味がある。狭義のオーバーツーリズムは、観光地の環境容量（キャリングキャパシティ）を超えた観光資源の過剰利用（オーバーユース）がもたらす観光公害のことであり、観光地が耐えられる以上の観光客が押し寄せることで地域住民の生活環境や日常生活にダメージが及ぶことを意味する。門川氏がよく例に挙げる伏見稲荷、祇園、嵐山などの混雑・混乱ぶりがこれに当たる。

しかし、広義のオーバーツーリズムの概念はそれに止まらない。国連世界観光機関（UNWTO）が2004年にまとめた"持続可能な観光"の定義は、「訪問客、産業、環境、受け入れ地域の需要に適合しつつ、現在と未来の経済、社会、環境への影響に十分配慮した観光」という奥行きの深いものだ。この定義からすれば、広義のオーバーツーリズムとは「持続可能な観光にダメージを与える現象」と考えることもできる。京都市内では、すでに相当以前から観光客の急増で市バスに乗れないなどの交通混雑現象が広がっていた。市の『京都観光総合調査』においても数年前から交通混雑への苦情が急増しており、これなどはまさにオーバーツーリズムの端緒形態だと言える。

都市交通はネットワーク機関であり、市バスが京都市全体の交通機能を担う基幹インフラである以上、その混雑現象が「限られた地域の問題」に止まることはあり得ない。嵐山の混雑現象は、当地での混雑はもとより嵐山へ行

くための道路や交通機関の広域的な混雑と渋滞を引き起こす。このため市バスのダイヤが広範囲にわたって乱れ、沿道では交通マヒで一般車両の交通が妨げられて市民の生活活動や経済活動にも支障が出る。こんなことは誰でも（子どもでも）知っていることだ。

　2019年末、京都市は「新景観政策の更なる進化」「規制法から創造法へ」などと称して都市計画規制を緩和し、建物高さや容積率の大幅緩和に踏み切った。京都新聞はその原因を、「市中心部では訪日外国人観光客の急増でホテルの建設が相次ぎ、地価が高騰。市民の新たな住まいや働く場の確保が困難になっている。規制緩和によりマンションやオフィスビルを増やし、子育て世帯の市外流出を防ぐ狙いがある。京都の歴史的なまち並みを守るとして、2007年に導入した新景観政策で高さ規制を見直すのは初めて」（2018年11月16日）と伝えている。外国人観光客の急増で若者や市民が市内に住めなくなるといった事態は、まさに"究極のオーバーツーリズム"そのものなのだ。

　門川氏はまた、宿泊施設急増問題にも取り組んでいると述べた。自らが巻き起こした「宿泊施設急増＝オーバーホテル問題」があたかも自然発生現象のようにすり替え、自分が先頭に立ってその対策に取り組んでいるというのである。京都の実情を知らない各国の要人たちはその通りに受け取ったかも知れないが、これなどは典型的な"マッチポンプ"の論法と言うべきもので、聞く方が恥ずかしくなるような発言だ。『現代用語辞典』などによると、"マッチポンプ"とは、自らマッチで火をつけておいて、それを自らポンプで水を掛けて消すという意味で「偽善的な自作自演の手法・行為」とされている。

オーバーツーリズムは金銭上の問題か
　一方、第3分科会の「地域コミュニティの強化のための観光マネジメントの再構築」の討論者として登壇したデービッド・アトキンソン氏（政府観光局特別顧問、京都国際観光大使、国際金融資本ゴールドマンサックス元アナリスト）は、住民にとって観光が盛んになることはメリットとデメリットの側面があり、「デメリットがメリットを上回る状態がオーバーツーリズムだ」と

断言した。デメリットがどれだけ大きくてもメリットがそれを上回るのであれば、オーバーツーリズムにはならないというのである。そしてメリットを増やしデメリットを減らすためには、観光収入を増やすことが何よりも重要だと力説した。アトキンソン氏は、オーバーツーリズム（観光公害）の問題をすべてマネーに還元し、金銭上マイナスにならなければオーバーツーリズムは存在しない―などと主張したのである。

　だが、アトキンソン氏の主張には３つの点で致命的な欠陥がある。第１は、観光のメリットが誰に帰属し（ホテル産業など）、デメリットが誰に押し付けられているか（地域住民や市民など）を意図的に曖昧にしていることである。第２は、貨幣価値に還元できない環境や社会への負の影響（歴史・環境資源の毀損や地域社会の解体など）を完全に無視していることである。第３は、メリット・デメリットの比較を現在時点でしか考えず、未来への影響（子育て環境の悪化や人口減少など）については全く考慮していないことである。

　その証拠に、アトキンソン氏が観光収入を増やす決め手として推奨する富裕層観光のためのラグジュアリーホテル（５つ星ホテル）は、多くが外資系資本のため収益の大部分が国外に流出し、メリットは地元にほとんど還元されないと言われている。それなのに、ごく一握りの世界の超富裕層（大金持ち）のために、日本の優れた環境資源・文化資源を独占的に利用させることがなぜ京都の観光政策の柱になるのか、筆者にはまったく理解できない。また、ラグジュアリーホテルの従業員は正規雇用が主であったとしても、その従業員が地元雇用であるとは限らない。雇用の中心は英語が使える外国人であり、地元の日本人は建設関係や清掃業務などの場合が多いからである。

　アトキンソン氏はおそらく門川市政の代弁者として討論者に起用されたのであろうが、氏の主張は他の討論者からも司会者からもほとんど顧みられることがなかった。地域コミュニティ強化のための観光マネジメントを考える分科会において、グローバル金融資本の視点から観光のメリット・デメリット論を説く氏の主張は分科会の趣旨からも著しく逸脱しており、孤立するほかなかったのである。

　ちなみに京都の事例ではないが、アトキンソン氏が日本の成功例としてい

つも引き合いに出す世界的スキーリゾート地の北海道ニセコに関する最新レポートを紹介しておきたい。産経新聞（2019年12月17日）は、「外資開発もニセコ潤わず、北海道のスキーリゾート地、雇用は外国人、税収限定的」との見出しで次のような実情を伝えている（要約）。

　「パウダースノーで世界的に知られる北海道倶知安町とニセコ町からなるスキーリゾート地のニセコ（2019年9月の基準地価上昇率は全国最高）では、外国企業による海外富裕層向けビジネスで生み出された雇用のほとんどが英語を使いこなす外国人で占められている。シンガポールや香港などの外国企業による開発計画が進んでいるにもかかわらず、地元への経済波及効果は意外に小さい。ニセコでリゾート開発を手掛ける外国企業が現地従業員に選ぶのは外国人で、日本人を選ぶことはほぼない。地元の日本人向け雇用は、建設作業員などのブルーカラーが中心となっている」

　「倶知安町は2019年11月から宿泊税（宿泊費の2％）を導入したが、税収は通年で3億5千万円（試算）で地元への恩恵は極めて限定的だ。スキー客で賑わうリゾートエリアとは対照的に、町中心部のJR倶知安駅前の商店街は人影もまばらだ。商店関係者は、『外国資本が外国の富裕層向けのビジネスをしていて、偶然にこの地で商売が始まったというだけだ。日本なのに外国のような感じになっている』と明かす」

京都のホテル　多すぎない？

　国連京都会議の閉幕から10日ほど経った昨年暮れのことだ。東京の友人から突然電話がかかってきた。日頃はメールでやり取りしているのに、この日に限っては電話なのである。聞けば、12月23日の東京朝日新聞夕刊の1面トップに「京都のホテル多すぎない？」との大型記事が掲載されたという。京都でも同日夕刊（大阪本社版2019年12月23日）に掲載されたが、筆者は東京でもその記事が大きな話題になっていることを知って驚いた。京都の「オーバーホテル問題」は、いまや朝日新聞東京本社版の1面トップを飾るほどの全国的大ニュースなのである。

　記事はよく出来ている。京都に次々と進出しているラグジュアリーホテル

の分布図と内部写真、そして祇園花見小路の光景と「私道での撮影禁止」看板の写真が添えられ、見出しも「富裕層向け次々建設、1棟貸し100万円超」「中価格帯は客奪い合い　単価1割下落、簡宿や民泊も急増」「深刻な観光公害　市は誘致を歯止めへ、『あらゆる手法駆使』」と印象的だ。リード部分の記事も分かりやすい。「国際観光都市、京都のホテル事情に異変が起きている。手薄だった超富裕層向けを中心に建設ラッシュは続くが、低～中価格帯はすでに過当競争から単価が急落。急増する訪日客らによる『観光公害』が問題化したこともあり、ホテル誘致を進めてきた京都市も建設抑制へ方針転換した」とある。

　ハイライトは、1泊1万～2万円程度の中価格帯ホテルの競争激化で宿泊単価の下落が進み、ホテル業界の雲行きが怪しくなってきたという厳しい経営環境の分析だ。ここ数年来、ホテル建設と投資に明け暮れてきた関係者たちが口を揃えて"異変"を訴え、その生々しい声が収録されている。ホテル京阪常務は、京都駅前のホテル競争の激化で「バナナのたたき売りのような値下げ合戦（が始まり）先行きが心配だ」と漏らし、三条京阪近くのホテルを別のファンドに売却したホテルリート法人は、その理由を「今後の運営が厳しくなるリスクを考慮した」と説明した。

　強気の拡大方針で知られるアパグループ代表もまた、市内6棟目のホテル開業式典で「私はもうつくらないほうがいいと思う」と本音を漏らし、MBSホテルマネジメントの幹部は、京都の全体状況を「訪問客バブルでホテル建設が加熱状態だった京都だが、まさに曲がり角にきている」と分析している。門川市長肝いりの宿泊施設拡大方針が大きくオーバーランし、事態はもはや収拾不能の一歩手前にまできているのである。

　しかしその一方、記事には物足りなさもある。ホテル業界に関する現状分析は鋭いものの、それらの事態を引き起こした門川市政の検証がされていないからだ。記事は、門川市長が先頭に立ってホテル建設の旗を振ってきた政治責任にほとんど言及することなく、京都市があたかも中立的な立場で事態の収拾に乗り出したかのようなトーンで書かれている。国連会議での門川発言もその決意を示すものとして引用され、マッチポンプ式の門川発言の背景分析もまったくない。次の一節がそうである。

「ホテルを積極的に誘致してきた京都市も、ここにきて歯止めをかける姿勢に転じた。門川大作市長は 11 月 20 日の記者会見で『地域文化の継承を重要視しない宿泊施設の参入をお断りしたい』と明言。今月 12 日に市内であった国際会議では『来年にはあと数千（室）増えると言われている。都市計画のあらゆる手法を駆使し（抑制策を）実行していく』と踏み込んだ」

京都新聞討論会で明らかになった基本姿勢

　候補者間の本格的な論争は、京都新聞の大型企画「京都市長選立候補予定者本社討論会」（2019 年 12 月 23 〜 27 日）でテーマ別に展開された。論点は市政全般にわたり小論でカバーすることは不可能なので、観光政策と景観政策を中心に紹介したい。

　筆者がまず注目したのは、冒頭の「立候補の理由」に関する三人三様の発言だ。門川氏は数字大好き人間なのか、まず 3 期 12 年の実績を数字で説明することから始めた。しかし注目されるのは、それに引き続いて「4 期目はその延長戦で仕事をするつもりはない。国や京都府との連携を強化してしっかりとしたビジョンを示し、市民が住み続けたい、働きたい、学びたい、子育てしたいと思える京都をつくりたい」と言葉を改めたことだ。

　これまでの実績を誇るのであれば、「これからも（ますます）その方向で仕事を進める」と言うのが普通なのに、門川氏はなぜ「その延長戦で仕事をするつもりはない」などと従来路線を修正したのだろうか。おそらく心中では「市民生活中心の京都をつくれなかった」との悔恨たる思いがあり、それがこの発言になったのだろう。しかし、従来路線を修正するのであれば、それなりの理由を述べなければならない。そうでなければ、141 項目に及ぶ公約のどこが従来路線と異なるのかわからなくなるからだ。

　一方、村山氏はこれまでも与党会派の一員だったせいか、「門川市長は市民に近い市長だし、ハード整備にも力を入れて市民が便利になっている面はある」と基本的には門川市政を評価する立場を表明している。その上で財政基盤が確立せず、若者が市外に流出し、観光公害対策が遅れたなどの問題があると指摘し、「都市にとっては希望がない。持続可能なまちをつくるため、将来を見据えた政策をやらなければ京都は持たない」と主張した。村山氏の

発言は一見ラディカルな批判のようにも聞こえるが、その基本姿勢は「是々非々主義＝部分改良的スタンス」とも言うべきもので、基本政策には同調しながら部分的な問題点を指摘するという姿勢は終始変わらない。

　これに対して福山氏は、市民の困りごとのサポートしてきた弁護士生活20年の経験から福祉行政充実の重要性を語り、市民の暮らしの応援や自治力の向上に取り組むと述べた。「生活保護や働き方の権利など、対症療法的だけではなく大本の仕組みを変える必要がある。市政のありようは十分に評価できない部分も多々ある。市職員も福祉関係予算も減らしており、市民生活がしわ寄せを受けている」、「中学校給食や子どもの医療費などを考えると、門川市長が言う『子育て環境日本一』はお寒い状況。観光誘致が地価高騰を引き起こし、若者が中心部に住み続けられないというのは周知のところだ」と批判し、政策転換の必要性を強調した。

宿泊施設急増問題は「今日的課題」ではなく基本問題だ

　3人の立候補予定者の違いが最も鮮明に出たのは、観光政策と景観政策に対する基本姿勢だろう。門川氏は、観光消費額の増加が経済活性化や雇用改善にプラスになっていることを強調した上で、「市民生活の快適さなき観光振興はない。政策の総点検を行い、混雑、マナー、宿泊施設の急増という三つのテーマに50の取組を打ち出した」との姿勢を強調した。

　だが、門川氏はオーバーツーリズム（観光公害）の現状を認めたくないのか、「オーバーツーリズム」や「観光公害」という言葉を絶対に使わない。2019年末に公表した大部の選挙公約『141のお約束』（A4判43頁）の中でも、京都観光が当面する問題のキーワードであるこの2つの言葉は出てこない。混雑、マナー、宿泊施設の急増という3つのテーマは、「観光の今日的課題」と表現されているだけだ。上記の3つのテーマが「観光の今日的課題」すなわち「一時的課題」というのであれば、これらの問題は基本問題ではなくいずれ消えてなくなるような問題だということになる。だが、市が当初予測した4万室をはるかに上回る6万室近い宿泊施設が建設されつつある現在、2020年以降のオーバーホテル問題は京都観光の基本問題となり、京都市政の足かせになること間違いなしだろう。

　景観政策に関しても言っていることとやっていることが大いに違う。一方では「戦後、景観論争が京都の最大のテーマだった。国に対し景観法の制定を求め、10 年間は絶対この景観政策が変わることがいけないと理念を守ってきた」「景観政策は百年の計で評価は 50 年、100 年後に出る。景観政策を変えますとは言っていない」と言いながら、実際はオフィスや若い人の住宅が足りないといった理由で規制緩和を検討（実施）するというのである。選挙公約は口ではなく行動で担保されなければならない。「理念」は遵守するが「実際」は規制緩和するというのでは、市民に対して嘘をつくことになる。

　門川氏は、市民生活のための喫緊の対策として「3 つのテーマ」を設定した。だがよく考えてみると、混雑対策やマナー対策と宿泊施設急増問題は全く次元の異なる課題ではないか。前者は目先の応急対策の一環であるが、後者は京都の「都市構造＝都市の性格」に関わる基本問題なのである。目先の問題を一定解決しても、宿泊施設の急増によって市民の働く場所と住む場所がなくなれば、京都の人口減少が加速し、ゴーストタウン化を阻止することが困難になる。宿泊施設の急増によって「住んでよし、訪れてよし」の観光理念が空文化すれば、国際文化観光都市としての京都の性格が一変する恐れがある。

　オーバーホテル問題への市民の批判が急浮上する中で、門川氏が「3 つのテーマ」の 1 つとして宿泊施設急増問題を取り上げたまではよかったが、それが混雑・マナー対策と同列に論じられるようでは一片の選挙ビラの見出し程度と変わらない。選挙が終わればまた、何事もなかったかのような元の木阿弥状態に戻るだけだ。

オーバーツーリズムの脅威は単なる宣伝文句だった

　一方、村山氏の観光政策に関する態度表明については少し興味があった。2019 年暮れに出版された氏の著書、『京都が観光で滅びる日〜日本を襲うオーバーツーリズムの脅威』（ワニブックス）の表紙には、「京都市の次代のリーダーが提言、こうすれば観光公害は防げる！」という大仰な宣伝文句が躍っていたからである。

　だが、討論会での村山氏の発言は期待外れだった。京都観光の現状については、「混雑の問題や市民の不満をいったん整理すれば、（観光客を）受け入れる余力はある。今は観光公害をかき消すための努力すべき」というのが氏の本音であり、著書タイトルの「京都が観光で滅びる日」や「オーバーツーリズムの脅威」といったキャッチコピーは、単なる宣伝文句にすぎないことが判明したからである。

　この発言は、京都経済同友会の提言（2019 年 3 月）と酷似している。「私たちは、現在の状況が深刻な『オーバーツーリズム』にあるとは考えておらず、観光客数を大幅に制限すべきとの立場はとらない。目先の諸問題には適切に対処する必要はあるが、受け入れキャパシティの拡大を通じて京都の観光が持続可能な成長を実現することは可能だと考えている」とする、同友会の基本認識と寸分も違わない。村山氏は門川氏と同じく、混雑・マナー対策を講じれば京都はまだまだ観光客を増やせると考えているのだろう。

　その一方、村山氏は「バルセロナのようにホテルの総量規制をやらないといけない」とも言っている。スペイン・バルセロナ市のホテル規制については、国土交通省・国土交通政策研究所の研究報告、『持続可能な観光政策のあり方に関する調査研究』（第 146 号、2018 年 4 月）に詳しいが、バルセロナ市は 2017 年 1 月から「観光用宿泊施設特別都市計画」（PEUAT）に基づき市内を 4 つのエリアに分け、歴史的観光資源の多い旧市街地（エリア 1）では一切のホテル等の新規立地を規制する措置を講じている。村山氏の著書でも「バルセロナ型ホテル規制を実施せよ」（79 頁）としてこの制度が紹介されているが、不思議なことに村山氏は、世界文化遺産・仁和寺前のホテル建設についてはなぜか「僕は仁和寺（前のホテル建設）はいいと思う」と言うのである。

　村山氏は市内の景観規制の緩和にも積極的だ。「街中の裏通りの高さを緩和してもいい。コインパーキングが山盛りある街中はおかしい。景観の邪魔にならない範囲で進めたい」と主張する。確かにコインパーキングが山盛りのような街中はおかしいが、コインパーキングは更地だからいろんな方法でまだしも穴埋めできる。一方、裏通りの高さ規制を緩和すれば、ビルの谷底のような市街地が即座に出現すること間違いなしだ。

　仁和寺前のホテル建設の話に戻ろう。仁和寺周辺の市街地は京都でも最も優れた歴史的景観地域であり、「京都が京都である」ための戦略的地域である。この歴史的景観地域が儲け本位のホテル建設で毀損されるようなことがあれば、それは村山氏の著書タイトルにもあるように「京都が観光で滅びる日」がやってくる時でもある。氏が「京都市の次代のリーダー」であるためには、仁和寺前ホテル建設容認の発言を取り消すことがまず前提となると言うべきだろう。

バルセロナの教訓　総量規制以外に方法がない

　この点、福山氏の主張は明快だ。「観光客誘致は限界に来ている。市民は市バスに乗れないし、民泊トラブルもある。ホテルが急増し、誘導規制だけでは限界がある。総量規制に踏み込むべきだ」、「観光消費額は急増しているが、法人市民税収入は減っている。東京や外資のホテルにはお金が流れているが、京都には落ちていない。京都の人には潤っている実感がない。地元の合意も大切にすべき。小学校跡地をホテルに売却するというのは本当にいいのか。門川さんは『ホテルは遠慮する』と言っているが、それなら仁和寺前や元植柳小のホテルはやめるつもりがあるのか」と、門川市政の問題点を鋭く突いている。門川氏は、仁和寺前のホテル建設について「地域住民の声によって判断していく」「住民の多くは賛同している」と反論したが、「門川さんは町内会や自治連のトップの方の意見を聞いている。住民全体の声として聞いてほしい」との福山氏の問いかけには答えなかった。

　ここからは私見になるが、これまでも繰り返し主張してきたように、京都のオーバーツーリズムを解決するためには観光客の"総量規制"以外に方法がないと思う。門川氏がいうような混雑・マナー対策程度のことでは、オーバーツーリズムは到底解決できそうにない。オーバーツーリズムという洪水を防ぐためには急増する外国人観光客を川上（上流）でコントロールするしかなく、川下（下流）でどんな対策を講じても洪水を防ぐことはできないからである。だが、観光客の総量規制はステークホルダー（当事者）間の利害対立が大きく、「言うは易く行うは難し」で行政手法（だけ）で実行に移すことは難しい。そこで生きてくるのが"バルセロナの教訓"である。

　このことはメディアでもあまり報道されていないが、バルセロナのホテル
規制は、2015 年市長選において「ホテル建設凍結」を公約に掲げたコウラ
市長の当選によってはじめて可能になった。コウラ市長は当選後、公約実行
のため直ちに「観光用宿泊施設特別都市計画」(PEUAT) の策定作業を開始
し、2017 年には同計画により既成市街地のほとんどをカバーする「ホテル
新規立地規制」をスタートさせた。同時に重要なことは、ホテル規制に加え
てバルセロナ市都心部に集中する観光客の分散を図るため、バルセロナ県と
共同で「バルセロナ観光観測所」を設立し、観光客を県内の周辺地域に分散
させるための調査研究や政策研究を開始したことである。

　2017 年 11 月現在、観光観測所の職員数は約 50 名、年間予算は 150 万
ユーロ（約 2 億円）、職員は経済学、IT 関係、数学、地理学、観光学等の専
門家で構成され、必要に応じて外部の専門家も参加している（国土交通省研
究所、前掲、81〜107 頁）。京都市が本気でオーバーツーリズム対策に取り組
むためには、市長選の結果如何にかかわらず、バルセロナ県・バルセロナ市
共同の「観光観測所」のような本格的な観光調査研究機関を立ち上げ、府市
協調で観光客分散計画の立案と実施に当たるべきではないか。

京都市一極集中の是正は喫緊の課題

　京都市の観光政策の致命的欠陥は、「オーバーツーリズムの解消＝観光客
の分散＝広域観光の展開」といった視点がまったく欠落していることだ。京
都市には「溢れ観光客」を僅かばかり周辺自治体にばら撒くといった程度の
発想しかなく、バルセロナ市のように県と共同して観光客を広域的に計画分
散させるといった政策が皆無なのである。京都府全体の観光状況をみると
き、“京都市一極集中現象”は異常ともいえるレベルに達しており、京都市
とそれ以外の府内自治体との観光格差は「天と地」ほどの差があるといって
も過言ではない。

　2019 年統一地方選の「京の課題」として、朝日新聞（2019 年 3 月 23 日）
は「人口減と『観光格差』、京都市外への周遊どう実現」との見出しでその
隔絶した格差状況を指摘した。京都市と府内自治体との格差（2017 年統計）
は、観光客数は 5362 万人と 3324 万人（62%）、外国人宿泊客数は 353 万人

と8万人（2％）、観光消費額は1兆1268億円と616億円（5％）と驚くほど大きい。

　関西2府5県で構成される関西広域連合には、「広域観光・文化・スポーツ担当委員」として西脇知事と門川市長が就任している。また3年ごとに「関西観光・文化振興計画」が改定され、広域観光を推進することが謳われている。だとすれば、事の手はじめとして京都府と京都市が連携し、バルセロナ県・バルセロナ市の「観光観測所」のような広域観光研究機関を立ち上げ、府市協調で観光客の広域分散計画の立案に取り組んではどうか。市長選が終わってからがオーバーツーリズム対策の本番であり、この「行うは難し」の政策はこれから始まるのである。

第 8 章

京都観光の歴史的転換点

　2020 年は、疑いもなく京都観光はもとより国際観光の歴史的転換点になるだろう。中国湖北省武漢市で発生した新型コロナウイルスは、いまや "パンデミック"（世界的大流行）となって世界中で猛威を振るい、各国の渡航制限や入国拒否が国際観光に壊滅的な打撃を与えている。国際観光市場においては、これまで感染症のリスクに伴う景気後退（リセッション）や破局的事態（カタストロフィ）についての警戒心が著しく弱かった。国連世界観光機関（UNWTO）は、『UNWTO Tourism Highlights』（2017 年日本語版）の中で、世界経済の「成長エンジン」としての観光市場に対する以下のような楽観的な展望を語っていたのである。

　「世界では、これまでにない数のデスティネーションが開発され、観光関連の投資が行われ、観光は雇用と事業の創出、輸出収入、インフラ開発を通じ社会経済を牽引する重要な役割を果たしてきた。観光は、過去 60 年間にわたり拡大と多様化を続け、世界最大かつ最速の成長を見せる経済部門の一つとなった。観光は時折の予期しない事態の発生にも関わらず、その強みや回復力を示し、実際途切れることなく成長を続けてきた。国際観光客到着数は 1950 年の 2500 万人から、1980 年には 2 億 7800 万人、2000 年には 6 億 7400 万人、そして 2016 年には 12 億 3500 万人と世界全体で増加してきた。国際観光は、過去 5 年間にわたり世界貿易を上回る成長を遂げており、2015 年の 6 ％から 1 ポイント上昇し、財・サービスにおける世界輸出の 7 ％を占めている。UNWTO2030 長期予測によると、世界全体の国際観光客到着数は 2010 年から 2030 年の間に年 3.3 ％増加し、2030 年には 18 億人に達すると予測している」

　だが、新型コロナウイルスの爆発的感染によってすべての前提や予測が崩れ、国際観光も京都観光も一から出直す以外に方法がなくなった。その道は限りなく険しいと言わなければならないが、「アフターコロナ」「ポストコロナ」「ウィズコロナ」への模索なしにはこの危機を乗り切ることは不可能だ。第8章ではこれまでの京都観光の歩んできた道を振り返りながら、これからの方策を考えたい。

〈8.1〉2020年4月号

絶頂からどん底へ、4期目門川市政が直面するもの
〜門川市政の表層と深層⑥〜

　京都市長選翌日の2020年2月3日、特大の紙面を組んだ京都新聞1面には、「京都市長門川氏4選、組織手堅く2氏破る」「投票率40.71％、『京の未来開く』」との見出しが躍っていた。また、紙面の下には「東京五輪あと172日、パラリンピックあと204日」のロゴマークもあった。

　だが、本来なら1面全紙が市長選関連の記事で埋められてもおかしくないのに、万歳を繰り返す門川氏の写真の横には「新型肺炎死者300人超、比でも、中国国外初」との不気味な記事が掲載されていた。この紙面は、門川市政4期目の課題がのっけから新型コロナウイルス対策に直面していることを暗示するもので、今後の容易ならぬ事態を予感させるものだった。

　本号では市長選関連の記事や論稿が数多く掲載されると思われるので、筆者は敢えて「ポスト市長選」すなわち門川市政4期目をめぐる情勢や課題について語ろうと思う。言うまでもなくそれは、新型コロナウイルス肺炎（COVID-19）の感染拡大による京都観光の危機についてであり、それに伴うインバウンド市政転換の必然性についてである。

観光「日本離れ」の危機

　市長選後程なくして、京都新聞に「観光『日本離れ』の危機、新型肺炎中国人客激減」「欧米・国内客も……自治体対応苦心」と題する大型記事が掲載された（京都2020年2月12日）。記事は地元京都のことには触れていな

いが、全国各地の自治体が直面している苦境が紹介されていて、これを読めば京都が今後どんな事態に遭遇するか容易に想像できる。さわりの部分を抜粋しよう。

「新型コロナウイルスの感染拡大で、日本の観光が縮小の危機を迎えている。訪日外国人旅行者のうち最大の割合を占める中国人客の激減はもはや不可避だが、専門家は欧米などでも『日本離れ』が起きる恐れがあると指摘。日本人の国内旅行も停滞が懸念され、各地の自治体も苦慮している」

「中国政府は春節（旧正月）休暇中の 1 月 27 日、海外への団体旅行と、旅行会社がホテルや航空券を手配する『パッケージツアー』での個人旅行を禁止した。2019 年の訪日中国人客は 959 万人で、国・地域別で最多の 3 割を占めた。観光庁の調査によると、中国人客のうち団体旅行は約 3 割、パッケージツアー利用は約 1 割を占め、現在の禁止措置が続けば、合わせて約 4 割の訪日がストップする計算だ」

この記事の注目すべき点は、今回の新型コロナの感染拡大が中国人客のみならず欧米訪日客の減少も招き、併せて国内旅行者の減少を引き起こす恐れがあると予測していることだ。自然災害の多い日本は、世界からかねて「災害危険国」と見なされることが多かったが、今回はこれに新型肺炎の「感染警戒国」との風評が加わるのだから影響は想像を超えるものがある。京都では外国人観光客の中核を占めていた中国人客が途絶えるばかりか、欧米観光客や国内観光客までが同時に減るのだから、いわば「三重苦」ともいうべき試練に向き合わなければならなくなったのである。

ソフトランディングは不可能
門川市政は、3 期 12 年にわたってインバウンド政策をひたすら推進してきた。市民の強い批判の前に市長選直前になって政策転換を余儀なくされたが、庁内態勢はいまだすべてが「インバウンド仕様」になっているので、方向転換は容易でないだろう。最後の任期全部を費やしても方向転換できるかどうか分からないほど、インバウンド政策の後始末は厄介な難題なのだ。

　門川氏が「市民の安心安全と地域文化の継承を重要視しない宿泊施設の参入はお断りしたい」（2019年11月20日）と表明した時点で、すでに市内の宿泊施設は目標4万室を1万室も超えて5万室余に達しており、過剰状態は明らかだった。門川氏は、供給済施設は今さらリストラできないが、それでも今後の施設増加をコントロールすれば、たとえ稼働率が低下しても何とかソフトランディングできると事態を楽観視していたのである。

　そこへ降りかかったのが、今回の新型コロナの感染拡大だった。政府は2020年2月15日、新型肺炎の国内流行に備え、これまでの水際対策重視から転換して検査や治療ができる医療機関を拡充するなど、重症者を減らすための対策を加速させる方針を決めた。全国各地に新型肺炎が広がるなかで「今後の国内流行は避けられない」（厚生労働相）ことを認め、方針転換せざるを得なくなったのだ。この時点で日本は明らかに新型肺炎の「感染警戒国」から「感染国」に移行したのであり、今後は世界各国から「渡航制限国」に指定されることもあり得ることになった。

　京都観光にとっても、このことは極めて重大な局面に差しかかったことを意味する。安倍政権の「明日の日本を支える観光ビジョン〜世界が訪れたくなる日本へ〜」と同一歩調で走り続けてきた門川市政の前提が一挙に崩れ、観光客の「日本離れ」「京都離れ」が本格化する日が現実のものになってきたからだ。すでに5万室以上に膨れ上がっている宿泊施設の多くでは訪日客と国内客の減少によるキャンセルが発生しており、小規模施設では採算割れが続出していると言われている。このような事態を放置したままでは幾ら「挑戦と改革」を叫んでも空しく響くだけで、事態を回避することはできないし、京都観光が"絶頂からどん底へ"突き落とされる可能性を排除することもできない。

日銀京都支店、「観光、足もと、弱め」と観測

　すでにその兆候はあらわれている。日銀京都支店の最新の『管内金融経済状況』（2020年2月10日）では、「観光は、足もと、中国での新型肺炎の拡大の影響により弱めの動きとなっている。主要宿泊施設の宿泊客数および主要観光施設等への入込客数をみると、1月までは堅調に推移していたもの

　の、足もとは中国での新型肺炎の拡大の影響により弱めの動きとなっている」との解説が出ている。

　また、図表編には京都市内の主要ホテルの月別客室稼働率グラフ（2017〜19 年）が掲載されており、ここ 3 年は最低の月でも 70％以上の稼働率を維持してきたものの、全体傾向としてはホテル客室の増え過ぎで年ごとに稼働率が低下してきていることがわかる。一般的にホテル経営の採算ラインを維持するための稼働率は最低 60％程度とされるが、この水準ではビジネスホテルでも経営が苦しくなり、設備の整った都市ホテルでは 70〜75％程度の稼働率を安定的にキープしないとやっていけないと言われている。新型コロナの感染拡大が本格化する 2020 年 2 月以降、市内主要ホテルの客室稼働率がいったいどんなカーブを描くか、その動向を注意深く見守る必要がある。

　一方、京都市は 2020 年 2 月 13 日、2020 年度当初予算案の詳細を発表した。一般会計は 4 年ぶりのマイナスとなる緊縮予算で 7840 億円（前年度比 1.3％減）となり、苦しい財政事情が窺われる。「観光課題解決先進都市」を掲げる京都市としては余りにも寂しい中身だが、それにしても目玉政策が「観光マナー対策 3400 万円」というのでは著しくパンチに欠ける。祇園や嵐山などの観光地が「ガラ空き」状態になっている現在、いまさら外国人観光客へのマナー対策を強化することにいったいどれだけの意味があるのか、誰かに一度尋ねてみたい。

　事態は深刻なのである。新型肺炎の感染拡大が本格化しつつある現在、京都を取り巻く観光事情はこれまでとは根本的に違うフェーズ（局面）に移行しつつあると考えなければならない。「宿泊施設お断り」といった口上はいまや何の役にも立たなくなったのであり、京都観光を"どん底"に突き落とさないための幾重ものセーフティーネットが必要となってきたのである。端的に言えば、「オーバーツーリズム」対策から「アンダーツーリズム」対策への歴史的転換期がやってきたのであり、門川市政 4 期目の課題は「それ以外にない」といっても過言ではない事態が到来したのである。

新型コロナがインバウンド市場に与える影響

　それでは、新型コロナはこれからインバウンド市場にどれほどの影響を与えるのだろうか。最近、各調査機関が日本経済への影響（損失額など）を相次いで発表しているが、その中でインバウンド市場に焦点を当てかつ地域別に影響額を推計した報告に、りそな総合研究所の研究レポート『新型肺炎がインバウンド市場に与える影響』（ショートコメント vol.162、2020 年 2 月 12 日）がある。同レポートは、2002〜03 年にかけて世界流行した SARS（重症急性呼吸器症候群）を参考に関西 2 府 4 県の影響額を試算したもので、目下のところ一番参考になりそうな情報だと思われる。

　この試算によれば、訪日客の減少にともなう影響額（推計）は、全国 6244 億円、関東（1 都 6 県）2181 億円、関西（2 府 4 県）1905 億円となっており、うち大阪府 936 億円、京都府 590 億円と 2 府だけで全国の 4 分の 1、関西の 8 割を占める。京都府における影響額の費目別内訳は、百貨店やドラッグストアなどの物販 230 億円（全体の 39％）が一番大きく、宿泊 161 億円（27％）、飲食 121 億円（21％）、交通 57 億円（10％）、サービス 22 億円（4％）と続く。

　問題は「りそなレポート」が繰り返し注意を喚起しているように、今回の新型肺炎が SARS のときのように半年余りで収まるかどうかである。各紙の報道では、新型肺炎は SARS よりも症状はやや穏やかとみられるが、感染力は SARS よりも強くて封じ込めはかなり難しいとされている。SARS の場合、2002 年 11 月に中国広東省で最初の症例が発生したが、中国政府が情報を隠蔽するなかで香港、台湾、カナダなど世界各地域に拡大し、2003 年 7 月に WHO から終息宣言が出されるまで 8 カ月にわたって流行が続いた。WHO の発表によると、その規模は感染者数 8096 人、死者数（37 カ国）774 人だった。

　これに対して今回の新型コロナは、無症状の感染者が多数発生していることから感染源の特定が難しく、SARS 対策のように感染経路を辿ることが困難なことから、今後本格的な拡がりが予想される。2020 年 2 月 16 日に首相官邸で開かれた感染症対策の専門家会議においても、国内の現状は「発生早期段階」と判断され、まだ本格的な流行に至っていないとされている。

　こうした点から、「りそなレポート」の試算はかなり控えめなもので、影響額は今後むしろ拡大する可能性が大きい。理由は、（1）同レポートは新型コロナの感染拡大は 2020 年 4 月頃まで続き、訪日客の減少は 2 〜 5 月にかけて進むとしているが、感染拡大は 5 月以降も終息せず、訪日客の減少は 6 月以降も続く見通しが大きい。（2）この間の中国人客減少率を 50％程度（SARS のときは 39％減）に見込んでいるが、中国政府の出国規制が今後一層強まることが予想されるので、減少率はさらに大きくなると予想される。（3）SARS のときは韓国人客の減少率が小さく訪日客の早期回復につながったが、今回は日韓関係の悪化が解消されず早期回復は難しい―などによるものである。

世界経済の成長エンジン、観光産業

　観光市場においては、これまで感染症のリスクに伴う景気後退（リセッション）や破局的事態（カタストロフィ）についての警戒心が著しく弱かった。いわば、ブレーキを掛けることなくアクセルを踏み続けるような状態が続いてきたのである。安倍政権が桁外れの観光ビジョンを打ち出した当時の観光白書（2016 年版）は、「全世界の国際旅行者数は、2015 年の 11.8 億人から 2030 年には 18 億人に達すると予測されており、我が国としても成長する世界の旅行市場において多くの旅行者から旅先として選ばれ、この力強いインバウンド需要のパワーを我が国の成長戦略・地方創生の礎とすることが極めて重要である」と力説している（第Ⅱ部、成長する世界の旅行市場を我が国の力に）。言うまでもなく、世界の旅行市場が 2030 年に 18 億人に達すると予測したのは、国連世界観光機関（UNWTO）である。『UNWTO Tourism Highlights』（2017 年日本語版）によれば、そこには世界経済の「成長エンジン」としての観光市場に対する超楽観的な展望が語られている（抜粋）。

　「世界では、これまでにない数のデスティネーションが開発され、観光関連の投資が行われ、観光は雇用と事業の創出、輸出収入、インフラ開発を通じ社会経済を牽引する重要な役割を果たしてきた。観光は、過去 60 年間にわたり拡大と多様化を続け、世界最大かつ最速の成長を見せる経済部門の一

つとなった。観光は時折の予期しない事態の発生にも関わらず、その強みや
回復力を示し、実際途切れることなく成長を続けてきた。国際観光客到着数
は 1950 年の 2500 万人から、1980 年には 2 億 7800 万人、2000 年には 6 億
7400 万人、そして 2016 年には 12 億 3500 万人と世界全体で増加してきた。
国際観光は、過去 5 年間にわたり世界貿易を上回る成長を遂げており、2015
年の 6 ％から 1 ポイント上昇し、財・サービスにおける世界輸出の 7 ％を占
めている」

　「UNWTO2030 長期予測によると、世界全体の国際観光客到着数は 2010
年から 2030 年の間に年 3.3％増加し、2030 年には 18 億人に達すると予測し
ている。新興国・地域のシェアは、1980 年の 30％から 2016 年には 45％に
拡大、2030 年には 57％まで伸び、国際観光客到着数は 10 億人を超えると予
測している。中国は、2012 年に（国際観光支出の）首位になって以降、10 年
連続の 2 桁成長を続け、世界のアウトバウンド旅行を引き続き牽引してい
る。中国人旅行者による支出は、2016 年に 12％増加し、2610 億ドルに達し
た。アウトバウンド旅行者の数は、1 億 3500 万人に達し、6 ％上昇した」

　ここでは 2003 年 SARS 流行時と 2009 年リーマンショック時の一時的後
退を除いて、国際観光客到着数（海外旅行者数）が半世紀以上にわたって順
調に増加してきたことが示され、中国が国際観光支出のトップに立った
2012 年以降の海外旅行者数の伸びが、世界の実質 GDP を上回る勢いで成長
していることが強調されている。しかし、今回の新型コロナのような世界規
模の感染症が、世界観光市場を牽引する観光大国において発生する可能性や
感染拡大の危険性に関しては、それを指摘する内容はどこを探しても見つか
らない。

中国人海外旅行者数の爆発的増加
　世界観光市場の急成長を支えたのは、言うまでもなく世界最大の人口を擁
する中国の爆発的な観光需要の影響によるものである。2009〜18 年（10 年
間）の中国観光統計を収録している『JNTO 訪日旅行データハンドブック
2019 年、世界 20 市場』（日本政府観光局編）および『UNWTO International

Tourism Highlights』（2019 年日本語版）によれば、以下のような驚異的な事
実が判明する。

（1）中国人の海外旅行者数は、2009 年 4766 万人から 2018 年 1 億 6199
　　万人に 10 年間で 3.4 倍増加した。これはドイツ 1 億 854 万人の 1.5
　　倍、米国 9256 万人の 1.8 倍、世界海外旅行者数 14 億人の 11.6% に当
　　たる。

（2）中国人海外旅行者の支出する国際旅行支出は、2009 年 437 億米ドル
　　から 2018 年 2773 億米ドルへ 6.3 倍増加した。これは米国 1440 億米ド
　　ルの 1.9 倍、ドイツ 640 億米ドルの 2.9 倍、イギリス 760 億米ドルの
　　3.6 倍、国際観光支出上位 10 カ国合計 8060 億米ドルの 34.4% に当た
　　る。

（3）訪日中国人旅行者数は、2009 年 101 万人から 2018 年 838 万人
　　（2019 年 959 万人）へ 8.3 倍増加した。2013 年までは 100 万人台前半で
　　推移していたが、それ以降は 2014 年 241 万人、2015 年 499 万人、
　　2016 年 637 万人、2017 年 736 万人、2018 年 838 万人、2019 年 959 万
　　人と毎年 100 万人単位で急増している。2018 年の中国人旅行者数は、
　　訪日旅行者数全体 3119 万人の 26.9% に当たる（2019 年は 959 万人、
　　3188 万人の 30.1%）。

（4）訪日中国人旅行者消費額（観光庁、2010 年調査開始）は、2011 年
　　1964 億円から 2018 年 1 兆 5450 億円へ 7 年間で 7.9 倍増加した。これ
　　は 2018 年訪日旅行者消費額 4 兆 5189 億円の 34.2% に当たる（2019 年
　　は 1 兆 7718 億円、4 兆 8118 億円の 36.8%）。

　日本投資政策銀行は今から 3 年前、『中国人の海外旅行の拡大と旅行先と
しての日本』（DBJ 今月のトピックス No.268-1、2017 年 3 月）と題する調査
レポートを発表している。主たる内容は、これまでのトレンドを延長すれば
今後どれほどの中国人客を誘致できるかというものであり、当時の日本全体
に共通する中国観光市場への期待感を反映したものだった。しかし、ここで
も政治関係のリスクは指摘されているものの、感染症のリスクについての記
述はない（抜粋）。

（1）中国人の訪日人数は 2003 年の 50 万人弱から 16 年の 640 万人へと
10 倍以上に増え、特に 2014 年には前年比 83％増、2015 年は同 107％
増と急増した。2014 年と 2015 年の急増については以下の理由が考え
られる。日本政府は中国人に対し観光ビザの要件を年収 25 万元（約
415 万円）から年収 6 万元（約 100 万円）へと大幅に緩和した。中国人
の所得向上も相まってそこから訪日観光客が大きく増加すると想定さ
れたが、2010〜12 年頃に発生した日中関係の悪化や東日本大震災によ
り、2013 年まで増加するどころか落ち込んだ。その後、これらの地政
学的リスクが落ち着いたことに加え、円安なども重なり、溜まってい
た訪日需要が 2014 年と 2015 年に顕在化し急増につながった。

（2）単純に足元の伸び率で計算すれば、中国人の訪日旅行者数は 2020 年
に 1 千万人以上に達する。中国の国土や人口を考慮すると、将来的に
海外旅行者数は（香港とマカオを除く）の総人口に占める割合は米国、
日本に近い水準になる可能性がある。現下の中国都市部人口は全体の
56％を占めているが、国連の推計では 2030 年に約 7 割に達する。従っ
て中長期的には中国人訪日客は 1 千 500 万人に到達しても不思議では
ない。

（3）中国人の訪日旅行のポテンシャルは大きく、今後、為替の動向など
により一定の影響を受けるものの、政治関係の悪化などの地政学的リ
スクがない限り、訪日人数は順調に増加していくとみられる。

SARS とは規模も様相も違う

今回の新型コロナの流行に伴うインバウンド市場の縮小に関しては、過去
の SARS が比較的短期間に終息したこともあって、目下のところ余り悲観
的な論調は見当たらない。また、2003 年の SARS 流行時の訪日外国人旅行
者数は 521 万 1725 人、うち中国人旅行者数は 44 万 8782 人で全体に占める
割合は 8.6％と小さく、その影響は比較的軽微だった。そのことは、SARS
発生の 2003 年訪日外国人総数は 2002 年に比べて僅か 0.2％減に止まり、中
国人旅行者数も 0.8％減に過ぎなかったことでもわかる（政府観光局、「訪日
外客統計の集計・発表」、HP）。当時の国交省観光政策課は次のように報告し

ている。

　「2003 年の訪日外国人旅行者数の速報値は 523 万 1 千人。2002 年は 523 万
9 千人で約 8 千人の減少（対前年比 0.2％減）。昨年は特に SARS、イラク戦
争の影響を受け、上半期は 10.5％の落ち込み。しかしながら、ビジット・
ジャパン・キャンペーンなど訪日観光プロモーションの効果もあり、昨年 8
月以降は対前年同月比で 10％を超える大幅な増加。結果、下半期（7 月～12
月）では平均 9.8％の増加。前年なみの訪日外国人旅行者数を確保」

　しかし、今回の新型コロナは SARS のときとは規模も様相も違う。「パン
デミック」とは感染症の全国的・世界的大流行のことをいうが、目下のとこ
ろ WHO は新型肺炎の感染拡大についてそのような見解を示していない。
しかし、中国政府の公表数字に関しては当初から少なすぎるとの批判が各国
の専門家から多数寄せられており、また日本と中国の関係は単に観光分野に
とどまらず製造業など多様な分野に及ぶことなどから考えて、ことは世界規
模の景気後退（リセッション）に発展する恐れをなしとしない。筆者は経済
の専門家ではないのでこれ以上立ち入らないが、当面予想される京都観光へ
の影響について簡単な試算を示したい。

外国人客よりも国内客の影響が大きい

　『2018 年京都観光総合調査』によると、京都市内の観光消費額は日本人
9357 億円、外国人 3725 億円、合計 1 兆 3082 億円となっている。外国人宿
泊客に占める中国人の割合は 26％なので観光消費額を単純配分すると 970
億円になる。そこで今回の新型コロナによる減少率を中国人 50％、その他
外国人 20％とすると、外国人観光消費減少額は中国人 485 億円、その他外
国人 550 億円、計 1035 億円となり、りそなレポート 590 億円の倍近くなる。
これは、同レポートが比較的短期（半年程度）の減少額を見込んでいるのに
対して、本稿では年単位の減少額を想定しているためである。
　この額は、中国人客およびその他の外国人客の減少率をどの水準に設定す
るかで大きく変動するので、あくまでも仮定の数字にすぎない。中国人減少

率が50％以上になることもあれば、その他外国人減少率が20％以下になることもあり得る。しかし、日本での感染拡大が本格化して「渡航制限国」に指定されるようなことになれば、外国人全体が激減するので決して楽観は許されない。すでにクルーズ船「ダイヤモンド・プリンセス号」における危機的状況は世界各国に同時中継されており、日本は中国に次ぐ「新型コロナ感染国」だとする評価が国際的に定着している。そうでなければ、世界各国が相次いでチャーター機で自国民を日本から「救出」するような事態は起こらないからである。

　これに加えて、日本人観光消費の動向がもっと重大だろう。京都ではすでにインバウンドの過熱状態によって日本人客の「京都離れ」が進んでおり、これに新型コロナの感染拡大が加わると観光消費額が一気に縮小することも考えられる。京都がいくら「安全」だとPRしても、観光旅行は広域移動を伴うので新幹線や観光バスなど交通手段における感染防止が伴わなければ効果がない。それに何よりも、新型コロナの感染拡大にともなう「観光マインド」の冷え込みの影響が大きい。日本人全体の旅行気分が落ち込むとなると、京都が一番影響を受けることになるからである。

　日本人観光消費額は9357億円、外国人観光消費額3725億円の2.5倍だ。減少率10％だと減少額935億円、20％だと1870億円の巨額になる。そうなると日本人減少率を10％に抑えても、全体減少額は外国人減少額と合わせて1970億円になり、2018年観光消費額総額1兆3082億円の15％程度の観光消費額が消えることになる。そうならないことを祈るばかりだが、こればかりは先行きが見通せない。

東京オリンピックは大丈夫か

　東京五輪までもう半年を切った。2020年2月13日に行われた国際オリンピック委員会（IOC）と大会組織委員会の合同会議では、森組織委員長が新型コロナの感染拡大に関して「東京大会の中止や延期は検討されていない」と断言した（各紙2020年2月14日）。しかし、森氏の個人的意向で新型コロナの感染拡大が止まることはない。問題はこれからの感染拡大の行方なのだ。

　この点で気がかりになることが最近 2 つ起こった。1 つは、2 月 23 日に皇居で予定されていた天皇誕生日の一般参賀が新型コロナの影響で中止されたこと。もう 1 つは、3 月 1 日に行われる東京マラソン大会が新型コロナの感染拡大の影響により一般ランナー抜きで実施されることになったことである。

　2007 年に始まった東京マラソンは国内最大のマラソン大会であり、残り 1 枠の東京五輪男子代表の選考会を兼ねている大事な大会だ。東京マラソン大会は、いわば東京オリンピックの前哨戦であり、一般ランナーが多数参加する一大祭典なのである。このような大事な大会が突如招待選手だけのレースになると、これはもう観客のいないサッカー大会か野球大会のような雰囲気になり、オリンピックムードが阻害されることこの上ない。

　だが、この 2 つのことが示すことは、日本での新型コロナの感染拡大状況がそれほど深刻だということだ。今年 2 月 23 日の皇居一般参賀は通年の一般参賀ではない。この日は新天皇が即位後初めて迎える誕生日の一般参賀であり、「令和新時代」を演出しようとする安倍政権にとっては格別の日だと言ってもいい。それでも宮内庁の意向として中止せざるを得なかったことは、一般参賀を契機として新型コロナの感染拡大が加速し、東京オリンピックが中止に追い込まれるような事態は何としても避けなければならないとの政治的判断が働いたからだろう。東京マラソン大会の場合もまた然りだ。

　安倍政権は、2020 年東京オリンピック開催を目指してインバウンド政策を一路邁進してきた。だがいま、それが新型コロナの感染拡大という思いもかけない事態の出現によって、予定通り実施できるかできないかの瀬戸際まで追い詰められている。筆者も東京オリンピックが成功裏に始まることを願う国民の 1 人には違いないが、それだからといって新型コロナの危険性を無視して東京オリンピック開催を強行することには賛成できない。1 日も早く新型コロナが終息し、東京オリンピックが安心安全な環境のもとで開催されることを願うばかりだ。

〈8.2〉2020年5月号
京都市政、観光立国から脱却のとき
～門川市政の表層と深層⑦～

インバウンド観光の存立的危機

　かねがね「観光は水物」と言われてきた。水物とは、運や状況に左右されやすく、予想が立てにくいもの（国語辞典）――との意味だ。国内旅行もそうだが、とりわけ海外旅行は災害や感染症の発生、国際経済や国際関係の悪化、テロや戦争の影響、交通事故などによる危険性が大きく、これまでは不安材料が多かった。とはいえ、国際観光旅行はいまや世界経済の「成長エンジン」とみなされるまでに拡大し、国連世界観光機関（UNWTO）と各国政府が連携して観光市場の成長戦略に取り組むようになった。マスツーリズムの推進が各国政府にとって不可欠の経済戦略となり、観光需要を喚起するためあらゆる政策手段が投入されるようになってきたのである。

　我が国でも、安倍政権の『明日の日本を支える観光ビジョン』（2016年）に基づく観光立国政策が大々的に展開されて以降、観光業界はもとより全国自治体でもインバウンドブームに乗った動きが一段と加速した。インバウンド観光は「成長戦略の柱」「地方創生の切り札」などと持てはやされ、観光都市・京都はその波に乗って先陣を切り、観光立国のトップランナーとなった。その一方、インバウンド観光の過熱化にともない「オーバーツーリズム」の弊害が露わになり、「京都が京都でなくなる」との批判も大きくなった。そこに来て東京五輪開催の今年、奇しくも中国発の新型コロナが発生したのである。

　国際観光旅行にとって、"パンデミック"に至るような感染症の拡大は他のいかなる要因にも増して決定的なダメージを与える。パンデミックを防止するにはヒト・モノの移動を止めなければならず、ヒト・ヒトの接触を禁じなければならない。インバウンド観光は国境を超えるヒトの大移動であり、その目的が自国では得られない異文化の体験や交流にある以上、異国の風物や生活に触れることのできない旅行は、海外での労役や軍役と変わらない。

新型コロナウイルスの感染拡大は、インバウンド観光の本質である「移動」「交流」という 2 大要素の否定につながり、いまやその存立をも脅かしかねない深刻な危機に発展しつつある。

世界保健機関　パンデミック宣言に踏み切る

　世界保健機関（WHO）のテドロス事務局長が 2020 年 3 月 11 日、ジュネーブで記者会見し、新型コロナの感染拡大について、「パンデミック（世界的な大流行）の状態」と述べたことが大々的に報じられた（各紙 2020 年 3 月 12 日）。WHO が「パンデミック」の表現を使うのは 2009 年の新型インフルエンザ以来 11 年ぶりのこと、国境を超えて感染が広がり、制御が利かなくなった状態を意味する。翌日の朝日新聞は、テドロス WHO 事務局長の会見要旨を以下のように掲載している（朝日 2020 年 3 月 13 日、抜粋）。

　「この 2 週間で新型コロナウイルスの中国外での感染者数は 13 倍に増え、感染者が出た国の数も 3 倍になった。現在、114 カ国に 11 万 8 千人超の感染者がおり、4219 人が死亡した。今後、感染者や死者が出る国はさらに増えると考えている。感染拡大や重症度が警戒すべきレベルにあると深く懸念しており、現状は『パンデミック』と分類され得ると判断した。（略）すべての国は、健康の保護、経済や社会の混乱を最小限に抑えること、そして、人権の尊重のバランスをとる必要がある。私たちはあらゆる部門のパートナーとともに、このパンデミックが社会や経済に与える影響を緩和しようとしている。これは公衆衛生の危機であるだけでなく、あらゆる部門に関わる危機だ。すべての領域のすべての人々がこの闘いに関わらなければならない」

　NHK のまとめによると、3 月 24 日現在、感染は 192 の国・地域に広がり、感染者数 33 万 4981 人、死者数 1 万 4652 人になった（NHK 特設サイト）。WHO のテドロス事務局長は 3 月 23 日、新型コロナウイルスについて「パンデミック（世界的な大流行）が加速している」と危機感を表明した。WHO によると、最初に感染者が確認されてから 10 万人に増えるまでに 67

日かかったが、次の10万人までは11日、さらに次の10万人まではわずか4日で到達したという（日経2020年3月24日）。

　国内は2020年3月24日現在、感染者1852人、死者52人、クルーズ船関係者を除くと感染者1140人、死者42人となる。上位10都道府県の感染者数は、北海道162人、東京154人、愛知145人、大阪134人、兵庫113人、神奈川77人、埼玉52人、千葉47人、新潟27人、京都25人である。広大な北海道はもともと人口が多く、それ以外の上位8都府県はいずれも3大都市圏に位置する人口規模の大きい広域自治体であることから、多少の前後はあるが人口規模に応じて感染者数が多いことがわかる（NHK同上）。

　もはや事態は「水際対策」や「封じ込め」のレベルを超え、タイムラグ（時間差）はあっても人口の一定割合が感染する段階に到達したと言える。厚生労働省は3月6日、患者数が最も大きくなる流行ピーク時のシナリオを想定し、医療提供体制を整備するよう求める通知を都道府県に出した。通知は人口を14歳以下、15〜64歳、65歳以上に3区分し、それぞれの年代でピーク時の外来・入院患者数、重症者数の割合を示したものだ。例えば、65歳以上の場合は人口の0.51％が外来受診し、0.56％が入院、0.018％が重症になると見込んでいる（「新型コロナウイルスの患者数が大幅に増えたときに備えた医療提供体制等の検討について（依頼）」、厚生労働省HP）。

　日経新聞が厚労省の推計式に基づき全国都道府県のピーク時の1日当たりの患者数推計を「外来」「入院」「重症」に区分して算出したところ、京都府では外来8830人、入院4650人、重症160人となった。人口が大きい大阪府では外来2万9720人、入院1万5150人、重症330人となる。ピーク時が6日間継続するとなると、京都府は外来患者数が5万人、大阪府は18万人を超える規模になり、いずれも全体人口の2％を超える発生率となる（日経2020年3月10日）。

東京五輪、延期・中止の可能性高まる

　懸念されるのは、このような状況の下で2020年7月に迫った東京五輪が予定通り開催されるかどうかである。すでに国際オリンピック委員会（IOC）側からも日本側からも、東京五輪の可否に関して様々な観測気球が

揚げられている。IOC 側からは最古参のパウンド委員（カナダ）が 2 月 25 日、5 月下旬が判断の期限になるとの考えを示し、「その時期になれば、東京に安心して行けるほど事態がコントロールされているか誰もが考えないといけないだろう」と語った（読売 2020 年 2 月 26 日）。

　また日本側からは、大会組織委員会の高橋理事（電通 OB）が 3 月 10 日付けの米紙ウォールストリート・ジャーナルのインタビューに対して、「ウイルスは世界中に蔓延している。選手が来られなければ五輪は成立しない。2 年の延期が現実的だ」との見解を示した。高橋理事は毎日新聞の取材にも応じ、（1）東京大会は IOC が巨額の放映権料を失うため中止できない、（2）無観客開催は組織委員会にとって重要な収入源である入場料を失うことになる、（3）年内延期は欧米のプロスポーツと時期が重なり、来年のスポーツ日程もすでに固まっている、（4）5 月下旬に対応を決めるとの声があるが、多方面に迷惑が掛かるので今月下旬の組織委員会理事会に提言する―との見解を表明している（毎日 2020 年 3 月 12 日）。

　3 月 12 日にはさらに重大な発言が相次いだ。IOC バッハ会長がドイツ公共放送のインタビューを受け、東京五輪の開催中止や延期について、「我々は WHO の助言に従う」との態度をはじめて明らかにした。また同日、トランプ米大統領は東京五輪の開催について、「観客がいない状態で競技を行うよりは、1 年延期する方がよい代替案だと思う」との個人的意見を述べた（各紙 2020 年 3 月 13 日）。驚いた安倍首相は 13 日午前、トランプ氏との電話会談で「五輪開催は予定通り」と力説して理解を求め、橋本五輪担当相や小池東京都知事なども延期話の打ち消しに躍起となった。

　だが、事態は次第に延期論に傾きつつある。毎日新聞は日本オリンピック委員会（JOC）関係者の声として、「最終的には米国の動向がキャスティングボートを握る。強行開催は難しくなってきた」（2020 年 3 月 13 日）との意向を伝え、朝日新聞は「東京五輪、延期論が拡大」との見出しで、政権幹部の「新型インフルエンザでも流行に 2 度の山があり、収束までに 1 年かかった。夏ごろ下火になっていたとしても、IOC は予定通り開催と判断できるだろうか」との声や、東京都幹部の「延期は一番最悪な状況の中での最適な解だ」との意見を紹介している（2020 年 3 月 14 日）。

延期・中止は安倍政権の終焉につながる

　事態は極めて流動的であり予断を許さないが、東京五輪を目標にフル回転してきた安倍政権の観光立国政策が、ここにきて最大の危機に直面することになったことは間違いない。東京都の試算によれば、東京五輪の経済効果は2013年から2030年までの18年間で32兆円に上る。32兆円の内訳は、五輪前8年間でインフラ整備等21兆円、五輪後の10年間で五輪関連イベント等11兆円となっており、うち都内が20兆円と約6割を占めるが、訪日客の観光需要拡大などにともない地方にも12兆円の波及効果があると試算している（日経2017年3月7日）。

　すでにこれだけの膨大な公共投資・民間投資が注ぎ込まれている以上、万が一中止になれば経済面への打撃は大きく、訪日客の全面ストップはもとより関連イベントが軒並み中止に追い込まれ、その影響は全国に及ぶことになる。SMBC日興は3月6日、新型コロナウイルス感染が7月まで収束せず、東京五輪が開催中止に追い込まれた場合、約7.8兆円の経済損失が発生するとの試算を公表した。国内総生産（GDP）を1.4%程度押し下げ、日本経済は大打撃を被ることになるという（時事通信2020年3月6日）。

　問題は、それが経済的打撃だけには止まらないことだ。そもそも安倍首相には、東京五輪の開催を決めるIOC総会において「フクシマ原発の汚染水は完全にコントロールされている」と、専門家の意見を聞かずに大見得を切った政治責任がある。もし東京五輪が延期・中止に追い込まれれば、東京五輪を契機として安倍政権の更なる延命と浮揚を図り、安倍一強体制を維持し続けようとする野望が根元から崩れることになる。毎日新聞の次の指摘は鋭い（2020年3月14日）。

　「首相は経済優先の姿勢をアピールすることで長期安定政権を築いてきた。だが、ウイルスの感染拡大を受けた世界的な株安が日本を直撃する。2回先送りした10%への消費税率引き上げを19年10月に踏み切ったのは、翌年に控える『五輪特需』を見越し、増税による景気落ち込みが最小限になるタイミングと踏んだためだ。五輪を契機に政権浮揚を図る戦略から、首相は今年1月の施政方針演説で五輪開催に向け『国民一丸となって新しい時代へ共

に踏み出そう』とアピールしたが、五輪が延期・中止に追い込まれれば政権が見込んだシナリオは崩れかねない」

観光立国政策は"国家総動員計画"だった

　思えば、安倍政権の観光立国政策は"国家総動員計画"ともいうべきトップダウン型の国策だった。観光立国政策は、安倍政権の成長戦略の最大の目玉政策として位置付けられ、徹頭徹尾国家主導で推進されてきた。そのハイライトは、東京五輪開催を見据えた安倍政権の『観光立国推進基本計画〜世界が訪れたくなる日本を目指して〜』（2016 年）の閣議決定だ。同計画は、『明日の日本を支える観光ビジョン』（観光ビジョンという）を踏まえて策定された 2017〜20 年の 4 カ年計画であり、観光を日本の成長戦略の柱として位置付け、拡大する世界の観光需要を取り込もうとする一大国家プロジェクトだった。閣議決定は、観光ビジョンを 2030 年までの目標を掲げた「長期構想」、観光立国推進基本計画を 2020 年目標を達成するための「実施計画」と位置づけ、次のような目標を掲げている。

（1）訪日外国人旅行者数、2020 年 4000 万人、2030 年 6000 万人、2015 年実績値 1974 万人

（2）訪日外国人旅行消費額、2020 年 8 兆円、2030 年 15 兆円、2015 年実績値 3.5 兆円

（3）地方部での外国人延べ宿泊者数、2020 年 7000 万人泊、2030 年 1 億3000 万人泊、2015 年実績値 2514 万人泊

（4）訪日外国人旅行者に占めるリピーター数、2020 年 2400 万人、2030 年 3600 万人、2015 年実績値 1159 万人

（5）日本人国内旅行消費額、2020 年 21 兆円、2030 年 22 兆円、2015 年実績値 16.2 兆円

　しかしながら、これらの「実施目標」（2020 年）および「長期目標」（2030 年）が従来の計画に比べてどれほど異常な数値であるかは、2015 年実績値と比較すると直ちにわかる。なにしろ訪日外国人旅行者数を 5 年間で 2 倍（2000 万人増）、15 年間で 4 倍（4000 万人増）、訪日外国人旅行消費額を 5 年

間で 2.3 倍（4.5 兆円増）、15 年間で 4.3 倍（11.5 兆円増）にするというのだ
から、各種の政府計画に照らしてもこれほどの桁外れの目標は類を見ない。
また、その根拠についてもほとんど資料らしい資料が示されていないのも珍
しい。それが、安倍首相自ら議長となって采配を振るった観光ビジョン構想
会議で「政府構想」として固まり、閣議決定されて「国家計画」となったの
である。

司令塔としての菅官房長官

　安倍政権の際立った体質として、首相側近で固めた官邸主導（直轄）の政
権運営がある。何事も「総理のご意向」「総理のご発言」を錦の御旗にして、
官邸官僚が国策を強引に実現していく権威主義的な体制や強権的な手法のこ
とだ。観光立国政策はその典型とも言えるもので、一種の"国家総動員計
画"ともいうべき性格を帯びたものだった。言うまでもなく、その司令塔と
なったのは観光産業やカジノ資本に強い影響力を持つ菅官房長官である。
　国民を国策のために総動員するには細かい理由は要らない。国民の期待
（幻想）を掻き立てるような壮大な「夢」と「目標」が必要なのであり、そ
れをそれらしく語る「イデオローグ」（特定の階級や党派の立場を代弁する人
物）がいればいいのである。菅官房長官はこのため、構想会議の有識者委員
としてデービッド・アトキンソン氏（元国際金融資本アナリスト、京都国際観
光大使）を起用し、ロビー活動団体として安倍首相と親交のある「新経済連
盟」（通販・旅行サイトなど IT 関連企業の経済団体、代表理事は三木谷楽天会長）
を配置した。
　2020 年東京オリンピックを一大ビジネスチャンスと捉える新経済連盟は、
IOC で東京開催が決定された直後から「観光立国推進プロジェクトチーム」
を立ち上げ、それ以降、政府や自民党に対して精力的な政策提言（ロビー活
動）を展開した。観光政策に関する政策提言には、『観光立国 2020』（2015
年）、『超観光立国〜1 億人・30 兆円の目標実現に向けて〜』（2016 年）、『観
光立国実現に向けた追加提案』（2017 年）などがある（新経済連盟、HP）。
　政策提言の内容は、一言でいえば「2030 年までに年間訪日外国人数 1 億
人、訪日外国人年間旅行消費額 30 兆円を実現する」との"壮大な目標"に

尽きる。2014 年年間訪日外国人 1341 万人を 2030 年までに 1 億人（7.5 倍、年平均成長率 13.4%）、年間訪日外国人旅行消費額 2 兆 305 億円を 30 兆円（15 倍弱、年平均成長率 18.3%）にするというのである。まるでバブル時代のオークションよろしく吊り上げれば吊り上げるほどよいと言わんばかりだが、「1 億人 30 兆円」のインバウンド目標が国民の夢を搔き立て、それが独り歩きするほどの反響があればそれでいいのだろう。

　小泉内閣が『観光立国懇談会報告書』（2003 年）を出したときのインバウンド目標は年間 1000 万人、報告書には「観光立国の基本理念は、『住んでよし、訪れてよしの国づくり』を実現すること」と明記されていた。それがいつの間にか「1 億人 30 兆円」の経済目標一本やりに変質し、「儲かる観光」が観光立国のすべてとなった。これら IT 関連企業の眼には、1000 万人の 10 倍にもあたる 1 億人の外国人観光客がひしめき合う日本国土の惨状など想像もできないのだろう。

インバウンド目標が吊り上げられた舞台裏

　新経済連盟の政策提言を追い風に、菅官房長官が観光ビジョン構想会議に直接送り込んだキーパーソンがアトキンソン氏だった。同氏は『新・観光立国論』（東洋経済新報社 2015 年）及び『新・観光立国論実践編、世界一訪れたい日本のつくりかた』（同 2017 年）などで、「2020 年 6000 万人」「2030 年 8000 万人」のインバウンド目標が可能だとする主張を展開しており、それが官房長官の目に留まったというわけだ。菅氏はアトキンソン氏との対談の中で、インバウンド目標を吊り上げた構想会議の舞台裏を次のように明かしている（「キーマン対談、菅義偉×デービッド・アトキンソン」、『週刊東洋経済（爆熱・観光立国）』、2019 年 9 月 7 日号）。

　──観光を国の施策として進めた背景には何があったのか。

　「安倍首相は 12 年に政権復帰して最初の施政方針演説で、外国人を呼び込んで産業を振興する『観光立国』を宣言した。（略）振り返れば目標を立てるとき、観光庁は 20 年の訪日客数を『最大で 3000 万人』と推計し、『それ以上は絶対に無理だ』と言ってきた。一方、アトキンソンさんは『6000 万

人でも可能だ』と主張された。そこで安倍首相に相談して、『20 年 4000 万人』と目標を決めてもらった。結果として、いい目標になった。訪日客の日本での消費額も、12 年の 1 兆 0846 億円から昨年は 4 兆 5000 億円を超えた」

　それからもう一つ、観光立国政策を "国家総動員計画" に仕立てるには大掛かりなキャンペーンが必要だった。それを買って出たのが日経新聞とりわけ日経大阪本社である。政府構想会議で観光ビジョンの議論が始まった頃から日経新聞の関西経済特集はインバウンド一色となり、それと並行して華々しいキャンペーンがスタートした。同紙は、大阪商工会議所との共催で連続シンポジウム「関西経済圏の進路」を 2015 年 10 月から 16 年 2 月にかけて 3 回、同じく連続シンポジウム「関西の未来」を 2017 年 4 月から 12 月にかけて 4 回、計 7 回も開いている。

　日経キャンペーンの特徴は、インバウンドの急成長を背景に 21 世紀の関西の未来をバラ色一色に描こうというものだ（1960 年代の「臨海コンビナートが関西経済を救う」とのキャンペーンを思い出す）。シンポジウムの主役にはツーリズム産業と IT 産業関連の経営者やイデオローグが起用され、紙面ではインバウンドが飛躍的に発展していくための展望やシナリオが華々しく打ち出された。その代表的な主張を紹介しよう。

　「10 年前、日本のインバウンドは約 800 万人だった。いまは 2400 万人で 3 倍になった。日本の数少ない成功例の 1 つだ。ビザを発給緩和しただけで外国人が日本を発見してくれた。これだけで世界は劇的に変わっていることがわかる。日本にはカネがある。1800 兆円の個人資産があり、企業は 400 兆円もため込んでいる。働く人の資質は極めて高い。世界最先端のテクノロジーもある。カネ、人、技術と三種の神器がそろっている。これらを有効活用すればいい。イノベーションか、グローバル市場か。これからを生き残るのにどちらかしかない。インバウンド事業はグローバルだ」（第 4 回「関西の未来」シンポジウム、「まちと企業の新境地を開くインバウンド」、基調講演、日経 2017 年 12 月 20 日）

すべてが上手くいっているかのように見えた。昨年 8 月以降、日韓関係の悪化にともない韓国人客が半減状態に陥ってからも、菅官房長官は「韓国は大幅減になったが、中国が 16%、欧米や東南アジアは 13% の大幅増となっている。19 年 1 月から 8 月までの総数も 3.9% 増だ」と述べ、事態の先行きを楽観視していた。そして、政府が掲げる「2020 年外国人旅行者 4000 万人」目標は十分達成可能であり、そのための環境整備に取り組むことが政府の役割だと重ねて強調していたのである（日経 2019 年 9 月 20 日）。

破局が突如訪れた

しかし、2020 年に入ってから破局が突如訪れた。内閣府が 2 月 17 日に発表した 19 年 10〜12 月期の国内総生産（GDP）速報値によると、四半期成長率は 1.6% 減（年 6.3% 減）に落ち込み、景気は消費増税後、深刻な後退局面にあることが判明したのである。各紙が伝えた記事の見出しは以下の通り（2020 年 2 月 18 日）。

○毎日新聞、「凍える消費 GDP 直撃、年 6.3% 減、5 年半ぶり大幅マイナス」「新型肺炎 追い打ち、2 期連続マイナス予想も」
○朝日新聞、「景気 腰折れの懸念、GDP 落ち込み 政府『想像以上』、増税後の消費回復鈍く」「新型肺炎拡大 追い打ち、月例報告 政府の判断注目」
○読売新聞、「増税・暖冬・豪雨・米中摩擦……頼みの内需急減速」「個人消費—2.9%、設備投資—3.7%、新型肺炎 追い打ちも」

各紙の観測は共通している。2019 年 10 月の消費増税に加えて暖冬と台風が重なり、その上、足もとでは新型コロナの拡大が今後の企業業績、消費や観光のさらなる重荷になるというものだ。要するに、「政府はこれまで消費増税後の景気落ち込みから短期間で抜け出し、プラス成長の軌道に戻るシナリオを描いてきた。しかし、その実現は新型肺炎の拡大で見通せなくなっている」というのである（朝日 2020 年 2 月 18 日）。

これに輪をかけたのが 2 日後の 2 月 19 日、政府観光局が発表した今年 1 月の訪日外国人旅行者数だった。旅行者数は 266 万 1 千人と前年同月比で僅

か 1.1％の減少に過ぎなかったが、すでに 4 カ月連続で前年割れが続いており、韓国人客の大幅減（1 月前年比 59％減）に加えて、春節休暇中（1 月 24 日〜2 月 2 日）の中国人客が 2 割も落ち込んだとあって大騒ぎになったのである。各紙の見出しを見よう（2020 年 2 月 20〜22 日）。

○日経新聞、「訪日客 4000 万人はや暗雲、今月以降 新型肺炎で中国人客激減、1 月 韓国人客減り前年割れ」「観光・交通・小売り……新型肺炎響く、外出自粛消費にブレーキ、人出急減 大阪 15％横浜 10％」「社説、中国人観光客への過度の依存からの脱却を」

○京都新聞、「新型肺炎 東アジアで『訪日忌避』、人・モノの動きに影、『観光立国』へ打撃」「来日中国人春節 2 割減、1 月訪日客 4 カ月連続前年割れ」「京都市バス・市営地下鉄乗客 1 日 3 万 4000 人減、1 月末以降 観光客減、経営に打撃」「1 月売上高 4.4％減、京の 4 百貨店 暖冬・肺炎が直撃」

　さらに追い打ちをかけたのが、2 月 24・25 日の日米欧やアジア株価の記録的な下落だった。毎日新聞（2020 年 2 月 26 日）は、「肺炎リスク 世界に波及、同時株安、日米欧 記録的下落」という見出しで、世界の金融市場の波乱状況を大きく伝えている。同記事は、新型コロナの感染拡大が世界同時株安をもたらすメカニズムを、「新型コロナウイルスの感染が世界に拡大→外出や旅行の手控えで個人消費が落ち込み・部品供給網の途絶で企業の生産活動に支障→世界経済の悪化懸念で投資家が一斉にリスク回避→世界同時株安→政府・中央銀行による経済下支えは難しい」と解説している。これ以上の引用は避けるが、新型コロナの世界規模の広がりが世界同時不況を引き起こしていることはもはや間違いないと言えるだろう。

新型コロナの関西経済への影響

　新型コロナが関西経済へ与える影響の予測については 2 つのレポートがある。りそな総合研究所の『新型肺炎がインバウンド市場に与える影響』（2020 年 2 月 12 日）及びアジア太平洋研究所（APIR）の『新型肺炎の関西経済への影響』（2020 年 2 月 20 日）である。「りそなレポート」の方はすでに

〈8.1〉「絶頂からどん底へ、4 期目門川市政が直面するもの」で紹介したので、ここでは「APIR レポート」を中心に述べたい。同レポートの趣旨は以下のようなものだ。

（1）世界経済に占める中国のプレゼンスが急上昇し、関西経済は中国を中心とするグローバルサプライチェーンに組み込まれている。SARS 発生時（2002〜2003 年）と 2019 年を比較すると、関西の対中輸出額は 2.0 倍に拡大し、中国人の訪日外客数は 21.4 倍に急拡大した。ところが、財とサービス（インバウンド需要）の 2 つの輸出が新型肺炎の発生を契機に逆回転し始めている。

（2）SARS 発生時、関西の対中輸出は 2003 年 1 - 3 月期に前年同期比 50.2％増から 4 - 6 月期は 38.1％増に 12.2 ポイント下落した。今回は 20％減程度で底打ちし、以降回復すると想定する。中国からの訪日外客数は 2 カ月で 70％減となったが、今回は 60％減で底打ちし、以降回復すると想定する。問題はどれぐらいの期間で回復するかである。

（3）新型肺炎発生からの回復パターンとして、1 四半期で発生前期の経済水準に戻る「早期回復ケース」（今年 4 月末までに回復）、2 四半期で回復する「標準ケース」（7 月末までに回復）、3 四半期で回復する「長期化ケース」（10 月末までに回復）の 3 つのケースを想定する。試算の結果、早期回復ケースの経済損失額は 1782 億円（財 986 億円、インバウンド 796 億円）、標準ケースは 3564 億円（財 1972 億円、インバウンド 1591 億円）、長期化ケースは 5345 億円（財 2958 億円、インバウンド 2387 億円）となる。

（4）2020 年度の関西経済の名目 GDP 成長率は 0.6％増と予測されているので、回復が遅れる長期化ケースの場合は、内需への影響を考慮すれば、ゼロないしマイナス成長に陥る可能性がある。

前述の「りそなレポート」のインバウンド損失額は 1905 億円であり、APIR レポートの標準ケース 1591 億円と長期化ケース 2387 億円のほぼ中間に位置する。関西経済のインバウンド需要に占める京都の比重を 3 割とすると、京都の損失額は早期回復ケース 239 億円、標準ケース 477 億円、長期化

ケース 716 億円となる。2018 年の京都市内観光消費額は 1 兆 3082 億円（日本人客 9357 億円、外国人客 3725 億円）だから、APIR レポートの（インバウンド需要）損失額の幅は 239〜716 億円、外国人消費額 3725 億円の 6 〜19％となり、それほど大きいとは言えない（りそなレポートは 590 億円、16％）。

国内観光の冷え込みが大きい

　だがこれらの予測は、京都の観光地の現状を見るとき余りにも少ないように感じられる。新型コロナ発生後の各種の観光指標はまだ発表されていないが、外国人観光消費額の減少幅が 1 〜 2 割に止まるなどとは到底考えられない。加えて、両レポートは訪日外客の損失額に限定しており、国内客の損失額は織り込んでいない。京都では日本人客が観光消費額の 7 割を占める以上、影響の大きいのはむしろ国内客の方なのだ。

　この点で、日本旅館協会と大阪観光局が行った直近の調査が参考になる。朝日新聞（2020 年 2 月 29 日）の見出しは、「1・2 月 観光局調査、大阪の宿『影響』 8 割超」「3 〜 5 月 協会調査、全国の旅館予約 4 割減」というものだ。大阪観光局が、会員企業 381 社を対象に 1 月 24 日〜 2 月 7 日期間中の新型肺炎の影響調査をしたところ、2 月 28 日時点で 80 社（宿泊 41 社、集客施設 30 社、小売り 9 社）が回答を寄せた。宿泊関係では中国人客や訪日客を避けたい日本人客の減少が起きており、「深刻な影響あり」または「影響あり」との答えが 8 割を超えた。百貨店を含む小売りでも同様の回答が 9 割近くに上った。溝畑理事長は「広い範囲に甚大な被害が出ている」と語っている。

　日本旅館協会も、会員宿泊業者を対象に 2 月 21〜24 日新型コロナウイルスの感染拡大の影響について調べたところ、400 弱の施設から回答があり、3 〜 5 月の宿泊予約の人数が前年同期よりも 42％減っていることがわかった。北原会長は「（政府の）イベント自粛の呼びかけ以降は、宴会や会合のキャンセルも一気に寄せられている。日本人客の出控えもあり、経営へのダメージは大きい」と話している。

観光立国から脱却するとき

　観光立国政策の総括についてはまだ本格的な論説が出ていない。しかし、これまで政府のインバウンド政策に対して後押しすることはあっても批判することのなかった日経新聞が、社説「中国人観光客への過度の依存から脱却を」といった主張を展開し始めたことは興味深い（2020年2月20日）。以下はその要旨である。

　「新型コロナウイルスによる肺炎の感染拡大が、日本の観光産業に大きな打撃を与えている。中国人は日本を訪れる外国人観光客の約3割、消費額では4割近くを占める。『観光公害』に悩まされていた京都も人がまばらだ。新型肺炎によって観光立国の盲点があぶりだされた。グローバル化の時代では、自然災害や政治情勢などによって訪れる人が急に減ることがある。自治体や観光に携わる事業者はそのリスクを再認識し、訪日客の多様化を進めていく必要がある」

　「政府が『2020年に訪日客4千万人』の新目標を掲げた16年、戦略の危うさを指摘する声があった。18年に3千万人を突破し観光立国の実現に向けて順調に成長しつつあるようにみえたが、その半分以上が中国人と韓国人といういびつな構造だった。日韓関係の悪化で韓国人が激減した19年夏以降、中国人依存は加速した」

　「新型肺炎が収束すれば観光地はにぎわいを取り戻すだろう。だが訪日客の数を追い求め、中国にプロモーションをかける従来型の誘客策では、想定外の事態が起きるたびに振り回される。それでは観光が日本経済の柱にはなりえない。（略）観光公害や訪日客の旅行消費の伸び悩みなどインバウンド政策はさまざまな問題が浮上していた。危機はチャンスである。今こそ新型肺炎の教訓から学ぶべきだ」

　"国家総動員計画"ともいうべき安倍政権の観光立国政策は、いまや新型コロナの感染拡大によって総崩れとなり、終焉のときを迎えている。これまで政府と二人三脚で走り続けてきた京都観光も最大の危機に直面しており、「観光立国」から脱却しなければ京都市政と京都観光の明日はない。それが

門川市政4期目に課せられた課題であり、京都が京都であるための"持続可能な観光"を取り戻す道であろう。

〈8.3〉2020年6月号

世界はビフォーコロナからアフターコロナへ
～門川市政の表層と深層⑧～

2020年は、新型コロナ・パンデミック（世界的な大流行）を契機とする"国際観光の世界史的転換期"の始まりとして後世に長く記憶されることになるだろう。グローバリゼーションの波に乗って過去60年間にわたり拡大に次ぐ拡大を続け、世界最大かつ最速の成長を見せる経済部門の一つとなった国際観光市場が、中国発の新型コロナの感染拡大によって致命的な打撃を受け、グローバリゼーション一辺倒の政策リスクが一挙に露わになったからだ。

グローバリゼーションすなわちヒト・モノ・カネの国境なき交流によって世界経済は加速度的に成長し、製造業の国際分業体制（サプライチェーン）が世界規模で広がった。インバウンド（訪日外国人旅行）とアウトバウンド（日本人海外旅行）を担う国際観光市場もまた、世界経済の先導役を担うようになった。その一方、グローバリゼーションにともなう数々のリスクは放置され、世界規模の感染症リスク（パンデミック）に対しても十分な対策が講じられてこなかった。世界経済はグローバリゼーションのアクセルを踏み続けてきたものの、その規模や速度については危機管理を怠ってきたのである。

新型コロナ危機は世界史を変える

ところが、グローバル化を一路推進する中国で図らずも新型コロナの爆発的感染が起こり、世界保健機関（WHO）は2020年1月30日、中国や他国での感染拡大について「国際的に懸念される公衆衛生上の緊急事態」を宣言する事態に発展した。さらに感染拡大がヨーロッパ各国へ波及するに及んで、3月11日「パンデミック宣言」（世界的な大流行）が発せられ、これを

機に世界中のヒト・モノの移動が一斉に止まった。世界の隅々にまで浸透しつつあったグローバリゼーションの流れが新型コロナの感染拡大によって突如断ち切られ、機能不全の状態に陥ってしまったのだ。

　世界中に「封鎖ドミノ」ともいうべき鎖国状態が拡がる中、国際観光市場は一転して未曽有の大不況に陥り、2018 年に国際観光輸出額 1 兆 7000 億ドル（約 183 兆円、UNWTO）に達していた巨大市場は破滅的危機に直面することになった。そればかりではない。新型コロナの感染前後で、世界はいま社会のあり方が劇的に変わるほどの大変化に直面している。メディアでは「ビフォーコロナ」「アフターコロナ」という言葉が生まれるほどその衝撃は大きく、新型コロナ危機はいまや世界史を変えるほどの巨大エネルギーで世界を席巻していると言ってもいい（日経「コロナが照らす世界の暗部」2020 年 4 月 8 日）。

　青山学院大学の飯島教授（医療社会史）は、今回の新型コロナウイルスの世界的大流行は、19 世紀のコレラ、20 世紀初頭のスペイン風邪（インフルエンザ）の大流行に並ぶ世界史的大事件と位置づけている（毎日「疫病史観と新型コロナ」2020 年 4 月 9 日）。新型コロナ危機の終息はいまだ見通せないが、2020 年がグローバリゼーションの再検討を迫る世界史的変化の端緒となり、国際観光をめぐる世界史的転換期の始まりになることはまず間違いないだろう。

　と同時に、2020 年はまた安倍政権の観光立国政策の舞台となった京都の観光政策を見直す歴史的機会でもある。京都が「オーバーツーリズム」（観光公害）の根源を断ち、「京都が京都である」持続可能な観光へ再出発するには、この危機に真正面から立ち向かわなければならない。本稿は、まず新型コロナが巻き起こした国際観光市場の激変ぶりを概観し、次にその下での京都市総合計画や観光振興計画のあり方を検討する。

世界大恐慌以来、最悪の不況

　新型コロナ危機は当初、リーマン・ショック級の経済危機と言われていたが、2020 年 4 月 14 日に公表された国際通貨基金（IMF）の「2020 年 4 月世界経済見通し（WEO）」によると、"世界大恐慌以来の最悪の不況"になる

見通しだ。その総括の一部を抜粋しよう（IMF ホームページ）。

「国際通貨基金（IMF）が前回の『世界経済見通し（WEO）改訂見通し』
を発表してからの3カ月で世界は劇的に変わった。（略）今回の危機は他に
類を見ない。第一に、そのショックが大きい。今回の公衆衛生危機とそれに
付随した感染症拡散防止措置にともなう生産活動の落ち込みは、世界金融危
機を引き起こした損失を凌駕する可能性が高い。第二に、戦争や政治的危機
と同じように今回のショックの持続期間や深刻さについては依然として不確
実性が高い。第三に、現在の環境下では経済政策の役割に大きな違いがあ
る。通常の危機では、政策当局者はできるだけ迅速に総需要を刺激し、経済
活動を活性化しようとする。一方、今回の危機の大部分は必要な拡散防止措
置の結果である。このため経済活動を刺激するのはより困難であり、少なく
とも最も影響を受けた産業においては望ましくもない。（略）世界経済が今
年、10 年前の世界金融危機のときを超える大恐慌以来最悪の景気後退を経
験する可能性はきわめて高い。現在の危機は大恐慌ならぬ『大封鎖』の様相
を呈しており、世界経済はこの危機の結果、劇的なマイナス成長に陥ること
が予測される」

　IMF の世界経済見通しを伝える各紙の報道を要約すると、以下のような
内容になる（各紙 2020 年 4 月 15 日）。
（1）IMF によると、大恐慌期の 1929〜32 年当時の先進国経済は約 16%
　　減、世界全体は約 10% 減だった。今回の予測は 2020 年の足元だけを
　　みれば「大恐慌の方が経済崩壊の規模は大きい」ものの、実際にどう
　　なるかは今後の感染の拡大次第だ。
（2）1980 年以降、世界経済のマイナス成長はリーマン・ショック直後の
　　2009 年（0.1% 減）だけ、今回はその水準をはるかに上回る経済の収縮
　　が起きている。世界銀行の 1961 年以降の統計でもマイナス成長は
　　2009 年だけだ。
（3）IMF は 2020 年 2 月下旬まで 3% 超のプラス成長を予想していた。
　　しかし、当初中国で始まった感染危機は 3 月に入り急速に欧米へ拡大

した。これほど急激に世界中で経済活動全般が滞った例はなく「大恐
慌以来最悪」の危機に直面した。

（4）その結果、2020 年の世界全体の成長率を前年比 3.0％減として、1
月の予測（3.3％増）から大幅に引き下げた。新型コロナウイルスの感
染拡大で、世界経済は 1920〜30 年代の大恐慌以来最悪の同時不況に直
面している。

（5）　2021 年は 5.8％増とやや持ち直す見通しであるが、不確実性が非常
に高く、新型ウイルスのパンデミック（世界的大流行）の行方次第で予
測より大幅に悪い結果となる可能性がある。パンデミックが第 3 四半
期を通して続いた場合、2020 年はさらに 3％落ち込み、2021 年の回復
は遅くなる。

（6）2021 年に再び感染が拡大した場合、2021 年の GDP 見通しは 5〜8
％低下し、世界経済が 2 年連続でマイナス成長となる。

リーマン・ショックとは異なる特徴も

　新型コロナ危機がもはやリーマン・ショックを遥かに超える大不況である
ことは明らかだが、それ以外にも注目すべき特徴がある。『週刊エコノミス
ト・コロナ恐慌特集』（2020 年 3 月 31 日号）は、両者の違いを次のように指
摘する。

　「新型コロナウイルスによって、米経済が止まり始めた。2008 年のリーマ
ン・ショックと今回の新型コロナ・ショックはよく比較されるが違いも大き
い。①リーマン・ショックは先進国中心だったのに対し、新型コロナは先進
国、途上国を問わずグローバルに広がっている。②前回は中国が世界経済を
牽引してくれたが、今回は中国が震源地。③リーマン・ショックは社債市場
中心だったが、今回は需要を後退させる『需要ショック』──の 3 点だ」
（18 頁）
　「今回は、中小零細の飲食業や小売業といった川下の企業から時々刻々と
経営が危機に陥っており、米金融機関の破綻と金融市場の大混乱によってグ
ローバル展開する大企業から経営危機に陥った 2008 年のリーマン・ショッ

ク時とは状況がまったく異なる」（14～15頁）

　今回の新型コロナ危機の際立った深刻さは、治療薬やワクチンの開発に年単位の時間がかかることから、当面はヒトとモノの移動を物理的に封鎖する以外に決定的な対策がないことに起因している。とりわけ観光はヒトの移動そのものであり、その目的がヒトとヒトの交流による異文化の体験にあるので、新型コロナの感染拡大は、観光市場の根幹である「移動」と「交流」を遮断することで決定的なダメージを与える。国際観光にとっての新型コロナの脅威は、観光市場の存立条件そのものを直撃する点にあるのであって、場合によっては息の根を止めかねない危険性を有している。

　ヒトとモノが回らなくなった経済危機は、金融緩和や財政拡張でカネ回りを良くしても、ヒトとモノが動かない限り経済が息を吹き返すことが難しい。ヒトとモノの実体経済の動きが遮断されることは、今回の新型コロナ危機が近い将来に終息したとしても、各国が正常な状態で経済活動を再開するには相当な時間がかかるということなのである。

甘すぎる国連世界観光機関の影響予測

　新型コロナ危機への対応については、国連世界観光機関（UNWTO）が2020年2月、世界保健機関（WHO）と協力して旅行観光産業への対策に当たるとして次のような声明を発表した（観光産業ニュース「トラベルボイス」2020年2月27日）。

（1）国際的な旅客および貨物への影響を最小限に抑えつつ、封じ込めを確実に実行していくために各国と協調していく。

（2）観光分野では公的機関、旅行業界、旅行者はそれぞれWHOの指導と勧告に合わせて各地域のリスクを評価したうえで、ウイルスの脅威に対して一貫して取り組む。

（3）UNWTOとWHOは、将来の回復に向けて感染の影響が広がる国や地域と緊密に連携していく準備を整えているので、過度な旅行制限は観光分野での悪影響を含め国際的な人やモノの動きを不必要に妨げることになる。

　この声明に引き続き 3 月 6 日には、UNWTO は新型コロナウイルスによる影響として、2020 年の世界旅行者数予測を当初の 3 〜 4 ％増から 1 〜 3 ％減に下方修正した。減少幅を人数ベースでみると 1500 万〜4400 万人、観光業の損失額は 300 億ドル〜500 億ドル（約 3 兆 1000 億円〜 5 兆 2000 億円）になる（2020 年 3 月 10 日）。この数字は恐らくリーマン・ショック時の 3700 万人減（ 4 ％減）を参考にしたものと思われるが、今回の新型コロナ危機の大きさから考えると余りにも少ない。なぜ、かくも UNWTO の影響予測は甘いのか。

　世界観光機関（UNWTO）はもともと成長志向が極めて強い国際機関である。「観光は、過去 60 年間にわたり拡大と多様化を続け、世界最大かつ最速の成長を見せる経済部門の一つとなった。観光は時折の予期しない事態の発生にも関わらず、その強みや回復力を示し、実際途切れることなく成長を続けてきた。国際観光は、過去 5 年間にわたり世界貿易を上回る成長を遂げており、財・サービスにおける世界輸出の 7 ％を占めている。世界全体の国際観光客到着数は 2010 年から 2030 年の間に年 3.3％増加し、2030 年には 18 億人に達すると予測している」―との長期展望がそのことを如実に示している（UNWTO Tourism Highlights 2017）。

　また新型コロナウイルスが確認される直前の 2020 年 1 月には、「今後 10 年の世界の観光需要と傾向分析」を発表し、2020 年の国際観光客数は東京五輪などにより押し上げられて前年比 3 〜 4 ％増、14 億 6 千万人に達し、「今後 10 年連続で世界の観光需要は成長する」と予測していた。UNWTO のポロリカシュヴィリ事務局長は、「不確実性と不安定性の現代において、観光は信頼できる経済分野であり続ける」「観光産業は世界経済を上回るペースで成長していく。単なる成長ではなくよりよい方向に成長することが大切だ」との強い自信を示していたのである（トラベルボイス 2020 年 1 月 22 日）。

なぜ、先行的に需要予測を発表したのか

　国連世界観光機関（UNWTO）が最初の国際旅行者数予測を発表した 3 月 6 日は、米ジョンズ・ホプキンス大学の公開データによると、世界の感染者

数は約10万人、死者は3500人程度だった。感染者数の8割、死者の9割を中国が占め、それ以外では韓国7000人、イラン5800人、イタリア4600人が目立つ程度だった。フランス・ドイツ・スペイン・アメリカなどの感染者数は、数百人前後の微々たる範囲に過ぎなかったのである（朝日2020年3月8日）。

　ところが、パンデミック宣言が行われた3月11日以降、世界の感染者数が爆発的に増加し、パンデミックの中心地が中国からヨーロッパへ、さらにはアメリカへと広がった。感染者数は3月18日20万人、同24日40万人、同31日80万人、4月10日160万人と倍増を重ね、4月18日現在では225万人と3月6日の20倍以上に達している。感染者数の内訳も劇的に変わってアメリカが70万人超で全体の3割を占め、スペイン19万人、イタリア17万人、フランス15万人、ドイツ14万人とヨーロッパ各国が続いている。死者も初期の44倍となって15万人を超え、最多はアメリカ3万7000人、イタリア2万3000人、スペイン2万人などとなっている（米ジョンズ・ホプキンス大システム科学工学センター2020年4月18日）。

　問題は今後の行方が不透明な感染初期において、なぜUNWTOが先行的に国際旅行者数予測を公表したかであろう。幾つかの理由が考えられるが、1つは観光市場の成長性に対する過信から、新型コロナ危機による観光市場の収縮を「一時的な現象」とみなし、当分の間我慢すれば事態は速やかに回復すると見込んでいたことが考えられる。事実、ポロリカシュヴィリ事務局長は「観光は将来の経済の回復をリードする存在」「UNWTOはコミュニティ全体と経済の回復に貢献していく」とコメントし、「今は我慢の時。今は家にとどまり、近い将来、旅に出よう」などの発言を繰り返していたのである（トラベルボイス2020年3月19日）。

　この（安易な）認識はまた、安倍政権にも共通するものだった。3月5日に開催された「第36回未来投資会議」（議長・安倍首相）において、政府は新型コロナで大きな打撃を受けている観光を含めた地域経済の活性化について、新型コロナの流行終息後、速やかに日本国内で人の流れを復活させるための大規模キャンペーンを官民一体で展開するとの方針を示した。会議で安倍首相は「国民の健康を守ることを最優先に感染防止に全力を挙げる一方、

その後には東京オリンピック・パラリンピックの成功に向けて官民一丸となってキャンペーンを実施し、内外にメッセージを発信する。その流れを回復するため観光事業の喚起や地域の農産品、商店街の賑わい回復も含め、国を挙げたキャンペーンを検討する」と発言している（産経 2020 年 3 月 5 日）。

　この発言の中で注目されるのは、安倍首相は新型コロナ危機が東京五輪まで（僅か 4 カ月余）に収束すると見なしており、東京五輪成功のためのキャンペーン活動の中で観光需要の喚起と観光事業の復活を意図していることである。しかしその後、新型コロナの感染拡大が止まらず、安倍首相は 3 月 24 日の IOC バッハ会長との電話会談で東京五輪開催の 1 年延期を提案せざるを得なくなった。3 月 5 日の未来投資会議から僅か 20 日足らずで東京五輪開催の方針を 180 度変更せざるを得ないほど、安倍首相の新型コロナに対する危機意識は薄かったのである。

国際観光市場を守るための政治的メッセージ

　しかし、UNWTO の早すぎる発表には別の意図があったのではないか……というのが筆者の仮説である。結論的に言えば、WHO と UNWTO が新型コロナ危機による渡航制限を回避するため、国際旅行者数の需要予測が僅か数％未満の減少にとどまると主張したかったからではないか。このことを示唆するエビデンス（根拠）は幾つもある。

　もともと WHO のテドロス事務局長は、グローバル化を推進する中国に対する格別の配慮から、国際貿易や国際観光の妨げになる制限に関しては極めて消極的だった。WHO が 1 月 30 日、中国で発生した新型コロナウイルスについて「国際的に懸念される公衆衛生の緊急事態」と宣言したときの説明が、そのことをあからさまに示している。テドロス事務局長の見解は以下の通りである（日経 2020 年 1 月 31 日）。

　「新型の病気が過去にないほどの大流行につながっている。だが、中国の対応も過去にないほど素晴らしい。中国の尽力がなければ中国国外の死者はさらに増えていただろう。中国の対応は感染症対策の新しい基準をつくったともいえる。中国国外での感染件数は相対的に少なく抑えられており、ヒト

からヒトへの感染もドイツ、日本、ベトナム、米国で確認されただけだ。中国国外での死亡例はない」

「今こそ力を合わせてさらなる感染を防がなければいけない。公衆衛生の制度が整っていない国でもし広がったらどんな被害が出るかわからない。この理由で緊急事態を宣言する。中国への不信感を示したわけではない。7つの分野で我々の勧告を出したい。まず我々は国際的な貿易と渡航の制限を勧めない。次に公衆衛生の制度が整っていない国を支援しなければいけない。3つ目に予防接種、治療、診断法の開発を急ぐべきだ。噂や偽の情報に惑わされてはいけない。また感染者の特定、隔離などに必要な資金や人員を確定させなければいけない。最後に各国が一致団結する必要がある」

この見解の骨子は、「中国の感染症対策は素晴らしい」「中国国外の感染拡大は相対的に低く抑えられている」「国際的な貿易と渡航の制限を勧めない」の3つに要約される。つまり、中国国内の感染は封じ込められているので、感染防止のために中国との貿易や中国からの渡航を制限する必要はない—と言っているのである。しかし、その後のヨーロッパやアメリカでの爆発的な感染拡大（パンデミック）を見るとき、この見解を肯定することは難しい。この段階でWHOが厳しい渡航制限を勧告していれば、その後の世界の感染状況は大きく変わったかも知れないからである。

UNWTOとWHOが2020年2月に出した上述の旅行観光産業への共同声明も、テドロス事務局長の見解が下敷きになっている。「国際的な旅客および貨物への影響を最小限に抑えつつ、封じ込めを確実に実行していく」「過度な旅行制限は観光分野での悪影響を含め国際的な人やモノの動きを不必要に妨げることになる」という部分がそれである。UNWTOの世界旅行者数の2020年予測（前年比1〜3％減）は、客観的な根拠に基づく需要予測というよりは、国際貿易と国際観光市場に対する制限を回避するため、UNWTOとWHOが共同で打ち出した先行的な「政治的メッセージ」だったのである。

国際航空運送協会は 44％減を予測

　だがこれに反して、その他の観光関連団体の予測は極めて厳しいものがある。これらを見れば、UNWTO の予測がいかに“期待幻想”に過ぎないかがよくわかるというものだ。例えば、世界観光の主要な輸送機関である国際航空運送協会（IATA）は、3 月 5 日の段階で早くも新型コロナによる航空業界の 2020 年損失規模を前年比 20％減の 1130 億ドル（約 13 兆円）と見込んでいた。これだけでも減少幅は UNWTO の予測とは「桁」が違う。

　その後、パンデミック宣言を機に世界各国で渡航制限が急速に広がり、雇用の不安定化なども加わって世界的な景気後退も懸念されることから、IATA は 3 月 24 日、2020 年の旅客収入を前年比 44％減の 2520 億ドル減（約 28 兆円）になると減少幅を倍以上に更新した。これは世界的な渡航制限が今後 3 カ月続き、旅行需要の回復が始まるのは今年後半になるとの想定をベースにしたものである。IATA のジュニアック事務総長は、「2、3 週間で以前に想定した最悪のシナリオよりもさらに悪い事態になった。業界は過去最悪の危機に陥っている」と述べている（日経 2020 年 3 月 25 日）。国際航空便が 4 割以上も減少すると予測されているのに、旅行者数は僅か 1 ～ 3 ％程度しか減らない―、こんな冗談は到底通用しない。

　また、世界最大の米国旅行産業関連組織「US トラベル・アソシエーション」は 3 月中旬、新型コロナウイルスの旅行業界に与える影響についての最新の分析を発表し、旅行自粛によるアメリカ経済への影響は 8090 億ドル（約 87 兆円）にのぼり、今年約 460 万人の旅行関連の雇用が失われる恐れがあると推計している。ロジャー・ダウ CEO は、「旅行業界ではすでに悲劇的な状況は起きており、ますますその状況は悪化している。アメリカの旅行業界では約 1580 万人の雇用を生み出しているが、今後の事業の見通しが立たなければ雇用を維持できなくなる。大胆な措置を即座に打ち出さなければ、回復には時間がかかり、事態はますます困難になる」とコメントし、特に旅行業界の 83％が中小企業であることを強調している。

　同協会の分析結果によると、輸送、宿泊、リテール、アトラクション、レストランなど旅行関連ビジネスの 2020 年の消費額は前年比 31％減、損失額は 3550 億ドル（約 38 兆円）に上り、その規模は 9.11 同時多発テロ時の 6 倍

に及ぶという（トラベルボイス 2020 年 3 月 17 日）。

東南アジア諸国、観光立国の陥穽

　一方、国際観光に過度に依存してきた東南アジア諸国では、新型コロナの与える影響はもっと深刻だ。新型コロナ危機による旅行需要の消失が東南アジア諸国の経済を直撃しており、海外観光客にもっぱら経済成長を依存してきた「観光立国」のもろさが露わになっている。日経バンコク支局発の解説記事は、この点を手際よく整理している（日経「チャートは語る」2020 年 3 月 15 日）。

　「新型コロナウイルスによる旅行需要の消失が観光大国の東南アジアを直撃している。世界保健機関（WHO）は『パンデミック（世界的な大流行）』と表明、人の移動が止まる前例のない事態に発展した。日本経済新聞の試算では、外国人観光客が年間で半減すると、タイなど東南アジア諸国連合（ASEAN）10 カ国のうち 8 カ国の経常収支が赤字になる。（略）新型コロナは観光客に経済成長を依存してきた観光立国のもろさをあらわにしている」

　「東南アジアの観光依存度は高い。世界旅行業ツーリズム協会によると、観光業（国内含む）の国内総生産（GDP）に対する比率は東南アジアが 13 ％（2018 年）で、リゾート地が多いカリブ地域に次ぐ。東南アジアの外国人向け旅行サービスの年間収入は 2018 年で約 2200 億ドル（約 24 兆円）と『自動車・部品』（500 億ドル弱）の 5 倍近くに達し、『石炭・石油』（約 1600 億ドル）を上回る重要な『資源』となっている。試算では、2020 年の外国人観光客が 2018 年に比べて半減すると、ASEAN10 カ国の経常収支は 400 億ドル近い赤字となる。もしゼロだった場合、経常赤字は 1500 億ドルに膨らむ」

　「東南アジアは豊かな観光資源が外国人を引きつけ、外貨獲得と経済成長に貢献してきた。外国人向け観光収入が名目 GDP に占める比率はカンボジアで約 18 ％、タイで約 14 ％に達する。ASEAN 平均は 5 ％で、約 1 ％の日本や韓国との差は大きい。新型コロナは、観光に過度に依存する経済の脆弱さ浮き彫りにした。どうすれば安定的な成長を実現できるか、各国の長期戦略が問われる」

　周知のように、東南アジア諸国はフィリピンのトンド地区（マニラ）やタイのクロントイ地区（バンコク）などのように、それぞれの首都に巨大なスラムを抱えている。地方農村部で正業につけない膨大な余剰労働力が首都になだれ込み、それらの人々が不法占拠地域の不衛生極まりない密集居住地に多数暮らしているのである。もしここに新型コロナの感染が及ぶことになれば、その惨状が想像を超えるものになることは政府当局も十分承知している。東南アジアの感染者数は現時点においては域内全体で1万人前後と中国や欧米に比べて少ないが、これまで感染者数が比較的少なかったのは検査能力不足のためで、水面下では感染が広がっている可能性が大きい。検知されないまま感染が広がる「サイレント・エピデミック」（静かな感染拡大）が着実に進行しているのである。

　このような事態に直面してASEAN各国は、スラムへの感染拡大を防ぐため国境封鎖を含む厳しい移動制限に乗り出した。フィリピンは3月19日、首都マニラを抱えるルソン島の全住民に外出制限を実施した。また世界中から観光客が訪れていたタイでは、政府が3月26日全土に非常事態宣言を出し、外国人の入国を原則禁止し、生活必需品を売る店以外の商業施設を閉鎖した（日経2020年4月3日）。世界有数の「5つ星ホテル都市」バンコクでは、都市人口の3分の1を占めるスラム対策を放置してきた結果、国是の「観光立国」を否定しなければならないほど深刻な事態に追い込まれているのである。

世界中に移動制限広がる

　AFP通信が4月2日にまとめた統計によると、新型コロナ感染症対策として自宅待機を求められている人の数は、世界人口の約半分に当たる39億人を超えるという。世界90超の国と地域で自宅待機命令や自宅待機勧告、夜間外出禁止令、隔離といった外出制限が課されており、タイが4月3日から夜間外出禁止令を施行することで、外出制限を課される人の数は世界人口78億人の半分を超える。現在自宅待機命令を課されている人の数は、49の国と地域の住民およそ27億8000万人。欧州では英国、フランス、イタリア、スペインなどで外出制限が課されており、アジアでもインド、ネパー

ル、スリランカなどが同様の措置を取っている。いわば地球上の大半の地域でヒトの動きが制限され、観光旅行はおろか日常行動までが規制されるような前代未聞の事態が広がっているのである（AFP＝時事2020年4月3日）。

　事態が激変する中でUNWTOは3月26日、新型コロナが国際観光に及ぼす影響について3月6日の影響予測を大幅に改め、2020年の国際観光客到達数を前年比20〜30％減、国際観光収入は1／3喪失と発表した。国際観光客到達数は2003年のSARS発生時0.4％減、2009年のリーマン・ショック時は4％減だったが、今回の新型コロナ危機では20〜30％減と桁違いの予測になったのである。この下落は3000億〜4500億ドル（約32兆円〜49兆円）の国際観光収入（輸出）の減少に相当し、2019年に得た1.5兆ドル（約162兆円）のほぼ3分の1に相当する。ここ5〜7年分の国際観光市場の成長が、新型コロナ危機により一挙に失われるのである（インバウンドニュース「やまとごころ」2020年3月31日、赤旗2020年4月9日）。

　だがそれにしても、3月6日発表の「1〜3％減」が僅か20日後に10倍もの「20〜30％減」に変更されるといったことは通常考えられない。これほどの大きな変更はUNWTOの国際的信用を根底から失わせる事態だと言ってよく、過去60年間の国際観光市場の成長の中で蓄積されてきたノウハウがいまや完全に機能不全に陥ったことを示している。UNWTOが国際観光市場の回復を幾ら力説したところで、今回の需要予測の変更理由を合理的に説明できなければ、今後の見通しを説得力あるものにすることはできない。前例のない新型コロナ危機の深刻さが国際観光市場の世界史的転換をもたらしていることに、UNWTOはまだ気づいていないのである。

国際観光市場はV字回復できない

　菅官房長官は3月24日の記者会見で、新型コロナの感染拡大を受けて訪日外国人客（インバウンド）が落ち込んだことに関し、「一区切り付いた段階でV字回復できるよう、一番影響を受けている観光関連で海外のインバウンドを含めて全力で頑張りたい」と述べたという（時事ドットコム2020年3月24日）。この趣旨は、4月7日閣議決定の「新型コロナ緊急経済対策の要旨」の中で次のように述べられている（読売2020年4月8日）。

　「Ⅱ 経済対策の考え方、〈2つのフェーズ〉、対策は、次の2つの段階を意識したものとする。第一は、感染症拡大の収束に目途がつくまでの間の『緊急支援フェーズ』であり、事態の早期収束に強力に取り組むとともに、その後の力強い回復の基盤を築くためにも、雇用と事業と生活を守り抜く段階である。第二は、収束後の反転攻勢に向けた需要喚起と社会変革の推進、いわば『V 字回復フェーズ』である。早期の V 字回復を目指し、観光・運輸、飲食、イベント等大幅に落ち込んだ消費の喚起と、デジタル化・リモート化など未来を先取りした投資の喚起の両面から反転攻勢策を講ずる段階である」

　だが、考えてもみたい。訪日外国人客（インバウンド）の落ち込みはグローバルな現象であって、日本1国の経済対策で V 字回復させることができるような問題ではない。インバウンド・アウトバウンドの落ち込みは世界共通の現象であり、「パンデミック終息宣言」が出ない限り回復の目途が立たない大問題なのだ。しかも現在、パンデミックの中心地はヨーロッパからアメリカへと広がり、今後はインドやアフリカ諸国への波及が懸念されている。世界各国での感染が収束せず、新型コロナ危機の影響が続く限りインバウンド回復は不可能であり、また終息後もどこまで回復するかは全く未知の領域なのである。
　一般的に言って、「V 字回復」とは低下した業績を急速に回復させることを意味する。安倍政権は UNWTO 以上に楽観的予測に立っているのか、新型コロナ危機が過ぎればインバウンド観光を V 字回復させることができるとでも思っているらしい。だが、たとえ新型コロナ危機が終息したとしても、「ビフォーコロナ」時代のインバウンド目標はもはや過去のものでしかない。世界各国は今後、外国人旅行者数の制限も含めたリスク・マネジメントを飛躍的に強化しない限り国際観光旅行を再開することは難しくなる。「アフターコロナ」時代の国際観光は、国際観光客到着数と国際観光輸出額に象徴される「数の論理＝成長主義」から脱却しない限り新しい時代を迎えることはできないのである。

〈8.4〉2020年7月号

新型コロナ危機の下で
京都市基本計画、観光振興計画はどうなる
～門川市政の表層と深層⑨～

　2020年は、京都市基本計画「京プラン」と「京都観光振興計画2020」の最終年度にあたる。「京プラン」（2011～20年度）は10カ年計画、2009年10月に基本計画審議会で検討が始まり、2010年11月答申、同12月に市議会で議決された。東京五輪を目標年度にした「京都観光振興計画2020」（2014～20年度）は、2014年3月から半年余りでスピード策定された。東京五輪は来年に延期になったが、観光振興計画は今年度で計画期間が終わる。

　京都市基本構想（2001～25年度）の第3期計画である次期基本計画（2021～25年度）は、策定作業が2019年8月に始まり、2020年2月の第4回審議会で答申案の骨格がほぼ固まったとされる。今後の予定としては、答申案をパブリックコメントにかけた後、市議会に計画案が提案されて議論されることになっている（いた）。ただ、第4回審議会の議事録が未収録のため、今後の日程はわからない。観光振興計画の方は、2020年3月に開催された第10回「京都観光振興計画2020」マネジメント会議で次期観光振興計画の策定日程が示され、2020年5月から11月にかけて次期計画が策定される予定となっていた。

予期せぬ事態が……

　だが、ここに来て予期せぬ事態が発生した。2019年12月、中国湖北省武漢市で発生した新型コロナの感染がその後爆発的に拡がり、世界保健機関（WHO）は2020年1月30日に「国際的に懸念される公衆衛生上の緊急事態」を宣言、3月11日には「パンデミック（世界的な大流行）」宣言を出して世界各国に厳重警戒を呼び掛けた。これを機に、各国では感染防止のため「封鎖ドミノ」ともいうべき鎖国状態が拡がり、グローバル経済の基盤である世界中のヒト・モノの移動が一斉に止まるという前例のない事態に発展

したのである。

　新型コロナの感染拡大がグローバル経済に与えた影響は世界大恐慌以来と言われるほど大きく（これを「コロナ危機」という）、日本国内への影響は自動車産業の生産ライン停止やインバウンド市場の壊滅などとなってあらわれた。2020 年 3 月期のインバウンド（訪日外客数）は前年同月比 9 割減、国内観光客も緊急事態宣言以降は半減し、京都の観光地や宿泊施設は未曽有の危機に直面することになったのである。

　言うまでもないことだが、自治体の総合計画や観光振興計画はもともと戦争や大災害などの「レア・ディザスター」（稀に起きる大惨事）を想定していない。すべては"平時の計画"が前提なのであり、平時を前提に現在までのトレンドをもとに今後の見通しが立てられ、よりよい未来を実現するための政策づくりが追求されてきた。現在進行中の次期基本計画も、2021 年から2025 年までの 5 年間は「何事も起こらない」ことを前提にして立案されており、観光振興計画も同様のスタンスであることは間違いない。

　基本計画審議会に対する門川市長の諮問書には、「21 世紀最初の四半世紀におけるグランドビジョンである京都市基本構想の総仕上げに向け、時代の潮流を捉え、軸足を京都に置きつつ、未来と世界を展望した政策を示す京都市基本計画について、貴審議会のご意見を頂きたく、ここに諮問します」とあるように、21 世紀最初の四半世紀の時代潮流は"平穏無事"であることが大前提となっている。次期基本計画の 27 分野にわたる政策の体系に「基本方針と 2025 年の姿」の項目が設けられ、「みんなでめざす 2025 年の姿」が描かれているのも、現在から 2025 年までの 5 年間が平時であることを前提に、5 年後の計画目標が設定されているからである（第 4 回基本計画審議会、「政策の体系について」、2020 年 2 月）。

計画の前提が総崩れとなった

　京都市は「計画大好き自治体」なのか、これまで総合計画をはじめ各部門の計画づくりに邁進してきた。今後の予定としては、早くも次期基本計画策定後の総合計画の在り方にまで言及するなど極めて意欲的で、「次期京都市基本計画策定に当たっての考え方」には自信に満ちた抱負が次のように語ら

れている（第1回基本計画審議会、2019年8月）。

「本市では、2001年から2025年までの京都グランドビジョンである京都市基本構想の実現に向け、これまで2期にわたって10年間を計画期間とする基本計画を策定し、推進してきた。次期基本計画は、基本構想の残りの5年間、2021年度から2025年を計画期間とする3期目の計画となる。また、次期基本計画策定後は、時を置かず、次の基本構想や基本計画も含めた総合計画の在り方の検討を始める時期を迎える」

「京プランの策定に当たっては、徹底した市民参加の下、丹念で深い議論を行い、政策分野ごとの基本方針を示すとともに、市民の視点から描いた『京都の未来像』、京都の都市特性や強みを生かし、未来像実現のために特に優先的に取り組む『重点戦略』、更には計画を進めるための基盤となる『行政運営の大綱』を一体として盛り込んだ『戦略的な計画』を練り上げた。京プラン策定以降、活用可能な行政資源が限られるなかにおいても、多様化・高度化する公的ニーズに的確に対応し、将来を展望した先駆的な政策を行政と市民との協働によって推進し、様々な分野において京都の都市格の向上に資する成果を挙げてきている」

このように京都市の計画理念（計画信仰）には確たるものがあるだけに、コロナ危機によってこれまで積み上げてきた計画準備作業が一瞬にして吹っ飛んだことは、まさに想定外の出来事だった。インバウンドブームが恒常的に続くと考えていた「計画の前提」が総崩れになり、国際文化観光都市を形づくるための「計画そのもの」が不能状態に陥ったからである。

グローバル化が途絶した

次期基本計画の構成として、計画の背景、都市経営の理念、重点戦略、政策の体系、行政経営の大綱などが示され、その中で「基本計画を策定するに当たり特に注目すべき社会経済情勢」として、①人口減少と少子高齢化、②地球温暖化の加速、③グローバル化の進展、④低経済成長と厳しい京都財政、の4項目が「計画の背景」として取り上げられている。

　その中で、「京都の未来像を実現するために、特に優先的に取り組むべき政策」「『京都らしさ、独自性』といった都市特性や強みを生かす政策」として挙げられた「重点戦略（8 戦略）」との関連性から言えば、何よりも「グローバル化の進展」が重視されていることが特徴となっている。重点戦略のトップに「世界の文化首都・京都戦略」と「世界に輝く観光戦略」が掲げられているのはそのためであり、「世界」を冠した京都の未来像は、グローバル化の進展とインバウンドの拡大を前提として打ち出されているのである（第 3 回基本計画審議会、「次期基本計画における重点戦略（案）」、2020 年 1 月）。

　したがって、コロナ危機によってグローバル化が途絶し、インバウンドが一瞬にして蒸発したことは、「世界」を冠した京都の未来像が目標としての「リアリティ」（現実性）を失ったことを意味する。ちなみに、直近の出入国管理庁の 4 月速報値によれば、グローバル化の 1 つの指標である外国人新規入国者数はたった 1256 人、前年同月の 268 万 3048 人から 99.9％減少したという（毎日 2020 年 5 月 15 日）。

　このことはまた、27 分野の政策の体系における「みんなでめざす 2025 年の姿」にも大きな影響を与えている。例えば、「8．観光～市民生活との調和を最重要視した『持続可能で満足度の高い国際文化観光都市』をめざす～」においては、以下のような「みんなでめざす 2025 年の姿」を実現することはもはや不可能になったからである。（第 4 回基本計画審議会、「次期基本計画の『政策の体系』について」、2020 年 2 月）。

（1）市民生活との調和が図られ、観光の経済効果が広く行き渡っている
（2）京都観光の質が向上し、観光客が高い満足を感じている
（3）国際 MICE 都市としての京都ブランドが確立している
（4）京都の観光を支える担い手の確保と育成が進んでいる

　市民が共感できず、リアリティ（現実感）を感じることができない基本計画は、単なる「ペーパープラン」となり存在意義を失う。「みんなでめざす 2025 年の姿」が架空の光景になれば、市民生活の目標像は消滅する。次期基本計画は、ここにきて「計画の凍結」あるいは「計画の破棄」を考えざるを得ない重大局面にさしかかったのであり、市当局の決断が注目される。

コロナ危機をスルーして議論が進んだ

　コロナ危機が発生してからの各種計画の審議状況を見ると、意識的か無意識的かは別にして、計画審議がコロナ危機をスルーして進められてきたように感じる。次期基本計画を審議する第4回審議会が開かれたのは2020年2月7日のこと、議事録が未収録のこともあって詳細はわからないが、コロナ危機について特に議論が行われたとは思われない。京都市情報館HPには、「次期の京都市基本計画を調査，審議する京都市基本計画審議会の第4回会議を開催しました。当日は，次期基本計画の政策の体系案について，別添資料をもとに議論を行いました」とあるので、通常通りの開催だったと考えられる。

　しかし、審議会開催の1週間前の1月30日、世界保健機関（WHO）のテドロス事務局長は新型コロナウイルスについて専門家委員会による緊急会合を開き、「国際的に懸念される公衆衛生上の緊急事態」を宣言していたのである。このとき既に新型コロナウイルスの感染は中国全土に広がって感染者数は約8000人に達し、2002年から2003年にかけて中国で発生したSARS（重症急性呼吸器症候群）に匹敵する深刻な事態に発展していた。だが、日本国内の感染者数は当時少なかったこともあって危機意識は薄く、市当局も同様の認識だったのか、基本計画審議会が2月7日に予定通り開かれ何事もなく審議が行われたのだろう。

　それから1カ月後余り、3月13日には京都観光振興計画の進捗状況をチェックする第10回マネジメント会議が開催された。だが、WHOの緊急事態宣言後この1カ月で事態は激変していた。新型コロナの感染が世界規模で広がり、ヨーロッパ各国はもとよりアメリカも巻き込まれつつあったからである。

　安倍首相は2月26日、大規模イベントの開催を2週間中止・延期するよう突然要請し、翌27日には独断で全国小中高の一斉休校の要請（指示）に踏み切った。全国一斉のイベント開催中止要請はサービス経済を予想以上に萎縮させ、小中高一斉休校は子どもを持つ親たちを極度の心理的不安状態に陥れた。個人消費が急速に冷え込んで国内消費が一挙に落ち込み、日本経済の不況感が一気に高まった。百貨店の売り上げが半分近くに落ち込み、JR

や私鉄の乗客数も2〜3割の大幅減となった。

　さらにマネジメント会議の2日前の3月11日、WHOが「パンデミック（世界的な大流行）」宣言を出したことを機に、世界中に感染防止のための「封鎖ドミノ」が拡がった。世界各国では都市封鎖（ロックダウン）によって住民に移動制限や外出制限が課せられるなど、世界中のヒト・モノの移動が一斉に止まるという前例のない事態が発生したのである。

非常時に対応できなかった

　マネジメント会議は、2014年策定の「京都観光振興計画2020」の進捗状況の把握や評価など、計画の進行管理を担う少人数（5人以内）の組織である。市長に委嘱された5人の委員のうち2人は、現行計画を策定した当時の観光振興審議会会長と副会長であり、2015年3月以来概ね年2回のペースで会議が開かれてきた。第7回マネジメント会議（2018年8月）では、当初の計画目標だった「外国人宿泊客数年間300万人」「観光消費額年間1億円」が前倒しで達成できたとして計画目標の上方修正が行われ、「観光消費額年間1兆3000億円」を目標とする「京都観光振興計画2020＋1」に改定された。

　第10回マネジメント会議は現行計画の最終年度の会議であり、計画全体の総括を踏まえて次期計画の策定スケジュールを立てることになっていたが、その頃には世界の観光事情は一変していた。中国では2020年1月23日、武漢市での新型コロナウイルスの感染爆発（オーバーシュート）にともない、前例のない武漢市の"都市封鎖"が実施された。さらには、中国からの国外旅行についても中国の旅行会社を統括する中国旅行社協会が1月25日、中国政府の指示に基づき国外旅行を含むすべての団体ツアー旅行を1月27日から禁止した。その結果、今年3月期のインバウンド（訪日外客数）は、前年同月比93％減という壊滅的状況に陥り、2019年3月には276万人に達していた訪日外客数が10分の1にも満たない19万3700人に激減した。インバウンドの大部分が一瞬にして蒸発してしまったのである（政府観光局HP）。

　「京都市観光協会データ年報2019年」（2020年3月発表）によると、京都

での中国人宿泊客は外国人宿泊客の30.8％を占めてダントツ1位であり、第2位のアメリカ14.4％を倍以上も引き離している。その中国人観光客の大半が団体旅行の禁止によって今後は見込めないとなると、観光振興計画の年間目標である「外国人宿泊客数年間300万人」「観光消費額年間1兆3000億円」の達成は一挙に吹っ飛んでしまう。「京都観光振興計画2020＋1」は、最終年度を迎えて計画目標が破綻するという重大局面に直面したのである。

　この事態に対してマネジメント会議はいったいどう対応したのだろうか。第10回会議には京都市観光協会の専務理事も出席していることから、京都観光の危機的状況やコロナ危機のもたらす影響などについての報告が行われ、議論されて然るべきだった。ところが会議録をみると、コロナ危機については冒頭に散発的な意見が出されただけで、議論の大半は現行計画の進捗状況や成果についての意見交換に費やされて会議が終わっている。インバウンドブームのときには計画目標を上方修正して計画改定しながら、今回のような壊滅的危機に関しては目をつぶって議論を避ける──、こんな会議運営はおよそ「マネジメント会議」の名に値しないのではないか。

　実態はおそらく事の大きさに委員も事務局も茫然自失となり、コロナ危機についての議論は「手に負えない」としてスルーされたのであろう。マネジメント会議は、これまでインバウンドブームを前提に"平時計画"の進行管理をやっているときはよかったが、今回のような計画が破綻する非常事態に対してはまともに対応できないことが判明したのである。

日本政府の対応が遅れた

　それにしても、コロナ危機への対応不備の責任を独り京都市に押し付けるわけにはいかないだろう。というのは、この間、コロナ危機に対する日本政府の方針が決まらず、いたずらに時間が浪費されていたからである。政府方針が決まらなければ自治体でも対応しようがない。

　安倍首相は2020年4月に予定されている習近平国家主席の国賓訪問を控え、外交関係上の思惑からコロナ危機にともなう中国からの渡航制限に踏み切ることに躊躇していた。また、東京五輪開催を予定通り実施することに固

執していたため、その障害となる海外からの渡航制限にも踏み切れなかった。それに韓国との外交関係の悪化から訪日客が激減していることもあって、中国訪日客の渡航制限がインバウンド市場に悪影響を及ぼすことを何よりも恐れていた。湖北省武漢市で発生した新型コロナウイルスの感染防止については 1 月 31 日、漸く湖北省からの渡航を拒否すると声明しただけで、その他の地域からの渡航制限には一切言及しなかったのである。

　習近平総書記の国賓訪問の延期をめぐっての両国間の外交駆け引きが続く中、習氏の来日延期が漸く決まったのは 3 月 5 日、その 3 時間後に外務省から中韓からの入国制限の強化（2 週間待機、ビザの効力停止）が即刻発令された。また、小池東京都知事が緊急記者会見を開き、東京都内が「感染爆発の重大局面」にあると発表したのは、安倍首相が IOC バッハ会長と電話会議で東京五輪の延長を正式に決定した 3 月 24 日翌日の 3 月 25 日のことだった。

　安倍首相は（小池知事もまた）、新型コロナウイルスの感染防止よりも習近平総書記の国賓訪問や東京五輪開催を重視し、国内感染が進んでいることを承知しながら海外からの渡航制限など思い切った措置を取ろうとしなかった。そのことが、その後の国内感染を広げる原因になったことは言うまでもない。この間、中国や韓国からの訪日客の動向はどうだったのか、日本政府観光局の訪日外客数を見よう【表 1】。

【表 1　中国、韓国からの 2019 年、2020 年 1 月～ 3 月の訪日客数の推移（人）、増減率】

	1 月			2 月			3 月		
	2020 年	2019 年	増減率	2020 年	2019 年	増減率	2020 年	2019 年	増減率
中国	924,790	754,421	22.6%	87,200	723,617	▲87.9%	10,400	691,279	▲98.5%
韓国	316,812	779,383	▲59.4%	143,900	715,804	▲79.9%	16,700	585,586	▲97.1%

※資料出所：政府観光局 HP

　この表を見て意外に思われるのは、今年に入って韓国・中国両国の訪日客が激減しているにもかかわらず、唯一の例外は中国人訪日客が今年 1 月時点で昨年に比べて 2 割もの増加を示していることだろう。これは中国の春節休暇が 2019 年は 2 月だったのが 2020 年は 1 月になったことの影響によるもの

だが、このことは団体旅行が禁止された1月27日以前に、2018年1月を上回る多数の中国人客が日本を訪れていたことを意味する。その中には、武漢からの少なくない観光客が含まれていたのである。

静かな感染拡大が始まった

政府のコロナ危機への対応が遅れたため、国内では感染防止のための危機意識がいっこうに高まらなかった。また、メディアの関心がクルーズ船「ダイヤモンド・プリンセス号」の防疫問題に集中していたこともあって、中国からの渡航客がもたらす新型コロナウイルスの感染拡大に関しては警戒心が薄かった。しかし、武漢市の封鎖前にすでに多くの中国人観光客が来日しており、その中から新型コロナウイルスの感染が広がったことは否定できない。この間の中国政府の対応に関してはこんな見解がある（日経「大機小機」2020年4月26日）。

「新型コロナの感染が広がるにつれ目につく例えが『燎原の火』だ。出典は中国の古典『書経』で、野原に火が燃え広がり手のつけられない様を言う。火元をたどると、3カ月前の中国の春節（1月25日）以前に決定的なチャンスを逃している。感染発生地の武漢市の封鎖は春節の2日前だったが、周先旺武漢市長はメディアに『すでに500万人が武漢を離れた』と明かした。その人たちが春節期間中にウイルスを中国全土と世界に拡散した。封鎖が1週間早かったら、と悔やまれる」

今回の新型コロナ感染症の特徴は、感染力が極めて強いにもかかわらず感染しても発症しない無症状者が多いことだ。また、感染者の中に軽症状者が8割を占めていることもあって、感染状況の把握や追跡が困難だとされている。したがって、武漢で感染した無症状者あるいは軽症状者がいわゆる「サイレント・キャリアー」として自覚しないまま春節期間中に海外旅行にでかけ、そこから海外一帯に新型コロナの感染が拡大したことは十分想定できる。

団体旅行はクルーズ船であれ航空便であれクラスター（集団感染）の発生

確率が高く、日本国内の移動が観光バスであればなおさらその確率が高ま
る。武漢からの団体旅行はもとより、中国の団体旅行の中に武漢の参加者が
含まれていれば、その団体の中に感染が広がることは容易に推察できるとい
うものである。こうして、いわゆる検知されないまま感染が広がる「サイレ
ント・エピデミック」（静かな感染拡大）が国内で進行していたのである。

京都の心臓部を直撃したコロナ危機

「京都市基本構想＝ 21 世紀最初の京都のグランドビジョン」の総仕上げに
向けた次期基本計画は、今回図らずも「21 世紀最初の世界的大変動」の波
に巻き込まれることになった。新型コロナウイルスの感染拡大すなわちコロ
ナ危機は、京都の「心臓部＝観光」を直撃した。京都は国際文化観光都市を
標榜している大都市であり、「観光」は京都を訪れる人があって初めて成立
する。訪問客がなければ京都観光は消滅し、観光都市とは言えなくなる。

「国際」は外国から観光客（インバウンド）が訪れることだから、外国から
の訪問客がなければ「世界の中の京都」は存在しなくなる。コロナ危機は、
京都のアイデンティティともいうべき「国際」と「観光」の両方を直撃する
ことで、京都という都市の存立基盤を脅かしている。コロナ危機の出現に
よってこれまで京都が築いてきた蓄積やノウハウは一夜にして崩壊し、すべ
ては一から出直さなくてはならなくなったのである。

京都市観光協会から毎月発行されている「京都市観光協会データ月報」に
は、その危機的状況が余すところなく表れている。1 月期のデータは、新型
コロナ危機の予兆段階だったのでまだ傾向がはっきりしなかったが、2 月
期、3 月期になるともはや正視できないような深刻な数字が並ぶようになっ
た。2020 年 2 月月報（3 月 30 日発表）、3 月月報（4 月 30 日発表）の「まえ
がき」を見よう。

「新型コロナウイルスの影響により京都 59 ホテルにおける 2 月期の外国人
延べ宿泊客数は前年同月比 53.8％減と約半減しました。外国人比率は
29.2％とインバウンド伸長初期の 2015 年の水準に戻りました。日本人・外
国人を合わせた総延べ宿泊客数は前年同月比 27.3％減となり、客室稼働率

は54.3%、客室収益指数（RevPAR）は39.7%減とこれまでにない数値を記録し、事態の深刻さを表しています」

「3月に入り京都観光はさらに厳しい局面を迎えております。小中高の一斉休校、大手テーマパークの休園、出張の自粛などが生じ、国内の旅行マインドは一変しました。海外においても欧米豪に新型コロナウイルスの感染が拡大し、現地からの出国禁止や日本への入国禁止などにより訪日旅行全体が事実上閉ざされるという誰しも想像することができなかった事態に陥っています。航空路線も大幅に減便・運休しており、加えて東京オリンピック・パラリンピックの延期が発表されるなど先行き不透明な状態は当分の間続くと思われます。京都観光のみならず、世界の観光産業がこれまでに経験したことがない大きな試練を迎えています」（以上、2月月報）

「本日、京都市観光協会データ月報（3月）を発表いたしました。新型コロナウイルスの影響により、京都59ホテルにおける外国人延べ宿泊客数は、前年同月比89.5%減と激減しました。訪日外客数も同様の下げ幅となり、東日本大震災直後を下回る水準にまで落ち込む結果となりました。日本人延べ宿泊客数も前年同月比45.5%と半減し、2月時点では限定的であった新型コロナウイルス感染症の影響が顕著に現れ始める結果となりました。日本人・外国人を合わせた総延べ宿泊客数は前年同月比66.3%減、客室稼働率は約30%と前月に続き下落傾向が加速しています。また、客室収益指数（RevPAR）も77.3%減と大幅な落ち込みを記録しました」

「4月3日以降は事実上外国人の訪日が規制され、インバウンド産業は完全停止に追い込まれる状態に入りました。また、4月7日に7都道府県に発出された緊急事態宣言が、4月16日には京都府を含む全国にまで対象が広げられたことで、日本人の経済活動も大きく制限され、3月の段階では僅かに残っていた日本人客の宿泊需要も今後は消失していくことが予想されます。こうした状況を受けて、臨時休業を判断する宿泊施設も続出しており、4月は3月を上回る極めて深刻な事態が待ち受けていると予想されます」（以上、3月月報）

アフターコロナ時代への行動指針が必要だ

　当面為すべきことは何か。観光業や関連業界からの緊急支援要請に応えることは当然としても、それだけでは今回の未曽有の危機は乗り切れない。安倍政権の唱える「Ｖ字回復」が幻想に過ぎないことは誰もがわかっているし、「その内に景気が戻る」といった甘い期待を抱くこともできない。インバウンドブームの継続を前提に策定された京都市の基本計画や観光振興計画はもはや「計画そのもの」が破綻しており、一から出直すほかないからである。

　ただここで留意すべきは、非常時に「計画」が果たして必要かということだ。いま求められているのは、次期基本計画や観光振興計画の小手先の「改訂版」をつくることではなく、アフターコロナ時代の京都のあり方に本格的にアプローチ（接近）する「行動指針＝アクションプログラム」をつくることだろう。当面する難関を危機突破するためには、明快な行動指針が必要なのである。

　この場合、行動指針をつくる組織のあり方も重要だ。平時の計画には総花的な審議会が相応しいのかもしれないが、非常事における行動指針の策定作業は機動的な「タスクフォース＝特命チーム」以外の組織は考えられない。タスクフォースとは、通常の組織内で行う仕事とは別に特別なミッション（使命・役割）を帯びた緊急作業を一時期的に担うことを意味する。通常業務を担う庁内体制はこれまで通り維持するものの、別枠のタスクフォースが庁内外の組織横断的なチームを結成し、新型コロナ危機をどう乗り越えるのか、これからの京都をどうイメージするのか、「京都が京都である」ための持続可能な京都を実現するための条件は何かなど、論点をクリアーに整理し、そのための行動指針を提起するのである。

　だが、この作業はとてつもなく複雑で難しい。基本計画のように総花的に課題を取り上げると、もうそれだけで五里霧中の状態に陥る。肝心なことは対象を限定し、課題を絞って論点を整理することであり、そうでなければクリアーカットな問題提起ができなくなる。言い換えれば、今回の新型コロナ危機で最も大きな打撃を受けている分野に的を絞り、そこを突破口にしてアフターコロナ時代へのアプローチ（接近方法）を提起するのである。そうす

れば関連分野への応用も可能になり、市政全般を見直すことも可能になるだろう。

　京都はこの前代未聞の危機をどう乗り越えるのか、いまその真価が問われている。国際文化観光都市の京都はビフォーコロナ時代から観光政策が重要課題であり、市民の関心も抜きん出て高かった。オーバーツーリズム（観光公害）が折にふれてホットな話題になり、政策論争の中心舞台になってきたのもこのことを反映している。タスクフォースによる問題提起は、最終的には市民の討論に委ねられなければならない以上、観光政策を中心にアフターコロナ時代の京都のあり方を考えることはわかりやすいし、また市民の支持も得られると思う。

あとがき

　本書は、月刊誌『ねっとわーく京都』に連載してきた観光関係のコラム小論（2017年4月〜2020年7月）及びそれに関連する講演録をテーマごとに編集してまとめたものである。『ねっとわーく京都』は京都を丸ごと取り上げる辛口の評論誌であるが、筆者は幸いにも2011年からコラム執筆の機会を与えられ、その時々のトピックスを中心に多様なテーマを論じてきた。しかし、ここ3年ほどはインバウンドブームにともなう「オーバーツーリズム」（観光公害）に危機感を覚え、京都の観光政策を主対象にして執筆してきたのである。

　およそ「コラム」とは言えない長文の拙稿を10年余にわたって連載できたのは、ひとえに自由に書かせてもらった編集長・丸山朔氏の存在があってのことである。氏は黙って拙稿を受け取り、ボツにもせずそのまま掲載してくれた。それが10年間も続いてきたのであるが、「何も言わない」編集長ほど恐ろしいものはない。この10年間は、筆者が編集長への「忖度」に苦しんだ10年間であったとも言える。とはいえ、こうして3年間のコラムをまとめて上梓できたのは、編集長の並外れた寛容によるもの以外の何物でもない。心から感謝の意を表したい。

　月刊誌に連載されるだけでも望外の光栄なのに、その上出版したいと思った事情についても一言したい。それは、昨今の京都の観光事情がインバウンドブームによる「絶頂」からコロナ危機による「どん底」へ落ち込み、観光業界も京都市もかってない混乱状態の中で、次の一歩をどう踏み出すかについて暗中模索の状態にあるからである。政府の言う「V字回復」はもとより「そのうちに戻る」といった甘い期待もできない中で、「アフターコロナ」「ポストコロナ」「ウィズコロナ」の観光戦略をどう描くかが問われており、これまでの現状延長主義的な政策づくりが通用しなくなっているからである。

　こんなときには「歴史」に学ぶしか方法がない。京都市の観光政策が歩んできた道を振り返り、その時々の分岐点がどのような判断と背景の下で行わ

れたのか分析することで、これからの方向が見えるかもしれない……。そん
な気持ちでまとめたのが本書である。業界、行政、メディアの方はもとよ
り、観光問題に取り組んできた市民団体の方々にも目を通してほしい。これ
が筆者のささやかな願いである。

　だが、最近の出版事情は余りにも厳しい。数社の担当者に打診したが、
「売れそうにない」としてにべもなく断られた。最後に引き受けてくれたの
が、京都の小さな出版社・文理閣代表の黒川美富子氏だった。黒川氏とは若
い頃から社会運動を通しての交流があり、その縁もあって断り切れなかった
のだろう。ここでも心から感謝の意を表したい。

　コロナ危機の出口が１日も早く見つかることを祈って

　　　　　　　　京都・深草にて　2020 年 8 月　広原盛明

【著者略歴】

広原盛明（ひろはら もりあき）

京都府立大学名誉教授、元学長

1938年中国東北部（旧満州）ハルビン市生まれ、京都大学大学院工学研究科建築学専攻博士課程退学、工学博士・一級建築士・技術士（地方計画・都市計画）

主著に『震災・神戸都市計画の検証』（自治体研究社、1996年）、『開発主義神戸の思想と経営―都市計画とテクノクラシー』（編著、日本経済評論社、2001年）、『日本の都市法Ⅱ諸相と動態』（共著、東京大学出版会、2001年）、『戦時・戦後復興期住宅政策資料、住宅営団』（共著、日本経済評論社、2000～2001年）、『幻の住宅営団』（日本経済評論社、2001年）、『現代のまちづくりと地域社会の変革』（共著、学芸出版社、2002年）、『都心・まちなか・郊外の共生―京阪神大都市圏の将来』（編著、晃洋書房、2010年）、『日本型コミュニティ政策―東京・横浜・武蔵野の経験』（晃洋書房、2011年）、『増補・町内会の研究』（編著、御茶の水書房、2013年）、『神戸百年の大計と未来』（編著、晃洋書房、2017年）など。

1970年代から市民運動・まちづくり運動に関わる。京都の市電を守る会、神戸市長田区真野地区のまちづくり、阪神・淡路まちづくり支援機構など。

観光立国政策と観光都市京都
インバウンド、新型コロナに翻弄された京都観光

2020年10月1日　第1刷発行

著　者　広原盛明
発行者　黒川美富子
発行所　図書出版　文理閣
　　　　京都市下京区七条河原町西南角　〒600-8146
　　　　TEL（075）351-7553　FAX（075）351-7560
　　　　http://www.bunrikaku.com
印刷所　亜細亜印刷株式会社